教育

的

觉醒

沈思 刘红萍 著

江苏人民出版社

图书在版编目（CIP）数据

教育的觉醒 / 沈思，刘红萍著. — 南京：江苏人民出版社，2023.4（2023.4 重印）

ISBN 978 - 7 - 214 - 27183 - 9

Ⅰ．①教… Ⅱ．①沈… ②刘… Ⅲ．①教育研究—中国 Ⅳ．①G52

中国版本图书馆 CIP 数据核字（2022）第 083049 号

书　　　　名	教育的觉醒	
著　　　者	沈　思　刘红萍	
责 任 编 辑	黄　山	
特 约 编 辑	王暮涵	
装 帧 设 计	陈　婕	
责 任 监 制	王　娟	
出 版 发 行	江苏人民出版社	
地　　　址	南京市湖南路 1 号 A 楼，邮编：210009	
照　　　排	江苏凤凰制版有限公司	
印　　　刷	江苏凤凰扬州鑫华印刷有限公司	
开　　　本	718 毫米×1000 毫米　1/16	
印　　　张	24.75　插页 2	
字　　　数	405 千字	
版　　　次	2023 年 4 月第 1 版	
印　　　次	2023 年 4 月第 2 次印刷	
标 准 书 号	ISBN 978 - 7 - 214 - 27183 - 9	
定　　　价	88.00 元	

（江苏人民出版社图书凡印装错误可向承印厂调换）

一万次的知识灌输，不如一次内在的唤醒。

——古希腊思想家苏格拉底

植物会因太多水而溺死，灯会因太多油而窒息，人的思想会因灌输太多知识而混乱。

——法国思想家蒙田

1. 论心

光认真听课，阅读，培育不了心。一个人不培育心，往后会没用的。

——江苏省南京市西善花苑小学三年级学生孙阳

小孩子只有在开心的时候做事情才做得好、做得快，像书里说的那样。人的心灵最重要。心灵排第一，脑力排第二，体力排第三。

——山西省吉县屯里镇安乐小学四年级学生武玥茹

2. 共识

别老想着把知识塞进我们的脑袋。

——山西省吉县屯里镇安乐小学四年级学生武玥茹

逼迫只能解一时之忧，却会留下一世之憾！

——江苏省南京市西善花苑小学副校长严朝胜

学生是花朵，老师是园丁，知识等于水。如果一个园丁一直用水浇花朵，那么迟早有一天花朵会淹死的。

——山西省吉县屯里镇安乐小学四年级学生王欣玲

辛苦一辈子到底是在育人还是在"害人"？

——山西省吉县屯里镇安乐小学校长刘红萍

我读过这本书才发现,老师很多时候就像"驯兽师",而我们就像小动物,很可怜。

——山西省吉县屯里镇安乐小学五年级学生赵子涵

读到求知欲和教学模式时,我深感愧疚。我才发现自己的教育跟驯兽师相差无几,根本没有调动孩子的学习积极性,更谈不上激发孩子的求知欲。

——山西省河津市幼儿教师昝丽

孩子什么都懂,比很多成年人更正常,只是力量弱小,普遍得不到家长和老师的尊重,处于被支配地位。要大力提倡家长和教师倾听孩子心声,避免孩子陷入成长危机和学习困境。

——江苏省南京市教师黄轩轩

我很佩服四、五年级孩子阅读打卡的内容有时候竟然比老师和家长还要通透。

——山西省吉县屯里镇安乐小学教师刘娇

3. 共成长

自从我和妈妈读了《教育是什么》之后,我妈妈对我不好的地方,都像被魔法变了一样,打变成了坐下来说,骂也变成了坐下来说,真好!我要好好学习,要妈妈一直这样对我,一直这样温柔地对我。

——江苏省南京市西善花苑小学三年级学生徐紫云

爸爸读了以后,从原来的暴脾气变得开始对我讲起了道理,使我大吃一惊,我也应随着爸爸的改变而改变。

——江苏省南京市西善花苑小学六年级学生汪李阳

既然老师在变,我也要把从前的自己甩掉,重新开始做自己。

——山西省吉县屯里镇安乐小学六年级学生王欣雨

教育唯人

我是沈思先生的网友。没有见过面,但彼此都读得懂对方。

前几天,我才知道沈先生年长我几岁,阅历也比我丰富得多。我真没想到能有幸给沈先生的新书《教育的觉醒》作序。

这几天,我办的昆明丑小鸭中学刚刚放寒假。我计划花 5 天时间读一遍尼尔先生的《夏山学校》和李镇西先生的《爱心与教育》——尽管我不是第一次读这两本书了。这期间,我也读了沈先生的《教育是什么》。沈先生说:"'教育是什么'是个哲学命题,要回答这个问题,先要搞清楚人是什么。"

"人是什么?"——《夏山学校》《爱心与教育》《教育是什么》这三部著作都在回答这个问题。

教育为人!

《教育的觉醒》是一本读书笔记。校长、老师、家长、孩子都参与其中。一帮觉醒的人,在做教育的事。

教育唯人。

詹大年(昆明丑小鸭中学校长)

2021 年 2 月 6 日

我对教育的一点认识

改革开放以来,我国教育在事业规模上快速发展,受教育人口逐渐增多,平均受教育年限有很大提高。但是,幅员辽阔、人口众多与教育资源有限的矛盾十分突出。传统的教育理念受到市场经济洪流的冲击,导致教育观念、教育教学行为以及学校管理方面出现了许多不尽如人意的地方,学校远没有成为孩子们喜欢生活的地方,远没有成为激发每个年轻人生命活力的地方。基础教育在升学竞争的压力和束缚下,形成了被人们诟病的"剧场效应",小学生没有童年,难以见到他们天真烂漫的笑脸,随处可见的是戴着眼镜、背着书包参加各种培训班的情景,中学生更是实行"996"的生活模式。而在越来越现代化的大学校园里,有学习兴趣、有远大抱负、发奋学习、刻苦钻研的学生的比例在不断下降。作为一个从事高等教育近四十年的老教师,面对当下的教育现实,深感自责和困惑。

沈思先生是个热心教育事业的人,他不是一个专业的教育工作者,但他对教育本义的理解、对当下教育现象的分析,比我们教育工作者更深刻。他把自己对教育的理解、思考和探索实践记录在《课堂的革命》和《教育是什么》两部著作中,即将出版的《教育的觉醒》是对一线校长、教师、家长及学生对《课堂的革命》和《教育是什么》两部著作的学习心得的记录,没有任何修饰,真实地反映了一线教师、学生和家长的心声,由此使我联想起两千多年前伟大的教育家苏格拉底。

苏格拉底的教育就是对话、探讨,学生一旦沾上了他,就不得不在他的不断追问下开始思考,不得不开动脑筋共同追索问题的根源,环环相扣,永无终止。这种对话方式促使后人对前人思索的问题跃跃欲试,对前人未尽的思索代代相传,不断深入、递进、超越。在这个过程中,每个人的经验和智慧都得到创造性的激发,每个人也都获得了思考和言说的权利。这种教育最大程度地保护了学生好奇的天性,赋予其学习中的创造性快乐。学生在这种方式的指导下,学会发现、思考和探究的方法。而且这种方法具有极强的迁移性,可以在任何一个领域生根发芽。

我们总是担心不能抓住一些"实在"的东西,总感觉如果学生没有记住或背诵出一些什么东西,教育就是空白的。背诵与记忆虽然容易检验"成果",但很容易伤害学生的其他兴趣爱好,更容易使他们的好奇天性、思考能力与想象力遭到破坏。

教育是个人、家庭和民族兴旺发达的根本大计,在知识爆炸、竞争空前激烈的今天,教育面临的挑战也是空前的。学生、家长、学校及政府管理部门要共同提高对"教育是什么"的认识,不为功利迷惑,不受资本裹挟,这样才能创造出激发学生学习兴趣的教育方法,使学校成为孩子们喜欢生活的地方,成为激发每个年轻人生命活力的乐园。

刘维周(南京晓庄学院前副校长)

2021 年 6 月 5 日

原汁原味

记得应聘教师岗位的时候，面试官的第一个问题是："你认为一个好老师需要具备哪些素质？"具体的回答我已经有些记不清了，大概是照着事先准备的模板，加上几句自己的理解，大体离不开"爱岗敬业、教书育人、为人师表、终身学习"这几条。现在想来，当时的我对于这几个词的含义，或者说对于如何成为一个好老师这一问题，其实是一知半解的，更谈不上什么切身的体会。

成为教师后，在日常工作中，往往被繁重的教学任务、难解的师生关系、复杂的"学校政治"困扰，我发现不只是我自己，许多青年教师，甚至部分资深的老教师，都很少有静下心来思考的时候。遇到的问题越来越多，而我们作为教师的自我认知却停留在十分匮乏的阶段。"师者，所以传道、授业、解惑也。"如果教师自己都不知道何为师者、何为教育，传道、授业、解惑又从何谈起呢？

有没有什么途径，可以提高教师的觉悟，提升教师的自我认知，帮助教师真正理解如何成为一个好老师呢？诚然，我们可以倾尽我们的职业生涯，通过经验的积累去逐渐解答这些问题，但这样做的成本是巨大的，这是一个需要花费大量时间不断试错的过程，除了高昂的时间成本外，还免不了有学生成为我们试错的"牺牲品",我想这是每一个有师德的教师都不愿意看到的。

幸运的是,存在沈思先生这样的,对教育的本质、教师的职业意义不断探寻的人,以及受到他的文字影响、熏陶的教育工作者与学生们。在他们真挚、坦诚的交流中,每一位教师都有希望找到"教育是什么""好老师是什么"这些重要问题的解答线索。《教育的觉醒》正是这样一本心得笔记,没有说教,没有专业术语,没有所谓的"标准答案",有的是教师、学生、教育工作者与教育思考者之间原汁原味的交流、沟通和感悟。我们在实际课堂、师生关系中遇到的问题,也或多或少地体现在书里。

《教育的觉醒》向我们展现了一种开放的沟通方式,一种对待教育、对待学生的积极、包容的心态,一条提升自我认知的有效路径。愿更多热爱教育、关心教育的思想者、实践者可以从中得到启迪,获取教育的智慧。

戴纬(南京外国语学校仙林分校国际高中部教师)

2021 年 6 月 6 日

一脚踏开了一扇门

看了开头，我就确认遇到了一本值得一读的书，一群值得了解的人，以及一条值得走的学习之路。

书中并不是纯粹的说教和理论，而是展现了一个理论结合实践的过程，在这个过程中家长、教师和学生的改变可以观察得到。正是具备了改变的力量和可能，书才有读的价值。军事理论、政治理论、教育理论等方面的著作，正是有了和实践结合从而改变现实世界的可能性，才会迸发出震撼人心的力量！

读者从书中可以学习和模仿，从而发生改变，解决自己面临的问题，这是读书的价值所在。看到别人已经有了收获，自然也希望自己有所收获。这收获也许周遍世界，也许仅泽及一时一身。

教育理论长存，应用则因时因势而变化。《教育的觉醒》是一种实践和应用。觉醒有程度之分，无好坏之别。

一脚踏开了一扇门，开启觉醒之路，迎接心灵的旅程。

晁乐刚（格桑花西部助学志愿者）

2021 年 8 月 21 日

草根的自觉

实话实说,看到这本书的书名——《教育的觉醒》,以及沈思先生已经出版的两本书——《教育是什么》《课堂的革命》,都觉得有点儿"吓人",当然也有点儿"引人"。它们都具有独特的"沈思式"的思考视角,同样也都具有鲜明的"沈思式"的表达方式。应当说,这不是一本严格意义上的教育专著,内容基本上是对话和读书笔记等的实录。粗粗翻阅浏览这些碎片化的文字,起初看不出论述的主题,也看不出论述的逻辑。但是,当得空静下心来深入进去,一遍又一遍细读书稿,我整个人竟然有了"触电"与"心流"的感觉。

当下,中国的教育(特别是基础教育)多为人诟病,以至于很多教育局长、学校校长、专任教师都一头雾水:公办学校为什么要"掐尖"?民办教育为什么会"乱入"?校外培训机构为什么能"反噬"?应试教育为什么敢大行其道?教育怎么了?怎样才能回归"教书育人""立德树人"和"造就完整的人"的本义和正道?以前,我们听到的和看到的,更多是著名记者、学者以及领导者的言说,但我偏偏觉得,恰恰是眼前这本书中的这些最质朴的言说,真正戳到了当下中国教育的痛点,道出了当下中国教育的要害,指明了当下中国教育的朝向。

尤其让我心生敬意的,是刘红萍、沈思们字里行间表现出来的草根情怀。他们的草根情怀是朴素的,也是温暖的。刘红萍是一位乡村小学校长,她说她喜欢教育、喜欢读书。她不仅自己读书、思考、做笔记,还组织读书会,领着安乐小学的教师、学生以及学生家长一起读书——变一个人读书、思考、做笔记为一群人读书、思考、做笔记,形成了令人拍案叫绝和叹为观止的涟漪效应。沈思是一位已经退休且本不是做教育的"局外人",因为曾经的"插队生活",他对农村、农民和农村教育有了魂牵梦绕、难以割舍的情结。尽管在刘红萍与安乐小学的教师、学生以及学生家长"对话"的过程中,他多数时间处于"潜水"的状态,但是他的思想却始终与刘红萍们同频共振,偶尔"上浮""冒几个泡泡",对安乐小学教师、学生以及学生家长的教育觉醒起到了不可替代的作用。

正如法国诗人、哲学家帕斯卡尔所言:人是一根能思想的苇草。是的,人的全部尊严与优异就在于能思想。马克思曾经说过,思想的闪电一旦真正射入这块没有触动过的人民园地,德国人就会解放成为人。刘红萍、沈思带给安乐小学这所乡村小学的,正是马克思所说的这道"思想的闪电"。就是由于这道"思想的闪电"的照射,安乐小学的教师、学生以及家长才获得了真正意义上的"觉醒"——他们通过读书学会了思考,因为学会了思考而变得非同一般。

一屋子的人都昏睡着直至死去,这是非常可悲的,也是非常可怕的;倘若有一个、几个、几十个人被率先唤醒,并开始直面"惨淡的人生"和"残酷的现实",那么一切就不一样了。教育是什么?刘红萍和沈思一起引领乡村学校安乐小学的教师、学生以及学生家长一遍遍追问,也正是在对教育一遍遍的追问中,他们实现了教育和教育者的自觉,也走上了教育回归之路。

张俊平(江苏教育报刊总社《江苏教育》杂志主编)

2021 年 10 月 8 日

充满实践的有效觉醒

我认识沈思先生已有十几年了。

这十几年里，我们见面次数不多，虽不经常见面，但丝毫不影响我与他频繁交流。随着时间的推移、交流的积累，我们探讨的问题也越来越深刻。

2014年，沈思的第一本教育理论与实践相结合的著作《课堂的革命——师生平等对话录》正式出版。图书面世不到10天，我就收到了他寄来的新书。记得我是用了一周时间认真读完的。虽然我对教育这个领域非常熟悉，对教育也有自己独到的思考，但该著还是给了我意料之外的震撼。我当时就感到，尽管市面上有关教育的书籍很多，但像《课堂的革命——师生平等对话录》这种抓住了教育本质的书籍，这些年我还没有见到过。

后来，果然不出我所料，几乎每一个阅读过该著的读者，都深受触动，甚至可以说是撼动，他们都不自觉地发出这样的感慨：原来只有这样的教育才能深入人心；原来课堂本应该是这样的。有不少教育行业的人，读过该著后，开始反思：我原来对教育的理解都错了吗？那些司空见惯的、我本来觉得完全正确的教育方法，都在误人子弟吗？有不少读过该著的家长，也陷入一种莫名的烦恼之中——这些年来，我对孩子这样那样的要求，各种挖空心思的做法，不仅没有帮助到孩子，没有想象中的"赋能"，难道还是一种"反作用力"，对孩子的成长是一种"关爱"式的伤害？

读者不断地提出各种各样的问题，沈思不仅没有嫌烦，反而饶有兴致地解释与交流。记得他有一次对我说，这种交流对他更加深入思考中国当下教育存在的问题是非常有用的，也是他研究与总结教育的经验和教训的一种必不可少的过程。

在这里，我要简单介绍一下沈思这匹闯入教育领域的彪悍黑马的人生阅历。首先，我认为沈思是一个具备非凡天资的人（我向来认为人的天赋是有差别的）。他思考问题的角度总是与众不同，且往往是用独特的切入点直达问题的本质。他还拥有其他人几乎无法复制的接受"教育"的经历。高中毕业后到农村劳动，接受了五年农村环境的教育；恢复高考后，考取东南大学，接受了四年大学环境的教育；毕业后到机关工作，接受了数年机关环境的教育；后到企业工作，接受了多年企业环境的教育。退休后闯入校园，从大学闯到小学。

这么独特且丰富的经历，汇集在一个智商极高的人身上，产生的思想共振力是无穷的。

我每次与沈思交流，都能受到启迪，毫不夸张地说，有时甚至是顿悟。我这么说，可能有些人会觉得我有点夸张，但我坚信，凡读过沈思著作的人，与他有过交往的人，都会同意我的观点与判断：沈思是一位教育家，更是一位思想家。他不像书斋里的专家那样——行文艰涩，问题模糊，立场摇摆，基本没有解决问题的方法与勇气。相反，沈思探讨问题的语气是平和的，态度是友好的，用语是浅显的……这些不仅没有影响他对复杂问题的解剖，反而总能给人们带来醍醐灌顶般的指引。

《课堂的革命——师生平等对话录》引起了极大反响，在与读者的交流中，沈思感觉到，还需要再写一本书，才能回答一系列的问题。

无论是在农村劳动，还是在大学学习，抑或进入机关工作，后来管理工厂，直到闯入教育领域，沈思对教育的思考始终没有停息。记得有一次和沈思交流时,他对我的"管理的本质是教育"的观点高度认同。这表明,他的教育思想既来自他的思考,更来自他多年对实践的总结和提炼,也就是说,沈思已经形成了自己独到的、经过实践检验的教育思想体系。经过简单的梳理,很快,一本新的书稿就准备完毕了。2020年4月,他的第二本教育著作《教育是什么》出版。这本新书的出版,回答了读者的很多疑问,解决了不少问题,也是上一本著作的续篇。

不出所料,《教育是什么》的出版引起了更大广度和深度的反响:老读者可以在该著里寻找阅读《课堂的革命》时引发的某些问题的进一步的答案;新读者能对这些年课堂出现的机械化、板结化、压制化的焦虑找到一丝光明的曙光。

沈思这两部致力于解决当下教育问题的著作,不仅让读者重新思考教育的本质、寻找解决问题的方法,更重要的是,让大家看到了希望——只要自己行动起来,践行这两部著作中的思想和方法,就能解开当下教育的许多死结。随着读者之间交流更加深入、讨论更加热烈,对教育本质的全方位的诠释渐渐显现。一个事物,我们只要了解它的本质,就能检讨我们曾经对待它的态度与具体做法的错误之处,就能不断地纠偏,回归本质——这就是觉醒,是沈思发起的一次教育觉醒。

读者中,无论是教师、教育管理者,还是学生、家长,对当下教育思路紊乱、方法繁琐与粗暴、某些价值观的恶俗等或多或少都有切肤之痛。痛定思痛,人们一旦冷静下来,这种悲愤就会带来动力,推动读者之间的自觉交流与互动,带来各种各样的解决问题的方法和实践心得。将这些记录下来,就是教育心灵的觉醒,是重要的教育之心复苏的"心电图"。

为了更多的读者,也为了更多的人不再为教育感到焦虑,沈思决定把读者的读后感集结成第三本教育著作——《教育的觉醒》,这既是对前两本书的呼应与回应,也是前两本书的延续。

从《课堂的革命》到《教育是什么》,再到《教育的觉醒》,我们不仅能看到沉思对教育的深刻思考、提出的有效的解决方案,也能看到一个同这个国家近几十年来的命运变革紧密相连的思想者与实践者对教育的情怀和为教育付出的心血,还能感受到他对国家和社会的责任心,以及对这个民族深深的爱。

《教育的觉醒》马上就要出版了,读者是先读《课堂的革命——师生平等对话录》和《教育是什么》,然后再读《教育的觉醒》,还是先读《教育的觉醒》,再回过头来读前两本著作,完全可以根据自己的阅历、需求甚至喜好与习惯来决定,这是读者的自由。我只想说,《教育的觉醒》是对前两本书的领悟与实践的呼应、回应与延续,或者说,是一种系统性的补齐。

聂圣哲(同济大学教授)

2021 年 12 月 8 日

作为"客户"的小学生终于
发出了自己的声音！

2019年4月，心和公益基金会发起"第六届全国乡村儿童阅读暨书香校园发展论坛"，论坛举办前一个多月，秘书长伍松先生建了一个微信群，把参加论坛的老师都邀请进群里，让大家提前认识和交流。慢慢地，我发现群里有一位山西的刘红萍特别活跃，学习和交流的积极性很高，于是加了她的微信，约好在论坛期间见面。

会议期间我们发了几条短信，刘老师都在忙，我们就约好会议结束再见面。会议结束那天，我突然收到她的电话，说她在前台，我说："等我，马上过来。"大约5分钟后，我赶到前台，没看到她。给她打电话，她说很抱歉，已经离开了，要不赶不上火车啦。我当时心里有点不高兴。后来知道，那时广元到山西还没有高铁，她得从广元坐二十多个小时的火车到临汾，再换乘大巴，坐三个多小时到吉县，再开车几十分钟到安乐小学。我有些感动，心想：这女老师折腾这么远的路来参加学习，真是难得啊！微信交流中，我了解到安乐小学是吉县屯里镇的一个乡村小微学校，针对留守儿童。学校共有43个孩子，9个老师。刘红萍小时候在这里成长，长大后为陪伴家乡的孩子们留在安乐小学教书。乡村美丽的故事总是如此安静而富有温情。

后来，刘红萍老师和她所在的安乐小学参加了心和基金会支持、上海百特教育具体实施的阿福童财商阅读课，我就邀请她进入"阿福童悦读学习交流群"。她在群里一样热情洋溢、活跃积极。这个群里还有一位我邀请的学术顾问，他就是《课堂的革命》《教育是什么》的作者沈思老师。沈老师曾经做过厂长，退休后在中国科学院软件研究所支持下，在南京三江学院从培养软件工程师开始涉足教育。我曾去沈老师的课堂上参观学习，学生的活跃程度是我从未见过的。

一天，沈老师告诉我，刘红萍老师和他联系上了。刘老师建了个读书群共读《教育是什么》，有老师、家长、学生参加，每人每天读书打卡，在微信群里写了 20 多万字的读书笔记，其中小学生的读书笔记有 4 万多字。我发现小学生对于教育的诉求主要有两点：

1. 我要平等；2. 我要说话。

刘老师组建的微信群读书打卡最后的结果就成了这本书。我猜想，这很可能是中国历史上第一本有小学生参与谈论教育的作品。教育服务的对象，即作为"客户"的小学生终于发出了自己的声音！

机会只会给那些自主学习、主动展示自我的人，刘红萍老师就是这样的人。在今天的网络时代，做一个乡村教师，光埋头教书是远远不够的，不断求知、向外界展示自己、交朋友、引进资源和光明，自己成长的同时也让学生获益尤其重要。

这本书原本轮不到我说什么，但沈老师说我是刘老师和他的介绍人，希望我写篇序。盼望和刘老师一样有为自己和学生引进外来光明的老师与我联系，我愿为各位对接资源：axin@ bebetter. ore. cn。

邢宏伟（阿信）（独立学者、心和公益基金会志愿者）

2022 年 1 月 13 日

这样一定位,老师们对小朋友的看法就不一样了

昨天我们迎来了新生,小朋友们第一天的表现非常棒,没有哭闹。今天、明天以及未来好几天,我们老师都会观察小朋友,还要了解家长的情况,因为这两天小朋友和家长都处于分离焦虑期。只要平稳度过这个时期,我们在游戏课堂上、户外探索活动上、养成教育上,就能实践《教育的觉醒》中展示的案例,毕竟我们学前教育工作者,不仅仅是老师,像书中说的,"小朋友是客户,我们是服务人员"。这样一定位,老师们对小朋友的看法就不一样了。

索南永占(青海省玉树市第八幼儿园教师)

2021 年 9 月 3 日

沈思按:这是一篇幼儿教师阅读《教育的觉醒》第一部分的笔记,之所以作为序言,是为了引起对"小朋友是客户,我们是服务人员"这样一定位的重视。这样一定位,原先被认为是坏孩子的,现在有可能被认为是好孩子;原先教学中出现问题,会先在孩子身上找原因,现在会先在教师一方找原因。这样一定位,就不能把孩子分成好生、差生,孩子是客户、是上帝,教师是提供服务的一方,有责任为每个孩子提供适合其个性特点的服务。这样一定位,我们就可以彻底改变简单复制上一代所接受教育的现实,为学生提供全新的一代更比一代强的教育服务。从幼儿园开始,这样一定位,我们中国人群体在地球上的生存竞争中,就真的不会输在起跑线上了。

愚公移山也不过如此

——和江苏人民出版社副总编辑戴亦梁聊天录

2020－12－20

沈思：（转发西善花苑小学"爱-说课堂"研讨会记录）

戴亦梁：这些记录很重要。感动于沈老师从大学课堂又追踪到作为教育起点的小学课堂，去感知、去感悟、去探索那一点点微小的却是根本的质的变化。这已经是很细微处的调研思考了，能够有基础教育阶段的老师愿意一起参与、一起思考、一起研究，让我看到了希望。就像中国的孩子天生有智慧，中国的老师也是天生就有育人的爱心，只是被唯分数的标准带偏了。做关于人的事业是最重要、最关键也是最难的，但是做好了是能带来益处最多的，不管是对个人本身，还是对家庭、企业、社会、国家。您和徐书记都做了很了不起的事情，能产生今天这样的效果，是我以前不敢想象的。想到了就要去做，愚公移山也不过如此，这座"山"可能超过愚公移的那座山。只要是出发点是为了孩子也为了中国更好的未来，做什么都有意义、有动力。

沈思：愚公移山、精卫填海是值得弘扬的中华文化精神。

我请戴亦梁给南京西善花苑小学的老师写一些鼓励的话，她欣然同意：

沈老师一辈子的工作本与教育无关，因为退休后一段教育的经历，他感到中国的教育需要改变，中国的孩子有潜质也值得更好的教育，中国会因为教育的改变而变得更好。因为我责编的《第一资源——科学人才观读本》，沈老师觉得和我在教育方面会有共鸣，所以才有了《课堂的革命》《教育是什么》两本书的问世，后来通过大家共同努力才有了今天老师和同学们共同的"爱-说课堂"，才有了老师和同学们共同的改变。出书不是目的，给老师和同学带来改变，给中国教育带来改变，让每个人变得更健康更幸福、让咱中国变得更好更强才是目的。

2021-01-20

沈思：我常在家里和夫人说，如果不是碰到您，我的书是出版不了的。一般的出版社编辑怎么可能给我这个和她素不相识、没有头衔、没有名分、从来没有写过书的普通的退休老人出书呢？

戴亦梁：跟您相识是缘分也是我的福分，是中国教育的福分，只是没想到这个缘分能绵延这么久，泽被这么多人。之前您更多的教育实践是在高等教育阶段，但是基础教育更基础、更普遍，涉及的孩子更多，基础教育得不到改观，后面要费的力气更大，而且损失已经造成。教育不能只做亡羊补牢的事情，一代代的人耽误不起，国家耽误不起。

2021-01-25

沈思：前几天去金陵中学岱山分校，王敬怀校长说，一般别人送的书他是不看的，但是《教育是什么》这本书看了以后就放不下来了。他对书的评价极高，他说要让全体教师看。

戴亦梁：我觉得您是在用自己的真知灼见和对教育的真诚初心一点点"攻城拔寨"，这个"城"、这个"寨"根基很牢固，这个过程会很难也很慢，但是随着大形势的变化和倒逼,随着大家认知的进步,也不排除这一天会提前到来。虽然今天在教育这件事上大多数人还是浑浑噩噩,您的同道者不多但还是有的,相信以后会越来越多。我们不急功近利,我们只希望有更多的孩子能从这种我们所希望的教育中受益,也希望有越来越多的教育从业者和家长认识到这种让孩子真正受益、真正成长的教育,希望我们的国家和社会因为这样的教育而获得真正的力量和美好的未来。这是我的想法。

目　录

前　言

本书是继《课堂的革命》《教育是什么》之后的第三本书。

2014年2月,《课堂的革命》出版之时,出版社给书加了个腰封,上面写道:"多一个家长阅读,多一个幸福成长的孩子;多一个教师阅读,多一批健康成长的学生;多一个学生阅读,多一个走出迷茫的青年;多一个人阅读,我们的教育就多一份希望。"出版之后8年来的事实证明该评价成立。从大学教师到小学教师到家长,从大学生到中学生到小学生,该书对教育者和受教育者都有启发作用。同时,该书对我国十分缺乏的软件人才的培养也极具参考价值。

2014年3月,时任教育部高等学校生物医学工程专业教学指导委员会主任委员的东南大学万遂人教授,在读了《课堂的革命》后把书推荐给东南大学生物科学与医学工程学院的老师,老师们看了赞不绝口。同年6月,万教授邀请我参与该院教改实验,我给参与实验的200多名学生每人发了一本《课堂的革命》。阅读提高了师生对教育的认知,共读让师生取得了共识,为教改实验获得成功打下了坚实的认知基础。学生从"要我学"变成"我要学",学习热情高涨,精神面貌焕然一新。任何群体,做任何事,只要认知到位,形成共识,就能做好。同年9月22日,参与实验的张宇教授在给我的邮件中写道:"我有一种感觉,你对教育的热情和贡献,一定会让创新课程在中国成功、发展。"

2020 年 4 月,《教育是什么》出版时,微信已普及,我通过微信发布信息,竟然让地处江苏、山西、青海三省城乡的数所学校,通过对《课堂的革命》《教育是什么》两本书的阅读推动了教育进步,出现了教师乐教、学生乐学、家长也乐的可喜局面,我分别以线上线下的形式参与其间。韩愈说,师者,所以传道授业解惑也。我只参与传道,不参与授业。教育部有个三维教学目标,我只参与第三维的"情感态度与价值观"与第二维的"方法与过程",不参与第一维的"知识与技能的教学"。参与过程涉及的人、事、理汇集起来而成本书。

本书原来只有第一部分的内容,本书的序言都是在只有第一部分内容时写下的。在编辑第一部分的过程中,发生在山西省吉县山区学校里的故事,也出现在江苏省南京城区和青海省玉树藏族自治州牧区的学校里,于是就有了第二和第三部分的内容。

不断增加内容,给编辑工作增添了太多麻烦,我曾为此向编辑致歉,但编辑大度地说:"你不是在写书,是在做事,是在不停地做。"编辑的回复,让我想起了江苏省政协副秘书长、民进江苏省委专职副主委朱毅民先生在亲赴南京西善花苑小学调研时说的话:"关于教育,说的很多,说得好听的也很多,但更重要的是做,是落地!"很幸运,包括本书的三本书都是在我们中国学校的大地上做出来的。

2022 年 8 月 19 日,民进江苏省委在充分调研的基础上,在南京召开基础教育改革案例学习研讨会,参会的有全省各地 10 所小学的校长和部分教育专家,议题是《课堂的革命》《教育是什么》两本书的研讨,南京西善花苑小学在会上分享了共读两本书、创建新教育的经验。希望这次研讨会成为江苏率先实现教育现代化的起点。

第一本书《课堂的革命》是脚踏实地的教育实践的"地书",第二本书《教育是什么》是仰望星空的教育理论的"天书",现在看来,第三本书《教育的觉醒》是读天地之书而觉醒的"人书"。

《教育是什么》书里原创的三维体系理论和配图值得在此专门一提。"两论一图":人类文明进化三段论——兽道,王道,人道;思想、教育与制度三位一体文明体系理论;人类被文化而文明进化路线图。"三论三图":三维九方认知体系理论与认知体系图;三维九方课堂软环境理论与软环境图;三维九方德育体系理论与德育体系图。大道至简,人类文明进化三段论,有助于认知人类文明进化的昨天、今天和明天;三维文明体系理论,有助于认知一个文明人群体的昨天、今天和明天。外认知世界大势、内认知民族自身,至关重要。三个"三维九方"论,有助于分别从人的认知行为本身、软环境和德育三个角度认知新旧两种教育。三生万物,真期待"三"生万紫千红新教育、万千气象新时代。

多年以来,不同阶层、不同年龄段读者对书的反应提示:三本书是"悟道"读物,同读者的知识或年龄关系不大,和心灵敏感程度相关。家长不妨给孩子阅读三本书,根据孩子的反应来判断孩子的心灵是否已被应试教育磨钝。人与机器人的不同就在于人有一颗敏感的、能够被教化的心,心灵迟钝可悲也可怕。

2014年9月9日,习近平总书记在同北京师范大学师生代表座谈时讲话指出:"唐代韩愈说,'师者,所以传道授业解惑也。''传道'是第一位的。一个老师,如果只知道'授业'、'解惑'而不'传道',不能说这个老师是完全称职的,充其量只能是'经师'、'句读之师',而非'人师'了。古人云:'经师易求,人师难得。'一个优秀的老师,应该是'经师'和'人师'的统一,既要精于'授业'、'解惑',更要以'传道'为责任和使命。"

《课堂的革命》《教育是什么》《教育的觉醒》三本书可作为大、中、小学校培养"人师"的读物，也可作为大、中、小学生与家长"悟道"的读物。

三本书的素材都是一手资料，涵盖托育园、幼儿园、小学、中学、大学，以及社区教育；小学有乡村、城市和牧区的，大学有民办高校和公立高校。这些一手资料说明，我们中国从城市、乡村到牧区，从大学、中学、小学到幼儿园，教育生态一样，从学生到教师到家长的教育焦虑也都一样。可以说，我们的教育面临的困境，是社会前进中的问题，无人有错，人人有责。不要盲目指责、互相埋怨，要携起手来一起走进课堂和社区，面对教育教学真实事件，深入学生、教师与家长的心理研究教育，和教师、学生、家长一起共同推动教育进步。鉴于全国各地教育生态的高度一致性，教育进步的星星之火一旦点燃，很快可以燎原。三本书收录的教师、家长与学生的一篇篇思考教育的文章就是星星之火。

2011年涉足教育至今，从大学到小学，十多年，三本书，我对教育的认知逐渐地全面且清晰起来：

1. 师者，传道授业。"传道"是情感与一般道理的教育，"授业"是专门知识与技能的教学。教育是传育人之道，大道归一，有情感、道相同，才能共同生活、一起共事；教学是授职业之术，术有专攻，知识不同，技能相异，可以互补合作。教育是本，须用心育心，关乎善或恶、慧或傻；教学是用，须手脑并用，关乎职业能力。

2. 全社会要尊重教师，教师要尊重学生。提倡教师尊重学生，是创新教育"第一新"，也是素质教育"第一育"。无此"第一新"，不会有第二、第三新；无此"第一育"，不会有第二、第三育。

3. 教育没有中心，只有一体。教育不以教师为中心，不以学生为中心，不以家长为中心，教育是学生、教师与家长三足鼎立、三位一体之事。此观点受南京西善花苑小学三（1）班学生张雅怡阅读前两本书读后感里写下的"教育就是，师生平等，善于沟通，一起学习，其乐融融"，以及山西省吉县安乐小学家长武亭亭读书笔记里的"我觉得《教育是什么》和《课堂的革命》这两本书应该让所有的学生和家长一起读一下,这样学生、老师和家长的教育理念才能同步,孩子才能真正受益"的启发。而实际情况是,作为教育之鼎三足之一的学生,其对教育的感受、观察与思考被完全忽视,他们对教育的话语权是零,原本该三足支撑的教育之鼎,只有两个足在勉强支撑,成了跛脚之鼎,让扛鼎之人疲惫不堪。我们的大学和小学的教育实践都证明,只要还给学生原本就该有的话语权,以主人之一的身份加入"扛鼎人"的行列,教育之鼎就能稳稳地立起来。鼎立,国昌;不立,国衰。

教学有中心,以学生为中心。比如,小学教材的编制要以小学生平均认知力水平为中心展开,中学教材的编制要以中学生平均认知力水平为中心展开。面对不同学生个体,要以个体的禀赋爱好、认知力水平为中心设定教学目标与教学方法,因材施教。

4. 家庭教育中,亲子关系为"第一育",兄弟姐妹关系为"第二育";学校教育中,师生关系为"第一育",同学关系为"第二育"。关系好,则教育好,素质高;关系坏,则教育坏,素质低。教育好,则教学好搞;教育坏,则教学难搞。反之,如果教学模式让师生、亲子关系和谐,那么这个教学模式就对了;如果教学模式让师生、亲子关系紧张,那么这个教学模式就得改。

5. 听话、说话与对话,对话最重要。对话,对个体,能相互激发心灵智慧;对群体,有助于社会和谐;对世界,有利于人类和平。马斯克说他的学习方法是,读尽可能多的书,和尽可能多的人交谈。所以,"读万卷书,行万里路,和万人谈",是有助于更多的"马斯克"成长起来的好办法。宜提倡师生、亲子、学生间经常平等对话。

6. 主动学习好,被动学习坏。主动学习可同时提高智力与智慧、体格与人格、成长和成绩;被动学习效果相反,学生易患抑郁症。

7. 小学比大学更重要,成长比成绩更重要,心灵精神成长比肉体大脑成长更重要,思想力比智力更重要,道理比知识更重要,在实事中用智慧感悟道理比在书本上用智力学习知识更重要。

最后说说三本书的书名。《江苏教育》杂志张俊平主编在他写的序言中说三本书的书名大得"吓人"。第一本是先写书后取名,书名是编辑取的;第二本也是先写书后取名,书名是自己取的;第三本的书名,是在看到小学生、老师和家长的读书笔记之后,准备写书之前,自然而然冒出心头的。师者传道,道无所不在、无所不包,可见道之大;传道的目的是期待悟道,悟道即觉悟、觉醒,可见道之高。所以书名想小很难,书名大就对了。把三本书的书名按出书时间先后连起来看,竟然能瞧见三个书名之间的内在联系——搞了一场师生皆大欢喜的《课堂的革命》,搞清了《教育是什么》,启发了《教育的觉醒》。

民族复兴,万事俱备,只欠教育觉醒,三本书有唤醒功能。

沈　思

2022 年 11 月 20 日

第一部分

山西省吉县屯里镇安乐小学读书会纪实

山不在高，有仙则名；村不在大，有教则灵。

学生每次被老师骂，他们不去反抗，主要是不敢反抗，而是选择默默地承受。

——安乐小学四年级学生武玥茹

我不希望家长代替我思想，我一点独立的空间都没有。

——安乐小学五年级学生赵子涵

如果学生没听懂，首先应该检讨的是老师自己，其次才是孩子。可怜我们的学生为失败的课堂教学背了这么久的黑锅。

——安乐小学校长刘红萍

当分数整体有所提高的时候，我的内心是喜悦的，是有成就感的，尤其是分数的提高不是通过体罚或者辱骂学生得来的，而是通过尊重和关爱学生得来的。

——安乐小学教师刘娇

我觉得《教育是什么》和《课堂的革命》这两本书应该让所有的学生和家长一起读一下，这样老师、家长和学生的教育理念才能同步，孩子才能真正受益。

——家长武亭亭

想让孩子自觉地、欢喜地学习吗？想让员工精神饱满、充满热情地投入到工作中吗？好好看看《教育是什么》吧！

——山西河津幼儿教师昝丽

刘红萍校长：书中说人的精神活动有欲望、情感、思想三个层面，我觉得我们这个团队好像已经上升到第三个层面了。

朱丽丽老师：就像今天下午这样，我们拒绝了站在村口晒太阳、侃大山，来到这里充实自己的头脑，这该就是思想力的作用了吧。

——2020 年 4 月 21 日读书会线下茶话会上的对话

我的第二本书《教育是什么》于 2020 年 4 月出版之后，我通过微信广而告之，素未谋面的山西省临汾市吉县屯里镇安乐小学的刘红萍校长通过微信和我建立了联系。她组织了一个教师、家长和学生共同参与的读书会，共读《教育是什么》，每人每天写打卡笔记，一共写了 20 多万字的读书笔记。读完这本书之后读书会成员意犹未尽，于是继续读了该书的姊妹篇《课堂的革命——师生平等对话录》，又写了近 10 万字的读书笔记。我建议刘校长把读书笔记整理出来编撰成书。我之所以建议整理笔记编撰成书，是因为以下几点：

第一，是因为"情"。我 1973 年中学毕业后插队农村，到 1978 年离开农村，整整五年和农民朝夕相处的生活让我对农村和农民有了终身难以忘怀的感情。虽然我已经离开农村很多年了，但是总想着能有机会为振兴乡村做些什么。

第二，是因为"接力"。教育不是一个人或一代人的事，而是千家万户、千秋万代的事，是需要一代又一代持续不断接力下去的事。而这些读书笔记正是学生、教师、家长，少年、青年、中年，以及我这个老年人共同思考教育的产物。

第三，是因为"人性"。在我之前写的书里有提到，人性＝良知良能＝求知欲＋善良＋智慧。思想家大卫·休谟认为，一切科学都与人性有关，对人性的研究应该是一切科学研究的基础。转变思想、解放个性、释放人性应该是教育的真谛。而在那一篇篇记载着真人、真事与真话的情理交融的读书笔记里，有着教师、家长和学生们心灵释放出的满满的人性。

第四，是因为"学生"。教师和家长之所以能写出近 30 万字的近乎"忏悔录"一般的笔记，是因为读书会里有学生。这些学生的心灵和书本产生了共鸣，释放出心里原本就有的善良与智慧，从而唤醒了教师和家长深埋心底的良知良能。3 个只有十来岁的小学生共写了近 5 万字的读书笔记，他们是在没有任何要求的前提下自觉、自由地写出来的。刘娇老师在看到学生的笔记后发出这样的感慨："我很佩服四、五年级孩子阅读打卡的内容有时候竟然比老师和家长还要通透。"

第五，是因为"哲学"。哲学是爱与智慧的学问，是实践性很强的学问。一篇篇老师和家长结合自己的学校和家庭教育实践写下的读书笔记，一篇篇学生结合自己对所接受的学校和家庭教育真实感受写下的读书笔记，虽然没有哲学书上的专门名词，但篇篇都是充满爱与智慧的哲学札记，生动、深刻、发人深省，极具借鉴意义。

第六，是因为"振兴"。2020年12月28日，习近平总书记在中央农村工作会议上发表重要讲话，强调全党务必充分认识新发展阶段做好"三农"工作的重要性和紧迫性，坚持把解决好"三农"问题作为全党工作重中之重，举全党全社会之力推动乡村振兴，促进农业高质高效、乡村宜居宜业、农民富裕富足。富裕，在物质；富足，在精神；精神，在教育。老师、家长与学生们用心写下的一篇篇读书笔记里，就藏有振兴乡村教育的方向与方法。

2021年5月12日，我多年的好友诸健先生在看到本书书稿后，陪同我去拜见90岁高龄的吴镕老先生。吴老曾任江苏省政协秘书长，是中国著名"三农"问题专家。吴老送我一本他写的《乐斋杂烩汤》，让人惊喜的是，我们写书的特点惊人地相同，即都是真人、真事、真话。我们对中国农民群体的认知也不谋而合。吴老写有这样一段话："中国农民是聪慧、睿智的，加以点拨，强化教育，无数的人才就会涌现出来，无穷的财富就会创造出来。"本书能证明，吴老以他一生的实践、观察与思考得出的这一结论是完全正确的。

对 话

一、和刘红萍校长的线上对话

2020 - 04 - 01

刘红萍：我是群聊"阿福童悦读学习交流群"的无言。看到阿信老师在群里推荐您的新书。

沈思：您是老师？

刘红萍：小学老师。

沈思：我给您寄书，如果愿意接受我的赠书我会很开心。

刘红萍：你可以送我别的书（恕我脸皮厚），但您的书我一定要付钱，这是对作者最起码的尊重。我想试着搞个读书会，共读书目就选这本书。

沈思：有没有可能邀请一些学生参加？

刘红萍：您给的建议真好，我马上安排，原来只想请家长，如果学生也加入确实完美。

沈思：我发现，虽然客观上学生是教育唯一的服务对象，但是无论小学、中学还是大学里的教师讨论教育问题时，在主观上从来就没有想到过邀请学生参加、听取学生意见（家长也一样），而没有学生参与、不听取学生想法的一切关于创新教育的努力都只能是空转。

刘红萍：就是！不客气地说就是不把孩子当人，只是当盛知识的容器。对学生少了尊重，就违背了教育的真谛。

沈思：开饭店，没有服务顾客的意识，不把顾客放在第一位，饭店能开好吗？办学校，没有服务学生的意识，不把学生放在第一位，学校能办好吗？

刘红萍：对！

2020 - 04 - 02

刘红萍：又看了一遍您的简介，真是旁观者清！从事教育行业的人，大多是不懂教育的人，悲哀呀！

沈思：师者，传道授业解惑。传道即情感与一般道理的教育——做人的道理，授业即专门知识与技能的教学——做事的方法，解惑则是贯穿在传道和授业过程之中提出问题和解答问题的过程。李嘉诚说他教育自己的孩子，90%是怎么做人，10%是怎么做事。常识告诉我们，事情都是人做的，什么样的人做什么样的事。现实中，懂得专门知识与技能教学的"业师"比较多，明白情感与一般道理教育的"人师"比较少，甚至普遍存在把教学当作教育全部的错位认知。这些都是教育不尽如人意的根本原因。

刘红萍：很多老师只把教师这个职业当饭碗，没有长远眼光和教育情怀。

沈思：当饭碗没有错，没有情怀有点遗憾。教学可以没有情怀，教育必须有情怀，否则会不自觉地供应学生"负的教育"——传给学生落后的道，即教学生错误的做人道理。

2020-04-03

刘红萍：我拉您进群，您先潜水两天，我想通过自己的努力动员大家。

沈思：这件事从头到尾必须由您主导，我只能敲敲边鼓。您是校长？有如此大的号召力！需要我怎么配合请随时吩咐。

刘红萍：我喜欢读书，喜欢教育，身边的人喜欢我，仅此而已。

沈思：你喜欢身边的人，身边的人就喜欢你，一定如此。喜欢是最好的教育方法，老师喜欢学生，学生就会爱戴老师、喜欢学习；老师讨厌学生，学生就会畏惧老师、讨厌学习。长期讨厌学习而又不得不学习，可能会得抑郁症。如果学生能被邀请参加读书会，和老师一起阅读、平等讨论，他们将会表现出对老师发自内心的真诚的爱戴和您从未见过的学习热情。

刘红萍：下午我和学生有个见面读书会，想借此机会征求他们意见。

沈思：我今天看到一篇关于教育国际化的文章，产生了一点想法与您分享。什么是国际化的教育？挂个国际学校的牌子就是？不是。全英语教学就是？不是！用爱滋养心灵、唤醒人性的教育才是不分人种、国别、城乡的国际化教育。据此，乡村学校一样可以为学生提供用爱唤醒人性的国际化教育服务。

刘红萍：话题看上去很高大，答案却直指人心。

沈思：我给参加读书会的学生赠书好不好？

刘红萍：我想让他们自己买，从小养成买书、看书的习惯。要让孩子有意识：在所有收入里，有一部分是需要支出买书的。从小就有这样的意识，长大后就不容易忘了看书。

沈思：确实，少成若性。小时候养成的阅读习惯终身难以改变。我的阅读习惯是学龄前在家门口卖小人书的店里养成的，从小到大阅读和吃饭一样不能少。

刘红萍：我最近在学财商，觉得要培养孩子哪些钱该花、哪些钱不该花的意识。养成买书习惯他们会终身受益。

沈思：我有这样一个观点：一所学校能养成学生阅读习惯，办学就成功了；一个学生在学校里养成阅读习惯，就可以毕业了。

2020 - 04 - 06

刘红萍：昨天忙完已经十一点了，光是看了封面就感动得不行，要不是怕影响家人休息估计就读到半夜了。今晚先热了下场，您抽空去看看情况，给点指导。

沈思：您声情并茂的暖场演讲很感人！您说得对，动物的爱局限于血缘关系，而教育的功能是激发心灵里超出血缘的爱，教育的方法是用教师的爱激发学生的爱。

刘红萍：读书是一件好事啊，但是现在愿意读书的人太少。前期肯定吃力，但我愿意坚持下去，力求带动更多人一起阅读。

沈思：毕竟我们中国人信奉"万般皆下品，唯有读书高"千百年了，有重视读书的精神基因。默读不如朗读，朗读不如抄书，抄书不如共读。

2020 - 04 - 10

沈思：之前和您提及的出版计划，我的想法是慢慢积累，集结成册，争取出版。不过这个设想最好暂时不要和其他人说，搞学问不能有功利心，功利心会妨碍善良、蒙蔽智慧。

刘红萍：老师们都很用心。看着大家的感悟，心里满满的感动。

沈思：我们中国人的心灵中蕴藏着巨大的人性即求知欲、善良与智慧的资源，有待通过创新教育去开发！

刘红萍：说实话，没想到大家积极性这么高，我都没敢动员全部身边人参与。您时间允许的话，看看老师们的打卡内容，包括我的点评。我点评主要有两层意思，一是交流，二是鼓励。

沈思：我第一本《课堂的革命》大部分内容就是学生写的"课堂日报"

和我写的点评的集合。可能的话，您把老师、家长、学生的打卡笔记和您写的点评打包发给我？

刘红萍：可以的，我来整理。一本书读完后统一整理，还是每天整理当天的内容？

沈思：您根据自己的时间，每天、每周都行。强烈建议让学生做，一开始指导一下，然后放手让他们做。做，是最好的学习。

2020 - 04 - 14

刘红萍：正如您所料，学生参与确实会打破成人一些固定的思维模式，能收到很好的效果。那几个孩子信心满满地回家读书去了。

沈思：学生是学校的"客户"，一切教育和教学的效果都要在学生的成长状态上体现出来，如果学生不能参与，是不是不合情理、不符逻辑？试想一下，如果教育局要在你们学校举办活动而又不和你沟通商量，你会怎么想？或者你虽有想法但又不敢说（学生就是这样），活动能办得好吗？

刘红萍：昨天开读《教育是什么》，有种偶遇知音的欣喜，字字入心，使人一下子脱离混沌的感觉，心里也跟着明亮了起来。

2020 - 04 - 19

沈思：当下全国各个阶层关心教育的人都在分享你们老师、家长和学生写的读书笔记。公众号、朋友圈、聊天群都在讨论。

刘红萍：我们这群微不足道的小人物竟然能引起大家的关注，好开心！也更有阅读动力了！

沈思：就事论事，莫以官职论事；有理说理，莫以职称论理。正义、真理和官位大小、职称高低、钱多钱少无关！

刘红萍：对，这是道的境界。世间万物平等，没有人活该被歧视，也不能因为渺小就放弃对崇高理想的追求。

沈思：你和你的师生团队很优秀。从师生的读书笔记可以看到，在你的带领下，蕴藏于师生心灵的人性正在被逐渐唤醒，求知欲、善良与智慧正在阅读与交流中一天天释放。

2020 - 04 - 20

刘红萍：选择《教育是什么》作为共读书目简直太明智了！共读过程中引发很多思考与碰撞，人人爱不释手。我看了学生赵子涵今天的打卡，内容很可爱。他说："我读了这些文章以后，我最想说的就是，为什么作者可以写得这么好，而我感觉我们还没有作者写得一半好，但我觉得我们一定可以做作者那样的人。而且这本书中的知识帮我解决了很多困惑。所以，我很喜欢这本书。"孩子之前的很多困惑在这里找到了答案，他自己也有了清晰的人生追求——成为像您这样的人。

沈思：打卡的内容我全部移至电脑，您也保留一份，让学生也保留一份。给学生承担责任的机会，他们会高兴的，也会尽职尽责的。

刘红萍：昨天和一个老师聊，读书就想画个重点，但在读这本书的时候发现自己画下来后竟然没有空白了。昨天茶话会上大家也开玩笑说，把这本书"迫害"得面目全非了。遇见《教育是什么》简直就是老师们的福音，相信她们读后都会有不同程度的改变。

沈思：更是孩子们的福音。

2020 - 04 - 21

刘红萍：有个老师说，这本书就像有能量一样，每天有时间就想翻几页。我也有这样的感觉。总觉得每句话都像名人警句一般，有种想背下来的冲动。有老师说道、术、器看不懂，我建议她抛开道、术、器三个字看其他内容。我是通过后面的内容来理解这三个字的，她是想通过这三个字来理解后面的内容，所以被束缚住了。

沈思：我用道、术、器三个字，是为了对接我们老祖宗的智慧，实际上不用也可以。你抛开道、术、器先看其他内容的建议真的是太好了。不能怪这位老师，多了这三个字确实多了思维的束缚。难怪禅宗把"不立文字，直指人心"作为弘法之道。传播真理离不开文字，但人又往往为文字所障目。不过，有了集体的智慧，就没有不可解决的困难。

沈思："上文是在一个大山深处的乡村小学里展开的一场关于《教育是什么》的讨论会，参会人员有校长、老师、学生、家长。这是一场讨论教育根本问题的哲学讨论会，是一场以真人、真事、真话为特色，以正义、真相、真理为追求的讨论会。"准备加这个"编者按"发布你们讨论会的内容，可以吗？

刘红萍：您说得好高大上。

沈思：不是说得高大上而是真的高大上。"教育是什么"就是一个哲学命题。

刘红萍：有意义的事情，实实在在地去做，不需要去跟环境讨价还价，不追求场面是否华丽隆重。这是我的态度。

沈思：情感与一般道理教育（传道），城市乡村、小学大学都一样；专门知识和技能教学（授业），做工务农、大学小学不相同。这是我看到你们的讨论会记录后的感悟。

刘红萍：确实如此。

沈思："我们给孩子多大信任，他们就能给我们多大惊喜！"您这句话说得太对了，这也是我的切身体会。

刘红萍：这本书给了我很多灵感，让我有了更深层面的认知。书里的很多话都直击读者心灵，既指出了当下教育的弊端，又点明了发展方向。

2020 - 04 - 23

沈思：告诉同学们，有话不说是错的，说出来的话只有不同没有对错。不要怕错，做的越多，错的越多，学到的就越多。重要的是学习过程而不是结果，人在学习过程中成长。

刘红萍：今天外出，开一天车，刚进家，还没来得及看大家打卡。

沈思：文武之道，有张有弛，建议大家周末休息。

刘红萍：这个主意好！这两天我自己都有点扛不住了，忙不过来。大家确实读得很用心，打卡笔记也做得认真。

沈思：老师们写得真好！我特别喜欢看。孩子们写得那样认真，感悟多么可爱！我天天转发，分享给全国各地关心教育的人士。

刘红萍：真没想到，我们这样一群微不足道的小人物的一次阅读活动，竟能引起大家的关注，真的激动得想哭。

沈思：对了。武玥茹同学在打卡笔记里写了，她上课容易打瞌睡，可能是摄入能量不足引起的。大熊猫睡得多，因为它只吃竹子，摄入能量不足。

刘红萍：我跟她妈妈说一下。看她打卡笔记，这孩子是真读懂这本书了。

沈思：人心都是相通的，无论大人孩子。不知是否可以建议武玥茹找机会给爸爸妈妈读一段书，相信她爸妈会听进去的。

刘红萍：她妈妈也在读书群里，而且她今天也对自己的家庭环境做出了反思。可以建议孩子给爸爸读。

沈思：良知良能和人的四肢一样天生就有。孩子的阅读一定会唤醒爸爸的良知良能。

刘红萍：看到老师们最近都在通过阅读反思自己的日常工作与生活，我觉得特别好。学而后思，思而后做，做的过程中发现问题再及时解决问题，坚持这样走下去，我们的教育改革就看到曙光了。

沈思：曙光已经在安乐小学显现！

2020 - 04 - 27

沈思：请把今天晚上讨论会上的对话都保留下来。

刘红萍：好的。今晚的领读内容有点凌乱。

沈思：领读起个头，激发大家自由发言即自由思想，只要是真心话就好。

刘红萍：这是领读的最终目的。有几位老师建议这本读完了继续共读《课堂的革命》。

沈思：师生讨论的都是根本性的大问题，真的很了不起呢！

刘红萍：计划读完后趁热打铁，每人写一篇好书推荐并且整理读书心得，把碎片化的收获像一颗颗珍珠一样捡起来，系统性归纳一下，就好比用线把它们串起来。

沈思：这个想法好！没想到师生的潜力那么大！你组织发动得好。

刘红萍：多亏当初您强烈建议让孩子加入阅读，不然真不知道孩子的阅读理解能力这么突出。

沈思：忽视教育服务对象——学生的现象普遍存在于全国各地。我有次与上海的姜老师聊起来过，我说，没有孩子就没有教育，教育为孩子而设。姜老师说，是的，但很多时候教育总是只在大人之间交流，忽视了孩子的要求和感受。

刘红萍：确实。

2020 - 04 - 28

沈思："专业老师等有了再配，课不能等有了专业老师再上。"这句话说得真好！您是一位称职的校长、优秀的组织者。建议办合唱团，儿童合唱团更是天籁。没有专业老师怎么办？建议一，请喜欢唱歌的老师兼任。建议二，选拔几个喜欢唱歌的高年级学生成立一个专门小组，学习研究怎么组织合唱，教会大家合唱。建议三，在网络上学。只要唱起来，总会越唱越好，真正的育人价值就体现在唱歌的过程中。

刘红萍：好！除了加强体育课外，再开个合唱团。

沈思：音乐包含体育，当然不能代替体育。

刘红萍：那就音乐体育同步进行。

沈思：同步进行，掌握节奏，循序渐进。体育和音乐专门知识和技能都可以在线学习，同时让学生参与教，教的学习效率远大于学。

刘红萍：嗯嗯，这些建议非常重要，谢谢您提醒。认识您后好像才认识"人"。

沈思：不能认识"人"，哪里会有真正的教育？现在的人，包括教师和家长在内，大都只关注知识，而不关注学习知识的人。

刘红萍：是的。就是这么回事。

沈思："看了她们的读书笔记，觉得自愧不如。"这是上海一位很优秀的教师朋友看了安乐小学师生的阅读打卡后发给我的短信。

刘红萍：是《教育是什么》打开了师生们的心路。

2020 - 04 - 30

沈思：老师的工作是让学生喜欢学习，学生的工作就是学习。

刘红萍：唐坤民老师给我发来微信："今天我不打卡了。打了两天针，有点累。真的感恩遇见，这本书也让我反思了很多，帮助我调整心态。今天医生和护士都说，我治疗效果很好。我也在医院给他们分享这本书。我们以前的教育做的是'器'的层面，舍本求末了。感谢这本书，更感谢我们一起读这本书。"病中的唐老师让我感动，是您的书点燃了她的希望。读过这本书的人都想推荐给身边的朋友，不止一个人给我这样的反馈。

沈思：不管什么病，治病先治心，治心就是战胜对疾病的恐惧心理。有这样一种说法，70%的病人不是病死的，而是被疾病吓死的。我这个年龄这样的事例不少见。

刘红萍：所以说，共读这本书不仅解惑，而且使人快乐，更是功德。

2020 - 05 - 02

刘红萍：赵立琴老师自认为不爱读书、不会说话，更不会写作，但从共读这本书开始，经常一天打两次卡，每次写一大堆，这不，又主动买了《课堂的革命》。她把《教育是什么》说成"秘籍"，《课堂的革命》说成"招式"，倒是很贴切呢。

沈思：书读完后，各位老师和同学按您计划的那样，把每天的打卡笔记整理成册就好了。我很喜欢看，我相信其他人也会喜欢看，他们写的都是真心话，都是理论联系实际的话。

刘红萍：好。读书笔记我每天都整理。我们的共读活动今天就结束了，我今晚做最后一次领读分享。您要不要跟大家说点啥？语音不方便的话，您发段文字可以吗？

沈思："读书会的各位老师、同学、家长，你们好！衷心感谢你们喜欢读我的书，感谢你们每天的读书笔记给我的生活带来的快乐，感谢你们每天的读书笔记给我的思想带来的启发，感谢你们允许我同全国各地各行各业关心教育的人士分享你们充满善良和智慧的、理论联系实际的读书笔记。我认为，这次读书会为我们大家合作起来，一起推动中国教育事业的转型升级，为下一代享有现代教育服务，从而能够身心健康地全面成长开了一个好头。我相信，我们的合作将会持续下去，将会有越来越多的人参与到我们的合作中来。最后我要特别感谢刘校长把我领进了你们的读书会，让我有机会分享你们用善良与智慧烹饪出的一道道精神大餐！"这样写行吗？

刘红萍：非常好！

沈思：请帮我转达祝唐校长早日康复的心愿。

刘红萍：谢谢。唐老师发来的微信："非常感谢这本书，让我思考怎样做老师，我在医院的时候，也把我的感想分享给关注教育的朋友。我觉得越来越多的人开始思考教育、反思教育是件好事。"这本书成了唐老师特殊时期的"强心剂"。

沈思：是啊！无论是教还是医，让心灵强大起来都是第一重要的。

刘红萍：一本好书能改变一个时代。

2020-07-05

沈思：书在写吗？

刘红萍：您是说整理之前的读书笔记？

沈思：是的。之前近20万字的笔记值得尝试出一本书。我这两天又读了打卡笔记，老师们既是教师又是母亲，既有实践又有理论，她们对教育的感悟有的是从母亲的角度出发，有的是从教师的角度出发，十分真切，感人至深，值得与众人分享。此外，我还有这样的阅读感受：大山深处的自然环境没有被污染，大山深处乡村教师和学生的心灵也没有被污染，仍然像山涧泉水一样清澈明亮。没有被污染的心灵，才能充分释放出能够辨识正与邪、善与恶、是与非所需要的善良与智慧。

刘红萍：您能给我点具体思路吗，关于如何着手整理？是不是在思想观点不动的前提下可以进行适当的文字修改？

沈思：整体保持原汁原味，只做文字的适当修改。艺术的感染力讲究的就是一个"真"字。

刘红萍：要不要把这次《课堂的革命》打卡也选取一些？看大家这次的打卡也很有意义。

沈思：很好！我也有这个想法。

2020 - 07 - 28

沈思："校长为教师服务，教师为学生服务"，这是我给南京市雨花台区西善花苑小学窦校长提的建议。

刘红萍："当好学校的主人，做好师生的仆人。"这是我的校长观。

沈思：大道归一！您的校长观一旦成为大多数校长的校长观，中国教育现代化就实现了。

二、转变师生关系是改变教育最重要的一步

——2020 年 4 月 19 日第一次线上讨论会实录

郭静静老师：要不，我们讨论点什么？释放一下大家的求知欲。

刘红萍校长：你来抛题吧。

郭静静老师：哪位伙伴有想讨论的问题吗？可以提出来。

小学生武玥茹：校长说的"色欲"。

郭静静老师：你是如何理解的呢？

刘红萍校长：色欲，在满足温饱的基础上，对生活有更美好的追求，对吗？

小学生武玥茹：我的理解是对生活有更加美好的追求，穿好、吃好。

郭静静老师：我们都知道转变师生关系是改变教育最重要的一步。群里的伙伴们，你们对此有什么好的办法呢？如何才能真正做到转变师生关系，而不是纸上谈兵？

小学生武玥茹：我觉得，如果师生关系是平等的、平起平坐的，那学生就都会很快乐，就会喜欢学习。而且老师也不会去骂学生，更不会对我们施加暴力。

仇鑫鑫老师：我觉得要和学生打成一片，交朋友。

小学生武玥茹：我们不可以去惹老师，但是老师也要给我们一点思考的机会。

刘红萍校长：对，首先是态度，平等很重要。

家长朱慧颖：我觉得书里说的挺好，首先是解除学生对老师的畏惧。

郭静静老师：孩子们，你们敢对自己的老师刨根问底吗？

小学生武玥茹：有时敢，有时不敢。

郭静静老师：为什么？

小学生武玥茹：因为有的时候老师生气，有的时候老师开心。老师开心的话，问什么他都可以回答你；老师不开心的话，你问什么，他都不会回答你的。

刘红萍校长：情绪化。

郭静静老师：对，情绪也是一堂课成功与否的重要因素。如何平衡应试教育与素质教育呢？

王钰杰老师：从神圣的讲台走下来，彼此欣赏，每天对学生说一句赞美的话。

郭静静老师：这个方法不错，我"偷"走了。

贾成阳老师：蹲下自己的身体，放低自己的姿态，以平等和友爱的方式跟学生交流。

刘红萍校长：把握好"度"很重要。

刘梅珍老师："度"是个技术活，不好把握。

家长朱慧颖：时间久了会斟酌出来的。

郭静静老师：其实，我觉得共读就是一个不错的选择。我们可以在书中去感悟，去思考，去寻找。

大学生袁文玲：老师应该多采纳学生意见，可以试着每周让每位学生都提出一点老师这周内做得不好的地方，并且让学生看到老师非但没生气还认真改了，这样，慢慢地彼此间的信任就建立起来了。

王钰杰老师：值得一试。

刘红萍校长：这样在孩子心里才算真正的平等吧。

郭静静老师：不错不错。等开学了我也试试。

大学生袁文玲：类比书中提到的学生给老师评分的制度。

郭静静老师：考核制度。

贾成阳老师：老师用考试评价学生，学生用考核评价老师，的确是很接地气的、真正的平等。

小学生武玥茹：我们一直被要求听大人的话和老师的话，不可以不服从，他们说了我们就得去做。老师骂你，你就得承受着。一直听大人的话。要告诉自己，老师、父母都是为我好。

王钰杰老师：武玥茹说出了多少孩子的心声啊！

郭静静老师：你可以发表自己的观点。你认为家长或者老师哪里不对？如果你说得有理有据，我们是可以接受的。

小学生王欣雨：我想到了毛主席说的：我们如果有缺点，就不怕别人批评指出。不管是什么人，谁向我们指出都行。只要你说得对，你们就改正。你说的办法对人民有好处，我们就照你的办。

大学生袁文玲：这几位小朋友真是太棒啦，后生可畏！

小学生武玥茹：老师时不时会罚写，我们知道这根本是没有用的，但是还是要去写完。老师说什么时候交，就得什么时候交，一分钟也不能晚。还有考完试之后，如果考不好要挨骂，还要挨打，我觉得这种行为不好，因为打了骂了之后还是不会。为什么要白白挨打、挨骂呢？

家长武亭亭：说得真好！

郭静静老师：如何开始呢？我的理解是：教师先得有能接受学生不同观点的胸怀；学生先从敢于提问入手。我们共同的努力方向是：敢于实事求是。

王钰杰老师：其实，老师也知道有些做法不对，但是好像除了习惯的手段之外没有更好的办法了。在读了这本书后，思想上有一个很大的转变，即要改变习惯。至于如何改变，还需长时间探索。

三、这该就是思想力的作用了吧

——2020 年 4 月 21 日线下茶话会实录

◆话题一：疫情期间大家都挺忙，你为什么选择参加这次读书会？

小学生赵子涵：家里人文化程度低，爸爸才上完初一，没有和我一起聊书里的内容，我想和大家一起读、一起交流。

小学生武玥茹：我想和大人一起看书交流，这样肯定能提高自己的水平。

朱丽丽老师：就因为看了这本书，那天面对让人闹心的一个学生，我克制住了自己，没对他发火，读这本书使我成长。

刘梅珍老师：对，这本书像是我们的镜子。在书里我看到了自己以往的样子。

小学生赵子涵：读书有时和玩游戏一样，也很吸引人。那天我读《教育是什么》的时候，妈妈叫我吃饭，叫了两遍我都没听见，后来还是她过去拍了我一下。感觉一旦读进去就拔不出来了。

刘红萍校长：我一直认为读书是件和吃饭一样重要的事情，所以也希望有更多人喜欢读书，但总有些人以各种理由拒绝读书，比如自己读不进去啦，过了读书年龄啦，等等，你们对此有什么看法？

朱丽丽老师：什么人都可以读书，而且什么时候开始都不晚，只要自己愿意读。

小学生武玥茹：我认为有知识的人得读书，没文化的人更要读书。有知识的人如果不读书，他就会慢慢变得没有知识了，变得很笨；没文化的人当然得好好读书啊，不然他这辈子就那样了。

刘红萍校长：哈哈，武玥茹口中的"就那样了"是指怎么样了呀？

小学生赵子涵：很笨、很穷。

小学生王欣雨：愚昧、无知。

家长朱慧颖：一辈子一事无成。

刘红萍校长："人"字只有简单的两笔，这两笔就像两种不同的人生，或者优秀，或者平庸。

小学生武玥茹：这两笔就是说，"人"可以长成一个好人，也可以长成一个坏人。

刘红萍校长：你这么说好像更具体形象呢。那到底是什么决定我们最终是"好人"还是"坏人"呢？

朱丽丽老师：是我们自己的态度。

家长朱慧颖：是我们所处的环境。

刘红萍校长：你们说的都有道理，但我觉得更重要的是自己的选择。就像今天一样，我们就选择了做个读书人。

刘梅珍老师：当个读书人其实也不难。刚开始拿起这本书的时候就是为了完成任务而读的心态，很煎熬，坚持了几天后就觉得已经养成习惯了，每天都想着抽时间去阅读。

家长朱慧颖：所以说，前期对自己的约束很重要。没有读书习惯的人最好从参加共读活动开始，有人督促有助于养成读书习惯。

◆话题二：在接触到《教育是什么》这本书之前，你对教育的认识是什么样的？

小学生武玥茹：学生要听老师和家长的话，让干什么就干什么。

小学生赵子涵：得考高分，考不好就要挨打。

小学生王欣雨：要活成大人希望的样子。

朱丽丽老师：没读这本书之前，我认为教育就是讲好每一节课，孩子们都能很好地配合老师；对于自己的孩子，我希望他将来能出人头地。但是现在，我更希望孩子能更好成长，能多些自由或者说自主。

家长朱慧颖：我以为多才多艺就是每项技能都会一点，所以对孩子要求从不严格，后来老公提醒我说，那不成"一瓶不满，半瓶晃荡"了吗。

刘梅珍老师：我一直认为，教育就是老师精心地讲，学生按照老师的要求用心地做。

刘红萍校长：看来，教育在每个人眼里都有不同的样子，但这个"不同"似乎仅仅是语言表达方式的不同，总体来说无外乎老师讲、学生听，大人安排、孩子照做。如果哪个老师能把孩子拧得特别紧，那他就会被认为是个好老师；如果谁家的孩子特别听话，考试成绩也高，那他就是公认的好孩子。这是目前普遍的教育观。

◆话题三：在读过《教育是什么》这本书后，你认为教育应该是什么样的？

小学生王欣雨：应该人人平等，从思想上平等。

小学生赵子涵：我读过这本书才发现，老师很多时候都像"驯兽师"，而我们就像小动物，很可怜。

小学生武玥茹：小孩子只有在开心的时候做事情才做得好、做得快，像书里说的那样。人的心灵最重要。心灵排第一，脑力排第二，体力排第三。

朱丽丽老师：老师应该和学生打成一片，知道我们最终要培养什么样的人，师生共同商量着制定学习方案并一起完成。

刘梅珍老师：我们老师应该尊重孩子，首先把说话的权利交给孩子，让孩子不管在课堂上还是生活中，都敢说、敢问。

家长朱慧颖：我现在明白了，判断一个孩子的标准不能只看他成绩的好与坏，应该从方方面面去衡量。比如，我们要教孩子控制自己的情绪。这方面我们大人也很受益，昨天晚上我和老公还讨论如何用书里的说法让自己学会控制情绪。

刘红萍校长：看来你很适合读书，能思考，还善于学以致用。

小学生赵子涵：我是一边读一边画出有意义的句子，也在书上写自己的感想。

小学生武玥茹：我每次都是读三遍，第一遍粗读，第二遍细读（精读），第三遍浏览一下，做笔记、打卡。

刘红萍校长：哇！你好厉害！和我今年的"读书三部曲"不谋而合。书读一遍，犹如看别人身上的衣裳，就算华丽炫目，也会转瞬即逝；书读两遍，犹如自己身上的衣裳，可存一年半载；手过一遍，则犹如自己身体上长出的肉，不会轻易割舍，入髓、入魂，渐渐的，你的行为里会有书中人的影子。正所谓：一遍过眼，二遍掠心，三遍入髓。

家长朱慧颖：书中说最基础的是食欲，其次是色欲，最后是思想力，我觉得自己已经到达第二个境界了。我和老公讨论后，将这里的"色欲"定义为对生活品质的追求，或者说让生活每天充满色彩，有对美好事物的追求，对食物的要求上升到色香味俱全同时保证营养健康。

刘红萍校长：书中说人的精神活动有欲望、情感、思想三个层面，我觉得我们这个团队好像已经上升到第三个层面了。

朱丽丽老师：就像今天下午这样，我们拒绝了站在村口晒太阳、侃大山，来到这里充实自己的头脑，这该就是思想力的作用了吧。

四、教育的本质在全世界都是相通的

——2020 年 7 月 21 日第二次线上讨论会实录

仇鑫鑫老师：沈老师，读了您的书，我觉得教育的本质在全世界都是相通的，对大学生和小孩子的教育，在形式上虽有差别，但在本质上是一致的，就是先育心，再育人，然后育才。

刘红萍校长：越来越觉得小学教育真的很重要，所以称之为"基础教育"，不仅是我们习惯认为的"知识基础"，更是奠定"人的基础"。

阿信老师：你们读出味道来啦。如何在小学阶段奠定"人的基础"？

刘红萍校长：注重情感、思想、对世界的客观认知。

沈思：给孩子爱！

刘红萍校长：我们之前似乎都忽略了这些最重要的东西，就一门心思教知识、抓成绩，现在想想真是舍本逐末！惭愧呀！读了沈老师的两本书，等同于打通了教师们的"任督二脉"，对教育的理解瞬间就通透了。

仇鑫鑫老师：基础教育应该和基础科学一样，以建筑来比喻的话属于地基。

刘红萍校长：如果能大力推广阅读沈老师的这两本书，中国的教育改革将会少走很多弯路。

仇鑫鑫老师：对于人，什么最重要？其实是德育。我们国家也已经在利用各种政策和通知引起人们对德育的重视了。

刘红萍校长：国家的大政策是好的。阅读这类书籍能启人心智，使人容易理解接受。

仇鑫鑫老师：嗯，阅读就是一种润物无声的教育。

教师读书笔记

一、安乐小学语文教师郭静静

1.《教育是什么》打卡笔记

2020－04－14

多年来，我们的教育一直是教师"强制性"地向学生灌输自认为应该灌输的东西，却很少考虑学生真正的需求是什么。没有关注学生"想不想学"，就直接迈进"学什么"的阶段。"怎么学"更是千篇一律——老师讲、学生听。没有关注学生心灵的成长，导致学生成为失去自我、没有独立思考能力的知识的"容器"。

试问自己，我想把学生教成什么样的人？

2020－04－16

我不太赞成洞察力与知识的多少无关的观点。我认为洞察力就是透过现象看本质的能力，是可以通过后天的知识来弥补或者加强的。就好比说，有些成功的投资者可以通过收集的数据来察觉数字背后的意义，从而决策未来行动的方向（洞穿现在看未来）。这种能力不就是后天学习和生活经验所给予的吗？

刘红萍校长：你今天的感悟有必要与作者切磋一番了。

仇鑫鑫老师：敢于质疑，可以体会到你那股学习的认真劲儿。

沈思：全信书不如不读书！

2020－04－17

试问自己，是否曾对学生施加过精神暴力？之后该如何避免？要把孩子培养成现代文明人，我们自己必须先成为现代文明人，我们自己能否做到？要想释放学生心灵的感悟力，必先释放我们自己心灵的感悟力，我们自己能否做到？我们必须找到努力的方向及方法，否则一切都是纸上谈兵，空有一腔热情。举个最简单的例子：培养学生接受不同意见的胸怀，我们自己能否做到？

刘红萍校长：*最热烈的掌声送给你！这篇笔记质量相当高，有收获、有思考、有困惑，真实反映自己的读书过程。越来越优秀！*

贺冬梅老师：*你总结得真全面，我只能从中领会一星半点。*

郭静静老师回复：*把一星半点积累起来就是浩瀚大海。加油！*

沈思：*反求诸己，君子也！*

2020 - 04 - 19

如何把习惯的教育从头到脚颠倒一下？很难，是因为我们没有领悟教育的本质是什么的缘故吧。那就从自己懂的地方开始，比如转化师道尊严为师生平等，比如给学生创造一个畅所欲言、自由表达的课堂，比如激发学生提问，比如养成学生阅读习惯，比如锻炼学生语言表达，比如和学生一起进行体育锻炼，等等。也许通过我们的共同努力，最后习惯了的教育就真的被我们颠倒了呢？

刘红萍校长：*看到了多个"比如"，找到了多条"出路"！真好！*

沈思：*对！动起来，创新教育之路就在自己脚下！我当初涉足教育时压根就没有想过写书，更没有想到有朝一日会在云端和一千公里外的你们畅谈教育。*

2020 - 04 - 20

如果连语文课都有标准答案，数学课要靠死记硬背，那上学也仅仅是为了完成任务，我们老师存在的价值也就微乎其微了。

回首过往，我就是那个"两耳不闻窗外事，一心只读圣贤书"的人，我想，"风声雨声读书声，声声入耳；国事家事天下事，事事关心"是我往后余生成长的愿景。

刘红萍校长：*你的笔记既有启发性又有文学性，真可谓文质兼美！*

2020 - 04 - 21

"课堂软环境"这一概念大多数人是不是没听说过呢？课堂软环境＝课堂文化＋教学模式＋教学内容。特别感谢作者用环环相扣、层层递进的语言，把这个概念阐释得这么清楚。在这个人人呼吁师生平等却又做不到师生平等的环境中，作者为我们提供了一条可以去尝试的道路。

改变课堂软环境是改变目前教育弊端的一个新思路。作者的理论是，改变师生关系是创新教育的重点，也是难点。难在何处？师生平等是在挑战几千年流传下来的思想，是教师自己革自己的命，又有多少教师能做到呢？尤其是在应试教育的大环境下。我认为，不管教育如何变，第一要改变的就是传道之人的思想。

刘红萍校长：教师自己革自己的命，这个表达很准确。确实如你所担心的那样：有几个人能做得到呢！可喜的是，我们愿意做这样的星星之火，并且相信星火终可燎原！

沈思：人分尊卑，无人有尊；群体人人平等，个体才有尊严。智慧战胜愚昧，平等取代尊卑，顺乎人性，文明趋势，势不可挡！

2020 - 04 - 22

看了今天的内容，收获的不仅仅是教育方面的观念，更多的是历史文化的影响。我们正处于据"力"力争与据"理"力争的中间维度。所以，目前教育要传授的"道"，需着重动用思想力控制欲望与情感，让学生和教师的心灵发育尽快步入思想层级，为成为文化程度高的社会人打基础。就从现在开始吧，从自我反思开始，从动之以情、晓之以理开始。

原以为好用的"奖励"制度只能激发欲望层级。

刘红萍校长：嘿嘿，你终于明白"道"理了。

2020 - 04 - 26

作者用科学的观点有力地阐述了学生们为什么喜欢上音乐、美术、体育课，不是因为想偷懒不学习，而是缘于精神人的人性的需求。人性的需求被扼杀，精神易"侏儒"。

刘红萍校长：这话说得太有水平了，我喜欢！

2020 - 04 - 27

昨天课上，我尝试让学生备课，一人一段来讲课，效果出乎我的意料。学生对自己该掌握的知识点比较清晰，他们"儿童化"的思路更容易让同学们理解那篇课文，而且整堂课比以往多了许多笑声与乐趣。学生们不仅学习热情高涨，学会了换位思考，更重要的是他们注意到了自己身上的不足之处。备课，使他们的脑力得到了释放；合作，使他们的心力得到了释放；情感的释放是这堂课意外的收获。

刘红萍校长：其实近一年来你的工作正好与作者推崇的思路不谋而合。

仇鑫鑫老师：你怎么这么优秀！我想了想，道、术、器你都拥有并实践着，咱们要创新的教育之路，你肯定是先驱者。

景敏果老师：以前只试过让学生讲解练习册上的作业题，以后我也要尝试让他们讲课文！

2020 - 04 - 29

这是一本越看越上瘾的书！这是一本颠覆传统观念使人心灵成长的书！为了追求高分，把学生变成一个个不敢说话的"木偶人"真的得不偿失！考试能拿高分是智力的显现，智力强，模仿能力强；对话时妙语连珠、机智幽默是智慧的显现，智慧丰富的人所学的知识有助于放大创造力。不敢说话、只拿高分的教育，意义何在？从育人角度看学生，每个学生都具有自身特有的生命形态和生命力，每个学生都有自己擅长的领域。所以，今天考试成绩出来后，虽然个别同学成绩不理想，但我没有发火的冲动，反而静静地反思自己：为什么没有去发觉和激发他的兴趣和特长呢？为什么非要拿成绩这一把尺子去衡量所有人？我们要做的是充分释放学生的人性，最后遇见更好的自己。

刘红萍校长：天天看你的日记，犹如看着你天天在攀爬向上的阶梯。加油吧，某一天我们需要用仰望的姿态来看你。

2020 - 04 - 30

在梦里经常有一个身影，怎么看都看不清楚。今天，突然看清楚了她最真实的模样，比自己期待的还要美好。这就是今天看完书后最真实的感觉。

我习惯记住书中自己有共鸣的内容，然后在反思中实践。"争鸣"又戳中了我的心窝。鸣者，说话也。争鸣者，争先恐后、针锋相对地说话也。好像在自己的记忆中几乎没有经历或者看到过"争鸣"这样的场面。给学生用辩论赛的形式上课，也很少看到学生争得面红耳赤。是害羞？还是无话可说？我想都有吧。争鸣是不同思想的交锋，激情辩论、理性探讨，不因人废言，也不因言废人。这是有思想、有原则的人才能做到的。可是，现在被我们只关注分数的教学扼杀了。

我们从小接受的教育就是"听话"而不是"说话"，需要说话的时候自然说不出来。多可悲！如何才能让学生敢说、会说呢？从提问开始，从与学生平等对话开始。先让学生敢想、敢说，再一起学习会想、会说。

刘红萍校长：感觉你读这本书已经收获一箩筐了，迫不及待地想见到你，一起交流碰撞！

2020 - 05 - 03

不知不觉一本书就读完了。三维九方理论值得我们反复咀嚼！

在看这本书之前，从来没有觉得教师的职责这么任重道远，大到关乎祖国的发展前景，小到关乎一个人的正常需求。看似高深莫测、难以捉摸，其实不然，只要与时俱进，踏踏实实地走起来，教育终究会大道归一！

刘红萍校长：《教育是什么》会像"教育定律"一样，将在未来很长一段时间里指引、规范教育行为，看过之后还要随时看，自己看后推荐别人看，这样教育创新必成燎原之势，教育现代化指日可待！

2.《课堂的革命》打卡笔记

2020 - 07 - 10

应试教育，多数人都认为这种教育痼疾深重，对它深恶痛绝。但，除了鞭挞，除了抱怨，好像暂无破解良策。从《教育是什么》这本书中我们知道，创新教育可以通过从三个维度九个方面创新课堂软环境来实现。

沈思老师的课堂到底有怎么样的魔力，能使这些学生内心充满自信，脸上常挂微笑，充满团队精神呢？期待通过《课堂的革命》揭开它神秘的面纱！每天20页左右的阅读计划，走起！

景敏果老师：老友啊，从上次共同打卡学习中，我重新认识了一个不一样的郭静静，这几年你一直在进步，一直在成长，很羡慕你，向你学习！

刘红萍校长：期待看到你深度思考后的思想迸发！

2020 - 07 - 11

虽说自己不算是一个特别自信的人，但是培养学生成为自信的人，或者和学生一起成为自信的人是我近年来一直追求并为之努力的目标。很遗憾，中国的学生在传统课堂上更多地是被灌输一些知识与技能，在被灌输的过程中淹没了自信心。现在处于AB型课堂的我们，仍然侧重传授知识和技能，轻视做人做事的情感和思想。为什么60多年来发布了不下50件减负政令，负担却越减越重呢？因为让学生感觉到沉重的并非教什么、教多少、学什么、学多少，而是怎么教、怎么学的问题，更是师生关系、学生关系。所以，要把关注点从学业的增减转移到课堂生态环境的治理上，彻底转变师生关系、学生关系，让学生在与人相处中学会做人，在与人共事中学会做事。

变革课堂文化、变革教学模式才是正道。

刘红萍校长：变革课堂文化和教学模式，关键在老师。

2020 - 07 - 12

帮助学生学会做人是教育的本分。现在的课堂，把学生作为独立的人看待好像只停留在个别人的内心。至于为这做了些什么？改变了些什么？还真是乏善可陈。

一个独立的个体人需要什么？一个独立的个体人想要什么？作为教师，好像很多时候也只是想一想而已。应该如何在应试教育的大环境中开辟出一条迎接教育改革的大道呢？还是要敢想敢做。想是基本，做是核心。很多事，只有行，才会行。

每堂课都应该能唤醒学生作为人的意识，让学生自我发现，看清自己的内心世界，知道什么是自己需要的、想要的和能要的，主动地去学习，去思考，去实践，去成长。

其实学生的能力远高于我们所了解的。所以，教育是一种激活，激活学生先天的动力，尽情释放学生的天性。

刘红萍校长：看了你今天的笔记，突然好惭愧也好懊恼，过去的十年甚至二十年，竟然使光阴白白蹉跎！让我们一起使劲努力，把错失的时光都用今天的努力补回来！

2020 - 07 - 13

当下的教育很难做到尊重学生的个性和天赋。从课程的设置到教材的编写再到评价的方法都是标准化的，就像流水线一样，制造统一的产品。这种情况从小学就开始了，人的价值以学习成绩来评定。分数面前人人平等，但是仅用分数评定一个人本身就是最大的不平等。

在家里，很少有家长会与孩子平等交流，倾听孩子说话。在学校，很少有老师愿意认真听取学生在想什么。学生从小到大，无论是学习内容、学习形式、学习时间，都由不得自己，处处处于被动状态。长年累月，就在被动的环境里成长为不会主动思想的被动人——你让我做什么我就做什么。

其实，有的人语文好一点，有的数学好一点，有的爱好音乐，有的擅长体育，有的组织能力强，有的表达能力强……这不正好凑成一个多彩、完整的集体吗？在平等合作的氛围中取长补短，不是更有利于学生的成长吗？为什么非要用一个标准去衡量不同个体？今天是一个调皮鬼，三十年以后可能是马云。今天是一个笨孩子，三十年后可能是爱因斯坦。我想我们应该淡化考试成绩的作用，让每个孩子拥有快乐和自信的童年。就像书中说的那样，没有学习的压力，没有作业的负担，没有攀比，在快乐中学习，在自然中成长。这不正是自己心中的"巴学园"吗？

刘红萍校长：遇到，学到，悟到，用到。你成功了！

2020 - 07 - 14

道理万千，实践为先。要如何去做呢？我想这样去尝试：首先，用利于学生自主学习、自由思想的方式去授课。如，设定主题，围绕常用知识点和技能引导学生探讨、交流、实践；再如，随时把课堂变成辩论赛场；又如，让学生尝试自己备课或者和学生一起备课、听课、讨论、点评……其次，注重培养学生的合作意识。让学生体验到集思广益的力量，体验到合作共赢的乐趣。和学生一起摸索科学的思想方法，提升思想力，共创属于自己的课改课堂。最后，一定要认真对待"总结"这件事。学会总结就是学会自我反省，学会自我反省就是学会认清自己。只有这样，才会更清楚自己的目标与方向。总之，新课堂是为了全面提升大家的整体素养，而不是一味地灌输知识。把教育的重点从灌输知识为主转为真实"育心"为本。

刘红萍校长：读懂了教育是什么，才能去践行教育理念，才能完成教育赋予我们的使命。

2020 - 07 - 15

今天看了魏婷婷同学的课堂日报，感同身受。她遇到的问题，我曾经也遇到过或者说也是我当下正遇到的问题。就发言这个问题来说，有好几次在开会发言的时候，我也是心里想的和嘴巴里说的不一样，越是想表达得全面一点，越是脑子短路。等说完以后，立马意识到自己漏说的观点。总是喜欢先打好草稿然后才能顺畅地表达。这是锻炼少、缺乏语言表达能力的表现吗？其实这里面也包含"面子"问题，总觉得说不好会丢人，是缺乏自信的表现。

书中说，先解决敢不敢说的问题，再考虑说得好不好的问题，身心一致需要反复训练。我觉得自己已经做到了敢说，现在的问题是如何说得好。

学问，学问，要学要问，学着去问，只要有疑问就会有收获。一个人一旦养成了问的习惯，随时都可以学习。说到这一点，我不得不表扬一下王欣雨同学。自从我们共读完《教育是什么》以后，我总是时不时地用书里的观点与学生对话。无论是课堂上还是生活中，都试图潜移默化地影响学生的习惯。从教十年来，我说得最多的一句话就是——不怕说错，就怕不说。王欣雨同学在后来的每堂课中都会发表自己独到的见解并提出自己的疑惑，我们在解决疑惑中开心地度过一堂课。渐渐地，吴欣宇同学、李健同学在课堂上提问也越来越多。有好几次，我们的课堂就是在对话中度过的。交流中各抒己见，我和他们一起思考、一起讨论、一起成长。学会提问，是提升思想力的基础，是释放智慧的出路。当然，提问不仅在课堂上，也延伸至课外，我更希望它会随时随地发生。问题也不要仅仅局限于课本，可以是天、地、人文、科学……

刘红萍校长：对于王欣雨的进步我很欣慰，这不得不又一次感谢沈老师，如果不是他强烈建议让孩子加入，想必欣雨不会有这般明显的改变。可能她上次的打卡不是最精彩的，但她能把从书里学到的观点运用到课堂实践中，这就是最大的收获！

2020 - 07 - 19

成功的教育是以学为主、以教为辅，激活思想，释放善良与智慧，从而全面育人。不成功的教育是，懂得教育需要理论与实践相结合，差的是缺乏理论与实践相结合；懂得应该遵循学生各自的本性，顺乎他们个人的特点去引导和激发，差的是真正如此去做；知道学生需要德智体美劳全面发展，却还是侧重知识的教学；知道应该注重"过程"，却还是注重"结果"。"我知道"与"我在做的"之间的差距，正是需要跨越的那条鸿沟。中间的桥梁是什么？是如何去做。学知识是为了明道理。学知识只能模仿，明道理才会创造。如何给学生创造适宜的土壤？如何培养学生的思想力？有愿意交流的吗？欢迎留言探讨。

唐坤民校长：很愿意和你交流，你很让我敬佩！

郭静静老师回复：谢谢唐校长。特别期待听您的经验和心得。

2020 - 07 - 23

很多人从小在无自主的环境中学习，自然无话语权，久而久之则感觉无必要去表达，最终结果是无能力去表达。说话的能力是思想力直接的表现。思想力、思想方法取决于一个人的心态，心态又取决于这个人在生活、工作、学习的群体中和他人的关系状态。所以，归根结底，不敢表达、不会表达的原因在于他长期所处的环境不有利于他开口说话。所以，给学生创建一个能开口、敢开口的课堂软环境极其重要。

新课程改革强调建立"自主、合作、探究"的学习方式。看了沈老师这两本书才知道，很多教师并没有深入理解并做到这六个字。

勉励自己：有事就去做，有人就去见，有路就去走，有书就去读。

仇鑫鑫老师：可以很清晰地看到你的思想轨迹，环环相扣、条理分明地道出了不开口说话的问题所在。逻辑思维能力很强哦！

唐坤民校长：说得真好，有事就去做，有人就去见，有路就去走，有书就去读！

郭静静老师回复：这是书中的原话。用来勉励自己。

2020 - 07 - 25

书中说，人类在变化之中，真理是永恒的。我认为，真理是可以探索并说出来的，但是一切真理也不是绝对的，是随着时代的变迁与时俱进的，是随着环境的改变而改变的。正如我们的教育一样，"听话"教育曾经也是真理，因为那是时代所需。随着时间变迁、社会进步，需求不同，"说话"教育便成时代的真理了。大家怎么看？

仇鑫鑫老师：我也认为真理是可以探索也能说出来的，并且已经从书中学到了方法，那就是身体反复体验，心灵多维感受，大脑不断思考。熟能生巧，大巧不工就是道。但是我觉得道是亘古不变的，"大道归一"的那个"一"就是真理。能被推翻和改变的不能叫真理，只能叫定理。真理不受时空影响，无所不在，无所不包。

沈思：这是北大还是乡村小学？是村小教师论大道的哲学讨论！

2020 - 07 - 26

我们的家长恨不得把自己的"遗憾"通通强加到孩子身上，恨不得自己的孩子从会说话开始就是无所不能的超人。很少家长会注重孩子的内心成长需求和道德教育方式。这些年来，我们的教育口号是要注重德智体美劳全面发展，德为首，最为重要，但也最被忽略。今天我想以父母的身份来讨论这个问题。身教大于言传，要把小孩教育好，父母首先要教育好自己。小孩的模仿性是很强的，要教小孩孝悌忠信、礼义廉耻，做父母的首先要做到。如果自己对老人一点都不孝顺，天天对老人呼来唤去，自己住好房，却让父母住很差的房子，等你老了你的孩子也会上行下效，如你曾经对待自己的父母般对待你。那时候孩子不会认为他有错，因为这就是父母给他的教育。

很多父母自己没有以身作则，甚至不懂教育，不知道怎么安排下一代，然而又望子成龙心切，于是给小孩加了很多的负担，又是钢琴，又是英语，报了这个班那个班。这些可怜的孩子或许成为父母眼中的"好孩子"、老师眼中的"好学生"，但是最后，失去了自我，失去了人生的方向。

仇鑫鑫老师：话题很犀利，一针见血！不得不承认这就是咱们普遍的教育现状。许多家长并不把孩子当成一个独立的生命体，反而把孩子当成自己的所有物，让孩子承载他们的梦想或者弥补他们的遗憾，却从来不听听孩子心里的声音，其实这样，即使父母孝顺，也只能培养一个愚孝的人，而不能培养一个独立的人。

郭静静老师回复：是啊，愚孝更可怕！

唐坤民校长：深有同感。

2020 - 07 - 27

自从知道应该激发孩子"说话"而不是"听话"后，对学生我能做到不听话可以，但一定要"说话"，让他以理服人；对自己的孩子，我能做到让她多说话、多提问，跟她多交流，但是，我却很难做到影响家人不把"宝贝真听话"挂嘴边。

昨天，孩子天真地问："妈妈，我今天听话吗？"我听到后心里又担心又纠结。我问诺诺："你和小朋友们一起玩的时候希望大家都听你的话，还是你听别人的话？"她说："我听别人的话。"顿时好难过。我给她举了几个例子，让她明白，无论是说话还是听话，都要学会判断事情的对错是非。不说也不听不合理的话。

昨天，我嫂子跟我说，对于孩子上小学她很焦虑。我跟她聊了聊这两本书中一些重要的观点和外国的一些先进的幼儿教育理念，并推荐她看这两本书。但是，很显然，我说的不是她想要的。公公在旁边说："课改？在应试教育大环境下很难成功。"老公说："国情不同，体制不同，有那么容易吗？"然而，我坚信，只要开始行动，不怕失败，不断吐故纳新、与时俱进，不断学习、尝试，课改成功大有希望。

没有人会迷信或崇拜自己真正知道的东西，之所以会焦虑是因为不知道，是因为随大流，是因为无主见。

即使是一些谬误的改变也要经历长期激烈的斗争，甚至付出血的代价。比如从"地心说"到"日心说"的转变，比如辛亥革命后剪掉男人头上的大辫子……今天我们的课改也面临着同样的困境。要改变人们延续了多年的教育教学观念，会面临很多意料之内甚至意想不到的阻力，需要付出长期艰苦的努力。我坚信，我们势在必行的课改体现的是一种新的有别于传统的教育观。新课改的着眼点不是局限在培养有知识、会考试的人，而是要培养将来能担当起社会发展、民族复兴重任的，有创新精神的优秀公民。

仇鑫鑫老师：你的分享让我想起一句话：即便身处黑暗，也要提灯前行。找见那条通向光明的道路，我们像是先驱者。你不是一个人，我们与你并肩同行。

吉林二道江王立平：让孩子开口说话才是最重要的。

唐坤民校长：万事开头难，我们一点点影响身边的人，从鼓励孩子大胆说话开始！

2020 - 07 - 28

一本书，不知不觉就看完了。内心的感觉很复杂，没有豁然开朗的激动，没有迷茫犹豫的不安，一种不满足感油然而生。我们一直说教育要以人为本，这句话除了把学生当作真正的独立的"人"，根据其成长规律去培养以外，还有一层含义，即陶行知先生主张的"民主教育"的内涵——民主教育是教人做主人，做自己的主人，做国家的主人，做世界的主人……

教人做主人的教育，请从每个家长尊重孩子开始，请从每位老师尊重学生开始。只有从内心尊重孩子，平等对待孩子，才不会随便命令孩子、肆意批评孩子和随意表扬孩子。我们都知道，批评并不是改变孩子不好行为的好方法，没有人愿意被批评，孩子也一样，不希望被人小瞧。批评本身就含有一种小瞧的意味。所以，无论是老师还是家长，一定要和孩子保持平等友好的关系，这样我们才能更好地帮助孩子，孩子才能心平气和地接受我们的意见，才能更容易做自己的主人。

教育的改变只能从重新认识开始。重新认识自己，重新认识文化，重新认识教育……

仇鑫鑫老师：在读这本书的时候，我也越来越觉得这不只是一场改革，这是重构呀，教育的改变只能从重新认识开始。

唐坤民校长：要让孩子有更多的选择权利，说得真好！

2020 - 07 - 29

家庭教育在孩子未来职业竞争中扮演极为关键的角色。当我们对年幼的孩子说，"这是你的事，爸爸妈妈不能帮你"，便开始了素质教育。随着孩子的年龄增长，素质教育需要上层次，我们可以尝试对孩子说："事情做得不好，不要费心解释，尝试解决它！"孩子有机会独立面对人生课题并解决课题，是提升综合素质最直接有效的方式。作为孩子的第一任老师，我们一定要清楚自己能给孩子最好的礼物不是金钱而是教养。

仇鑫鑫老师：真是太喜欢你了，典型的实干家，每一个新思想和新方法你都能快速地吸收并运用在生活实践中，一面仰望星空，一面脚踏实地，干啥像啥，样样都行！

郭静静老师回复：这个评价好高呀！我们一起来创建属于我们自己的新的"道"！

沈思：一个人物质的营养与精神的教养都会写在脸上。在生存竞争中，一定是营养好、教养好的人占据主动。

2020-07-30

课改从一开始就饱受争议，这并不稀奇。纵观古今中外的变革，哪个不是从争议开始的？今天，我们的课改也面临着同样的困境。改变人们延续了多年的教育教学观念，需要坚定的信念、长期的努力。要求践行课改的我们站在一个更高的高度，客观理性地看待当下的教育现状，并且能够系统地提出一个整体的解决方案——从实际出发，从本质上改变。

先来看看我校优势：

优势一：校长可以做"管理"的主人；优势二：教师可以做"教"的主人；优势三：师生可以做"评价"的主人；优势四：教师们志同道合、团结好学；优势五：充足的"教""学"时间。

目标：学生做学习的主人、自己的主人。

思路还不够清晰，但是，我愿意先动起来。

第一步：改变教师思想，将"教"为主变成"学"为主。

我们过去评价教师的课好，经常是指板书整齐、教态自然、语言准确流畅、时间安排合理、教材处理得当等。可以看出，那时我们重点关注的是教师的"教"。课改后应同时关注学生的"学"，评价标准是看学生的参与程度、学习状态、收获程度。很庆幸，这一点我们已经在路上。

传统的课堂，学生的"学"是从教师的"教"开始的。学什么都是教师安排好的，学生很少有选择余地。学生是被动的接受者，学习是一个被灌输的过程。课改的课堂，我们可以尝试"先学后教、多学少教"。我们应该利用合作的方式去改变学生的学习习惯，让小组合作不再是简单的讨论交流，而可以起到相互启发、帮助、激励的作用。小组合作不仅仅局限于提高效率，更应该为他们成人成才做铺垫。

目标：从"要我学"到"我要学"。

第二步：合理安排课程。

课改的理念和书上的理论已为我们提供了一个可供参考的范本，但是这仅仅是一种思路，而不是复制、照搬的"教条"。课改的理念一定要与本地、本校的实际相结合，只有这样课改才能推进。

教师一定要提高教学效率，为学生留下更多自主学习探索的时间。如果学生在校自由支配的时间越来越少，自主学习不就成了一句空话？我们可不可以尝试重整课程呢？对原有课程进行科学的整合，打破学科壁垒，实现学科融合。比如，把有关地震、火灾的知识放到科学课中，把有关逃生的演练放到体育课上，把音乐、美术合二为一成为滋养学生心灵的艺术课，让写作课靠近地方实践课，让语文课靠近辩论课和阅读课……在提升效率的同时拓宽课程面，给学生腾出更多自主学习的时间，释放他们的求知欲、善良与智慧，让他们自由成长、尽情绽放。

贺冬梅老师：这总结，牛！

仇鑫鑫老师：都不知道该怎么夸你了，这是一篇很有指导性的小论文大方案呀，我只能再加一笔，让数学课靠近游戏课！

二、明珠小学教师闫红云

1.《教育是什么》打卡笔记

2020 - 04 - 14

书中胡陈勇先生在第一期班毕业典礼上的发言题目是："把书桌当办公桌，把办公桌当书桌"。静下来想想，这几年认真读过几本书？非常感谢刘校长把我拉到群里和大家一起读书。

书里说，教育首先要关注学生心灵的成长，否则学生会失去人生的方向感。我们一味地追求高分、名次，不管学生喜不喜欢、愿不愿意，通过奖励、惩罚、叫家长等方法强迫他们学习，强行灌输知识。试问，这样的方法和驯兽师训练动物有什么区别？

亚里士多德说，每个人在本性上都想求知。所以，我们要改变自己的教学模式，激发学生的求知欲，引导学生自觉学习、主动学习，并爱上学习。让学生敢于提问，这将是我今后努力的方向。

刘红萍校长：看到你的文字，真令人欣喜与感动。这么优秀的老师，一定会拥有光明的前途！要付出，更要对自己有信心！

2020 - 04 - 15

作者说，自由不能无度，有度方能自由。度是相对的，不是绝对的。我们老师对待学生也得有度，每个学生的性格、智力、认知水平、家庭环境都不相同，所以对知识的获取能力也有差异，作为老师的我们应该正确看待这些差异，实事求是，因材施教。

当下的课堂是在教会孩子勇敢还是畏惧？第5个案例中我仿佛看到了自己。我觉得我就是Y老师。在学校看到孩子们和实习老师的关系都特别好，不由感慨，教了这些娃几年了，孩子们对我的感情还没有人家实习老师几个月深。其中一个原因是我们农村学校老师少，老师和学生相处太久，难免"疲劳"；但最重要的原因还是我们的教育方式方法不对，让学生对我们敬而远之。要消除学生对老师的畏惧心理，走近孩子，和他们平等相处，和他们做朋友。

刘红萍校长：读书的同时联系自己的生活实际，这样最有助于提高自己的认知。咱们的想法不约而同，我也在想，如果用学生的标准来考核老师，那我们和孩子之间是不是更容易走向理想化教育？

2020 - 04 - 17

肉体受到伤害短时间能恢复，而心灵受到伤害可能十年甚至一辈子都不能恢复。精神暴力对学生的成长影响很大，所以我们要防止在教学过程中无意识侵害学生心灵的精神暴力。我会把"一朝被蛇咬，十年怕井绳"作为自己的座右铭，时刻提醒自己，不能对学生施加精神暴力。

刘红萍校长：直击心灵的言行比棍棒更有杀伤力，希望更多人能明白其中的道理。每天看你这么积极认真地打卡互动，真的好开心！

2020 - 04 - 19

读完今天的内容，我的脑子里只有一个字反复出现，那就是"说"。说、读、写，说最重要。说的话能否让人听懂取决于两个前提条件：第一，说者自己说得是否清楚；第二，说者对听者的了解程度有多深。如果听者听不懂，说者要承担主要责任。我反思：在平时的教学过程中，有学生听不懂，我会认为是学生没有用心听课，没有从自身找原因。现在想想，很可能不是学生没认真听，而是我自己语言表达、说话技巧欠佳。今后的教学工作中，我要试着转变师生关系，和孩子们平等对话，努力创造一个有利于自由表达、畅所欲言的课堂，这样既提高了我的说话技能，也释放了孩子们的求知欲。这条路可能会很艰难，但如果不行动，不去改变，永远都是零。

刘红萍校长：如果说作者的观点一语惊醒了你，那么你的文字将一语惊醒很多人。

2020-04-20

越来越喜欢现在每天阅读的日子，忙碌而充实。也许我看得没有很透彻，有的地方甚至看不懂，脑子有时一片模糊，但是我知道我和过去的自己不一样了，我在进步，在成长。我不再每天一有空就刷抖音、刷快手了，我也不再觉得无聊了。我学着用书中的方法去改变自己，改变课堂。今天的数学课，我打破了以往的"我讲他们听"的教学模式，让孩子们自己讲。刚开始只有两个同学敢发表自己的观点，在我的鼓励下孩子们都能把自己的想法说出来，虽然有的说得不是很清楚，但我觉得只要敢开口说就是进步。

单片树叶没有生命力，长在树上才有生命力；单个词汇没有确切含义，结合语境才有其确切含义；单一知识点没有明确的意义，知识点在知识体系里才有明确的意义。知识体系的教学要在合适的课堂软环境里进行，用能够让学生做起来、说起来、写起来的教学方法去实现。我们在语文教学中，也要把"字、词、句、章"放在一个知识体系里进行教学。

刘红萍校长：有些读不懂的先放一放。这本书很神奇，读到后面会突然理解前面的。

2020-04-21

要真正做到师生平等，不是那么容易的事，因为要彻底改变老师和学生的思想。老师要有容纳学生当堂批评的胸怀，学生要有敢于指出老师错误的勇气，这些都需要慢慢改变。目前我需要做的是先让学生喜欢我，学生喜欢老师才会喜欢学习，喜欢学习才会主动学习，主动学习能激发求知欲，更容易成人成才。

刘红萍校长：思想是教育的最高层面，但思想只能通过潜移默化，不能强行灌输。作为老师，我们的思想也是最重要的，有了正确的思想，行动才有方向，有了方向我们就可以上路，至于路上的困难，就兵来将挡、水来土掩吧！

2020 - 04 - 24

1. 我们通常只把运动作为体育的内容，实际上体育的内容应该包括睡眠、饮食与运动。请不要忽视睡眠，只有保证了睡眠，才能保护好上天给你的天然防御体系，才能有很强的免疫力。现在的年轻人把熬夜当成了家常便饭，熬夜工作，熬夜打游戏，熬夜追剧。为了你的身心健康，请好好睡觉。

2. 我们知道久坐会对身体产生很多危害，今天看了书才知道，久坐对大脑也有害，吓得我赶紧抱着书站起来。尽量少坐多站，这样微小的努力也可能改善大脑健康。站着办公可以让你更聪明哦。

刘红萍校长：你的学习力强，行动力更强！

2020 - 04 - 28

排名是负的教育。有一次，我看见张同学上课不在状态，课下问了才知道她爸爸批评她了，原因是她昨天期中考试是班里的最后一名。我很纳闷，不管是多少名，她的均分也在 96 分以上啊，为什么要批评她呢？我给她爸爸打电话，她爸爸说考最后一名觉得很丢脸。这就是排名引发的攀比现象。

不被老师喜欢的学生不会好好学习，就像不被校长信任的教师不会认真教学一样。作为老师的我们，有时候无意中会伤害学生的心灵，我们要多站在学生的角度，去想想他们的感受。

2.《课堂的革命》打卡笔记

2020 - 07 - 11

两个多月前，和书友们一起读了沈思老师的《教育是什么》，不仅收获了一些教育理论知识，还被群里老师和孩子们的学习精神所震撼。今天又共读沈思老师的《课堂的革命》，我一定抓住这个学习机会，向各位老师和学生学习，成长自己。

"一个学生从厌学变成乐学的课堂、一个学生从自闭变成自信的课堂、一个学生从网游世界自觉回到现实的课堂"，看到《课堂的革命》的封面语，我心里非常好奇：到底是怎样神奇的课堂，能让学生有这些"神变化"呢？我承认，它吸引了我。

上个学期的数学教学中，为了让孩子更好理解知识，我让他们自己上讲台讲题，如果能把一道题给同学们讲明白了，说明对这道题就理解透彻了。今天读了《课堂的革命》，才知道让学生走向讲台有这么多好处，不仅可以提高学习效率，还可以促进心智成熟、增强心灵的思想力和大脑的思考力，大大有利于学生身心全面快速成长。以后的教学中，我会鼓励所有孩子开口说话，勇敢走向讲台。

小学生王欣雨： 俗话说学无止境，希望你在接下来的十几天里超越之前的自己。加油！

刘红萍校长： 上次共读就被你的才情吸引，前几天有幸接触到你的学生，又着实让我惊讶了一把！二年级的孩子有那么好的学习习惯，自律性那么强！我们在欣赏赞美孩子们的同时也深刻体会到你的辛勤付出与智慧管理。你本就是教师队伍里的标兵，勤奋阅读一定会使你如虎添翼！加油，为你喝彩！

2020 - 07 - 12

不管每天有多忙，有多少事要做，我都会坚持完成每天的阅读任务，没有人催，没有压力，只是想在阅读中提升自我。很喜欢这本书，因为它像一位好朋友，可以给我出招，解决我在教学中遇到的一些问题，它还教会我怎样做一个好班主任。

通常班级分组时，组长一般是由性格外向、组织能力强的学生担任，因为老师觉得他们能力强，能够帮助老师完成学习任务。今天看了《课堂的革命》，沈老师的课堂上优先考虑性格内向、寡言少语的同学担任组长，给他们锻炼的机会，而这些同学担任组长后变化都很大。很幸运能遇见这本书，在今后的教学活动中，我会给性格内向的孩子更多的锻炼机会，我相信只要信任他们，他们定不会让我失望！

同学互相点评日报，是互相学习、增进了解的过程，在这个过程中学到了知识，交到了朋友，催熟了心智，激发了智慧，激活了思想。我想让我的孩子们互相点评作业，共同进步！

刘红萍校长： 阅读中思考，思考中悟道！因为是自己的真知灼见，所以字字珠玑。虽然你现在还不是什么名师大腕，但你的思考与见解因自己的实践经验而显得尤为真实难得。

2020 - 07 - 14

这是一个很好的学习方法，就是每天躺床上时，回想自己一天所学内容，看看收获了什么。其实这个学习方法我初中时就在用了，只是没有坚持下去，我也把它告诉了我的学生，希望他们可以养成这个好习惯。

文章无论长短，能写就好；词句不在繁简，真心话就好。写作可以使人思路更加清晰，也可以提高人的免疫力。写作的过程也是培养自己耐心的过程，而耐心对一个人来说十分重要。我让孩子们假期里坚持写日记。我已经把这段话发到我们的班级群里，让他们知道坚持写作的好处。

流自己的汗，吃自己的饭；自己的事，自己想；自己的事，自己干！这句话将成为我们班下学期的班训。

刘红萍校长：你就属于那种受人喜欢、肯干又能干的类型！

2020 - 07 - 19

学生还是原来的学生，不同的课堂造就了不同的学生。

来这个课堂之前，魏婷婷懦弱、胆小、自闭、缺乏自信、没有活力；来到这个课堂短短两个月时间，她变了，她头脑里的"操作系统"已经得到了全面的更新升级，一个内心充满着阳光、身上散发着温暖、脸上绽放着笑容的姑娘出现在大家面前。

王骏鹏，一个以前在老师们眼里只知道玩游戏、常常旷课、不思进取的"差生"，来到这个课堂后，让我们看到了一个头脑清醒、思维活跃、对学习和生活充满了热情和活力的小伙。同样的学生，只是课堂变了，就发生了这样天翻地覆的变化。

魏婷婷和王骏鹏是幸运的，遇到了沈老师和他的新课堂，那么更多的"魏婷婷和王骏鹏"呢？不是学生不行，是课堂太旧。感谢遇见了这本书，让我的教育观发生了变化，接下来就从改变师生关系开始吧，也许很难，但只要改变，就会进步！

仇鑫鑫老师：每天改变一点点，总能从量变到质变，可以看出你是一个妥妥的行动派，让我们一起动起来吧！

2020 - 07 - 24

看了今天的内容，一下打开了我记忆的匣子。学生时代，在学校听老师的话，在家听父母的话，自己的想法从没被尊重过，也没人在乎，都认为我还小，不懂事。就连毕业当老师，也是因为大人说女孩子当个老师挺好的。既然选择了当老师，就要对学生负责，不期望他们能个个成才，只希望他们在课堂上做真实的自己，做一个幸福的学生。

仇鑫鑫老师：这是所有教师都应该有的见识。你的思想境界堪称教师典范，掌声送给你！

2020 - 07 - 25

今天读了这本书后才知道说话对一个人的成长这么重要。人说话，动的不只是嘴，动的还有心、脑。爱说话是聪明的表现，不爱说话会自闭、没有主见。作为家长，如果想让孩子成人，请一定耐心地倾听孩子说话，平等地与孩子对话；如果想让孩子成才，请鼓励孩子说话，鼓励孩子把自己的身体感受、心中所思、脑中所想说出来，让孩子在说话的过程中学会自己思考，身体、心和脑全面发育成长。作为老师，要想尽一切办法鼓励学生说话，无论对错，不管多少，勇敢地张口说出来就行。引导学生开口说话，指导学生学会说话，是培养学生成人成才之正道。

仇鑫鑫老师：看来我们都对让孩子开口说话有了更多的关注。

2020 - 07 - 27

我们听老师讲课时喜欢记笔记，恨不得把老师讲的所有知识点都记在笔记本上，可是如果没有自己的独立思考，即便记在笔记本上，也不是自己的东西。只有自己思考了，再有亲身的经历体验，心里真正懂得了，才能变成自己的东西。

仇鑫鑫老师：我就是那个特别喜欢记笔记的人，结果笔记记了很多，看似很努力，却没有动脑，没有自己的东西。

唐坤民校长：我也深有感触。我们很多时候听课时，唯恐笔记没做全，总想着多做笔记，可是，多数笔记后来从没打开过。

2020 - 07 - 29

什么是素质教育？

养成学生强健的体格，养育学生健全的人格，就是素质教育。

看了今天的内容，我觉得我们中国的孩子很可怜，很苦。从小到大，父母和老师的话就是"圣旨"，必须接受、服从。父为子纲、师道尊严就是裹住人们心灵的无形的"裹心布"，裹住了人们的思想和智慧，使得心不能明、眼不能亮。我们要撕掉"裹心布"，"格式化"我们的大脑，将大脑系统更新为师生平等、父子平等，让学生学会认理不认人。诺贝尔文学奖得主勒·克莱齐奥说，和蔼与严厉是两面，他希望自己是和蔼的，因为这样才能打开学生的心灵之门，让他们产生学习的愿望和兴趣。我希望我也可以用和蔼的态度去打开学生心灵之门。

仇鑫鑫老师：是呀！这块"裹心布"束缚了多少人的人生，有的人很幸运释放了天性，追求自由，活得痛快，却被认为离经叛道，大多数人一辈子活在条条框框中，没做过自己。这是几代人的悲哀，希望可以在我们的孩子和学生这里结束。

2020 - 07 - 30

今天读完了整本书，我重新认识了教育。

人们常说老师干的是良心活，我当了老师以后，对学生特别严厉，在孩子们面前很少有笑模样，想着尽心尽力把书上的知识点教给他们，让他们考个好成绩，这样对得起孩子，对得起家长，自己也问心无愧了。看了这本书后才知道，比起知识点的教授，育人更重要。"授之以鱼，不如授之以渔"，学习"知识与技能"的同时，更要重视学习的"过程与方法"，以及"过程与方法"对学生在"情感态度与价值观"形成中潜移默化的影响。

要想改变学生，老师先要改变。要变"师道尊严"为"师生平等"，上课不再唱独角戏，要让学生全员参与，发挥小组合作的作用，打开学生的心灵之门。要深入了解每个孩子，和他们交朋友，让他们敢和老师交心，这样在课堂上才敢说话。万事开头难，只要勇敢地迈出第一步，就成功了一半。

仇鑫鑫老师：这本书里的课堂真是太让人向往了，一个个学生成了分享思想的朋友，而且是神交的那种。咱们以后应该不只是把教育当作良心活去干了，而是发自内心地热爱并从中追寻人生价值。

三、安乐小学数学教师仇鑫鑫

1.《教育是什么》打卡笔记

2020 - 04 - 14

从这本书里我看到了作为一个教育者，首先要自律，锻炼好自己的体力与脑力，还要能自治，正视并管理自己的欲望。

我能给受教育者什么有价值的东西呢？我在这本书里看到了方向。第一，一个人的体力和脑力再强也有很多事无法独自完成，想做事必须合作。要教会孩子合作。第二，人的求知欲归属群体属性或社会属性，远离社会，求知何益？培养孩子的群体意识，感受来自群体与社会的关爱，在心中种下一颗大爱的种子。

刘红萍校长：言简意赅，总结到位！看你的文字，我总能长知识。

沈思：老师种在小学生心田里的大爱的种子，会长成善良的大树，开出智慧的花朵，结出民主与科学的果实。

2020 - 04 - 15

今天从"欲望"层级开始读起，越来越觉得这本书是深入研究事物本质、给人明确方向的书。现在的我，好像在学习"内功心法"，而那本让我很想一探究竟的《课堂的革命》就是"武功招式"。我们的教学可以利用孩子的求知欲，注重激发、引导而不是驯化。

中级心力——情感，和知识与技能的教学无关，而与人际交往的社会化程度相关。情感发育程度越低，情绪化程度就越高，离人类文明就越远，离兽类野蛮就越近。这句话让我想到，小孩子有时就像一个情绪化的小动物，需要我们去教导。教师该如何做？这是我的困惑。

接下来是教育的重中之重，高级心力——思想，需要我们在主观上有意识地塑造学生人人平等的思想观念和实事求是的思想方法。"思想力＝意志力＋规则意识＋感悟力"，我想要更深入地去了解。其中意志力所包含的自信、勇敢、节制等都是非常重要的品质。

节制的好处很多，简单点说，饭吃八分饱更健康，但是许多小孩子遇到好吃的能把肚皮都撑破，有些大人也是这样。如何教会小孩子去节制呢？这也是一个难题。

沈思：对自己的困惑开始有清醒的认知是觉悟的开始。

2020 - 04 - 16

今天一口气看到了 50 页，之前仔细分析过目录以及作者的文图，基本上 50 页左右为一个阶段。

我想重点打卡一下想象力和自觉。一个人的想象力，内与情感发育成正比，外与见识多寡成正比。帮助孩子感受家庭温暖，鼓励其多与家人出去游玩，会对孩子的想象力有一定的帮助。再说自觉，这也是心理学中一个重要的概念。我们不能代替他人去自觉，得找到他喜欢的方法，让他的自觉意识苏醒。希望我们有朝一日可以达到释放学生蕴藏于心灵的自觉这一教育的最高境界。

最后，作为一个教育者，正确选择时代需要的思想，确定思想传递的方法，这是我们要做的。

刘红萍校长：你总是这么高瞻远瞩，又细致入微，每次看你的文字就感觉与作者进行对话一般。

仇鑫鑫老师回复：我只是把作者的思想点罗列出来了，不过你的夸奖就是我坚持的动力。

2020 - 04 - 19

越往后看越喜欢"三"这个数字，三生万物啊！

看这本书不只看到了教育，感觉作者把世界和未来也摆在了我的眼前，不知不觉长了不少见识。下面会重点记录知识体系里基础层级知识中的语言（说话）部分。

1. 语言是显性的思想，说话在语言中是最重要的。从古至今，"说"都是极有力的武器。我们教育者要为学生营造一个有利于自由表达、畅所欲言的课堂软环境。

2. 训练学生的说话技能、鼓励学生提问、尊重学生质疑的权利，是释放学生的求知欲、培养创造性人才的不二法门。

3. 说话是语言即思想的第一技能，对话是语言的本质属性。每个人都需要一个旗鼓相当的谈话对象来互相激发。

这本书可读性很强，常看常新，经常是看到后面，之前的有些疑惑就豁然开朗，让人忍不住翻到前面再看一遍，又有新的感悟。

刘红萍校长：从语言的三个维度阐明发展语言的重要性，把作者的意图理解得透彻明了。一本好书、一些好观点，让人看了还想看，《教育是什么》就是这样一本好书！

2020 - 04 - 21

看到"初一学生的疑问"事例，我不禁想起我初中时的一件事：当时我上的是实验中学，老师不给我们打分数，用ABCD的等级来评价，而且对每个等级的人数有要求，同时也让我们用ABCD来评价老师。但众所周知，这只是表面。我当时当众提问每个等级有几个老师，班主任说都要是A。我当然知道，就是想问问罢了。后来在家长会上，老师跟我妈说我不太听老师的话。其实我心里特别尊重老师，只是我一直很想要平等。这就是人性呀！

所以我想说，"师生平等"主要是说给老师听的，老师要把学生当成与自己平等的人来教育，学生应该会慢慢体会到平等与被尊重，并依然尊重老师。

刘红萍校长：平等的前提是尊重，是相互尊重。

2020 - 04 - 22

存在即合理。

今天看了第三节"人的文化与文明"。作者讲述的人类文明史特别是中国文明史，加深了我的历史认同和文化自信。世上没有白走的路，我国几千年的传统思想为现代文明进化打下了坚实的基础。曾经我也同作者一样对科举制度抱有批判，却没想过父母长辈、邻里乡亲的文化崇拜、教育虔诚皆源于此。学历程度不高的他们为什么从骨子里就重视教育，我现在终于找到了缘由。

2020 - 04 - 24

今天跟一个小妹妹聊了很多，她才上初中，我们竟然聊得很投机，我惊讶于这本书里所说的一切好的特质她都有（爱说话、爱运动、敢质疑、有组织能力等等），但她却是妈妈口中的"笨孩子"。我悄悄跟姑姑说："父母口中的孩子是什么样子，孩子就会长成什么样子，你要多夸夸她。"

我也给她介绍了这本书，跟她说："你看，这本书里老师需要教给学生的东西我在你身上看到了。"她很开心，跟我说了好多，说自己为什么会连续两年当课代表、当组织委员，说《红岩》越看越好看，自己已经看了很多遍，还说自己选书的心得。本来就爱说的姑娘，看到我赞赏的眼神，又跟我分享了跑一千米的秘诀。她好像对看过的每本书都印象深刻，看到的每个故事都能内化其中的道理，然后在生活中运用。

这是天生的吗？或许有一小部分，但更多的是爱读书、会读书、读好书形成的素养吧！当然还要感谢我姑姑对她教育的重视，从小学就帮她养成好习惯。最后，她拿着我手里的书看了一会儿，跟我说："姐姐，你这本书一定是一本好书，等你看完可以借给我看吗？我想自己看完，给我老师也看一看。"

刘红萍校长：我在这里没有看到课堂，却看到了比课堂上更好的教育，看到了人与人之间交流的暖心画面。

仇鑫鑫老师回复：与孩子多交流是我们的优势，越是深入交流，我越发现，现在的孩子真是让人惊叹。

2020－04－27

前几天打卡时有个疑惑，今天在这里看到了答案。A 型课堂曾经也是很先进的教育体系，能满足当时社会生活与经济发展水平的需要，为人类文明进步做出了巨大贡献。

这部文明史像人类进化史，从注重手脚谋求生存，到注重头脑追求发展，再到注重心灵寻求自我，感觉三段论在哪里都适用。

这是一个尴尬的时期，雷锋精神被人说是"傻"，拾金不昧被人说成"蠢"，明明心里知道是好事，却不敢去做。自己的孩子至善至纯，却每天害怕他受欺负。反正必须得和众人"同流合污"才能显示自己合群……

最后把我自己深受启发的一句话分享给大家：塑造正确的荣辱观，定位恰当的荣誉点。最好的荣誉点定位是在不仅能够靠劳动自食其力而且还能对社会有所贡献上。

刘红萍校长：教育改革是时代趋势，任何力量都无法逆转。任何一场革命都不会是一帆风顺的，像我之前说的那样，播种和收获中间隔着一个漫长的夏天！我们要学会守望，在坚持劳作中守望。如果唐僧出发前就具体得知取经路上的八十一难，也许他就没了上路的勇气，但就是这种遇见问题就解决问题的态度，使他越挫越勇，最终取得真经。我们就做一名教育改革路上的苦行僧，走一程是一程；我们就当孩子成长路上的点灯人，照一隅算一隅。我坚信这点点星光终有一日会汇集成一片迷人的星海！

仇鑫鑫老师回复：你也总说花果不同时，只有在春天用心去播种，夏天的等待才是满含希望的，至于秋天，总会来的。让我们一边播种，一边好好享受这个春天。

2020－05－03

今天想先说说朱熹的"格物致知"和王阳明的"知行合一"。

之前总觉得，这两位大人的话应该都有道理，怎么却很矛盾呢？一个说先知后行，一个说知行一体，哲学的辩论真让人头疼，一不小心就把自己弄晕了，而今天终于想通了。不论是"知—行—知"，还是"行—知—行"，它们都是一个闭环，循环往复，周而复始，何必非得搞个先后呢？只要能让人思考起来，在思考过程中有所感悟、有所成长就行了吧！

如今的教育越来越强调无形的"软实力"，这应该就是大道归一的真理之力吧！我们的教育都指向同一个目标，对学生的评判标准也越来越向"软实力"倾斜，可能有人会质疑，"软实力"的评判比起"硬实力"的考试是不是过于复杂？随着现代科技的发达，"大数据"应运而生，对"软实力"的测评我相信通过数据分析会简单很多。

大学之道的教育方法通过作者对自己学习阶段的描写显得明朗了：中学阶段，每逢夏种秋收，学校会组织学生深入农村和农民一起劳动，每个学期也会有一个月的时间被安排深入城市社区去工厂和工人一起劳动。这告诉我们，课外实践不能是过家家，教育与生产劳动相结合才能有出路。

看到兵团知青和插队知青的差异时，不得不佩服作者的缜密，他一步一步带我们认识好的教育应该是什么样子，也把"环境教育人"的论点，以及"情感发育受环境影响、思想转变受情感发育影响"的理论阐述得清清楚楚。

我也看到了三维九方理论为避免培养精致的利己主义者提供的解决方案。

最后我想再强调，人的认知无论怎样也跳不出自己的思想，思想路线决定一切。

刘红萍校长：越来越喜欢你的文字，干净爽朗的背后是清晰而隽永的真理！这样的才华怎能不让人由衷喜爱与敬佩！

2020-05-04

我怀着迫不及待又依依不舍的心情，翻到了本书最后一页。读这本书有一个有趣的地方，看到后面的时候会发现，读前面时脑子里冒出过与后面内容相似的想法；更有趣的是，看到后面时，前面的内容也会不由自主浮现在脑海里，并且对它会有更深刻的认识。

下面是读了作者和一些相关人士的往来邮件产生的一些联想。

我们的教育就是为了培养能融入社会的人，能为社会做贡献的人。所以，每个时期的教育都为顺应时代而生，从农业时代到工业时代再到如今的信息时代，教育的方式也不断地更新着。作者书中提到的 B 型课堂正是大势所趋，是生产力不断发展的必然结果。正如作者书中所提到的，在当下信息全球化、便捷化的时代，通过教改实现中国教育的进步已经成为可能，把全世界教育相关信息重新组合，集成新的教育体系，在客观上已经具备条件。天命已成，就差尽人事了。

我们的孩子生活在这个信息大爆炸的时代，有什么不知道的呢！他们从小就在自由探索自己的兴趣，在童年就进入了"不惑之年"，不惑于自己喜欢什么、不喜欢什么，他们差的就是我们教育者的引导了。所以，希望所有教育者、所有家长，乃至所有社会人，都看看这本书，让我们首先认识自己，探索自身，然后带着孩子了解自己，帮助孩子拥有他们发自内心的梦想。

刘红萍校长：遇见是份幸运，共读加深了阅读的热情与思考，读完后是明心见性的通透与感动！如你所言，天命已成那就尽人事吧！

沈思：让我们一起尽人事吧！

2.《课堂的革命》打卡笔记

2020-07-10

共读前的思考：因为要 21 天读完这本书，就得计划一下每天读多少页，算下来是 16 页，可以按章节内容分配，每天读 10～20 页，灵活调整每天的共读内容。本书共三个部分，第一部分加上前言 90 页左右，第二部分 120 页左右，第三部分 120 页左右。按比例分配，第一部分用 6 天，第二、三部分各用 7 天，最后一天总结回顾。因为刚开始读，读得多会感到困难，所以第一部分时间可以稍微长点，后面开始进入读书心流，有了自己的节奏以后就会快一点。

王钰杰老师：看了你的安排，感觉省了不少脑力。

刘红萍校长：最欣赏你做事情的这股认真严谨的劲头儿。

2020-07-12

今天读的是"课堂内在学什么"。读罢，我庆幸的是，我现在也有意识地去和学生就一些事情进行平等对话。在读完《教育是什么》之后，我认识到了思想在对话中产生，所以在教学中用很长时间来和学生交流，但是结果不太理想，有些孩子对自己和学习还没有完全的认知，从对话改变思想行为这个想法做起来就比较吃力。这个问题一直困扰着我，希望读完这本实操书以后，能够找到解决问题的好办法。

刘红萍校长：作者的课堂只能帮我们打开思路，不可照搬套用。

2020-07-13

今天打卡"课堂外在想什么"。我发现这种以问答和讨论为主的讲课形式，特别有助于人去思考。教师会思考现象产生的原因，挖掘这些现象背后的道理。学生会思考这个过程中遇到的一些问题，反思自己的行为与心理，总结自己的认识和收获。

教师通过阅读一些报纸上的文章，跟学生讨论一些与人的教育和文明相关的话题，以此培养学生的理念，拓展学生的见识、眼界和格局。

在课堂日报中，教师也加入了学生学习和思考的行列，将自己的思想轨迹毫无保留地和学生分享，将正确的三观融入其中，这个时候教师已经成了学生的人生导师。王欣雨同学曾对校长和她的交流发出感慨，说觉得自己真幸运，能在这么小的年纪就听到了校长沉淀许多年的人生经验。我也很喜欢听一些长辈语重心长地讲述过往，就好像他把几十年的光阴酿成美酒分享给我，还未入口，那香醇就已经沁人心脾。

刘红萍校长：看来教育的延伸除了多读课外书、多走出去增长见识之外，还应该再增加一环——听老校长讲经！

2020 - 07 - 14

"动起来，过程中完善。"我对这句话感触颇深。我一直是一个完美主义者，做什么事情总要想得很全面、很成熟了才去干，导致很多想法都夭折了，毕竟世界上根本没有完美可言。后来，校长指出了我的这个问题，指导我在实践中完善，我开始慢慢改变，从喜欢空中楼阁、不接地气到沉下心来夯实地基，我越来越关注自己的内心，也越来越主动。

最让人感动的是，在两位教师讨论教学的往来邮件中，我看到了教师在不断反省、改变、提高自己，以适应学生的理念和行为。

读到这里，培养新时代人才的新课堂模型就出来了。

刘红萍校长：难怪作者鼓励我们出书，看看你这思想见解，真是既能启人心智，又能振奋精神呢！

2020 - 07 - 15

用了5天读完第一部分，比原计划提前一天，大致浏览了一下第二部分，觉得可以分成6天读完，这样就为后面节省出一些时间来学习、思考，真开心。

今天打卡第二部分"转变中的学生"之开班典礼。

最让我获益的是教师课堂日记。为了鼓励学生勇敢从容地走上讲台，沈思老师在课堂上讲了自己的一些看法：第一次都会做不好，万事开头难；无论什么人当众发言都会紧张，得事先有所准备；人作为群居动物，如果不能学会面对众人和与人相处，在社会上就会很被动；上台发言是心、脑、体三联动，是一次身心得以全面成长的锻炼机会；有管理自己情绪的能力、控制自己情感的力量，才能真正管理好自己的言行，否则只能被别人管。

说得太好了！好羡慕这群学生，能听到胜过我读了十年书的一席话。

后面说到如何指导学生自己组织开班典礼，虽然这里老师说自己只负责排座次，但我看到了在这背后老师的所思所想和为学生所做的一切，满满的心思都是为了学生成长。比如不介意学生开班典礼上说什么、办得怎么样，只在意学生能开口说话、在过程中成长。比如建议学生 PK 选出代表发言，让学生明白：学会如何面对输比学会如何面对赢更重要。当他说学生并没有采纳他的建议的时候，我笑了，我想，他写下这句话的时候肯定也是笑着的。

刘红萍校长：我想，当沈思老师看到你的日记时，还会再笑一次。作为读者，你的阅读态度及感悟是对作者最大的尊重，碰到你这样的读者也是作者最大的欣慰。我仿佛看到两颗高尚的灵魂在交流探讨中升华。

仇鑫鑫老师回复：我觉得只要坚持共读打卡，态度就非常端正，看来共读打卡是适合我的阅读方式。

朱丽丽老师：读到学生没有采纳沈老师意见时，我也笑得好开心。

仇鑫鑫老师回复：哈哈，我俩是同道中人。

沈思：在我们的课堂上，商老师负责软件知识的教学，我负责情感与一般道理的教育。学生是学习的主人，我们教师只能向学生提建议，不能代替学生做决定。

2020 - 07 - 23

说话是身心和谐、全面成长的必要条件。

身有所感，心有所思，脑有所想，嘴才有话讲。人说话，动的不只是嘴巴，还有心和脑。心脑常动，心智才能成熟。

从学生的课堂日报看，他们已经从激励自己开口说话成长到了思考如何提高自己的说话能力。他们在短短的时间里飞速成长。

昨天去两个学生家做了家访，今天的读书内容让我有了很多思考。这两个孩子，一个开朗，一个内向，这次家访发现他们有很多共同的问题，同样都是家里的乖孩子，同样都不会与人对话交流，学习态度同样不是很好。看到书中那句"接受应试教育的时间越长越不会说话，心理也越幼稚"，我的心被狠狠敲了一下。

在这个时代，与人交流是如此重要，希望每个孩子都像只小麻雀一样，叽叽喳喳说个不停，开心快乐地表达。

刘红萍校长：看你的文字总是让我感动又感慨！对孩子细致入微的观察，对成长无微不至的关爱，对自己精益求精的要求，使得今天的你在整个教师队伍里显得那么与众不同、弥足珍贵！当"说话"这项基本技能随着孩子年龄的增长、学业的提升而逐渐退化时，也意味着自由思想的功能在退化，我们应该为此感到深深难过，且一定要警醒所有师长们。

2020 - 07 - 26

作者带领我们从本质上认识科学、艺术和技术是什么，引出它们都是文化的"果"，进而说到文化的力量——一个社会里的人，其思想观念和思想方法都来自这个社会的文化，其行为模式受制于这个社会的文化。一个国家是什么样子，也是由这个国家的文化形态决定的。

不得不佩服作者强大的逻辑思维能力，说到这儿的时候，"教育"这个词呼之欲出。因为文化的传承主要在教育，而教育超越时空限制的理念就是转变思想、释放人性。

刘红萍校长：要想明白教育的真谛，先得搞清楚受教育的对象——人，客观准确地定位人是物质人与精神人的结合体。

2020 - 07 - 27

今天从本质上认识了数理化、思想力和思想方法、素质教育。读到这里不得不再一次佩服作者的表达能力，他特别擅长用一些简洁明了却准确精妙的类比，让人感觉无论多复杂的概念到了他那里，都能变成浅显易懂的文字。比如把数理化比作镰刀和斧头，一是强调了它们的工具性，二则说明了它们对儿童来说是无形的"危险"与负担。再比如把思想力比作电脑硬件，把思想方法比作电脑软件，揭示了它们都需要能量支持的本质特征——电脑需要电能，而思想需要体能。

紧接着说到素质教育——养成学生强健的体格，养育学生健全的人格。"体者，智之载也"，没有体力支持，人做出的选择将会是本能的力量而不是理性的力量。每个人都要知道，良好的身体素质来自充足的睡眠、营养和运动。

身体素质的养成是根本，是硬件制造。文明素质的养成是灵魂的塑造，是软件编制，主要取决于基于师生关系构成的课堂文化。

青春期是素质教育最重要的年龄段，是形成人格特质最关键的时期，是人的第三次"断奶"（"心理断奶"）。同时，素质教育就是培养好习惯，素质的培养就是习惯的养成。所以，我们教师要重视养成学生的各项良好习惯。

刘红萍校长：你的打卡笔记与作者的文本形成了一种书面文字对话。假如沈思老师身扮孔子，你必是他的颜回；假如沈思老师自诩阳明，你定是他的徐爱。

2020 - 07 - 30

这本书读完了，好像知道了很多，发现自己不知道的也有很多，不像刚开始读《教育是什么》的时候那么兴奋和激动，有的只是一颗沉静下来准备去实践探索的心。读《教育是什么》的时候，我是在欣赏作者的思想，过程中产生了很多共鸣，感觉作者把我心中想到的和没想到的都写了出来，主要是在学习。读《课堂的革命》的时候，我从作者的教育改革实践和学生的课堂日报中产生了很多思考，是真正地在动脑，并且每个共读伙伴看问题的角度和重点都不同，这让我们的共读打卡内容产生了许多新的思考。也许正是这两种不同的阅读体验，让我两次的读后感如此不同。

刘红萍校长："读之，思之，用之"，这是你读书的过程体现，也是最具价值的学习成长之路。本次共读在大家的执着坚守与思考交流中结束了，感谢你的倾情付出，愿在今后的实践探索中我们能继续碰撞出教育的火花。

《教育是什么》好书推荐

书卷多情似故人，晨昏忧乐每相亲。眼前直下三千字，胸次全无一点尘。

读好书，悦生活，遇见最美的自己。我是仇鑫鑫，今天给大家分享一本书。

这是让无数教育工作者、家长乃至学生都赞不绝口的一本书，也是让毕业多年的学生发出万千感慨的一本书。如果您也关注孩子的成长，关心中国的教育，如果您也忧心于目前教育的现状——功利的教育、焦虑的家长、空心的孩子，如果您也想做出一点力所能及的改变，那么请您跟我一起来读这本书——《教育是什么》。

这本书通古今教育之变化，更通过作者的眼界、经历和实践，将世界与未来一并摆在了读者眼前，让我们有信心和力量在教育之上看教育，在教育之中做教育，在教育之下托举教育。

总的来说，这是一本深入研究事物本质，用通俗的语言给人以明确的方向，让人在教育中修行的"内功心法"！

作者的核心观点是"环境教育人"，在书中，他用大量实例告诉我们，为孩子提供一个畅所欲言的教育环境刻不容缓，让孩子的"话轮"转起来，孩子会更聪明、更活泼。

他提出了一个全新的教育理论体系——三维九方。三生万物，九九归一，世间大道，最后直指一条。三维九方，到底有多么神奇的能量呢？欢迎大家到书中去看一看。

读完这本书，我觉得教育是传播一种思想，唤醒一个灵魂，帮助一个人发现自己、成为自己，在社会中找到自己的位置并怡然处之。

四、陕西省紫阳县高滩镇牌楼小学校长唐坤民

1.《教育是什么》打卡笔记

2020 - 04 - 18

什么是教育家？首先要知道思想是什么，其次要选择其所处时代需要的思想，最后确定怎么传播思想，只有同时具备以上三点才可称为教育家。我以前认为，老师只要按课程标准把每节课的知识点全都讲到位，认真批改学生作业，力争让他们知识点都过关，平时关注学生的行为习惯，及时纠正他们的错误或不良行为就行了，现在明白那差远了。

曾任耶鲁大学校长 20 年之久的理查德·莱文说过，真正的教育不传授任何知识和技能，却能令人胜任任何学科和职业，这才是真正的教育。如果耶鲁大学的毕业生一毕业就具备了专业能力，那证明耶鲁大学失败了。当时我很不理解，大学不就是要让学生掌握的专业能力吗？怎么耶鲁大学不培养学生专业能力？结合今天的阅读我有些明白了，耶鲁大学培养的是健全的人、有思想的人！

反观自己，只盯住那些知识点，没有从全面发展人的角度去思考，而且功利意识太强，这是违背教育原则的。

对照书中两种思想体系图，我就是基于人分尊卑思想观念的 A 型思想体

系，要想办法让自己转化为基于人人平等思想观念的 B 型思想体系。

刘红萍校长：唐校辛苦了！愿您坚持读书的每一天都充实、快乐、无畏、幸福！您对自我的反思与批判恰恰是所有老师该有的，相信您坦荡的胸襟、执着的教育情怀一定能感染带动身边一大批人。

2020 - 04 - 19

今天早上在群里看到一句话，对我很有触动。我以前是看到希望才会去坚持，根本没有想过因为坚持才有希望，功利性太强了，这种急躁的性格也体现在工作上，遇到事情总是很着急，对学生耐心不够。现在是静下心来反思自己、调整自己的时候了。

以前常说语文课要训练学生听说读写，从来没思考过什么才是掌握语言的关键，今天看到沈思老师的观点，回忆我们的课堂，让学生在课堂上自己组织语言表达老师已经说过的内容，很多学生都不能准确地说出来，要不就是说得条理不清，全是病句，要不就索性啥也不说。这真是以后老师要思考的问题。

刘红萍校长：相信一切都是最好的安排，您能静下来休息，调整心态，我们能遇见沈思老师，遇见《教育是什么》，都是最好的安排。

2020 - 04 - 20

说话＝释放求知欲＝释放智慧＝释放创造力。

会说话是一个人很重要的能力，而我们很多学生都不敢说、不会说。

语文教学是教会学生使用文字构造语言以表达自己的欲望、情感与思想的技能，如果不关注学生心灵的精神成长，语文教学就断了源头、失去了意义，语言技能提高的程度也有限。

刘红萍校长：您用最简洁明了的语言，概括出了文本最核心的内容，字字珠玑，错过一字一句都会是读者的遗憾。

2020 - 04 - 21

人心灵的成长最重要，而现今我们很多时候忽视了人的心灵的成长，因为这是隐性的。我们老师不仅要关注智育，更要关注德育，培育心灵，促进精神成长，这样教育才算完成它该有的使命。

刘红萍校长：作者描绘的 B 型课堂是关注孩子成长、关注心灵健康、遵循人性发展规律的好课堂，是真正育人的"天堂"。

2020 - 04 - 22

读到这里反思自己，我的思想真是落后的：对孩子，我想的是怎么管教，怎么让他懂规则；对学生，想的也是怎么管理，让他们遵守纪律、约束自己，在纪律的框架内学习、玩耍；心中缺乏平等的观念，尤其是对自己的孩子，很少从孩子的角度出发，看问题很多时候都是从家长权威角度出发。读了这本书，我意识到要立即转变自己的思想观念，建立人人平等的思想。为孩子尽养育之责，为学生尽教育职责，为老师尽服务职责。

刘红萍校长：第一赞，为您的阅读速度。您读得好快，和您的阅读速度相比我就像只小蜗牛。第二赞，为您认真严谨的反思态度。都说读史明智，在您这里可谓读书明心、读书明己。在前行的路上我们总要时不时地这么反思自己的言行，及时调整方向，才能走得更远。一起努力！

2020 - 04 - 29

我今天要打一天针，所以早早读书打卡。看到一个很有价值的消息："幼时多接触自然环境，长大身心更健康。"这提醒我们所有人，要尽可能多地让孩子接触自然环境，这样可以让孩子拥有更强的自尊心、更高的生活质量以及更好的身体素质。

我以前总想教给孩子一些技能，比如计算、识字、记单词等。现在看来，我错了，我只停留在"器"的知识层面。现在有点理解教育家说的话了，教是为了不教！

刘红萍校长：首先向您表达深深的疼惜，受苦了！认真阅读这本书后自我反思，我们之前的教育确实太局限了，好像落实了知识任务就完成了所有任务，而忽略了培养心灵精神人的成长。真是舍本逐末的遗憾啊！

2020 - 04 - 30

我们对教育从认知到实践上都存在系统性的偏差，这个偏差就是我们把教育等同于知识，并局限在知识上。学习知识很重要，提高学习能力更重要，养成终身学习的习惯，促进人的全面成长最重要。

书读到这里，我被镇住了。原来，我们很多时候都只看孩子知识点掌握了没有，殊不知，自己舍本逐末了。知识只是教育中"器"的层面，而我们却把它当成教育的全部，难怪目前教育会这样。我们要及时纠正不正确的认知。

刘红萍校长：亡羊补牢为时不晚，一起努力改进吧。

2020-05-01

今天书还没读完，但是我已经向好朋友说了好多次了，这本书这段时间帮了我的大忙，给了我全新的视角，我还要慢慢读。

非常喜欢这句话：一个人一旦爱上劳动，一生肚子都不会饿着，还不易得"三高"；一旦爱上阅读，一生脑袋都不会空着，做什么事都行；一旦爱上交朋友，一生心灵都不会空虚，始终有路可走。

刘红萍校长：一想起您每天忍受着巨大的苦痛还坚持和我们一起读书，一起交流，坚持写日记，敬佩之情油然而生！祈愿您经历了这段时间之后，远离所有的磨难，重还教育界一枚标兵！

2020-05-02

原本是带着消遣的心态走进这本书，说实话，以前从未这样用心读过书，还做笔记打卡。但有时候遇到不理解的地方，我还是跳过去了，有种陶渊明的"好读书，不求甚解"的状态。我惭愧，没有小孩子认真，但即使这样，我还是收获满满。我决定再读一次，细细品读。我要转变自己的思想，形成成长型思维，接纳不同的意见，迎接挑战，拥抱变化，平静地接受生活中的一切，告诉自己失败就是一堂课。眼下，我坚信我拥有让自己变得更好的力量！

刘红萍校长：这本书就这么愉快地读完了，您收获的不仅是书里的教育理念，还有同行伙伴满满的祝福与敬佩。您曾经是孩子们课堂上的启明灯，更是今天我们阅读团里的好榜样，我们不光看到了您的勤奋与勇敢，也见证了您对生命的热爱与尊重。在此，我把所有人对您的敬佩与爱戴化作浓浓的祝福——长风破浪会有时，直挂云帆济沧海！愿您生命的舟船在经过短暂的休憩之后，再次扬帆起航！

2.《课堂的革命》打卡笔记

2020-07-10

今天是共读《课堂的革命》的第一天，看到大家已经分享了这么多读书感想，我心里对自己说，不能掉队。我前段时间浏览过这本书，当时感触也很深，但是没写读书心得。说真的，在参加这个读书会之前，我读书都是眼睛过一遍，从没像这些书友这样用心深入思考。

读了沈思先生的书，用书中的观点来看生活中的一些现象，觉得沈老师说得太对了。一个人的心，只有在与人交往的时候才能够显现其存在；一个人的心，只有在融入群体的过程中才会成熟起来；一个人的心的成熟程度，同他与人交往的时间成正比，同他与人交往的空间成正比。

刘红萍校长：确实如您所说，沈思先生的这两本书不仅是"教育秘籍"，也包含了深刻的人生哲理，读过使人豁然开朗。您上次读《教育是什么》的打卡笔记也非常值得学习和借鉴，最近帮忙整理您的打卡笔记的老师还跟我说，再一次认真看您的打卡笔记，受益颇多。

2020 - 07 - 11

今天是周末，一天的时间都可以交给书，尽情享受阅读！刚才浏览了书友们的打卡笔记，收获多多。我觉得阅读是滋养心灵的最好方式。在阅读中把自己的感想写下来，对自己的思想进行分析归纳，写出来就成了理论。沈老师说得太好了。

学生是客户，我们老师是为客户的成长提供服务的。我们怎样才能真正为孩子们的成长提供服务，而且是正能量的服务？这是我们每个教育工作者都应该思考的问题。反观周围的一些现象，有些老师不仅没有为学生服务，而且还在阻碍孩子的成长，我心里为这些孩子担忧，可自己力量有限，只能心里干着急。

刘红萍校长：冰冻三尺非一日之寒！不过话又说回来，守得云开见月明！相信只要我们愿意坚持下去，愿意把自己的思想传播出去，微弱的萤火之光一定能闪烁成一片美丽的星海。

2020 - 07 - 12

学会享受工作、享受生活。反思自己，似乎很少有享受生活的心情，经常焦虑着。读了沈老师的书，我找到了自己焦虑的症结，这可能跟我生病有很大关系。生病后，我告诉自己，要换种生活方式，用享受的心态去面对生命。我总是容易着急，总想迅速把事情做好，认为这样就轻松了。其实我错了，工作是个过程，永远都做不完，永远都在路上。我要让自己慢下来，不着急，这样心里就轻松了。为什么自己会有这么急的个性？应该是从小受到的教育所致。所以，"育人"太重要了。

知道自己需要的、想要的以及能要的，就是有自知之明，就达到了比较高的文明程度，也就不会表现出好与人攀比的幼稚的行为，而且工作会顺利，生活会富足，一生会平安。

刘红萍校长：因阅读加深生命的思考，您是悟性最高、收获最大的人。

2020 - 07 - 15

今天读完了第一部分，做了一个简单的回顾，有几点感悟：第一点，我以前注重知识的教学，一节课塞得满满的，自己也觉得该讲的都给学生讲到了，自认为这样就是好课，但往往效果并不理想，问题百出。于是心里想，学生怎么不记啊，不是都讲了吗？殊不知这样讲没用！沈老师在书中说，教育是全面育人的工程，技术只占其中的一点点，知识和技能是重要的，但是更重要的是对工作的态度、合作精神。反思我们的教育，恰恰把这两点忽略了。我想我们基础教育要着重关注孩子的学习态度、学习方法。第二点，在自己的学习方面，我一直觉得学习是要伴随终身的，也深知自己知识能力有限，所以时刻提醒自己要多学习、多读书。然而经常一读一大本，当时好像收获满满，觉得自己记住了很多东西，但是过不了多久，又都忘记了。这是因为我没有掌握科学的思想方法，没有提升思想力，还处于很低的学习境界。要注重思维习惯的培养，训练自己自由思想的能力，这样才能根据工作的需要，迅速学会需要用的知识，并能够去解决问题。这是我最欠缺的。

做人的学问是最大的学问，做人的道理是最大的道理。

无论什么样的学习方式，不管什么样的工作方式，不考虑当事人的感受，都不能算好的方式。人的一切活动都是为了人自身，人的一切活动的价值都体现在自身的感受和提高上。离开这一点，学习的意义何在？工作的价值何在？

有耐心，不急躁，你的生存时间会长；放宽心，不计较，你的生存空间会大。用心工作，你的工作会顺利；用心待人，你的生活会幸福。

刘红萍校长：唐老师的总结很精彩！

2020 - 07 - 17

今天打卡内容是魏婷婷的日报。从魏婷婷的日报中，我看到了她成长的心路历程，看到了一个热情、充满活力、自信阳光的女孩。这都来源于沈老师这样的课堂。

为什么近几年走上岗位的新教师普遍不爱交流，不愿主动融入集体？可能他们和魏婷婷之前的状态差不多吧。我在想，他们更需要年长的老师多关怀，多创造机会，帮助他们增长心力。

刘红萍校长：蜕变是个过程，最重要的是努力打造这样的育人环境。

2020 - 07 - 20

今天读到常如龙的日报，我明白了为什么同学们在软测班的成长突飞猛进。我在反思自己，我们的课堂老是强调以学生为主，可又总是担心我们说少了，学生没听明白，总是不给学生说话的机会。课堂是老师的讲堂，学生只能乖乖坐在那里听。殊不知，这样的课堂文化，这样的教学模式，教不出人格健全的学生。所以，把课堂还给学生，从让学生开口说话开始！

刘红萍校长：让我们把这句"把课堂还给学生，从让学生开口说话开始"作为日后工作的座右铭，时刻提醒自己纠正自己的教育行为。

2020 - 07 - 22

通向成功，我们有一条美好的路，它没有竞争，没有攀比，有的只是互帮互学和强大的团队精神。这是丽媛同学在这个班里的感受，和她之前所在的班级完全不一样。看到这里我在思考：为什么这个课堂里的学生不担心用分数排名次？想想自己上学时，大小考试都是要排名次的，名次进步了，心里高兴，名次掉了，要伤心好久。于是，考试前，心里都很紧张，特别担心自己考差了，别人都上去了。家长也盯住名次。同学之间相互交流学习方法，一般也要自己留一手。在沈老师的课堂里，这样的担心全都没有了，同学之间毫无保留地讨论交流，学生们感受到人与人之间的真诚，感受到团队集体力量的强大。

仇鑫鑫老师：这条更加美好的路不止有强大的团队精神，还给了孩子足够的安全感、自我认同感，他们每个人也有了"我就是我，是颜色不一样的烟火"的自信，当自己快速成长的时候，当然不会害怕被人赶超。

2020 - 07 - 23

今天读了第三部分，看了董文渊同学的日报，很有感触。董同学觉得在这个班里的学习影响了他的一生。这种合作交流的学习方式，培养了他们团队协作的精神，使他们学会交流，学会合作，学会取人之长补己之短，学会相互欣赏，增强了学习的自信心。我觉得这是最重要的。学生天然就该是学习的主人，没有人有权利强迫学生学习，没有人能做到利用强迫的方式培养学生成人成才，无论是老师还是父母。看到这句话，反观自己身边的教师和家长，心里真为那些被迫学习的孩子的未来担忧。身边有个孩子，从小就被他奶奶强迫学习，现在上四年级了，没人督促，他根本不学，啥都不干，只看电视、玩游戏。孩子的自主学习意识根本没被激发出来。

周围好多孩子主动学习的意识都很低，是不是因为一开始，他们就被强迫了呢？面对主动学习意识低的孩子，老师不强迫他们学习，该怎么激发起他们的主动性呢？这是老师需要思考的问题。

教师的职责之一，就是鼓励学生通过自己的体验、思考，了解自己、感受自然、观察社会，从而认识真实的世界，而不是在自己的脑子里塞进一大堆定义和公式，也不是整日被迫训练解题技巧。知识和技能的学习，为的是助力学生大脑发育成长，为的是助力学生心智发育成熟。

对知识的学习，其过程必须是自觉的；对道理的认知，其思想必须是自由的。把学习的主动权还给学生，养成学生主动的人格特质，比知识和技能的学习重要一百倍。

仇鑫鑫老师：我在思考，发现学生擅长的东西，让他在小组里当一次领头羊，体会表达的快乐和别人的认同，也许值得一试。

2020 - 07 - 24

今天读关于说话的部分，看到会说话的人和会听话的人截然相反的状态。听话的人只能模仿，只适合被管理。我近几年被推到管理岗位，觉得自己好累好累，好像自己只适合被管理。不光是我，身边很多人都觉得自己只适合被管理。读了沈老师的书，我找到了自己累的根源，并且正按照沈老师的方法引导自己。

沈思："外行管理内行"，这是曾经争论很激烈的问题。其实，是否拥有专门知识和技能并不是做管理者的必要条件，情感发育良好并且懂得一般道理才是做管理者的必要条件。情感发育到不仅爱自己也能爱他人的程度，才有可能以情感人；懂得一般道理，才有可能以理服人。管理者的工作目标是，把熟悉不同专门知识和技能的人组织起来，相互取长补短，心往一处想、劲往一处使。管理者的工作方法是以情感人、以理服人。可惜，只关注大脑智力的应试教育的学校只能为社会供应有一技之长的被管理者，不能供应心智成熟、通情达理的管理者。

2020 - 07 - 25

我在想，刚入学的小朋友，喜欢说话，活泼可爱，在校园里蹦蹦跳跳的，课堂上也喜欢抢着说话，用"麻雀闹林"来形容一点都不过分。随着年级升高，孩子们在课堂上话越来越少，有时候不管老师怎么启发、鼓励，说话的人仍然不多。我们老师有时候也会讨论这一现象：怎么越到高年级，学生上课都不爱回答问题了？今天我找到答案了，是我们的课堂文化和教学模式把学生变成了这样。我迫切希望老师和家长不要压制孩子说话，耐心倾听孩子的心声。

仇鑫鑫老师：是的，越到高年级越不爱说话。

2020-07-26

受目前"听话教育"影响，具有独立思考力的人不多，只有变革教育模式，营造学生自主学习的平台，鼓励学生大胆说话、主动交流，具有独立思考力的人才会大量涌现。每个小学老师都要积极行动起来，让孩子将进校时的天真活泼一直保持到毕业！

今天早上的阅读，我有三点要分享：第一，活给自己看！只要自己认定的事，符合社会发展需求，能给社会发展带来好处，就坚定去做。第二，正确对待烦恼。烦恼每个人都有，就看自己对烦恼的心态，乐观的人认为烦恼没什么，会有解决办法的，悲观的人则认为烦恼很严重，很难找到解决办法。这个我深有体会，有些事情，我总是很担心，认为很难解决，给自己很大压力，但最终还是解决了。我们要培养自己的勇气，养成积极的人生态度，这样不管什么烦恼，都有力量抵抗。第三，纠结是正常的。生活中，总有一些事情让我们纠结，让自己心神不宁。今天早上在阅读中明白，其实纠结也是在思考。

问题都出在自己身上，只要改变了自己，改变了自己的心境，其他的人、事、物，都会随之改变。

仇鑫鑫老师：您的分享让我获益良多。

五、安乐小学语文教师王钰杰

1.《教育是什么》打卡笔记

2020-04-14

孩子负向成长似乎已经成了这个时代屡见不鲜的现象。上学之前，小孩子大部分天真活泼，而上学后变得不自信，被动胆小，遇事爱躲。这种现象在初高中阶段尤为显著。为什么会这样？多半是课堂教育出了问题。

今日有幸与各位老师共读《教育是什么》，我问自己，教育是什么呢？头脑中闪现的也不过是"教育是一种培养人的活动"这样的空话。所以，我要用书中的话先来检讨自己。你都没有弄清楚教育是什么，怎么可能把学生教育成时代所期望的那个样子呢？

教育面对的是人，而每个人在本性上都想求知。反观自身，当面对一些调皮不听话的孩子时，我们似乎经常用惩罚、恐吓的方式，对表现好的同学则会加以奖励。我们面对的是一个个有思想、有头脑的人啊，本该是人与人之间最高级的相处方式，愣是变成了驯兽师驯化"小神兽"的场景。

初读至此，已经让我认识到自己的很多不足之处。感谢《教育是什么》这本书，让我能迷途知返。

刘红萍校长：你本身就很优秀了，这本书于你真是如虎添翼！理论联系现实，调整方向，改变策略，拥抱更好的自己！

沈思："孩子负向成长似乎已经成了这个时代屡见不鲜的现象。"这是关乎民族生存、国家发展、社会进步、人民幸福的大问题！确实到了该"迷途知返"的时候了！

2020－04－15

"研究生投毒案""北大学生弑母案"，这些悲剧的主人公都是高才生，他们不缺乏知识，他们缺乏的是温暖的情感。我猜，他们的生命中多半是走在被各种负面情绪铺成的道路上，或是打击，或是恐吓，或是攀比，或是孤单，他们生活中爱的成分很少。爱使人心生暖阳，而负面情绪会一点一点吞噬学生原本善良向好的心。爱对于孩子来说就像是为他铸就了一座安全舒心的城堡，因为有爱，他不用担心来自四面八方的负面情绪，安心自由地在城堡里成长。学生都有向师性，模仿能力极强。今天你用各种负面情绪去对待他，总有一天他也会用这些情绪去对待别人。他甚至不会认为自己做得不对，因为在学生心里老师做什么都对。所以，收起你的情绪，用爱浇灌孩子吧！

在我心中掀起千层浪的还有一点，那就是：当下课堂是在教学生勇敢还是畏惧？从几个案例来看，大部分学生都怕老师，甚至有些家长也怕老师。我们真的该把习惯的教育颠倒一下了，消除学生对教师的畏惧心理，多和学生近距离接触，如吃饭、聊天、活动。在学生面前我是一个可以无话不说的好朋友。这将是我接下来的努力方向。

刘红萍校长：作为教育界的一名新兵，你已经足够优秀，但在你今天的文字里，我看到了未来更光彩夺目的你！

2020 - 04 - 16

看到好奇心这一点，我很赞同。平时在课堂上，我们班的小军和小玲同学总有很多问题，经常打断我讲课，突然想到一个东西就会叫老师，然后急于说出来。很多时候我的话要重说好几遍，甚至有时候面对他们的问题我会招架不住。但我喜欢这样活泼的课堂氛围，很庆幸，我没有成为压抑孩子好奇心的老师。鼓励学生提问，激发学生的求知欲，呵护学生的好奇心，我会继续坚持下去。

以前总听老师说，长大后很多"好学生"会给那些"差学生"打工。所谓的"差学生"，不过是成绩差点，但综合素质很高。我也一直相信这一点。这些学生思维很活跃，见识也多，想象力、好奇心、洞察力等方面也比单纯成绩好的孩子有着明显的优势。希望学生们在我的努力下，以及其他老师的共同培养下，能成为学历高、知识多、创造力强、事业有成的人。目标有点高，但是得敢想。

刘红萍校长：很多老师因为怕回答不出孩子的奇思妙想而难堪，所以一再压缩孩子的提问、思考范围，这是扼杀好奇心最直接的杀手。老师要摆平心态，从心底接受这种课堂上的"难堪"，这样有助于实现真正的师生平等，有助于激发孩子的探索欲望，有助于成为一名优秀的老师。

2020 - 04 - 17

读到"教师是学生思想的助产士"，我想到了苏格拉底的"产婆术"和孔子的"不愤不启，不悱不发"，它们都是在强调要启发、引导学生通过思考得出结论。不断引导孩子说出自己的想法，而非直接告诉学生答案。学生是课堂的主人，我们要做的就是不断引导，穿针引线，帮孩子把思想串联起来。

心灵受伤很难愈合，这个感受我们大人都深切体会过，小孩子脆弱的心灵更是经不起精神暴力。强迫学习，粗暴批评，按分数高低公开排名，错1题罚100题……出发点都是好的，都是为了让孩子掌握知识，可是，我们只发泄了一时之气，给孩子造成的心灵创伤却难以衡量。改变方式方法，让孩子在身心健康的环境下成长吧！

我很喜欢刘邦论"功狗"和"功人"这个故事：曹参之功，一时之事；

萧何之功，万世之事；岂能让一旦之功加万世之上？

刘红萍校长：心力高于体力，思想支配行动。站在"发展人"的高度上审视我们的工作，不假借"为你好"的外衣体罚伤害学生。这是我们今天共同的收获！笔记做得真好！

2020 - 04 - 19

今天读的这部分的内容让人收获满满，每看一点都要好好消化一下。

第一，我疑惑的是：课堂40分钟似乎都在灌输知识、做题，那么学到的这些知识怎样才能更好地应用于课堂之外？

第二，关于语言，关于"说"，我有如下想法。

1. 语言是显性的思想，思想是隐性的语言。我们读的《教育是什么》这本书，读的是语言，但领会的是作者的思想，作者的思想影响着读者，读者进而形成自己的思想，并用语言的形式表述出来。

2. 说者要对说话效果负责，如果听者听不懂，说者就要反思自己。在课堂上，如果学生没听懂，首先应检讨的是教师自己，其次才是学生。学生没听懂，必然是教师的"说"有待改进。课堂效率低下，老师确实该反思"说"的方式。

3. 教会学生说比写更重要，这一点与刘校长的作文观不谋而合。课堂上应先为孩子创设情境，让孩子畅所欲言，等孩子的想象、思维被充分调动起来后，再适时写作。这时孩子们不会再有对写的恐惧，自然能写出一篇质量可观的作文来。我们学校的孩子都不怕写作文，这与平时孩子们敢说、爱阅读的好习惯是分不开的。

4. 提高说话技能，鼓励提问，尊重质疑，这个话题被作者再一次提出。"有话不说是错的，说出来的话没有对错只有不同；有疑问不提出来是错的，提问本身只有对没有错"，我要将这句话贴在教室里，平时更要将这句话印入学生心中，鼓励不善言辞的孩子大胆说出来。

刘红萍校长：武玥茹说我的收获是最少的，因为她认为我的知识已经饱和了。当时我告诉她，在知识面前我永远不饱和！今天看你的打卡笔记，我就像块吸水的海绵一样，贪婪地读了三遍，又长知识了。

2020 - 04 - 20

课改之后，重视课外阅读的呼声越来越高，有人说"得阅读者得语文，得语文者得天下"。阅读本是一件很享受的事情，不能让它沦为考试的工具。

孩子心境纯洁，喜欢一本书就让他自由去读，没有功利心地去阅读，这样才能养成终身阅读的习惯。一离开学校便不再读书，那将是多么可悲的事情啊！

数学教学是语言、逻辑、数学三方面的统一。明白其中的原委还要能讲出来，讲给别人听，这样一举三得，语言、逻辑、数学三方面都做了训练。这个方法值得一用。

刘红萍校长：功利心越强，效果越差，希望更多人能明白这个道理，让孩子们在轻松自由的氛围里愉快地阅读。

2020 - 04 - 21

一、创新课堂文化首先要创新师生关系

教师应该怎么做？我总结了五点。树立为学生服务的意识，教师尊重学生，鼓励学生勇敢批评；让学生喜欢自己；时刻提醒自己学生是有情感、有思想、有个人意志的人；亲其师而信其道也；坚持对学生说"谢谢，请坐下"等话语。

二、让我触动最大的地方

1. "初一学生的疑问"引人深思。为什么老师和学生的待遇不一样？社会文化在进步，孩子在觉悟，而学校教育落后了。

2. 当老师在教育一个学生时，全班同学都看在眼里、想在心里。表面上老师只是在教育一个学生，实际上是在教育全班同学。

刘红萍校长：教育改革，环境很重要，人的思想更重要。

2020 - 04 - 23

1. 驯化与文化

我们通常认为的好孩子就是被驯化得低眉顺眼、唯唯诺诺的孩子，但凡孩子有一点不听话、不顺着我们，我们就断定这孩子不是好孩子。而创新教育下所需要的是活泼、顽强、敢于合理反抗与斗争的接班人。孩子"不听话"，不正体现出这是一个有思想、活泼、敢于说"不"的潜力股吗？

2. 鞭着学与主动学

我们大人都知道在被压迫的环境下工作会心情不舒畅，工作效率也不会高，而学生天天被各种"鞭子"催着，结果可想而知。让孩子打心底爱上学习、主动学习，于身体、于心灵都有益。我们要尊重学生个人意愿，用制度规范学生自主学习。

今天放学后和王欣雨聊天，我问她："咱们最近进行的每日阅读和打卡，你觉得能坚持下去吗？"她毫不犹豫地回答，可以。我问她为什么，她说因为读书的时候心情很轻松，而且书里有很多有意思的事情，乐趣很多。她还给我支了一招："老师你以后再想惩罚学生的时候千万不要罚看课外书，那就太轻松了，每个人都爱看书。"这应该就是乐于主动学习的表现吧，没有压力，没有顾虑，只有享受与无尽的乐趣。

刘红萍校长：当你帮助孩子养成读书习惯时，你就是一位成功的甚至可以说是功德无量的教育者了。每次看到有孩子说喜欢读书，我就心跳加速、激动半天！

2020 - 04 - 26

今日所读内容，"爱"字贯穿始终。无论亲情、友情、爱情，维系的桥梁都是爱。在爱的环境里长大的人，自然会习惯爱别人。作为老师，"温暖的家庭"我们无法涉足太多，但是孩子在学校的时间远多于家庭（我们是寄宿制学校），所以我们完全可以在为孩子创造"温暖课堂"上下功夫，弥补家庭温暖的不足。

"考得不好就要挨打"，很多人从小接受的是这种严厉管教。殊不知，越严厉，孩子的逆反心理越强烈，从而更难与孩子有心灵的交流。

作者对青春期叛逆现象的解读非常准确到位。青春期的叛逆是令多少家长头疼的事。有一种爱叫作放手，心灵日渐成熟是人成长的自然规律，顺者强，逆者弱。不尊重规律还去横加干涉，亲子之间怎会不出现矛盾呢？孩子怎么能不出现心理障碍呢？

刘红萍校长：现在仍有好多家长游走在暴力与溺爱的两个极端，要么拳脚相加彰显家长的威力，要么溺爱无边标榜自己的付出，其实这都是摧毁孩子的无形杀手。

2020 - 04 - 27

越往后读，越能清楚地发现教育真是一场心灵的修行。

读到"问题学生"的时候，我们知道应该给予他们更多的关爱、尊重与帮助。"问题学生"是怎么产生的呢？多是后天家庭教育与学校教育不得当造成的。我们现在全力帮助"问题学生"解决问题，他们长大后就不会重复父母的老路，再去建立一个"问题家庭"，培养出"问题孩子"。

我们这一代是在传统教育观念下成长起来的，"不打不成才""不听话就是坏孩子"这类思想造就了我们头脑中的教育理念，从而产生了"问题教育"。所幸今天遇见《教育是什么》一书，有种"拨云见日"之感，我们绝不会再走旧教育的老路，"问题教育"从我们的孩子这一代开始改变，坚信新教育指日可待。

刘红萍校长：教师，手捧"教育圣经"，在红尘中修行者也！看到你的认知与思考，我很高兴！年纪轻轻的你，早已脱去世俗教育的外衣，俨然是灵魂工程师的心态了。好样的！

2020 - 04 - 29

想方设法让学生敢于开口说话，能够笑起来，是我们教师要做的第一件事。对这一点我深有体会。每次上课之前我都会先看看大家的状态，如果都保持着开心的状态，我就觉得这节课肯定可以顺利进行；如果谁蔫蔫的，我会立马讲个笑话或调侃一下，让大家开心一笑，顺利进入学习状态。心情会传染，我更喜欢开心的氛围。

刘红萍校长：怎么感觉看你的打卡笔记跟看名人著作一样有价值呢？用文质兼美来评价一点不过分！

2020 - 05 - 02

妹妹每天被一堆作业包围着，是一个写完作业就绝不会再去碰书的人。今天晚上，她居然悄悄地坐我旁边看起了书，这一举动着实让我吃惊，大概这就是言传身教的作用吧！

《教育是什么》好书推荐

无论您是家长、老师，还是关心教育发展、注重人才培养的社会人士，您可能都思考过这个问题：教育是什么？如果我们自己都没有真正明白教育到底是什么，又怎么能把孩子培养成我们心目中期望的样子呢？

作为家长，您有"望子成龙、望女成凤"的期许，但您是否经常感到"教子无方"，苦恼于如何与孩子相处、怎样才能为孩子营造良好的成长环境？

作为老师，您有"桃李满天下"的愿景，但您知道如何在传统教育理念的基础上进行教育创新，绘制适合时代的教育蓝图吗？

请随我一起走进《教育是什么》这本书吧。这是一本反复咀嚼后仍回味无穷，为人指引方向的教育著作。这本书最大的特点就是真实，在实践基础上撰写的字字箴言，只要看了就会喜欢，越看越觉得意义重大。在书中你会看到不一样的教育姿态，不再是"棍棒底下出孝子"，而是师生平等，实事求是，不以成绩高低"论英雄"，孩子能在自由的环境下探寻自己内心的声音，释放善良与智慧，走向美好未来。感谢《教育是什么》，感谢对教育充满热忱的沈思先生为大众创造了一个观察教育的全新视角，教育革新指日可待！

2.《课堂的革命》打卡笔记

2020 - 07 - 10

打开这本书，熟悉的气息扑面而来。《教育是什么》是理论篇，《课堂的革命》则是实践篇。

之前我一直深深担忧我班里的学生自学能力差，做事没有主动性，集体意识薄弱，没有老师带领似乎无法独立学习。今天我知道了原因，是我总舍不得放手。下学期我会朝这些方面努力：多让学生上讲台讲，多提问，多讨论；有问题先集体想办法；班长人选优先考虑性格内向、不善言谈的同学；班规由学生自己制定。教师提供服务，给予引导和指导，起"穿针引线"的作用。打造一个学生不再闭着嘴巴听课，而是轮流走上讲台开口讲课，师生之间、同学之间展开热烈讨论，班级事务由学生们集体决定，真正利于学生成长的课堂环境。

每天记录自己的工作进展和不足，记录自己的工作日报，这个想法之前一直在我的脑海中闪现，但由于这样或那样的原因，一直没有行动。读完今天的内容后，我坚定了开学后记录工作的决心，记下今天做了什么，遇到了什么困难，怎么解决的，总结，以及明天的工作计划，等等。

刘红萍校长：在阅读中思考，在思考中进步，在实践中完善！

2020 - 07 - 12

我发现学生的课堂日报贯穿整本书的始终。每一个观点或理念都是从鲜活的课堂实践中得出，有根有据。在这里，我看到了不一样的课堂，学生们个个活力自信，精神饱满，团结一致，敢于争论，懂得感恩……学生真正该培养的优秀品质——展现在了我的眼前。这样的课堂令人向往。可是现如今，我们所实行的强迫式教育无疑与作者的课堂背道而驰。临近期末考试的那几天，学生们只有一个任务，那就是不停地做题。有时候我很心疼这些孩子，无论老师布置多少作业，他们都只会爽快地答应后开始"战斗"，只有一个同学敢对我说："老师，我不想写了。"其实，大家都不想写了，只是这位同学敢说出来。仔细想想，如果多去主动听听学生在想什么，让学生自己选择学习内容、学习形式以及学习的时间和空间等，会不会事半功倍呢？这样我们都不会那么累，学生反而还会乐于学习呢。

刘红萍校长：没有对比就没有伤害，沈老师课堂里的孩子们享受的学习过程及收获，应该才是真的幸福教育吧。我们以往的辛勤付出与学生的疲于奔命，是不是都是背道而驰、南辕北辙？所以，我们应该更新观念，放手一搏！

2020 - 04 - 14

世无弃物，全在善用不善用之间；人无弃材，全在善教不善教之间。一个优秀的教育者，面对形形色色的学生从不感到苦恼或乏力，而是能很好地根据学生各自的特点对症下药。善教者，从不会将原因归结于学生。因此，当学生做得不如人意时，教师应首先反思自己：方法用对了吗？学生来学校是为了成长，为了学习，如果事事都能做好，还要老师干吗？

沈思：君子之言，人师之语也！

2020 - 07 - 16

说起网游，百分之九十九的家长和老师都会立马阻止，阻止的理由能一下子列出几十条，游戏影响视力、影响学习这种话似乎伴随着每个孩子的童年。看到这里，我不禁想到两个月前和刘红萍老师的一次聊天。她的儿子在游戏中段位很高，想必也玩了很长一段时间吧！但是令她意外的是，儿子居然能将游戏中的这种段位晋升思想用在数学学习中，越是遇到难题，他越想要去攻克，这样他在数学中的段位也越来越高，所以数学成绩一直名列前茅！可见，游戏并不像我们想得那样可怕，适当地接触会发散人的思维。孩子之所以喜欢游戏，或许是因为游戏与新时代学生的思维更匹配吧，而这种思维也会自然迁移到其他地方！

刘红萍校长：其实小孩子除了阅历经验不如成人外，其他的认知完全是和大人平等的。但遗憾的是，我们总是摆出一副高高在上的姿态，对他们施以喋喋不休的说教，结果往往适得其反。对于孩子，我们要相信他们有趋利避害的能力，作为父母和师长的我们要有"不管教"的勇气。

2020 - 07 - 18

"大学四年只有这些天好像真正活过来了"，看到这个标题后不由得心头一颤。可悲！可喜！悲的是，在大学四年间学生似乎看不到上大学的意义所在；喜的是，幸好常如龙同学在踏上工作岗位之前，遇见了这样一个新课堂和引路人，实现了人生很重要的一次逆袭。相信和常如龙同学有同感的大学生还有很多，但很多同学到毕业时都未在课堂上发掘出自己智慧的富矿以及认识到自身的不足。

越读越觉得教育真的是"良心活"，育人才是最重要的。

仇鑫鑫老师：看到这个标题同你一样触动很大，想想自己也是这样过来的，所以我们可以结合自己对课堂的憧憬，把这份美好的愿望变成行动带给学生。

2020 - 07 - 22

"老师，吃完饭我们干什么呀？"上课了如果老师没来，很少有孩子主动翻开书去看，但只要老师布置了任务，学生都能很好地完成。此时学生只掌握了任务型学习，但是如果再往前走，谁又能安排得了孩子的一生呢？今天一位家长告诉我，孩子在家学习十有八九需要提醒，还不具备自主学习的能力。学生少，老师能顾得过来，那学生多了怎么办？是时候需要寻找一种培养孩子自主学习能力的好方法了。这刚好与我下一步的目标相吻合：放手。今天一个学生对我说："老师，你不在教室的时候我们完成作业最快。因为我们会把桌子拉到一起，集体制定一个好的办法，快速完成作业，而且也能记住。"被困住的学生累，困住学生的教师更累。那就尽快和孩子们共同商讨创建一个思想自由、氛围愉快、和谐有序的新课堂吧。

仇鑫鑫老师：正是咱们这种家长关爱太过、老师不敢放手的情况，让孩子们的自主学习能力和自我管理意识都非常薄弱。放手也是一种大胆的尝试，也许会看到不一样的孩子们。

2020 - 07 - 28

读完这部分，更加感觉到目前教育的方向南辕北辙、本末倒置。我们既然不会让一个人在童年时学习使用危险的镰刀、学习抡动沉重的斧头，又怎么可以让一个人在童年的时候学习那么多比镰刀斧头重得多、复杂得多的数理化呢？童年本该是养成好习惯、开发兴趣的好时光，可是不管老师还是家长，都把习惯的养成和兴趣的培养当成了学习知识之外的业余活动，学习知识占据童年的十分之七八，而重要的开发心力和思维只占到十分之二三。重视音体美势在必行！让孩子们的童年多点不一样的美味吧！

仇鑫鑫老师：对呀，开心快乐才是孩子最主要的任务之一，而费脑筋的专业技术，让已经拥有快乐能力的大人去学习，这才是一个正常有序的自然现象吧！

2020 - 07 - 29

"师生平等"这一观念贯穿两本书的始终。教师的社会地位日渐提高，很多家长都听老师的，以至于在学生潜意识里老师说的才是对的。家长和老师对学生的打骂在很多人眼里是理所应当的"管教"，以至于孩子从小养成逆来顺受的性格。我们要教会学生做自己的主人，从尊重孩子开始，用和蔼的态度打开学生的心灵之门，让他们产生学习的愿望和兴趣。希望我们都能改掉以责罚、打骂等方式来教育孩子的习惯，真正实现平等民主的教育。

仇鑫鑫老师：师生平等一直是这两本书里所呼吁的，师生平等究竟应该是什么样子呢？我想，"课上好老师，课下好朋友"应该就是对它最好的诠释。

六、安乐小学教师刘娇

《教育是什么》打卡笔记

2020 - 04 - 14

买书前看到书名《教育是什么》着实有点惶恐，怕书中的内容会比较专业，自己咬不动。在刘校长的大力鼓舞之下，我抱着试一试的态度硬着头皮买好了书。

昨天听了刘校长精彩的领读，感触颇深，今天读了本书的前 15 页，真的震撼到我了：首先通过爱因斯坦、怀特海、马克思的言论来论证，"教育的服务对象是人。所以，要想知道教育是什么，不能不先知道人是什么"。紧接着映入眼帘的是"个体人被文化而文明成长规律图"，这个图让我对这本书产生了浓厚兴趣。

教育，首先要关注的是学生想不想学的问题，其次才是怎么学的问题，最后关注学什么的问题。切记不可忽视学生想不想学就直接去教，而这正是我目前忽视的，所以我需要改正我的教学态度，切实关注学生想不想学、为什么想学、为什么不想学等问题。

刘红萍校长：相信你的付出和收获一定成正比！

2020 - 04 - 15
我学习到的有：

1. 考试分数高，不代表文化程度高。

2. 人一旦迷信权威，就会导致精神不能独立，思想不能自由，只能模仿，不能创造。所以我们要有自己的思想，要敢于发现自己的想法与权威的不同之处。

3. 帮助学生找回失去的自信是我们课堂教学的重要任务之一。我教的学生处于二年级，还没有那么畏惧老师，但小宇和小霞两位同学对老师的畏惧表现得比较突出。小宇同学不善言辞，我问三句都不答一句，我试图用语言激励他，他也不理我。下课后我找他聊天，慢慢地他有了一些改变，最起码我问他两三句，他能回答一句，我很开心。小霞同学属于不能被说的类型，我语气稍微重一点，她就会哭个不停。我采取的措施是下课找她聊天，找其他同学和老师了解孩子之前的情况，平时对她多加鼓励，慢慢地她没有那么能哭了，而且上课也会积极举手回答问题，这真的是我当教师以来收获的第一份成就感。我相信我可以在帮助学生找回失去的自信以及坚守自己的自信这条路上越走越远。

4. 我需要努力的方向是，接近学生，了解学生想要的是什么，我还有什么地方可以改善、提高。

5. 有一斤的饭量吃八两，可保身体健康；有赚一块的本事赚八毛，可保一生平安。要牢记节制的好处并身体力行。

刘红萍校长：最喜欢理论联系实际的你们，书里的观点联系课堂实际，发现问题、总结归纳，这么真诚用心的你一定会越来越出色！

2020 - 04 - 16
今天我学习到的有：

1. 自觉很重要。如何使学生自觉准时上课，自觉完成课堂作业，自觉完成课下作业等问题，需要我们去抓学生的心理。

2. 扼杀好奇心的教育是扼杀人性，激发好奇心的教育是释放人性。我反思了一下：我上课的时候总是循规蹈矩地让学生遵守课堂纪律，保持安静，等我讲完课再提问，或者等我讲完课直接让学生去写作业，几乎没有经历过学生提问的过程。即使有时候学生有问题，也要等我讲完再提，估计这时学生已经忘记自己想要问什么了吧。提出好的问题比解决问题更有价值。我要改变中规中矩的课堂教学，呵护学生的好奇心，并努力想办法激发学生的求知欲，让学生可以畅所欲言，和老师平等对话。

3. 美术课程的设立，既有助于提高学生的表达能力，也有助于释放学生的想象力。而在我的美术课堂里，都是我画出模板，学生照着画，很少有让学生自由表达自己想象的情况。我需要在不苛求学生画得像不像，只要画的是自己心里想象的就行上面下功夫。

4. 应试教育主要依赖卷面考试的分数评价教学，而保证考试评分最公平、最简单的方法就是设置标准答案，殊不知扼杀学生想象力的正是对标准答案的依赖。我反思了一下自己：暂且不说学生依赖标准答案，作为老师的我，又何尝不是按标准答案来引导学生思考呢？我要做的是：让学生大胆发表自己的看法，不用非得和答案一模一样，以学生的看法为主干，在主干正确的基础上，引导学生添枝加叶，让学生的看法更加丰满。这需要我做孩子们的源头活水，所以得不断学习。

刘红萍校长：提出问题比解决问题更重要！太有哲理了！

2020 - 04 - 18

今天的收获颇丰，请听我一一道来：

1. 放下自己的成见，抛开一切人情世故，正义就会是众人内心一致认可的事理。改善目前社会大环境，从培养正义的人开始。

2. 语言＝思想。强调学生听话、不让学生说话，就是不准学生思想、不让学生成人。我之前接受的学校教育以及家庭教育都是强调听话，少说话。我赞同作者的观点。

3. 沟通的效率，关键在说。我教学以来说得最多的一句话就是"我都说了八百遍的问题，你为什么还是不会？"反思一下，我说了这么多遍，如果学生还没有听懂，首先应该检讨的是讲课的我，而不是听课的学生。

4. 无论是作为自然现象观察，还是用逻辑来推理，人类掌握开口说话的技能在先，掌握动笔书写的技能在后。开口说话越多的学生，书写的内容就越丰富，因为他能说出来，就说明他有自己的思想，也就有的写；而说都说不出来的学生，书写就会非常吃力，因为他们可能都没有思想，更别说写出来了。而从说到写的过程，还有很长的一段路要走。我目前需要调整的是：让学生说得多一点，再多一点，再进行书写。

5. 教师鼓励学生说话，就是鼓励学生自由思想，唯有自由思想才有可能真懂道理。"我们是怎么教会学生说话的？学生在课堂上说了些什么话，说了多少话？请看《课堂的革命——师生平等对话录》。"这句话激发了我想买这本书看的欲望。我提议：下一本共读《课堂的革命》！《教育是什么》这本书还没读完的我，已经考虑到下一本共读书，我可真是个贪心鬼，哈哈哈！

刘红萍校长：你的小贪心让我好欣慰！看你的打卡内容，我能深深感觉到你强烈的求知欲。加油吧姑娘，天道酬勤！

2020-04-20

这一部分给我感触最深的是媒体报道的各种辱骂学生、体罚学生的行为。反思自己，我也有过这样的冲动，也曾试图用棍子教训不听话的孩子，我以为打他们一两下，他们就怕了。当我举起棍子的一刹那，学生立马用胳膊挡住了头，我当时蒙了一下，我们当学生时所接受的教育，真的适用于现在吗？我收回了手里的棍子，跟孩子说，好好上课。这个学生确实成绩不理想，但是当时他躲的那一下，我真的很心疼，因为以后我也会有孩子，我的孩子如果接受的也是这样的教育，那该是多么悲哀的一件事。这样的体罚场景不知道给多少孩子内心造成了很深的伤痛。就像我们前边读到的，孩子会有讨好的心理，为什么会有这样的心理呢？除了老师喜欢"好学生"之外，更多的是不喜欢"坏学生"吧。

每个老师都希望当一个好老师，"让每个孩子都不掉队"是一个好老师经常挂在嘴边的话，然而我们真的做到让每个孩子都不掉队了吗？扪心自问，我无愧于心，虽然我没能让我的学生个个都考一百分、考九十多分，但是我帮助他们在原有的基础之上都提高了一定的分数。虽然我们现在在读《教育是什么》这本书，观念有了一些改变，觉得分数没有那么重要，但是当分数整体有所提高的时候，我的内心是喜悦的，是有成就感的，尤其是分数的提高不是通过体罚或者辱骂学生得来的，而是通过尊重和关爱学生得来的。从长远看，我需要继续坚持尊重和关爱学生的理念。与此同时，还需要转变看待学生的观念，没有什么好学生与差学生之分，分数只是用来检验最近一段时间某一方面知识的教和学的效果。不能只局限于分数，还要加强学生其他方面的认知，加强音体美的熏陶。我还要扭转之前关于阅读的观念，让学生"读书，但不为了考试"。我之前让学生看书，说得最多的一句话就是"我们需要看这本书，因为可能会考到"。这样久而久之，我的学生将会成为为考试而读书的人。所以从当下开始，我要做出改变，看书不再只是功利地应付考试，而是要去修心，让学生去书的海洋发现别有洞天。

刘红萍校长：作者的思想很有学习价值，你的思考更有可供借鉴的实践价值！

2020 - 04 - 21

英国教育的精髓在于：尊重学生的个人意愿，用制度规范学生的自主学习。"制度"这个词和我们平时说的"管"区别在哪里？"管"可能过于驯化了，已经偏离了我们的初衷。制度该怎么设定，设定些什么内容，怎么实施，需要我们在不断实践中做出调整。

一个文明的个体，必须同时拥有吃、爱和说这三项基本人权。吃现在都可以满足，但还需要做出调整：营养均衡，零食不能多吃，规律饮食。爱和说方面的教育方式要做出一些正面的改变，要给予学生尊重、理解、爱心，鼓励学生多说。

刘红萍校长：看到你的认知我不得不又一次庆幸遇到这本好书，使我们思想通透，方法明确，相信教育的前景一片光明。

2020 - 04 - 23

1. 音乐和美术是滋养心灵、促进精神人成长的基础德育课程，然而目前我们对这方面的认知却少之又少。音乐、美术不考试，音乐、美术是副科，音乐、美术课随时有被主课占走的风险……这些都传递着一个观点——音乐、美术课没意义，不重要，学生有时间多学学主课。殊不知，我们以为"为学生好"的做法，实则是在剥夺学生精神成长的权利。

2. 劳动是美德。记得之前上课时我们班的一个孩子说："我要好好学习，长大以后不要当劳动人民，我要赚很多很多钱，回报我的爸爸妈妈。"我的心中瞬间一惊，一个二年级的孩子，说出这样一段话，可见家庭教育是有问题的。我问孩子："你知道我们吃的食物是从哪里来的吗？"孩子说：

"买的呀，超市里都有。"我问："那你有没有想过，如果没有劳动人民去种植粮食蔬菜，超市里还会有现在的食物吗？"没有什么是不需要劳动就能获得的，如果有，那只有父母对你无条件的爱。

3. 十指连心、心灵手巧。我们班学生对美术充满兴趣，时不时会跟我讲："老师，我们下节课上美术课吧，好久都没画了。"现在想想，孩子们喜欢画画，喜欢做手工，喜欢剪纸，是他们与生俱来的天赋。在快乐中学习，会更有趣。这就与教育的目的和快乐有关的观点不谋而合。

4. 剃头的故事告诉我们，"来自'问题家庭'的'问题学生'，不是学生的错而是学生的不幸"。目前农村的孩子父母大都外出谋生，爷爷奶奶帮忙带孩子。爷爷奶奶可能往往只停留在孩子吃饱穿暖，不磕着碰着就好了，基本上不会过问孩子的心理健康和孩子的需求。"问题学生"的内心需要更多的关爱、尊重与帮助。动员班上的学生互相关爱、互相尊重是当务之急。

刘红萍校长：作者的理论结合你的实践，增强了文本的可读性。

2020 - 04 - 25

排名会让学生产生极大的焦虑情绪，因为每次考完试回家，家人第一句话就是："你觉得自己考得怎么样？能考一百分吗？能考第一名吗？"我们考虑的都是："别人能考一百分，你为什么不能？你比别人缺胳膊还是少眼睛了？"成人往往只看重结果而忽略过程，对孩子的努力几乎只字不提。如果孩子考了99分，我们只会在意孩子为什么会丢那1分，却从未夸奖过孩子为这99分付出的努力。我们从来说的都是不抛弃、不放弃任何一个学生，但是我们真的是这样做的吗？我们是怎么对待学困生的呢？事实上，我们从来考虑的都是考试成绩的问题。期待明天的课堂学习。

刘红萍校长：你的思考可谓一针见血、直指时弊！期待能有更多像你这样的年轻新秀为教育事业注入新鲜的血液，推动教育改革早日成功。

沈思："别人能考一百分，你为什么不能？你比别人缺胳膊还是少眼睛了？"能说出这样的话的人，不是智力低而是智慧少即愚蠢。这样的话，对孩子的成长有害无益，对考试也是。

2020 - 04 - 26

B型课堂是通过转变人分尊卑的思想观念为人人平等、转变迷信权威的思想方法为实事求是，从而文化早期文明人为现代文明人的课堂。我们今天的课堂还处于人人平等只停留在口头上的阶段，如何落实人人平等，我可能会在后面的学习中知道答案，也可能需要去《课堂的革命》里寻找答案。这个追逐的过程，无疑是幸福的，总要满怀期待地去追寻一些有意义的事情，生活才会更加美好。

对于迷信权威，我的理解是过于死板地相信课本、相信老师、相信生活常识。我们需要的创新，何尝不是打破常规呢？我觉得"废物利用"这个课题就能够让学生更好地打破常规，用各种各样的方法将我们一直觉得没有用的东西变废为宝，既活跃了思维，又提高了动手能力，动手则动心，一举多得。如果不能做到师生平等，想要把迷信权威转化为实事求是就会有很大的困难，因为自古以来都是师尊生卑，老师说的即是真理，禁锢了学生的思想。所以，从改变老师开始无疑是最好的办法。

共读带给我的除了学习的动力，还有别的老师、学生的见解。就像哈佛学生跟作者说的一样："学生的成长，除了得益于教授之间的交流，更多来自学生之间的交流。"交流有利于人健康成长。

刘红萍校长："总要满怀期待地去追寻一些有意义的事情，生活才会更加美好。"特别赞同这句话。其实人生真正的幸福是在追求幸福的途中。

2020 - 04 - 27

把"说话的人"和"人说的话"区分开来对待。简练明了的话语总能让人眼前一亮。即使不赞成某人说的话，但是仍然会尊重说话的某人。就算出现分歧时由于意见不合而争得面红耳赤，但绝不会说出不尊重对方的话或者做出不尊重对方的事，平等在心中。

白天长身体，夜晚长情感。所以孩子在初级教育阶段，不要上寄宿学校，因为父母的陪伴有利于孩子情感正面发育，也有利于孩子心灵发育、精神成长。我们学校是寄宿学校，所以我需要在晚上多陪伴学生一会儿，聊聊天，一起做一些有意义的事，或许可以帮助学生身心更加健康地成长。

一直羡慕独生子女可以集万千宠爱于一身，现在才知道独生子女的成长过程多了一份孤独，因为生活中没有可以分享的伙伴，或许只有在学校时，他们的孤独感才会有所减少。

由于思想方法一直没有真正更新，许多教师拥有错误的教育观。我们需要端正教育观：教育是为了作为人的学生的成长，不只局限在分数上。

刘红萍校长：读完这本书，对教育的方向已经清晰明了了吧？

七、安乐小学教师朱丽丽

《教育是什么》打卡笔记

2020 - 04 - 14

心里积压了些许怒火，暂时不能发泄，只好怀揣着不愉快，翻开了这本《教育是什么》。当我读到"没爱心可以教学知识，有爱心才能兴办教育"时，感觉自己的怒火一下子被浇灭了。是啊！换位思考一下，我也是个妈妈，总希望自己的孩子今后会被老师温柔相待，那么作为老师，也应该对自己的学生充满包容与爱意，这样才会成就更多妈妈的心愿呀。

从今天起，从翻开这本书起，决心做一个爱心老师、榜样妈妈，做我学生的"花洒"，做我儿子的"荣誉榜"。

刘红萍校长：这就是阅读的力量，遇见一本好书，成就更好的自己。

2020 - 04 - 15

作为老师，更应该做一抹温暖的阳光，走下讲台，和学生站在同等高度的地面上，用温度温暖孩子，做有情感的同伴，不做带情绪的师长，学会用意志力抑制情绪，让学生、让孩子变得勇敢。

刘红萍校长：做个有温度的教师，给孩子自信和勇气。真好！

2020 - 04 - 16

我缺少规则意识，作为一个成年人要努力养成规则意识。

要激发想象力，培养创造力，发挥属于人类的优势。成绩好不一定就有发明创造的潜质，也有可能丧失想象力。忽然想起一个故事：一位语文老师在黑板上画了一个圆圈，当她问同学们这是什么时，全班同学异口同声地说是句号。老师告诉大家，这不仅仅是一个句号，它还可以是太阳，是饼干，又由这个圆引发了好多种可能，如月饼、小镜子、玩具、妹妹的脸蛋……再看现在，有多少人把语文课上的"圆"教成了或大或小的句号，真的很值得反思。我期待我们的孩子们可以热情、勇敢、自信、自觉，活成不一样的圆！

刘红萍校长：哲学气息浓郁啊！读书引发思考，思考引发行动！

2020 - 04 - 17

煤炭可以转化为电力，但需要热量作为阶梯；水是发电过程中不可或缺的介质，在过程中其性质不会改变。知识在教学中只是一种媒介，但是我们极大程度上把知识直接当成了"电力"。还未开花就想摘果子了，操之过急，无视规律，势必是摧残。精神侏儒很可怕，我们更不能做那个精神暴力的施暴者。

刘红萍校长：这个总结含蓄中透着力量，太精彩了！

2020 - 04 - 18
我们要让我们的孩子建立一个完整的认知体系，因为你的认知就是你的世界。

刘红萍校长：仅有知识点不行，要建立知识体系。

2020 - 04 - 19
人们都说孩子遇到一个好老师是他的幸运，其实老师遇到和自己一起成长、一起进步的学生们，也是一种幸运。在课堂上，我们鼓励学生去说，去提问，但是无形之中已经给他们规划好了说话的路线、框架，学生的思想得不到释放。当我们洋洋得意于自己的课堂有了声音的时候，其实我们还没有完全摆脱"驯兽师"的影子。这也是今后需要努力的方向。

刘红萍校长：时刻把"驯兽师"的形象当成一面镜子，督促自己朝着正确的方向迈进。

2020 - 04 - 21
环境对成长至关重要，把一个思想消极的人放在一群思想积极的人中间，不愁没有改变。就像一个寝室八个人，有七个人都早起、上晚自习，那第八个人也很容易被带动起来。

课堂的三维目标，多数情况下搁浅在了"情感态度与价值观"上。师生关系、学生关系、教学目的等，应该被着重思考、重新定位，否则再高的楼房、再新的课桌，也不能弥补"软件"的老化。

"老师喜欢学生有助于学生成人，学生喜欢学习有助于成才。"村子里有个外校的小姑娘说，刚开始是因为不喜欢数学老师而不喜欢数学，后来是因为不喜欢数学而不喜欢数学老师。这是一个小学生的逻辑，也是作为老师应该引以为戒的，如果老师可以平等对待每个学生，肯定也会出现因为喜欢数学老师而喜欢数学的情况吧。让我们平等地对待每个学生，真心地尊重每个学生吧！

刘红萍校长：楼房再新，若教育观念不变，也难免有"穿着新鞋走老路"的悲哀。

2020 - 04 - 22

现在我们这个地方几乎是零失学。家长怀着期许把孩子送到我们的手上，我们就应该用平等的态度去对待每个孩子，偶尔遇见个调皮捣蛋的，不要扬起巴掌，记得拉上他的手，把我们的温度传递给他。

刘红萍校长："拉起手，把温度传递给他"，说得真令人感动！

2020 - 04 - 24

过去总觉得学校里的篮球架、乒乓球台、足球网等吸引学生眼球，占用学生时间，总想把它们藏起来。现在知道我错了。我的学生们，对不起，今后老师跟你们一起运动，更要一起好好睡觉，好好吃饭。如果脑力得到释放，何愁没有高分呢？

儿子不到三周岁，当我说他哪里做得不好时，他都会不高兴，会为自己辩解。在他还不具备许多技能时，他都能分辨语言的好坏。今后要多夸他，好孩子都是夸出来的。记得每次考完试大家在一起讨论的时候，刘校长都告诉大家，不要老指责孩子们粗心，要告诉他今后要细心。

刘红萍校长：加强体育锻炼，增强体质的同时也强化脑力。

2020 - 04 - 25

我们很难干预家庭环境，但是可以干预课堂环境。温暖的课堂环境可以弥补缺爱的家庭环境，因为除去睡眠时间，孩子在学校的时间比在家里长。稍微大一点的孩子表现得更为明显，当在家里得不到充足的温暖时，他们会在班里、在老师这里寻求温暖。如果我们可以细心点，给予他们想要的温暖，他们也会温暖我们。有时看到，明明是一个小孩子，却说着一些"大人话"，十分让人心疼。

我想给儿子一个温暖的家，给学生一个温暖的课堂。

"不要指望未能充分授粉、错过花期的果树能结出香甜的果实，不要指望错过间伐季节的树木能够长成参天大树，不要指望没有感受过青春期甜蜜的人心智会成熟，不要指望心灵未成熟的人会有清晰的道德观念和法治意识，不要指望心灵未成熟的人会有善良与智慧，不要指望心灵未成熟的人能感受人生的幸福，不要指望心灵未成熟的人会长成精神高尚的人，不要指望心灵未成熟的人能有所发现、有所发明、有所创造。"我超级喜欢这段话，它说的就是现实，必须引起注意。

刘红萍校长：*亲情、友情、爱情，三位一体成就幸福人生。*

2020-04-26

"热爱才能敬业"，在这里，只想说谢谢！谢谢妈妈抛下一切帮我照看孩子，让我没有后顾之忧；谢谢刘老师这么多年给予的关照，总会为我想到很多，鑫鑫说刘老师是她的充电宝，我觉得更是我的照明灯；谢谢各位同事，会因为一通电话、一条微信，就不计时间、不计回报地予以帮助；谢谢我的学生们，你们的"状况百出"让我积极学习"新技能"，你们的贴心让我感受到温暖，尤其是这段时间上网课，几位同学的态度更是让我暖到了心窝里。这么多爱都给了我，我怎能不去敬业呢？接下来，我要以让孩子们自信、有爱心、热情、勇敢为目标，"点亮心灯，放飞梦想"。

刘红萍校长：*爱别人是一项幸福技能，你在爱别人的同时也在被爱包围。*

2020-04-27

在没接触《教育是什么》之前，我认为课上让学生们多回答几个问题，积极发言，课下和学生们说说话，做做游戏，就已经做得很好了，最终还是要看成绩，只有成绩可以激励学生的上进心。唉！不知不觉中扼杀了学生好多智慧呀！读了"今天的课堂"才明白，自己那些小伎俩只是"老牛换新套"，还不够，还需要再改。我还要多多研究这本《教育是什么》。

刘红萍校长：*要把书本知识融入自己的日常行为，形成自己的思想，单读一遍是不够的。详细研究实践之后那就完全不一样了。*

2020-04-28

几个人一起做，心就不能不动；几个人一起做，话就不能不说；有事做，有话说，就有内容写，有内容就不必抄袭瞎编。这真的解决了我们教学模式的一个死循环问题。通过一起学习，创造一个有效的发展模式，通过这样的过程，共同动手做、开口说、动笔写，再也不用担心老师一直喋喋不休，学生却懵懵懂懂了。

现在每天最让我舒心的就是看见儿子的笑脸，看着他笑，就觉得整个世界都是美好的。我希望他可以一直面带笑容，以后也可以轻松愉快地去学习，相信这也是每个家长的期待。那就以让学生在课堂上开心地笑起来为目标吧!

刘红萍校长：看着你每天都在成长，就觉得那些把教育工作只当"饭碗"的人简直亏大了。当老师只为挣钱养家的人，对于思想成长来说简直是"捧着金饭碗要饭"。

2020 - 04 - 29

思想观念是魂，是人的第一要素。落后的思想观念会扼杀人性，颠倒人们对是非的认知。记得上初中的时候，随着身边的同学一个个辍学，爸爸也经常让我也不要念了，说女孩子念那么多书也没用。虽然爸爸是在开玩笑，却让我生出了不想读书的念头。我没有考上理想的高中，以至于现在吃了没有学历的苦。好的观念可以使人树立好的信念，观念偏离了，信念自然也偏离了。我要改变观念，树立正确的三观，提升自己的素养，做孩子的榜样。

刘红萍校长：明确了最终目标，行动便有了方向；有了明确的方向，再努力付诸行动，即便路上会有坎坷，最终也势必抵达彼岸。

2020 - 04 - 30

育人就好比种田，作者的比喻很贴合实际。我自己也有种田的经历，知道在播种前需要撒各种化肥，然后翻地，让化肥均匀地被土壤吸收，然后播下种子。收获时从来没有人说种子的好坏，收成好的时候人们只是夸田地肥沃；怎么到了育人的时候，却看不清楚这一点了呢？学生就是种子，需要环境的滋润，我们不能一味地去挑选种子、改变种子。我们需要创造环境，多多播撒爱，我相信，我们的学生终会健康长大，也会有美好的收获。很感谢作者，把最贴近我生活的两件事结合了起来，使我明白了育人的道理。

从书中我了解到，有智力的、专门知识比较丰富的人，不一定有智慧，但有智慧的人智力肯定不会差。所以，随着年龄的增长，让自己智慧起来吧，可能自己不能创造太多物质财富，但可以丰富自己的精神生活！

反复地读了好几遍"科学是什么"，感觉特别长知识，尤其是作者的总结，更是深入人心。

这本书越读越有意思了，让我不仅学会许多知识，更有了行动方向。很庆幸，在我的学生们还没有毕业、我的孩子还没有长大之时，遇见了《教育是什么》。

刘红萍校长：感恩遇见《教育是什么》，使我有幸遇见更优秀的你们！

2020 - 05 - 01

今天对"孩子教育"这个话题超级感兴趣。幼儿教育不是让孩子背多少唐诗宋词，也不是能唱会跳，孩子需要睡眠、饮食、游戏、亲情、友情。父母的亲情在孩子心灵成长过程中不可或缺、无可替代，千万不要为了赚钱而离开孩子，我们现在的日子可以稍微苦点，毕竟孩子的成长只有一次呀！

"白天长身体，夜晚长情感。"读到这，终于可以体会为什么儿子每天晚上到了睡觉时间总要找妈妈，并且和妈妈最亲了。我自己不是独生子女，觉得孩子多了条件就会差点，因为什么都需要两个孩子分，父母的爱也要分成两份，现在看来自己有点愚昧了。多个孩子就多份亲情，多份陪伴，少份孤独。

即使是小孩子，也要平等地去对话，用平等的对话来取代责罚，让孩子在爱与平等的环境中成长，这远远好过用金钱打造的环境。

刘红萍校长：要当一位称职的妈妈、称职的老师，真不是件容易的事儿！

2020 - 05 - 03

"人对心灵认知功能的认知，不是通过肉体的大脑对书本知识的学习可以获得的，只能靠自己的心灵在社会生活、生产劳动过程中的感悟来获得，书本知识可以起到佐证认知的作用。"但现实情况是，学校要求学生把太多的时间用在书本知识的学习上，严重挤压了学生使用心灵认知的时间与空间。这种情况普遍存在。在我们学校，校长一直尝试让学生跳出课本，去阅读课外书，去亲近大自然，体验劳动，还组织了一次"义卖"活动，获得了学生的一致好评。看来我们的学生相对来说还是比较幸福的，我们还会继续努力，让我们的学生更加幸福。

刘红萍校长：对于今天来说，真正的教育形态就是在大多数人眼里看起来"不像教育"的样子。所以，我们要大胆地想，大胆地做，要有敢为天下先的勇气和魄力。

《教育是什么》好书推荐

刚开始并不看好这本书，认为肯定是一些大白话，读了之后也不会对教学有什么作用。初读第一天，我就知道自己错了，光看那个"人图"就感到很震惊，后面越读越有感觉，再加上打卡，更是为读这本书注入了无限动力。书里面提及的 B 型课堂真是让人向往，那人人平等、不分尊卑的教育让人心动！看完这本书，我认为我们的教育前景一片大好。能读到这本书更是幸运，这本书不仅适合老师，更适合家长、学生。每个人看了都会有不一样的收获。

八、山西省河津市幼儿教师笞丽

《教育是什么》打卡笔记

2020 - 04 - 14

好久没有认真读一本书了，当坐下开始读书时，心很难静下来，以至于好久都不能读明白书中内容。书中提到"不是以体育为基础的智育，其释放出来的智力强度达不到发明创造所需的强度"，目前我们的教育就存在这样的问题，孩子喜欢的体育课不是被语文老师霸占，就是被数学老师要走，孩子们在这样的学习过程中，何谈智育，更难实现创新。希望在接下来的每一天，能紧跟刘红萍校长的步伐，同学习，共成长！

刘红萍校长：*我们要通过阅读提高认识，慢慢改变不理想的教育。*

2020 - 04 - 15

今天读了第一章第三节，读到求知欲和教学模式时，我深感愧疚。通过这一章节的学习，我才发现自己的教育跟驯兽师相差无几，根本没有调动孩子的学习积极性，更谈不上激发孩子的求知欲。接下来的时间，我要做好规划，跟着大家继续学习，提升自己，为了学生，也为了自己的孩子，做真正的教育。

刘红萍校长：*对，我们不做驯兽师，我们要做孩子的点灯人。*

2020 - 04 - 16

分享今天发生在我家里的事情：

儿子：爸爸，为什么一晒太阳，我就热，出汗？

爸爸：怎么问这么幼稚的问题？

儿子转身离开。

我：老公，你扼杀了孩子的求知欲！昨天读了《教育是什么》了解了求知欲（是什么＋为什么＋怎么办），每个人在本性上都想求知，孩子问问题，说明了孩子对知识的渴求，你的话语简单粗暴，打击了孩子学习的积极性！

随后跟老公翻开书本重温了求知欲这块内容，并向儿子道歉！

刘红萍校长：*如果每位父母都能像你们一样，社会和谐进步大有希望。*

2020 - 04 - 17

教育的最高境界是释放蕴藏于心灵的自觉。我觉得这不仅适用于孩子，也适用于所有人群。就像这几天，我就跟书中的王骏鹏同学一样，忙完家务后就自动坐在书桌前看书，这大概就是自觉吧。

刘红萍校长：*读一本好书，不仅收获了知识也养成了好习惯。真好！*

2020 - 04 - 21

通过今天的学习，我明白自己不会写的原因了——平时听得多、说得少。就阅读而言，默读不如朗读，朗读不如抄写，抄写不如共读。现在开始培养自己说、读的能力，应该也不晚吧！

刘红萍校长：*活到老，学到老，任何时候都不晚。*

2020 - 04 - 22

我们的家庭教育也可以借鉴 B 型课堂软环境，父母作为孩子的第一任教师，给孩子营造 B 型家庭软环境。在宽容、和谐的环境中，会培养出有思想、富有创造力的孩子。

刘红萍校长：*教育孩子，家长和教师责任相同，理念通用。*

2020 - 04 - 25

昨天的学习不在状态，眼看着掉队了。好习惯的养成确实不是一朝一夕的事。昨天没有打卡，今天思想上有些松懈，但看到武玥茹、赵子涵等几位小同学都能认真对待学习，感觉好惭愧。认真、自觉等优秀的品质没有年龄界限！向小同学学习！

刘红萍校长：*这就是共读的好处。*

2020 - 04 - 26

对于智育这一节讲述的案例，我深有感触，尤其是作者的点评中提到成人加班，我感同身受。我在园内办公室任职，加班是常事，曾有通宵加班的切身体会，这个感觉让人痛苦不已，有时头脑中会有换工作的想法。所以，在教育孩子的过程中，我们需要换位思考，感受孩子的处境和内心。

刘红萍校长："己所不欲，勿施于人"的道理我们都知道，但是在教育孩子时恰恰违背了这一道理。惭愧呀！

沈思：职场成年人感受到工作的痛苦，尚且有换单位的机会和权利，而课堂上的学生感受到学习的痛苦，却没有换课堂的机会和权利，只能熬，熬不过去的就会得抑郁症。

2020 - 04 - 28

说说我家孩子的事吧！近期孩子上网课，课后时不时想玩会儿手机，导致眼睛有些不舒服。

儿子：妈妈，我眼睛不舒服，你明天开始帮我吧，把咱家的电和网都断了！

我：好！在我们家我可以这样，但你去姥姥家、朋友家，我能这样做吗？

孩子若有所思。

我：妈妈只能监督你，要真正解决问题得靠你的自觉。

这就回到了我们前面学到的自觉。自觉不是身体的感知力，不是大脑的智力，而是心灵的最高智慧。自觉就是知道自己要做什么事情。孩子能意识到手机、电脑对自己眼睛的伤害，知道应该在上课时用电脑、手机，其他时间不使用，这说明他有初步的自觉意识，也希望能克服。

今天我们在回家的路上又探讨了这个问题。

儿子：妈妈，你说我怎么办？

我：在你想玩手机时，能不能试着转移一下注意力？昨天语文作业中的那幅画，你画得真好，内容写得也很丰富。所以能不能画会儿画？

儿子：也可以读读诗。

我不知道我们的交谈是否有效，但能感觉到孩子用心听我说了，希望老师给予指导。

刘红萍校长：这样的交谈建立在平等与尊重的基础上，效果也是显而易见的。其实我们平时真的不用吼叫孩子远离手机，像您家宝贝一样，孩子自己都懂的，再加上恰如其分的引导，最终达成共识——不看手机，而是去画画、读诗。这个看似很普通的场景，却恰恰很好地培养了孩子的理性、思考力、选择能力、决断能力，也成功培育了孩子的"心力"。真正的大智慧就隐藏在这样的日常琐碎里，您是一位很智慧的妈妈！为您点赞！

2020 - 04 - 29

父母如果好好学习，孩子一定天天向上。

父母是"原件"，孩子是"复印件"，孩子成长在父母恩爱、家庭和谐的氛围中，自然也会充满爱心，给人以温暖。

今天聊天时一个同事提到，孩子上网课时不好好听讲，跟其他同学聊天，老师多次提醒也无济于事。同事最后放狠话："如果再违反纪律，小心我撕烂你的嘴！"我不知道怎么帮她解决问题，但我觉得这是父母的问题，她这样用语言威胁甚至要用暴力的手段并不能解决问题，反而会让孩子产生逆反心理，甚至失去学习兴趣。在这儿我想说，父母如果好好学习，孩子一定天天向上。

刘红萍校长：你和孩子昨天的聊天可以分享给她借鉴。

2020 - 05 - 03

"优等生""待优生""优等师""待优师"，看到这几个词，我想到老师们平时在一起讨论时，会提到某学生聪明，某学生学不会，怎么教都听不懂。受传统思想影响，在老师的潜意识里学生还是会有差别的，所以在教学过程中仍会区别对待。对于老师的喜欢与否，孩子的内心是能感受到的。国务院发出通知，义务教育阶段严禁公布学生排名，这说明从国家层面已经关注到学生心灵的成长，这就是我们教育的变化。说下我吧，作为家长，还是过于关注孩子的分数了。通过学习，我明白不要把眼光放在眼前孩子的分数上，要打好基础教育的地基，用恰当的方法引导孩子去学，相信孩子一定会健康茁壮地成长。

刘红萍校长：无论身为老师还是家长，我们都要和孩子一起学习、一起成长，您在这方面就做得很优秀，向您学习！

2020 - 05 - 07

今天是打卡第21天，整本书已全部读完。说说今天单位的事吧。今天在单位编辑微信公众号的文章，做好后发给领导审核，领导看后说版式不好，还让我看看某某单位近几期微信推送。我听后，瞬间情绪低落，脑子里感觉空了，文字修改没有灵感，图片选择没了头绪，思想一下子被局限到某单位的公众号上，最后还是在同事的帮助下才完成了任务。我们经常听到家长数落自家孩子，"你看谁谁考了第一名，再看看你考的"，也会听到丈夫说妻子做的饭没有别人家的好吃，今天我终于体会到了作为"自家孩子"的滋味，那种感觉让人难受，也让人失去了工作的热情。这样的"激励"教育不仅不能促进人的成长，反而会伤害他们的自尊心和自信心。

想让孩子自觉地、欢喜地学习吗？想让员工精神饱满、充满热情地投入到工作中吗？我想说，好好看看《教育是什么》吧！

刘红萍校长：只有自己做一回"自家孩子"，才能切身体会到我们的孩子多不容易，才能理解为什么越来越多的孩子像小刺猬一样警惕、不友好。是不谙教育规律的成人毁掉了他们的自信与仁爱。看完您的打卡笔记，敬佩之情油然而生，为你的坚持点赞，更为你的深入思考和收获而欣喜。

九、山西临汾尧乡中学语文教师景敏果

1.《教育是什么》打卡笔记

2020－04－14

先介绍一下我自己，一个在家带了六七年孩子的全职妈妈，一个被生活琐事困住快要失去自我的女人！走进这个读书群，感觉自己找到了组织，跟群里这么多优秀的老师学习，我很幸运！马上就要登上阔别多年的讲台了，我很期待！希望自己变得更好！

常常有人问：当一个好老师最基础的条件是什么？我思考了很长时间，我想应该是拥有一颗爱学生的心。每一个老师都应该有爱心！对于我们教师而言，有了爱心，不管碰到怎样的难题都会想办法去解决；有了爱心，解决问题时学生也会用心配合！老师爱学生，学生爱学习，教育就是件乐此不疲的事儿。

刘红萍校长：您的感悟非常到位。彼此学习，共同进步。

2020－04－19

书中写到，一次请北京一家软件公司的总工程师讲课，有学生在当日的课堂日报里写道："说自己做过的事，听上去感觉就是不一样。"是的，我也遇到过这样的情况，曾经带初一年级的政治理论课，每次结合现实生活去给他们讲课的时候，学生的学习兴趣就非常高。说者应了解听者的接受程度，老师应该用学生乐于接受的方式来上课，用学生可以理解的话语来传授知识，结合现实生活和身边案例来解释。这样才能实现教学目的。

刘红萍校长：你的日记太有保存价值了！我收藏了。

2020 - 04 - 20

作者在文中提到，有个学生在课堂日报里写了这样一段话："以前我以为不会写东西，现在我才知道是没有东西可写。"在我们的课堂实践中，让学生写作文，给孩子们两节课的时间完成，孩子们却无话可写，这样的事情屡见不鲜。为什么会出现这样的问题？这就只能怪老师了。例如以"春天"为题写一篇文章，就该让学生走出教室，感受春天的气息，调动身体的感官去感受，这样才有东西可写。"走出去"对"写"来说很重要。

刘红萍校长：以读促写是窥探别人的写作技巧，提升自己的写作技能；"走出去、写下来"是激发自己的真情实感，然后写下来。

2020 - 04 - 23

"中国人一般的趋势只在于驯良，却忘了儿童的思想"，一提到这个问题，我就想到了我和我爱人在教育孩子过程中一些教育观念上的分歧。不得不说，我的教育观念很传统、很保守，而我爱人的教育观念有时让我眼前一亮。大家都希望孩子"乖"，我也不例外。幼儿园老师也会对他们说：要听话，听话的孩子才是"乖宝宝"。这就是我们大多数家长和老师教育孩子的特点——"听话教育"。在我们家平时的家庭教育中，孩子的爸爸不是一味地让孩子"听话"，他会教育孩子根据实际情况来处理问题，让她学会独立思考，辨别是非，遇事要有主见，等等。

在我们大部分人眼中，只有循规蹈矩、唯命是从，才算是好孩子。面对活泼、健康、顽劣、挺胸仰面的孩子，不免有人摇头。鲁迅先生说："驯良之类并不是恶德。但发展开去，对一切事无不驯良，却决不是美德，也许简直倒是没出息。"这话警醒我们，家长和前辈的话固然要听，但也须讲得有道理。我们常常会用自己的经验和传统的思维去教育、引导孩子，却忽略了孩子的个人思想。要想让下一代有创新精神，有敢闯的劲儿，我们就必须试着去改变，去创新我们的教育观念。

刘红萍校长：入情入理、通俗易懂！

2020 - 04 - 24

"你怎么这么笨啊！这么简单的题，教了你多少遍了，还不会？"这句话应该是许多家长的口头禅。

前段时间，抖音上有一句话刷屏："不谈学习，母慈子孝，连搂带抱；一谈学习，鸡飞狗跳，上蹿下跳。"这种现象在家庭教育中普遍存在。我身边就有许多这样的案例，有时我也会是其中之一。

身边的朋友、邻居，大多是一些年轻的家长，思想觉悟、教育观念应该都很不错，但他们大部分都说："我家孩子怎么这么笨啊？"有时这些话甚至当着孩子的面说。

今天读到，说孩子笨的口头禅真的会让孩子变笨，而且会让孩子感受到学习的痛苦，摧残孩子的心灵。学生时代是模仿能力、受影响能力最强的阶段，家长的行为、语言都会对孩子产生一定的心理暗示作用，直接影响孩子的成长。

与之相反，夸孩子聪明的口头禅真的能让孩子变聪明，而且会让孩子感受到学习的乐趣，滋养孩子的心灵。我的大宝就是"聪明"口头禅的受益者。回忆起大宝去年刚开始接触沙画的场景，当时有十个小朋友报名参加沙画体验课学习，几节体验课过后就剩下两个小朋友继续学习，其中一个就是我家大宝。沙画虽然很有趣，但也有一定难度，想画好一幅作品需要孩子们一遍又一遍地去练习，很考验孩子的耐心和毅力，有的孩子哭着说不想学，有的是抗拒。大宝的学习思想也有一个转变的过程，那是我不懈努力的结果。每次送她去画室的路上，我会不断地鼓励、夸奖她，给她自信，让她更有兴趣地去尝试、去学习。去年下半年的学习中我见证了她的成长，她在学习过程中享受到了乐趣，我也感受到了满足。

2020 - 04 - 26

教育面前，谈"早恋"，脸色变！一提到早恋，老师和家长都会摇头。其实，早恋和青春期一样，是孩子成长过程中绕不过去的一个话题。作者书中说爱情是德育第三育，让我对早恋有了更清晰的认知。孩子到了青春期，无论肉体还是心灵都进入了快速生长期，食量大，个子长高，心灵也随之发育。心灵渴望与异性的接触，这也是支持心灵精神成长的需求。作为家长或老师，不要一味否定，横加干预，或逃避讨论早恋的问题，应该直面早恋，引导学生学会男女同学之间该如何文明相处。以我自己为例，我的早恋是短暂而美好的。上初中时，数理化是我的弱项，我就对数理化成绩好的一个男生很崇拜。那时的早恋是懵懂的，是纯洁的。他对我的学习帮助很大，我只要在数理化方面有不懂的问题就去请教他，他都会一遍又一遍不厌其烦地给我讲解，到了期末考试时，我的数理化成绩提升了不少，我也因此获得了初中时的第一个奖状。有些人说早恋影响学习成绩，这绝对是片面之词。就看我们老师、家长如何引导孩子，让早恋变成学习动力，让孩子们相互激励、相互促进。家长、老师要给予孩子帮助，让孩子享受花期的甜蜜，让孩子心智更加健康！

刘红萍校长：你的日记让我想起了好多年前的一个学生，他给女孩传纸条被同学逮个正着并举报到我跟前，他大祸临头般等着我发落，而我没有任何惩戒，也没有喋喋不休地说教，只给他讲了一个关于苹果的故事。现在他发展得特别好，结婚时还跟我重提"苹果的故事"。那次早恋没有对他的人生造成丝毫不利影响。如您所言，早恋本不可怕，关键是我们大人的态度。

2020 - 04 - 28

这本书就像有魔力一样，让我陷入其中无法自拔，手总是下意识地往后翻动。

当看到 B 型课堂教学模式图时，我眼前一亮，这不就是我们当前课堂所需要的教学模式吗？而且书上写得这么详细，感觉自己像挖到宝藏一样惊喜。我们每天一起学习、打卡的模式，与作者的 B 型教学模式不谋而合。我们几个人共同做一件事，通过沟通达成思想上的统一，一起学习一本书，头脑在不停地思考，每次打卡都有话说，有内容可写，而且写的感悟都非常精彩。再加上刘校长耐心且精彩的点评，激发我们的学习热情，指引我们的学习方向，让我们每个人最大限度地释放身体的感知力、大脑的思考力和心灵的感悟力，让我们每个人不断成长。感谢作者给我们提供如此优秀的书籍！感谢刘校长无私的鞭策！

刘红萍校长：你说得真好！真的如你所说，我们这个看不见的"课堂"就是在实践作者的 B 型课堂，没有逼迫，没有条条框框的教条约束，但大家都积极主动，愿意看、愿意说、愿意写，最重要的是内容还精彩！真棒！

2020 - 04 - 29

"同一个学生在不同的课堂软环境里会长成不同的人"，这个观点我非常认同。上大学时，一位老师的教学模式潜移默化地影响了我从教后的课堂。他是教政治概论的男老师，身材微胖，戴副黑框眼镜，身上自带的阳光、自信、学识渊博及才情，深深吸引着我，是我心中的"男神"老师。每次上他的课，我们就像打了鸡血一样，热血沸腾。他总会早早地来到教室，给我们讲述近段时间的政治实况。有些同学偷偷吃东西，他也会微笑着提醒："没事，吃吧，只要耳朵借给我就好。"他幽默的提醒，让我们对他有了更多的敬意。在他的课堂上，没有一个同学交头接耳，没有一个同学玩手机，没有一个同学睡觉，只会有发自内心的笑，肆无忌惮的讨论，轻松快乐的学习氛围。他的课无人缺席，他的课青春有活力！我的课堂受到了他极大的影响。我带了三届初一语文课，每一届学生对我的认同、欣赏、喜欢，使我倍感幸福与欣慰。我知道这一切都应该归功于我的"男神"老师，是他让我更加热爱课堂、热爱教育！

刘红萍校长：如果有一天我们的学生也当了老师，他最初的形象就是印象中老师的样子，所以我们必须树立好榜样。

2020 - 04 - 30

人们需要的不是为了知识而学习，而是为了用所学知识去探究未知。知识不是力量，智慧才是。

刘红萍校长：作者一直强调有智慧可以探究未知、创造新知识。

2020 - 05 - 01

看到文中作者提到新词"话轮"。轮者，循环也；话轮者，双向互动说话也，互动一次，一问一答，即一个话轮。话轮能促进人智力和智慧的释放。在我的生活中也有这样的例子。前段时间大宝去陪姥姥了，在和她们视频时姥姥说，她惊奇地发现大宝原来这么能说会道。在我们心目中，大宝不是个特别健谈的孩子。怎么会有这么大的转变呢？原来，有一个邻居阿姨特别喜欢孩子，见到孩子会询问各种各样的问题，一问一答，勾起了孩子的说话欲望、表达欲望，整个下午交谈下来孩子特别开心。知道这个情况后，我特意打电话给大宝，夸奖她敢于说出自己心里所想，并鼓励她大胆去说。在平时生活当中，我们更多的是教她学会听，和别人交谈时要看着对方的眼睛认真地听，而忽视了培养孩子拥有独立的思想，以及想说、敢说的能力，没能让她释放这个年龄段所独有的智慧。让孩子想说、敢说并不单单是鼓励一下就够的，这需要我们耐心引导，在生活中不断发问、质疑、辩论，让孩子一步步成长。

仇鑫鑫老师：理论联系着生活实际说出来，是个很棒的指导方法！对于我这种粗枝大叶的人来说，领会得更深刻了。

2020 - 05 - 03

看完作者写的关于"空心病"的内容，困惑了我两年的问题终于得到解答。

两年前在一个法治节目中看到关于"大学生加入自杀群，相约自杀"的报道，当时我想，这些大学生不会都得了抑郁症吧？不管生活中遇到怎样的难题，你不可能把命搭上吧？这也太脆弱不堪了吧？一个个问号浮现在我的脑海中。看到作者的解释我恍然大悟，原来他们得了比抑郁症还要严重的病——空心病。

空心病多发生在刚成年的大学生身上。空心病，顾名思义就是没有心，多为心理压力大所导致。他们一直被规定、被动教育着，突然惊恐地发现自己连寻找活着的勇气都没有了，觉醒中的无助迷茫成了他们走下去的阻碍。他们对生活、对身边的人都失去了热情，内心对自己的怀疑成了活着的煎熬。过度的知识传授给他们造成了不可逆转的伤害，如此成长能不痛吗？其实我们教师和家长才是更应该被改造的一代，我们在成长中已经失去了自己原有的样子，所以内心极度焦虑，又拿束缚自己的一套来束缚下一代。想让孩子们改变，首先我们自己必须改变。

刘红萍校长：您今天的日记内容深刻、发人深省。

沈思："其实我们教师和家长才是更应该被改造的一代"。是的，在当下的互联网时代里，学生的思想走在了老师和家长的前面。

2020 - 05 - 04
今天读完了沈思先生的《教育是什么》，意犹未尽。

21 天的打卡学习，从刚开始时对书的恐惧，慢慢转变为现在对书本、对读书群的不舍！对书的恐惧是因为买书时我翻看了一下目录，觉得好难，怀疑自己是否能看懂。坚持打卡了几天，读书群的朋友们从不同角度对书本知识的分享，让我有了满满的收获！每天只要看上几页书，就像吃饱饭的孩子，心情美美的！

刘校长对我分享的每个观点都作了非常认真的点评，给了我极大的鼓励，让我一步步走下来！感谢读书群里的每个朋友，愿我们在读书路上继续前行，遇到更好的自己！

刘红萍校长：感谢你的参与，感谢你每日精彩的分享，期待下一场共读我们再携手前行。

《教育是什么》好书推荐

《教育是什么》是新课堂改革的助手，是教育界的一股清流，是教师和家长们的领路人，是孩子们成长的福音。学习沈思先生教育新理念，做最好的自己！

2.《课堂的革命》打卡笔记

2020 - 07 - 10

期待已久的 21 天打卡共读终于要开始了！

我非常开心，拿到作者沈思先生的赠书之后，一直期待与大家一起打卡学习这本书。21 天打卡共读学习有一种神奇的魔力，和大家一起共读的时候，我真正爱上了读书，感受到自律给我带来的内心的充足！加油！朋友们！

刘红萍校长：能把学习当作乐趣的都是积极向上的好同志！

2020 - 07 - 11

读了学生们对沈思老师新课堂的感受，我深有感触。在我们的第一期打卡学习中，我说过打卡学习的过程就是一个全新的课堂，刘校长是我们学习上的引导者，每一位打卡共读的伙伴都是自己学习的主人。虽然我们相隔千里，素未谋面，但依然团结一心、努力上进。在共读中相互鼓励、交流思想、分享心得，不断学习、不断思考，让我的内心世界更加充实，感谢与我共读的伙伴们！

读到高嘉梁先生在信中写的他妻子管理班级的一些理念，我深有同感。在平时教学过程中，一套完善的班级管理机制对我们每一个教师来说至关重要，它辅助我们更好地把控课堂，让课堂流程更加顺畅，让学生们更加欣赏老师、爱上学习！

刘红萍校长：不光我们要学习，还要把好的教育理念渗透到家长的头脑里去，这样教育才容易迎来五彩斑斓的春天！

2020 - 07 - 12

书中韩鸿燕的课堂日报中写道："从小到大，写作文对我来说是件很痛苦的事情，每次都跟挤牙膏似的挤点出来，等到字数凑足就结束。"看到这段话，再想想我们现在的大部分学生，又何尝不是如此呢？作文课上，老师给孩子们两节课的时间去写作，孩子们绞尽脑汁地想，可最后交上来的作文还是不尽如人意。所以，在作文课上，"说"比"写"更重要。引导孩子们开口交流、分享观点、碰撞思维、合作学习，这样写作文会事半功倍。

书中新课堂的教学宗旨与新课程改革的三维目标不谋而合，探索新课程改革、创设新课堂理念是我们每个教师的责任。

刘红萍校长：深入阅读学习了沈老师的两本书之后才发现，原来课程标准设计的教学目标都是非常合乎人才发展需要的，只是它写得太笼统，没有这两本书做"催化剂"还真是理解不了。

2020-07-13

师生平等，关爱和尊重学生，是现代教育的魂。我非常赞同这个观点。平时有老师抱怨，学生不尊重老师，见到老师不闻不问，像陌路人。我发现提出这个问题的老师大部分平时和学生只有知识与技能方面的交流，欠缺情感与道理方面的培养，不与学生多交流，甚至冷落、歧视学困生，对学生的自尊心造成无形的伤害。

其实每一个学生都有自己与众不同的个性，作为老师，我们更应该用宽容豁达的心态，真正从内心接纳他们，尊重他们的人格，使他们感受到人与人之间的平等。

刘红萍校长：您总能因文本的一束火光而燃起内心的一片火海，这就是举一反三的效果吧。向你学习，收获多多！

沈思：可能有一些老师是这样想的：只要我有老师的身份，有学生身份的人就得尊重我，不需要其他理由。可是，时代不一样了，现代文明观念中，是人就得互相尊重，和双方的身份无关。

2020-07-14

近段时间看学生们的课堂日报和老师们的评语，好似看到了自己半年多来的成长历程。我从多年的家庭主妇生活又重新回到自己喜欢的工作岗位，这期间激励我不断努力和上进的，除了家人之外就是沈老师的这两本书，这两本书是教育方面的专业书籍，对我来说更是励志的好书，学生们的课堂日报让我受益匪浅！

人的成长都有一个过程，我每天都在忙碌和学习中度过，每天都试着有所进步。人有时真需要逼自己一把，付出越多，收获就越多，喜悦感就越强；逼自己一把，才能让自己上进，才能更好地激发自己的潜能。多逼逼自己吧，一定会有意想不到的收获！今日感悟：人生没有白走的路，每一步都算数！

仇鑫鑫老师：看到你的描述，觉得你的生活已经是一个良性循环了，肯定会越来越好，为你开心！

唐坤民校长：我也有同感，沈老师这两本书对自己太重要了！

沈思："逼自己一把"——好！逼他人一把——慎重。

2020 - 07 - 15

"我们在课堂上接受最多的是人生课"，看到这句话，我对今后的教学有了更多的想法。读完四位学生的课堂日报，他们的思想转变让我惊叹！其实我的大学生活和他们一样，浑浑噩噩、碌碌无为，但他们有幸遇到了沈老师、商老师这样优秀的老师，引领他们走上了一条更加美好的路！从他们的课堂日报中，我看到了一群充满青春活力的孩子激烈讨论问题的场景，看到了一个个热情洋溢、积极准备开学典礼的身影，看到了傍晚来临不愿放下手头工作、不舍离去的背影。看学生的课堂日报，就像看孩子们的成长纪录片，让我震撼连连！

能为学生上好人生大课的老师应该是我们学习的榜样！

仇鑫鑫老师：这句话同样给了我很大的触动，感觉自己以前缺少这样的课堂，也缺少这样的人生导师，所以一路走来跌跌撞撞。有些错本可以避免，有些路本可以走得顺畅。我浪费了许多时间去寻找生命的意义，靠自己，真的会迷茫。

刘红萍校长：我们做不了良师的学生，就努力去做学生的良师吧。

2020 - 07 - 16

"引导学生开口说话，指导学生学会说话，就是培养学生成人成才之道！"太赞成这个观点了。开口说话是本能，会说话是本事。

古人云："一言可以兴邦，一言可以误国。"苏秦凭三寸不烂之舌而身挂六国相印，诸葛亮在东吴舌战群儒，蔺相如出使秦国完璧归赵，凭的都是能说会道！在日常生活中，不会说话的人，容易弄巧成拙，引起误会；而会说话的人却能化腐朽为神奇，让人心旷神怡。

我们的一位领导，不管是开会还是单独跟我谈话，我每次都会被她独有的气质和说话的技巧、方式吸引！我问其他同事对这位领导平时的讲话方式有什么看法，她们的一致想法是羡慕、崇拜！这些年轻的教师能够心甘情愿、尽心尽力地为学生付出、为学校付出，跟领导平时说话方式和解决事情的能力有很大的关系！

如何理解同理心？怎样运用同理心？欢迎大家帮我解惑。

仇鑫鑫老师：会说话是写作的基础。你所说的同理心，在我看来是想别人之所想，想别人之未想吧！就是可以看到每个人的需求并予以帮助，甚至可以看到每个人没有看到却利于自身发展的东西然后给予引导。如何运用呢？设身处地、将心比心吧！

郭静静老师：记得书中说，领导工作就是服务众人的工作，管理工作就是帮助别人的工作。看来你们校长和我们校长一样都很有个人魅力。你分析得很对，她们的魅力很大程度上在于他们会说话、有思想、情商高。

十、安乐小学数学教师刘梅珍

《教育是什么》打卡笔记

2020 - 04 - 15

畏惧会妨碍智力的正常发挥，对此观点，我特别认同。举个例子，我们班的孩子，从幼儿园起就是我带，时间久了，我们彼此了解，所以他们都很会"看脸色"。多数时候，他们想说啥就说啥，根本不考虑有没有说错，但是看我不高兴的时候就完全不同，我提很简单的问题，也没人举手，即使点名回答，答案也是乱七八糟的，做事情事倍功半。所以在以后的生活和工作中，不管面对自己家孩子还是学生，我都要努力做到心平气和，让他们都能把我当成"想说啥就说啥""想怎么说就怎么说"的朋友。

刘红萍校长：和学生平等交流，是促进孩子良好发展的基础。

沈思：有养狗经验的人都知道，狗的行为模式看主人的脸色，狗能这样驯化，而作为人的儿童不可以这样教育。

2020 - 04 - 16

今天读到书中所说"扼杀好奇心的教学，是对人性的扼杀"，感觉很震撼。通常我们对孩子的教育就是，不要对什么都好奇，小孩子不该问的不要问，本意是保护他们，其实是变相地控制他们的成长，总想让他们按"预期"的路走，无形中使他们只会按部就班而缺乏主见。

在以后的生活和工作中，对自己的孩子和学生，都要给予轻松适宜的相处环境，让他们不懂就要问，尽量呵护他们的好奇心和求知欲。

刘红萍校长：保护好孩子的好奇心是当今教育的重要任务之一。

2020 - 04 - 17

思想的传递只能是心灵与心灵的对接，传递的方式只能以情感人、以理服人。我们作为为学生成长提供服务的"服务者"，为了应付考试、为了取得好成绩，往往忽略孩子的精神成长，甚至有时言辞恶劣、口出恶语，忽略他们因此受到的比肉体疼痛更严重的精神伤害，想想真的很惭愧，口口声声说对他们好，可是这真的是对他们好吗？

2020 - 04 - 19

"强调学生听话、不让学生说话，就是不准学生思想、不让学生成人。"看到这里，再联想到下午的茶话会上几个孩子的发言，真的觉得好多时候我们的教育方式更像是"驯化"孩子，只教会学生听话，又有几人学会了说话呢？是孩子不会说吗？当然不是。

看图写话，好多孩子不知道从哪里下手，需要老师告诉他们先写什么，再写什么，最后写什么，结果写出来一看，千篇一律。为什么会这样？因为没有训练他们的说话技能。不会说，怎会写？以后的课堂要鼓励学生多说、多问。

刘红萍校长：理论联系实际的阅读会把书里的思想融入自己的生命。

2020 - 04 - 20

上学是为了读书，读书不一定要上学。以前觉得读书就得上学，上学就是为了读书，如果不上学了，还读书干什么？看到这里，感觉以前的自己真是错得离谱，读书这件事，可以说适合于任何时期的任何人。

刘红萍校长：养成读书习惯，你的幸福指数会提升很多。

2020 - 04 - 24

我真的很庆幸能遇到身边这群人，她们以最好的姿态出现在我的世界里，或睿智冷静，或稳重大方，或美丽自信……她们都有自己坚持的东西，在这个小地方努力地生活着，用她们平凡的生命做着很多不平凡的事，感动着我。生活中总有许多意外，而遇到你们就是最美丽的意外。

刘红萍校长：今天发现你有好多闪光点啊！

2020 - 04 - 27

人们都习惯把数理化课程说成文化课，实际上，音乐课才是真正具有文化自然人为文明人功能的"文化课"。以前我总认为音乐课可有可无，就算上音乐课，也只是单纯地让学生放松一下。看到这里才发现以前的我们错得多么离谱，原来音乐课表面上是教会学生表演的课，本质上是教会学生表现情感的课，是转化学生内心的欲望为爱心、热情等情感的课，是防止欲望转变为嫉恨、冷漠等情绪的课。唱歌能让学生开心，开心可以释放善良和智慧。

刘红萍校长：在这一点上我们已经形成了共识，看来咱们几个得赶在开学前制定出"合理"的课程表了。

2020 - 05 - 03

会说话何其重要！无论是口头表达还是书面表达，都力求语言优美，这有助于听者接受其要表达的思想。看到这里，不得不说说我们的校长刘红萍老师。以前就发现，无论多大的孩子都很喜欢她，之前总觉得学生喜欢她是因为跟她在一起很轻松，没有压力（可以不用想还有多少作业没完成），其实仔细想想，不止如此，还有很大的原因在于刘校长很"会说话"，她能洞察学生的心理，知道学生喜欢什么样的语气和说话方式，这样的结果就是，学生都能欢欢喜喜地完成她的作业。"会说话"真的是一门艺术。

刘红萍校长：要想"会说话"，就去"多说话"，熟能生巧。

十一、明珠小学数学教师贺冬梅

《教育是什么》打卡笔记

2020 - 04 - 25

1. 看了"笨"与"聪明"的口头禅，让我明白不管在家中还是在学校，自己的言行对孩子都有一定影响，要时刻注意。

2. 我们现在的教育还止步在"小学之道"，我们应努力到"大学之道"，即"在明明德，在亲民，在止于至善"。

刘红萍校长：父母和老师的嘴巴都是"开过光"的，你说孩子笨，他就真的"如你所愿"地笨，你夸他聪明，他也真的会越来越聪明。

2020 - 04 - 28

"我明明知道学生没在听课，但我又不能不讲。看着学生们在课堂上的这种状态心里难受，不知道该怎么办"，这是书里的一位大学老师说的。在我们小学的课堂上也是这样。如何让孩子们爱上学习，除了自己做出改变外，很重要的是整个时代的改变。

刘红萍校长：在理想的教育形态尚未蔚然成风之前，我们不能"坐等"，我们要探索，要前进。

2020 - 05 - 01

美国 1776 年发布《独立宣言》，确立了"人人生而平等"的基本原则，在此基础上把美国打造成了世界上最富强的国家之一。我们现在已经意识到人人平等的重要性，中国的未来不可估量啊！

刘红萍校长：中国的未来不可估量！虽有困难，但我们有信心！

2020 - 05 - 03

人们都说教师是人类灵魂的工程师，我以前一直以为是在喊口号，读完此书才真正感觉到，我们老师肩上的责任甚至说使命特别重，任重而道远啊！

刘红萍校长：国家兴亡匹夫有责，教育发展教师有责！

十二、安乐小学校长刘红萍

1.《教育是什么》打卡笔记

2020 - 04 - 14

今天开始读《教育是什么》，从翻开书的一瞬间就有种偶遇知音、如获至宝的感觉。我们是老师，服务对象是人，那么首先得了解"人"的根本属性。人与人之间是有差异的，我们得尊重个体的差异。

按照作者的逻辑，科学技术＝求知欲。拷问一下我们的内心，不论教师还是家长，我们是否关注过孩子的求知欲？以色列的家长不执着于孩子的成绩，只关注他今天提了几个问题，正是基于这样的教育，这个实际控制面积只有 2.5 万平方公里的小国家被世界公认为科技强国。我们自以为高明地通过奖励、惩罚、恐吓等手段逼迫孩子学习，殊不知，这种行为只适合马戏团里驯兽师对动物的驯化。感谢遇见《教育是什么》，字字入心，字字珠玑！

2020 - 04 - 17

作者总结出两种思想：基于人分尊卑思想观念的 A 型思想体系，特点是封闭僵化；基于人人平等思想观念的 B 型思想体系，特点是开放发展。我们今天教育的一个重要使命便是帮助孩子加快完成从 A 型到 B 型的思想转变。

人有两次诞生，一次是母亲给予的肉体的诞生，还有一次是心灵觉醒后精神人的诞生。我们日常关注孩子吃饱穿暖、长高长胖，但更应关注孩子心灵的健康成长。

我们都担心孩子在成长的过程中会磕碰受伤，但心灵受伤后的痛苦远比肉体的疼痛更严重、更持久。想想平日里有些老师偶尔控制不住情绪罚孩子写个几十遍甚至上百遍的行为，是不是会不寒而栗！

2020 - 04 - 20

非常认可书里的观点，如果学生没听懂，首先应该检讨的是老师自己，其次才是孩子。这个观点真是一语惊醒梦中人，之前总认为是孩子不专心的缘故，可怜我们的学生为失败的课堂教学背了这么久的黑锅。

在语文课上，我们更多关注的是语法、修辞手法等语言知识，其实更重要的应该是说、读、写这些语言技能。对照一下，我们日常的教学工作好像本末倒置了。

2020 - 04 - 22

今天两次惊喜地与作者的思想相碰撞，分享给大家！

碰撞一：在读到作者论述"课堂文化是道，教学模式是术，教学内容是器"的时候，我一下子想到了我们的三维教学目标（作者下文就提到了），我觉得知识与技能是器，过程与方法是术，情感态度与价值观是道。"道"本该是教育的终极目标，但回顾教育现实，我们只停留在了"器"的层面。

碰撞二：看到书上写三维九方理论与三维教学目标的具体解析时，我根据自己的理解写下了"知识与技能——在做；过程与方法——怎么做；情感态度与价值观——没做"的旁批，没想到下文作者就写到他用三维目标的现状（知识与技能——在做；过程与方法——没做；情感态度与价值观——负的），成功地说服中科院软件所领导合作培养软件人才。真是在收获的同时充满了惊喜！

沈思：三维九方论是在写书过程中不知不觉间自然而然形成的，书稿写出来以后才发现可以有这么一个"三维九方论"。

2020 - 04 - 24

教育先进，百业不会落后，人生更幸福。今天我想结合生活里的一些际遇聊聊教育是什么，什么样的教育才能使人获得幸福。我曾在外地执教，虽然时间极其短暂，但还是和很多孩子建立起深厚友谊。近日故地重游，与其中一个孩子见面，已经上初中的大男孩儿，见到我后从十米开外的地方飞奔而来，张开双臂热情地与我拥抱。我充满幸福感和成就感。聊天的过程中我了解到，这个孩子是在一个充满爱的环境中长大的，家庭环境很温馨、民主。母亲很有教育观念，这孩子从小看了很多书，可谓地理历史"小灵通"。最近因为网课期间考试成绩不理想，母亲很焦虑，再加上与"别人家孩子"的比较，使得母子两人都有点压抑。见面后，我和孩子像好久不见的挚友，坐在一起畅聊不止，妈妈则相对寡言地坐在对面旁观。孩子表现得特别兴奋，有种"酒逢知己千杯少"的感觉，再加上他本身知识面丰富、语言幽默，我们的聊天特别愉快。孩子很委婉地告诉妈妈，很感激她的疼爱，但管得多了就过了。最后妈妈也惊讶地表示，从来不知道自己的孩子这么能说会道，看他跟我聊天，她觉得自己的儿子确实已经长大了，也确实很优秀。就因为一时的考试成绩不理想，在妈妈眼里那颗闪亮的星星差点没了光泽；就因为没找到合适的切入点，明明是口吐莲花的孩子，差点选择当个"小哑巴"。幸亏这是一位爱学习也善于听取别人建议的妈妈。我推荐《教育是什么》给他们共读，母子两人愉快地达成了共识。再次看到他们看彼此的眼睛里充满了爱与欣赏，我觉得特别幸福。

我们都是有能力创造幸福的人。

2020 - 04 - 25

1. "体育是发展脑力的基础"，这一说法并非作者凭空猜想，大家放心拿去使用。

2. 知识，犹如健身器材。健身器材用来健身、释放体力，知识用来健脑、释放脑力。也就是说，我们的课堂更重要的意义在于学习过程中对脑力的开发。

沈思：应试教育只关注智力，不关注体力与心力，接受应试教育的时间越长，体力越弱，心力更弱。

2020-04-26

前两天有事耽误了进度，这两天看得页数相对多一些，又觉得作者的每个观点都精彩绝伦，不想遗漏，今天分条整理所思所感。

1. 我常用"热情"这个词来夸赞身边的老师，也常以拥有工作热情作为目标鼓励大家上进。热情是态度，是心力，比智力更重要。因丧失热情而引发的职业倦怠是非常可怕的。

2. 不能片面地以成绩来给学生定等级、称谓。"学霸""学渣"都是非常不文明也不合理的叫法。正如作者所反驳的那样：如果相对于爱因斯坦，那某些院士是不是也该被称为"学渣"？不过是"尺有所短，寸有所长""闻道有先后，术业有专攻"而已嘛。正所谓尊重他人是美德，渴望尊重是人性，教会尊重是德育。德育请从让学生感受到老师的关爱与尊重开始。

3. 前两天被人嘲笑我对孩子爱得太过细腻，说什么男孩子就该"冷"养，还拿"棍棒底下出孝子"来说明自己的教育理念。读完本章节，我迫不及待地把书页内容连同自己的感悟一起发给了他，并强烈建议他读《教育是什么》。亲情，作为孩子感知世界的第一站太重要了。在温暖环境里长大的孩子习惯给人温暖，在寒冷环境里长大的孩子习惯给人寒冷。读完这部分内容我突然意识到，不光落后要挨打，从小习惯了挨打也是"挨打"的一个重要原因！说到这里，您还信奉"棍棒底下出孝子"吗？

4. 友情和爱情都是人成长的必备养料。孩子在什么阶段就去经历什么事，尤其是爱情，不管老师还是家长，千万别去围追堵截！我儿子高一时兴奋地告诉我他恋爱了，我跟他约法三章，他顺利度过了那个很多人认为不可思议的时期；相反，他的校友因为恋爱被双方家长及老师轮番进行所谓的"思想教育"轰炸，致使孩子特别逆反，甚至不惜和老师、家长正面交锋。

5. 原以为音乐是"高山流水遇知音"的一种浪漫，今天才知道音乐才是真正的文化课、德育课。乐曲是心灵精神人的食粮，享受音乐助力心力成长。

这本书给我的启发、引导太重要了，我在思考如何根据书里的观点更换学校的标语、课表等，营造真正实用、有价值的育人文化！

沈思："德育请从让学生感受到老师的关爱与尊重开始。""不光落后要挨打，从小习惯了挨打也是'挨打'的一个重要原因！"

2020 - 04 - 27

今天没有阅读新的内容，而是为领读做准备，回顾整理了第二篇"环境"、第三篇"教育"的相关内容，同时重新翻看了老师们的部分打卡内容。这让我不仅对作者也对读者产生了特别的敬仰与赞叹！

这本书，不管哪个行业的人都适合看，不管哪个年龄的人都能看懂，不管翻到哪页都可以随时看。它把人的本性以及人与环境、教育的关系，阐述得简明而深刻，深入浅出、通俗易懂。

再说这些读者，之前个个谦虚低调，说什么读不懂、写不了。看看这一篇篇打卡笔记，一个比一个有思想，一个比一个善于用文字表达自己的理解及想法，理论联系实际，既阐明了教育的现状危机，又指明了探索方向，而且言语精简、妙语连珠。突然觉得自告奋勇领读这本书真有点不知天高地厚了。

2020 - 04 - 28

从小就听妈妈说"穷人家的孩子早当家"，现在才明白其中的科学道理——穷苦人家的孩子从小动手劳作，所谓心灵手巧、十指连心，在劳动的过程中成熟心智、释放智慧，所以小小年纪便能作出决策、拿定主意，即谓"当家"。由此可见，劳动是发展人的智慧的重要途径。

看了"昨天的课堂""今天的课堂"，特别期待读"明天的课堂"，那种感觉犹如身中剧毒的人即将找到解药的渴望与兴奋！

2020 - 04 - 29

今天读"明天的课堂"，是抱着迫不及待的心情读的，读完后仍然意犹未尽。作为一名教育工作者，我真的特别希望"明天的课堂"能成为今天的课堂。教师与学生之间平等，学生不会因为成绩而被区分为优等生、差生，自主的学习氛围，师生互动甚至师生互换角色的教学模式……这样的课堂模式想想都觉得激动！

我们这些年一直说着要教育改革，为什么没有取得很好的效果？因为我们创设的教育环境、学习氛围出现了问题，天天喊着要师生平等，真的"平等"过吗？说是音体美必须上，也仅仅是"上了课表"吧？在这样言行不一的"土壤"里，我们怎么能奢望培养出高质量的人才！如果"土壤"环境不改变，任凭我们的授课技能如何高超，也培育不出精神形态健美的人才。为什么我们的孩子一旦脱离老师的视线就会嗨翻天？为什么作者课堂里的学生不用监督就能自发学习？是因为咱们的秩序需要靠老师的权威来维持，而人家的秩序是靠学生的规则意识来支撑的；我们靠的是外部纪律的灌输，人家是自内而外的上德释放。这就是区别！这就是差距！这就是我们努力的方向！

2020 - 04 - 30

有些人当了一辈子老师，却不敢说他真的懂教育，这是学生的悲哀，是教育的悲哀，更是一个国家的悲哀。身为教师，首先要尊重人的客观成长规律，然后为每一个孩子的成长提供服务。教师常被形容成园丁，那么面对一个个鲜活的生命，犹如面对一园子生机勃勃的鲜花，牡丹华贵，芍药娇艳，秋菊孤傲，各有各的特色，各有各的风采，相信每个种花人都希望看到这样百花争艳的场景，而非一园子同一花期、同一颜色的单独一种花吧。想想我们以往的教育，很多时候还真就犯了这样令人尴尬的错误，总用同一把尺子衡量所有孩子，"开出不一样的花色"被定义为不务正业，"花期来得迟些"的花苞被无情责骂……当看到作者讲种地与教育的关系时，身为教育者不禁汗颜，农民懂得的道理，怎么我们反而犯起了糊涂？尊重！尊重成长的规律！尊重个体的差异！做一名合格的老师，学会爱上五彩斑斓的收获！

2020 - 05 - 01

思想和语言一体两面，思想是内隐的语言，语言是外显的思想。

通过阅读这本书，我们知道一个人的思想高度决定这个人的文化高度。思想排在第一位，语言的重要性也就不言而喻。所以我们得从小培养孩子敢说、会说。这使我想起中学时代，那时大人们不像现在这样看重孩子的成绩，所以我们也就相对自由，没有晚自习的夜晚，我和好友总是站在操场边的柳树下畅聊。时隔二十多年，我已记不起当时聊了些什么，只记得聊到开心处会一起唱歌，说到心酸事会一块儿哭泣。经历岁月冲刷依然温暖如旧的只有柳树下的情景。所以当看到这本书里对"对话"的大加推崇时，我感觉特别庆幸。

很多人都觉得只有埋头伏案、一脸严肃才是工作的状态，其实更高效甚至有突破性、创造性的工作都是在聊天中产生的。如作者讲述的那样"端着咖啡到处找人海阔天空地闲聊"是我最喜欢的生活方式之一。不要认为这是不负责任的表现，这恰恰是思维碰撞产生智慧火花的过程。我们学校虽然特别小，但是这一氛围却营造得特别好。大家闲余时间聚在一起从来不聊八卦、购物等，我们总是在探讨教育教学过程中遇到的困难或新的教育思路，我们的校刊《朝墨》就是大家在一次闲聊中形成的智慧的结晶。

尊重人的成长规律，别让一些无知的举动阻碍了孩子的成长。

2020 - 05 - 02

对于读书我一直是个"贪多"的人，但这本书例外。每天读十几二十页就得提醒自己——不能再往下读了。生怕读得多了会遗漏精彩之处，好像只有把点点滴滴都装进心里才能踏实，这次读书是"贪细"（这本书已经被"折磨"得像极了小学时期的语文课本）。

今天就中国科学思想的弊端及出路谈谈个人的看法。我们中国人很厉害啊，用几十年时间走完了发达国家几百年走过的工业化历程。这说明什么呢？说明咱们中国人很勤奋、能吃苦，以及善于学习（模仿），可再往后呢？为什么我们无论是在自己家里还是远渡重洋，都是在学习技术层面的东西，换句话说，都是在为别人的思想打工？说到底还是教育理念的问题。以前总喜欢定义自己是倒卖知识的商贾，努力把知识"买进"，再不遗余力地向学生"卖出"，自以为这就是一名称职的教育工作者。直到今天才发现，这样的教育只能教会学生模仿，却教不会创新。当今社会，只有创新才能形成自己的知识体系，才能在国际社会赢得话语权。

为什么科学思想不能扎根？说到底还是教育环境的问题。科学需要人人平等的思想观念、实事求是的思想方法，但我们的教育目前还受人分尊卑、迷信权威思想的贻害，导致研究科学的方法论尚未扎根。然而要想改变这一局面，首先得从转变课堂上的师生关系开始。所以，不是我自抬身价，一个国家要想走向卓越，关键看教育、看教师！

沈思：第一要看小学教师！

2020 - 05 - 03

教育是什么

爱，是教育的底色

平等的对话是徜徉在生命里的音符
我们用心灵唤醒心灵

教育是什么
自由，是奔腾的骏马
哪有什么高低贵贱
你奋笔疾书金榜题名时
我在南疆边陲保国卫家
不同的你我
共同的心都属于泱泱中华

教育是什么
是皇帝御笔钦点的状元、榜眼、探花
是背着书包的小儿郎
是国际舞台上的领航者

教育是什么
是会跑，会跳，会想，会说，会笑……

教育是什么
是教师眼里有学生
学生心里有世界
……

《教育是什么》好书推荐

最近非常荣幸读了沈思先生的《教育是什么》，在此倾情推荐给身边的朋友。别一看书名就以为这是一本晦涩难懂、高深莫测的教育专著，继而从心底里排斥它。一名四年级小学生用 21 天读完了这本书，并写下了 10000 多字的读书笔记，您还觉得它难懂吗？

如果您是教师，请一定读一读这本书，它会告诉你为什么而教书，怎么才能教好书，辛苦一辈子到底是在育人还是在"害人"。跟作者一起回探过去几千年的教育利弊，展望未来无数载的人才需求，为自己的教育生涯觅一盏指路明灯。

如果您是学生，请一定读一读这本书，它会告诉你为什么要读书，怎样才能读好书，如何才能愉快地完成读书的使命。在这里你一定会有高山流水觅知音的惊喜！因为书中为成长设定的目标都是你理想的制高点，而通往理想的旅途如此美好，令人赞叹。

如果您是家长，那就更该读一读这本书，因为您是最希望孩子有出息的人。如果说今天还是"拼爹"的时代，那拼的将不仅仅是金钱、地位，更重要的是拼父母的教育理念以及对不同阶段孩子成长所需的认知。正所谓"三流父母给食物，二流父母给方法，一流父母给观念"。

来吧，一起读！

2.《课堂的革命》打卡笔记

2020 - 07 - 10

打开《课堂的革命》，再次接触沈思先生的文字及思想，感觉特别熟悉与亲切。连同之前的《教育是什么》，这两本书可以说是目前中国教师的启明灯。它们形象直观地揭示了目前中国教育改革的方向及育人目标。

如作者说的那样，中国学生个个优秀，如果学生成长不如意，那么一定是课堂软环境出了问题。

当学习是为提高孩子的各项能力而服务时，还会有人因为孩子考试成绩差而定义他是"笨蛋"吗？要知道孩子今天所有的学习都是为了未来能更好地面对社会，而社会只认你的各项能力！

景敏果老师：偷偷表个白：自上次打卡学习以来，我特别关注刘老师，您的文字和分享我都特别喜欢。认识您很开心，很幸运，向您学习！

刘红萍校长回复：你的才情与美丽也深深吸引了我们每一个人！

2020 - 07 - 11

把学习的权利还给学生，这是最好的教育。让学生自己讲课，他们才懂得脑袋的作用不是用来挂起两只耳朵听话的，更重要的是用它来思考和说话。如果是老师在喋喋不休地讲课呢？你可以用传统的师道尊严、规则纪律要求学生安安静静地坐在教室里，但你无法控制他的心不游离出窍、他的脑不想入非非或者自行"休眠"——不思考！这就是为什么很多老师会暴跳如雷地吼："这道题我讲了多少遍你还不会！"每当遇到这种情况，我都会调侃地对她们说："你讲了多少遍和他有什么关系，又不是他讲了多少遍！"

文中说权利与责任是一对孪生兄弟，我们只有让学生行使他决定怎么学的权利，他才会对自己的学习负责任。否则，你会常常感到孩子在应付差事。静下心来思考，这一切在逻辑上都是成立的。看了沈老师班级学生的部分课堂日报，能清晰地感觉到这些学生就是自己学习真正的主宰者。再看看我们传统课堂里那些思维被禁锢、语言表达被束缚、行为机械、目光呆滞的孩子，真的让人痛心疾首！

教师啊，你可以是美化世界的灵魂天使，也可以是误人子弟的罪魁祸首。一念成佛，一念成魔。

小学生王欣雨：学生听课只用听，而学生讲课需要用脑子。

2020 - 07 - 12

书中举了李嘉诚教育儿子的事例。李嘉诚表示，以往家教中99％是教孩子做人的道理。我由此联想到最近自己和儿子之间的一些故事。儿子今年高考，自始至终我都没有在他跟前絮叨过"要努力学习，考个好学校将来好就业"之类的话题。考前最后一天和他共度3个小时，也只聊一些和高考不沾边的、彼此愉快的琐碎故事。考完后更是没追问考得怎么样，预计能报什么专业。直到昨天他自己忍不住了，问我为什么不过问他考得怎么样。我用这两本书里的教育观跟他聊学习、教育、成长。这个大男孩第一次用佩服的语气肯定了我的思维。文凭很重要，但它只是块敲门砖，真正的人生考场需要懂得做人的道理。所谓做人，是指做心智成熟的人。心智成熟便能很好地管理自己的情绪，从而使大脑能客观全面地思考问题，能理智果断地判断选择，能积极乐观地向上拼搏。只要拥有这样的心智，无论将来从事什么职业，面对顺境还是逆境，都能游刃有余地去应对。

2020 - 07 - 13

今天读到的两篇课堂日报对我的触动特别大。首先是"为老板干还是为自己干"。如果能倒退20年，也有机会被别人这么问一次，我一定会回答"为自己干"！我们老师提倡以校为家，其实所有行业都应该提倡以单位为家。我常常对老师们说，在学校一定不能拿自己当客人，一定要定义自己是主人。只有主人翁的心态才是最好的工作心态！如果一个人在单位从来不把自己当"客人"，我坚信他终有一日会成为这里的"主人"。把自己的这点心得分享给孩子们共勉。

其次是银芳同学流眼泪的那篇日报，一下子就触碰到我内心深处，并让我与这样的课堂产生了共鸣。谁都知道，任何人、任何事情都不可能一帆风顺，就像人体的心电图，如果直了，人就挂了！但现实中就有那种人，试图掩饰所有的失败、错误，营造出一种欣欣向荣的假象。要知道，只有遇到问题并解决问题的过程才是最好的课堂，才能彰显个人能力及道德修养。有起有伏才是"活"着的人生，修饰过后的生活只能是一幅看似美好的"画卷"而已，有风景，但没灵魂。

郭静静老师：是啊，我们应该尊重孩子的选择权、尝试权和犯错权。这样孩子才会真实地体验到百味人生，才会正确地面对成功与失败。

刘红萍校长回复：体验百味人生，然后从容面对。

赵立琴老师：看到这段内容的时候脑海中浮现的就是你说这句话的画面。在学校一定不能拿自己当客人，一定要定义自己是主人。只有主人翁的心态才是最好的工作心态！

刘红萍校长回复：你最大的优点就是把自己当成学校的主人。那种主人翁的姿态使你的形象格外美丽动人！

唐坤民校长：诚心地说出"我错了"，难能可贵！我们不仅要教孩子赢，更要教孩子能输得起，坦然接受失败，才能走得更远。

刘红萍校长回复：人常说"人生不如意事十之八九"，但我们只教会了孩子如何面对那十之一二的赢，而忽略了这占较大比例的输。这是教育的失衡，更是人生的陷阱。所以我们不但要教会孩子光彩亮丽地赢，更要教会他们体面而有尊严地输。

家长朱慧颖：好多孩子既没有说"我能行"的自信，更没有说"我错了"的勇气，这是学校和家长共同努力的方向。

刘红萍校长回复：人生没有常胜将军，教孩子学会低头弯腰、体面认输，是种能力，更是修为。

2020 - 07 - 14

今天读到荷兰法律规定在学生六年级之前不得以分数来评判时，我受到深深的震撼！如果我们也能有这样的规定，想必老师的纠结会减少很多吧——如果尊重学生个性成长，没法向要分数的上级和家长交代；抓了成绩，又磨灭了孩子的灵性。但在沈老师的课堂里，这看似不能兼顾的两个对立面却相辅相成、相得益彰！因为他抓住了教育的主核价值，首先是对孩子的尊重。当孩子们对老师的话提出异议时，老师愿意平等地同他们分析，尊重孩子们的观点，正是老师这种客观的态度、恢宏的格局，影响了这里的孩子，他们个个都能秉持正义、坦荡无私。发现自己错了，就谦逊诚恳地认错，在认错的过程中实现自我突破、有所成长，这就是"育心"的教育。这里的学习在真实地发生，没有虚假的"面子"工程；这里的教育在真实地发生，除了专业技能，更注重主动精神的培养及人格的成长。如果课堂环境都能是这般氛围，考不考试又有什么关系呢？孩子们的能力就在眼前的风景里。所以面对芬兰教授萨尔伯格所说的教育理念，我们沈老师可以底气十足地说：我们中国学校的课堂也做得到！

沈思：是的！大学和小学的课堂都能做到。

2020 - 07 - 17

今天看了骏鹏同学的课堂日报，发现这个课堂之所以能让孩子转变如此神速，有一个非常明显的特点是老师们把习惯性的"说教"变成了"写教"。看老师们对孩子课堂日报的评价，里面有鼓励，有赞美，更有对价值观的引导。结合自己的从教经验，我也特别推崇书面与孩子沟通，这样更有利于与孩子交流，也更容易得到孩子的认可。

仇鑫鑫老师：这个应该也要分孩子吧！有的孩子不会去看评价，对于咱们这群小朋友，估计要专门正式地给他们写信，增加郑重感和仪式感，才能让他们都当回事。

刘红萍校长回复：不是这样的，孩子们很在意老师的文字性评价。我很清楚地记得，有一次几个孩子还因为我给的评语而争风吃醋。

唐坤民校长：孩子们都喜欢老师的评语，老师给学生准确的、鼓励性的评语是需要动脑的。

刘红萍校长回复：以我自己从教的经历来看，孩子们真的特别在意老师给的书面评价。

2020 - 07 - 20

今天读了如龙同学的课堂日报。从学生们的日报里不难看出，几乎所有的学生都面临同样的问题：在传统课堂的"熏陶"下浑浑噩噩，没有学习动力和热情，机械地应付着每一个日出，没有收获也没有快乐。当他们走进沈老师的课堂，都流露出克服懦弱、找回勇气、走出封闭、走向自信的渴望。正是这个课堂，神奇地改变了所有走进来的孩子。通过学生的日报我们能感知到，这里的讲台属于学生，学习探索过程由学生主导，成果分析与展示也由学生主导。这间教室像被施了魔法一般神奇，来到这里的学生都能积极主动地探索学习。看完老师们的点评就明白了，这股神奇的魔法来自老师对学生孜孜不倦的情感喂养！在传统的课堂上，老师在教知识、教技能，而沈老师、商老师却在"教心"！他们用自己最大的热情与真诚唤醒学生们沉睡迷茫的心。都说教育是一个灵魂唤醒另一个灵魂，今天我才看到真正意义上的"唤醒"。教师的肯定、鼓励、赞扬、引导，撞击着被传统课堂腐蚀的麻木而冷漠的心灵，使他们瞬间被注入的爱的力量激发起勃勃生机，自信、向上、团结、合作，敢于自我批评、敢于客观评价，孩子们终于迎来了自己生命的春天！沈老师他们把"教知识"转变成了"教心"。

仇鑫鑫老师：你的童诗课堂也是这样的呀！原来充满爱的人在世界的各个角落里做着同样的事。

2020 - 07 - 21

今天一口气读完了刘丽媛同学的课堂日报，我又一次被震撼到了。她的成功蜕变使我再难抑制内心的激动与感慨，真希望能呐喊：中国的大学需要这样的课堂！学生学习态度有问题，其实是教师和家长对待学生的态度有问题，造成了学生厌学的心理。然而沈老师的课堂却让所有走进来的孩子深深地喜欢学习。面对性格内向、缺乏自信的孩子，老师是他们的"加油站""充电宝"，老师想方设法地鼓励、肯定、表扬，最终帮助孩子找回自信、找回自我，激发探索欲望，最终蜕变成优秀人才！这让我想起了自己的作文教学。在传统课堂里，作文是最不被看好的——教师怕教、学生怕写。但是孩子们都很期待上我的作文课。为什么？我就一个标准——"夸"，作文写得好就夸作文，作文写不好的夸做人。总之，我是拿着放大镜一般找孩子的优点。长期被压抑、苛责、否定的孩子，在我这里刷新了存在感，找到了归属感，赢回了自信，当然个个愿意上我的课。其实很多所谓的知识点真不用我们费劲去教，只要调动起孩子的学习兴趣与主动性，他们获取知识都能事半功倍！我们教授给孩子的相当于外在的衣服，容易遗失；而孩子自己探索来的好比是长在身上的血肉，终生相伴！所以，让我们一起努力构建沈老师这样的课堂吧！

仇鑫鑫老师：我也想振臂一呼了，一起努力！

唐坤民校长：做您的学生，想想都幸福！

2020 - 07 - 24

今天阅读的内容主要阐述了团结合作的重要性。之前我一直以为"课堂没有竞争就没有活力，孩子没有竞争就没有动力"，殊不知这样没有合作只有竞争的课堂竟然是"窝里斗"秉性的温床。这样的课堂无形之中使孩子养成了一颗相互攀比、彼此嫉恨的心——都希望自己是最好的那一个，看到别人落后于自己心中窃喜，看到别人优于自己就嫉妒愤恨，对他人的痛苦幸灾乐祸，久而久之，一颗冷漠的心就被这样浸泡出来了。因竞争而自我炫耀一旦养成习惯，良好的合作关系将不复存在，"窝里斗"自然而然就成了普遍现象。事实证明，没有合作，工作起来十分困难，成本高、效率低、品质差。这些道理似乎人人都明白，但为什么做不到呢？问题就出在我们传统的课堂、过时的教育上。要想从本质上、源头上解决问题，只能改变目前的课堂，教会学生合作而不是竞争。

仇鑫鑫老师：只有学会了合作才能有良性的竞争，否则只能是恶性竞争。

沈思：竞争是先天本能，合作是后天文化。请注意观察，孩子很小的时候就会争夺玩具，家长会教他们合作起来一起玩。

2020 - 07 - 25

今天读到的内容，主要是强调说话的重要性。"说话"作为人区别于动物的主要特征之一，其重要程度怎么强调都不过分。从《教育是什么》一书中我们已经明白，语言是显性的思想，语言是新时代的武器。但是反观我们的教育，从幼儿园开始就在扼杀孩子说话的能力。"小手背后，不许说话"成了孩子步入学堂后的首要纪律，如果有孩子不遵守这一纪律，就会被告于父母"不听话"，甚至还有可能被贴上"不是好孩子"的标签。明明是该加大力度培养的说话技能，却硬生生被逼回体内，直至让孩子打消"想说话"的念头。如果用缠足的陋习来形容这一过程，我觉得一点也不过分，明明是顺乎人道的自然成长，却硬是被莫名其妙地拽离了正常生长的轨道，想来不能不使人哭笑不得甚至产生愤恨！更可悲可怕的是，缠足是世人都看得见的行为，再加上受害者直接伤残的痛苦体验，注定会引起反抗，进而"革命成功"——女性终于不用再缠足了！但是只教"听话"、不让"说话"的愚蠢行为，何时才能引起绝大多数人的觉醒？这场"革命"又得等到何时才能成功呢？

仇鑫鑫老师：看得见的陋习我们通过革命去除了，看不见的教育陋习我们也察觉到了，方向开始调整，目的地总会抵达。

2020 - 07 - 26

之前读到的学生课堂日报都是在寻找成长方向、探索学习方法、挑战自己的短板，今天读到的日报大多是在总结自我成长收获，展示内心的充实与快乐。很短的时间内学生都获得了突破性的成长，这一篇篇课堂日报就是一份份纪实成绩单，写得激情澎湃，读得感慨万千！无论是少木同学内心对自信的呼唤，还是孙蓉同学论说话的艺术，再有袁丁同学的"幸福的花儿在心里开放"，在孩子的日报里，在老师们的点评里，我们看到作为人最重要的文化素养——自信、求实、自省、创新、团结、协作等等，在这样的课堂里、在这些孩子身上一一实现。这里的孩子是幸运的，我们也是幸运的，孩子们在沈老师的课堂上健康成长，我们在他的书里受益无穷！好久不做读书笔记的我，今天一口气写下两页，不由感慨，这本书不仅仅是一本教育实践录，也是一本"人生哲学传习录"。育人重在"育心"，沈老师用平凡朴实的课堂践行了这一真谛。

仇鑫鑫老师：对这本书的定位真是太精准了，说出了我的心声，这就是一本"人生哲学传习录"。说到这里，再一次感叹他们的幸运，还有我们的幸运。

景敏果老师：我们都是幸运的！

唐坤民校长：我是幸运的，加入了这个阅读团队！

2020 - 07 - 27

"中国人没有自由思想能力"，看到外国人这种说辞，我不由得心生恼火！再看看作者的客观分析评价，又不得不承认他们说的也并非全无道理。自由思想即独立思考的能力，它指一个人能做到不受他人影响、不受条条框框约束，能够独立地、自由地使用自己的思想力观察事物、思考问题的能力。只有具备了这样的能力，我们才能有所发明创造，才能自己构思图纸、自己操作实践，才能做自己真正的主人。没有思想力的人，任凭再怎么努力学习，也只能算是有一技之长的"苦力"。有人可以轻松地赚"思想"的大钱，而有人却只能顶着一片灰霾挣微薄的汗水钱。从古代的"学成文武艺，货与帝王家"到如今的"学会数理化，卖给洋老板"，这是一种可悲的现象，那么到底是什么造就了这一社会现实呢？是不当的教育！师道尊严、关门办学、只重视成绩的应试教育、只准学生听话不准说话的课堂环境、强迫学生学习的不良习惯等等，这一系列"不当教育"，造成了我们的孩子不会自由思考！找到问题的症结，就明白了突破的方向。看沈老师课堂的学生日报就是在追寻学生自由思想的轨迹。通过孙蓉同学对"我们的思维被考试固化"的反思，王凯同学"对教育的自由思考"，胡剑锋同学"敢于发出另一种声音"的挑战，吴蓉婧同学对"智慧在哪里"的探求，我们都能清晰地感觉到孩子们被禁锢的思维打开了。在这个温馨和谐的课堂上，孩子们迸发出了挑战权威的勇气、发自心底的自信、求知若渴的欲望、孜孜不倦的信念……面对这群学生，还能说"中国人没有自由思想能力"吗？

仇鑫鑫老师： 从恼火到悲痛再到重燃斗志，我看到了一颗火热的赤子之心，也看到了教育的希望。

2020-07-30

21天，我们的共读又一次圆满完成！看完本书满是收获的喜悦，感觉自己终于揭开了教育的面纱，"识得庐山真面目"！中国人天资聪颖、勤劳刻苦，只要改变教育理念、理顺师生关系，我们的学校完全可以为社会提供大批能思会想的优秀人才！我们必须格式化大脑里的观念，彻底打破那些师尊生卑、父为子纲的腐朽观念，教会孩子做自己的主人、做课堂的主人、做未来世界的主人！培养孩子"认理不认人"的价值取向，彻底砸碎科举制度文化的枷锁，从而释放求知欲、创造力！

我们再也不要那种没有自上而下的行政推动就会"停摆"的"智能人"！我们应该按照陶行知先生"民主教育"的主张，办为人民自己谋幸福的教育。

一本好书，可以擦亮心灵；一本好书，可以启迪智慧；一本好书，可以引领时代革新启航！感恩遇见！

仇鑫鑫老师： 满满的喜悦和想要大干一场的豪情已经跃然纸上，我的心也跟着跃动起来，我们就是要培养那种有学历、有能力，不需要自上而下的行政推动就能主动做事的精神独立、思想自由的人。

家长读书笔记

一、家长武亭亭

1.《教育是什么》打卡笔记

2020 - 04 - 14

读了《教育是什么》之后我发现：对待孩子要有爱心，要关注孩子的心灵成长；做事要用心，有多少心就可以办成多少事。我很喜欢"心灵与心力"这一小节，在这里我能找到自己的不足之处，能深刻反思自己。比如：在教育过程中没有让孩子的善良与智慧得到充分的释放，做事时没有足够用心。

刘红萍校长：你是一个优秀的妈妈，更适合做一名优秀的教育工作者。感悟条理清晰、重点突出，受教了。

家长武亭亭回复：感觉自己脑子好空、手好拙，看好几遍都不知道从哪开始提笔，谢谢老师的鼓励，今后加倍努力赶上你们的步伐。

2020 - 04 - 16

做一件事情，首先要和自己的孩子商量，让他自己做选择，当他打心底想做的时候，会事半功倍。现实中我们都是以命令的口吻去要求孩子，这样会让孩子产生逆反心理。

在教育过程中，我们应该更注重培养孩子的主见和洞察力。书中说到"一个人的想象力，内与情感发育成正比，外与见识多寡成正比"，作为家长要让孩子见识新事物，这样孩子的心灵就会长出翅膀，带他们在想象的世界里自由翱翔。

让孩子自觉地做一些事，这是我们努力的方向。

刘红萍校长：让孩子在轻松愉快的环境下成长，同时具备规则意识，这确实应该是教育的目标，人心所向啊。

2020 - 04 - 17

很喜欢第 59 页泰戈尔《触摸自己》这首诗，第一次读时，读不出所以然来，在看到作者点评之后恍然大悟——我们都需要触摸到真实的自己，活在当下，用心过好现在的日子。

之前很不理解为什么现在越来越多的人依赖网络来释放自己的压力和情感，在书中我找到了答案，原来网络是精神人的"没有海关的地球村"，网络世界里很平等。

刘红萍校长：每次打卡都这么走心，好妈妈成就好孩子，你很棒！

2020 - 04 - 18

在读到"真知与假知"时我思绪万千，有些知识真的是需要通过实践才能真正理解的。比如古诗"谁知盘中餐，粒粒皆辛苦""遥知兄弟登高处，遍插茱萸少一人"，只有切身体验过才能真正感知。

感谢老师的推荐让我遇到这样一本好书，感谢老师的鼓励让我有勇气品读这本好书。

刘红萍校长：你作为两个孩子的妈妈，却能这样坚持跟大家一起读书，为你的认真态度感到欣喜，相信你和孩子都会越来越好！

2020 - 04 - 19

识字很重要，但更重要的是明事理。重视语言就是重视思想。人们常说说话是一门艺术，会说话就等于掌握了一门艺术。无论是在学校里还是在社会上，能与人友好地沟通可以免去很多不必要的麻烦，我们不仅要做那个善于聆听的解语花，更要做一个善于表达的倾诉者！

刘红萍校长：言简意赅！对，就是你说的这么回事！

2020 - 04 - 20

阅读不能带有功利心，我们要通过阅读激发自己的求知欲，启发自己的思想，提升自己的认知力。我们经常抱怨孩子不会写作文、写作文没有情感，殊不知不是孩子不会写，而是我们没有让孩子说话的权利得到最大限度的发挥，没有让孩子的情感找到依托。

刘红萍校长：多给孩子说话的机会，多鼓励孩子问为什么，比考高分重要得多。

2020 - 04 - 21

一个人的成功不能只归功于自己的能力，环境也是很大的影响因素。就像在学校上学，如果你接触的是积极向上的人群，那么随着时间流逝你可能也会积极向上，反之亦是如此。随着社会的进步，孩子们的觉悟在提高，我们的学校教育也要跟着进步，就像老师常说的一句话："再不读书的话，你和孩子沟通连话题都找不到。"

刘红萍校长：教育改革，需要师生共同努力。

2020 - 04 - 25

教育要从爱开始，没有爱的教育是没有灵魂的。只有让孩子觉得"原来老师这么在乎我啊"，德育才能顺利施展。

在家里德育也很重要，作为父母要注意，自己要言行得体，传播给孩子正确的思想。要尊重孩子的意见，不要生硬地否定，这样才能让孩子感觉到平等，让孩子敢说会说、敢做能做。就像这两天，我和儿子约定共同读书，儿子说："妈妈，我们两个都要打两次卡才可以。"儿子的老师要求他们每天读书打卡，我也在读《教育是什么》，在他的眼里我们在做同样的事，他就乐意和我一起完成。

每天最激动的事情就是看刘红萍老师的评价，在这里谢谢老师的鼓励，让我坚持！

刘红萍校长：和孩子一起做，是"平等"最好的表现形式，你做得很棒！父母老师是孩子的"镜子"，孩子是我们的"影子"。

2020 - 04 - 27

"塑造正确的荣辱观，定位恰当的荣誉点，不要把荣誉点定位在考大学上，而应定位在靠劳动自食其力上，把更高的荣誉点定位在不仅能靠劳动自食其力而且还能对社会有贡献上。"看到这段话我想到，现在好多父母给孩子养成了"饭来张口，衣来伸手"的习惯，孩子从不考虑生计问题，以至于到了自己该当家做主时把生活搞得入不敷出。

我们要从思想上彻底跟上时代，不能搞"换汤不换药"式的教育改革。作为家长，要学习新的教育理念来配合学校新的教育方式。

刘红萍校长：高品质的生活不是拥有多么庞大的事业或巨额资产，而是能做自己喜欢做的事，对生活保持乐观、充满追求。

2020 - 04 - 28

自从读这本书以来，我和孩子之间发生了一些微妙的变化，以前的吼叫式训斥慢慢没有了，取而代之的是愉快和谐的交流。孩子总找一些很有趣的话题来交流，好像特别喜欢与我讲话。以前总担心他上课迟到、走神，每次快到上课的时候总要提醒啰唆两句，最近一段时间，快上课了却看不到他的身影时，我就在心里默默地告诉自己，他一定知道他该干啥，果不其然，在上课铃响起的那一刻，他都能准时出现在书桌前。实际上，我们和孩子之间只是缺少了该有的信任，总是急着去安排，而没有停顿一下等等看。一些家长抱怨孩子总看手机，实际上孩子是在模仿你，就像我家儿子一样，以前做完作业就是玩手机、看电视，但这段时间就有所改变，他每次放学看到我在看书，而不是在看电视、玩手机，他也就默默地拿起书和我一起看。

刘红萍校长：信任、守望，言传身教！

2020 - 04 - 29

有智力只能学习模仿，有智慧才能有所创造。不要忽视小孩子的智慧。讲一个我和儿子的小故事。今天他参加考试，数学考试时我陪了他一会儿，字迹整体还算工整，其他考试我没陪他，结果他做的题不仅字迹潦草而且错误连连。要是以往肯定避免不了训斥一番，这次我在中午休息时和他聊了一下，他幽默地说："妈妈你知道吗，那些字我白天记住了，记得可清楚了，可是晚上睡一觉，它就顺着这个墙飞走了，你说神奇不神奇？"他说完就哈哈大笑起来，我也跟着笑了，实际上我知道，他只是想用自己的方式让我不要训斥他。以前从来没有这样真正地走进孩子的心里，以后要经常和孩子心平气和地进行交谈。

刘红萍校长：孩子成长过程中不可避免会出现各种小问题，如你讲述的这般字迹潦草呀，顽皮捣蛋呀等等，但是如果我们能让自己和他站在同一个战壕里的话，那便会惊喜地发现，看似玩世不恭的背后其实都是些小可爱、小惊喜！

2020 - 04 - 30

被文化而文明的程度，是在家庭、学校与社会的环境里不知不觉间完成的，并非单纯知识的教学可以完成。如果一个人学富五车，但是他不关心家人，从不给家人温暖和爱，总是冷冰冰地面对亲人，从不和社会各界的人相处，那么即使他满肚子的知识，也不能为社会做出该有的贡献。我们要让孩子们不仅满腹经纶，更要通情达理。

刘红萍校长：你说得太好了！有知识的人不一定文化程度高，文化程度高的人不一定高学历。孩子的成长关键在"优质"环境。

2020-05-01

敢想敢说是会想会说的前提，能够想到才能说出来。就像今天发生在一伙孩童身上的事情一样。一个小姑娘说她妈妈给她逮了一只小鸟，旁边两个小男孩就开始了争论。1号小男孩说："我们要保护动物。"2号小男孩说："她就不知道保护动物，还把小鸟逮起来了。"1号小男孩说："我说的动物是那些狗啊猫啊之类的，再说啦，有的小鸟还偷吃食物（他的意思是庄稼）。"1号小男孩有维护小女孩的意思。2号小男孩说："鸟就是动物，人把鸟逮起来了，它就不自由了，他是不对的，鸟也有好的，逮它就不对。"……这是三个五六岁孩子之间的交流，每个人都有自己的观点，都坚持自己的观点，捍卫自己的立场。正因为孩子们没有被条条框框束缚，所以他们想到什么就表达什么，真正做到了敢想敢说。我家孩子就缺少这样的品质，就像今天他给自己刷鞋，看表情是不太情愿的，但是他没有反抗，和他一起玩耍的小朋友质问我："为什么他啥都要干呢？他玩得已经很累了。"我一直在思考，怎样才能让我家孩子也能这样敢想敢说？可能还是孩子内心存在畏惧感，不敢说出自己的真实想法。

刘红萍校长：好喜欢你分享的这个真实的故事，当我们愿意蹲下身子用心聆听孩子的世界，你会感觉自己走进了现实版的童话世界里，这里充满了梦幻与美好……

沈思：看您生动的描述，这几个学龄前孩子不仅敢想敢说，而且会想会说。很遗憾，一旦他们踏入所谓的神圣的教学殿堂，他们的敢想敢说、会想会说的天赋就会被应试教育驯化殆尽，变得不敢想、不会想、不敢说、不会说，只会按照书本或被认为是权威的人的想法去想、去说。您是有心人，观察细致，思考入微。向您学习！

2.《课堂的革命》打卡笔记

2020-07-10

课堂环境是课堂文化、教学模式、教学内容三者合一，要做好就要彻底颠覆以往的课堂。

课堂文化的革命做到了师生平等、同学合作，我觉得家庭教育也应做到这一点，父母和孩子要平等，让孩子产生幸福感。

课堂教学模式的改革把课堂变成了孩子的"健脑房"，让孩子玩得不亦乐乎，学得悠哉乐哉，实际上在家里和孩子相处也需要这样的模式，让孩子觉得家是心灵的寄托，也是动力的充电站。

刘红萍校长：好妈妈胜过好老师！相信你今天的辛勤付出在将来会化作沉甸甸的回报！两个宝贝都会因你的"懂得"而受益终身。

2020 - 07 - 11

1. 课堂是孩子们敢想、敢说、敢做的地方，这样的课堂里还愁学生不主动学习？无论是成人还是孩子，都希望自己能处在有发言权的环境里。

2. 从每天的课堂日报里我们看到了每个人身上的闪光点，以及他们内心深处最真实的想法。通过课堂日报的形式，教师和学生的关系拉近了，彼此之间也增进了了解。

3. 我们都想要这样的课堂模式，我的孩子和老师也倾向于这样的课堂，作为家长的我正在努力靠近他们的思想，不做改革路上的绊脚石，争做改革路上的同行人！

刘红萍校长：在思想上与孩子同步，在行为上与孩上彼此尊重，你是与时俱进的好家长！

2020 - 07 - 12

教育的最终目的是育人，现在的教育都是以教知识为主，以分数高低来评定学生，更注重结果而忽视了过程，没有停下来静心聆听学生的心声。我在书里的课堂日报中看到了真正的师生平等，因为只有足够的平等才能让孩子吐露心声。

我家儿子是寄宿生，每次回家都很愿意跟我说学校里发生的一些事情。有次回家，他兴奋地跟我说："妈妈，你知道我们今天中午吃了什么吗？"我很快答出来了，原来他的重点不在这里，他是要告诉我今天中午的饭是老师亲手给他做的，而且专门放了一个荷包蛋，这个荷包蛋特别香，他从来没吃过这么好吃的鸡蛋。他们班其他小朋友也都吃到了。他把整个过程描述得特别详细，从表情就可以看出他特别享受。我瞬间感受到，原来孩子的幸福就这么简单——一起吃一次老师亲手做的方便面加蛋。作为家长的我平时忽略了孩子的这种情感需求，从来不过问事情为什么没有及时完成，只是一味地指责和训斥。在今后的教育中我应该多些引导和交流，避免僵持。

刘红萍校长：只有理解了孩子的需求，才能走进孩子的世界。

2020 - 07 - 13

今天看到课堂日报里面的内容，真的很佩服他们，不仅能接受别人的表扬，更敢于承认自己的错误。我们常说"知错能改，善莫大焉"，现在的孩子缺乏的就是这种承认错误的勇气。前几天一个小朋友来家里找我儿子玩，他看到我家桌子上有一个漂亮的零食袋，左右看了一下没人，顺手就把东西装在了自己的口袋里，这一幕正好被我撞到，我就和他聊了几句，他始终没有承认拿过东西这个事实。犯错误是避免不了的，但是难在承认错误。为什么呢？大人是自尊心作祟，放不下自己的那点所谓的面子，怎样都不承认。而孩子不敢承认错误的原因也跟大人有关系，一个是家长没有引导好，再有就是孩子受自身成长环境所影响而效仿大人。说声"对不起"容易，而说声"我错了"很难。

刘红萍校长：确实如此，看来教会孩子认错也应该纳入课堂里。这和分数没关系，却比教出高分更有意义。

沈思：孩子不敢承认错误的主要原因是怕得到他难以承受的惩罚。我们的孩子成长在一个只许成功不许失败、不能犯错的环境里。

2020 - 07 - 14

"听不得不同意见，没有成人；没有不同意见，不能成事。"看着简单的两句话，又有多少人能真正做到呢？在课堂上我们经常会遇到这样的学生，要么一意孤行，要么言听计从，所谓的分组讨论对于他们来说很多时候都是"摆设"。我们要及时发现并同他们交流，帮他们调整。在家庭中也是，有些家长包揽了孩子的一切事务，孩子就像傀儡一样，我们应该杜绝这种现象，让孩子自己成长起来，也许没有那么完美，但经历总是美好的，不然我们交给社会的将是"花瓶"，经不起端详和品鉴。

兰一鸣妈妈：是啊！父母包办一切，为孩子规划人生路，孩子失去了思考的空间和能力，谈何成人！

家长武亭亭回复：是的，很多时候觉得孩子离开父母不行，其实反而是父母离不开孩子。

刘红萍校长：对孩子的成长而言，我们仅能陪伴一程，所以孩子越早学会独立越好，因为属于他的世界终将只能由他自己去面对。

2020－07－15

在沈老师的邮件中我看到这样一段话："思维习惯的培养、自由思想能力的训练最重要，这样可以随时根据工作的需要，迅速学会需要用的知识，而且能够运用所学的知识去解决问题。"现代社会不需要会听话的"机器人"，而需要举一反三的"灵活人"。在我和孩子的相处过程中常会遇到这样的情况，当孩子遇到有点绕的题，就会不加思考直接喊："妈妈，妈妈，这道题怎么做？"现在想来，是我给他养成了这种惰性习惯，这是个很不好的习惯。应该告诉孩子"动起来，在过程中完善"，只有自己的思维动了，才有可能找到答案，一味求助只能原地踏步。

刘红萍校长：一味求助只能原地踏步！这句话总结得真经典。

2020－07－17

能开口说话的课堂能让同学们感受到幸福，幸福的课堂养心；只准听话不让说话的课堂让人痛苦，痛苦的课堂伤心。家庭也是一个大课堂，能听取孩子意见的家庭氛围让孩子觉得家是温暖的，只下达命令让孩子去执行的家庭氛围让孩子觉得自己就是客人，在家里待得很不舒服，想摆脱束缚、逃离"魔掌"。许多青春期的孩子会做出极端的行为很可能就是出于这个原因。不要让孩子成为学习的机器，更不要让他成为被指挥的傀儡，不敢吐露自己的真实想法。

"大学四年，只有这些天好像才真正活过来。"看到这句话真的很心酸，学生寒窗苦读这么多年终于考上梦寐以求的大学，却没有真正活出自己想要的样子，因为他们缺少一个与时俱进的课堂，现在看来，这位同学是多么幸运，遇到了这样的课堂。

做的越多，错的越多，但是学到的也越多。什么也不做，只能原地踏步，什么也学不到。对于孩子，不要过多地限制他们，我们总跟孩子说不能做这个、不能动那个、不要瞎帮忙，实际上这是在扼杀孩子们探索的想法，很多时候不是孩子没有想法而是被大人们扼杀在摇篮里而不敢有想法。

强迫孩子学习只能适得其反。现在很多家长给孩子报特长班、补习班，钱没少花，最后效果却不尽如人意，原因就在于此——不是孩子自愿去的，家长没有征求孩子的意见，只是跟风看人家都报了于是也给自家孩子报，让孩子有苦难言。当和这样的孩子聊天时，他们都抱怨很累，不仅要学习还要跳舞等等。当问他："你喜欢跳舞吗？"回答是不喜欢，妈妈让去的……

希望更多的孩子能走进这样全新的课堂，在教育理念先进的教育环境里学习、成长。

仇鑫鑫老师：你由课堂想到家庭，其实不论是课堂、家庭，还是社会，都是一样的，孩子该成为课堂的主人，同样也是家里的主人，家庭中的每一个重大决定和细小问题都应该让他参与进来。这何尝不是一种学习做人做事的途径？

沈思：让孩子参与是比书本学习更好的学习。

2020 - 07 - 18

要想改变中国的教育，培养学生成人成才，需要改变的不是学生对学习的态度，而是家长对孩子的态度、老师对学生的态度，还需要学生们平等地参与。

我觉得《教育是什么》和《课堂的革命》这两本书应该让所有的学生和家长一起读一下，这样老师、家长和学生的教育理念才能同步，孩子才能真正受益。

仇鑫鑫老师：你是一位好老师，也是一位好家长，有这样的认识高度，家校联系更紧密，孩子成长更顺利。

2020 - 07 - 19

昨天和刚高考完的弟弟妹妹们聊天，深有感触，真是应了那句话：孩子都是好孩子，只是缺少一个让他们成长的环境和一个指引他们的领路人。具体来说就是，他们很想沟通也想倾诉，很向往去了解这个社会，但是同龄人的见识都差不多，只能互诉喜忧，而家长都被传统的思想束缚着，用他们自认为对的方式小心翼翼地保护着孩子，实际上正是这种保护激起了孩子的叛逆，造成沟通困难，让孩子有苦难言。希望这样的悲剧不会在我们的孩子身上重演，成为一个好家长才能正确地去教育他人。

仇鑫鑫老师："孩子都是好孩子，只是缺少一个让他们成长的环境和一个指引他们的领路人。"这句话说得太好了，我们要做的就是给他们创造这样的环境，成为他们的领路人或者帮助他们找到这位引路人。

2020 - 07 - 20

"小手背后排排坐，认真听讲认真做"，以前认为以这样的方式培养出来的孩子就是我们社会所需要的，现在看来我们真的都错了。孩子的童真和灵气要保留下来，家长要自己做好榜样，让孩子在一个干净的语言环境里尽情表达，说自己想说的话，同时还要引导孩子正确表达，这样才能避免成年时不想说话和不敢说话。

仇鑫鑫老师：在要求"听话"和要求"规矩"的大环境下，我们教育者必须敢于发出另一种声音，作出另一种选择，哪怕在开始时不被理解。

沈思：当下机器人时代还这样要求孩子，真是愚蠢！

2020 - 07 - 21

一些人认为中国人没有自由思想的能力，这种说法是错误的，我们中国有自己原创的、独立的文字体系，这就证明中国人有自己自由思想的能力，只是一些不当教育使我们从理念到实践都不允许自己思想。我们不能轻易认输，不能为旧的思想观念所束缚，要不断挑战自我，尝试突破。不要再用别人的眼光去看世界了。

仇鑫鑫老师：阅读真是这种现状下的学习指南了，我们可以通过阅读自救，然后再影响别人。一灯照隅，万灯照国。还有什么身份比老师更适合去推广阅读呢？看了这本书，我们已经拥有好几套行动指南了，我心中突然有了一种"一书在手，天下我有"的豪气。

2020 - 07 - 22

"我头上的辫子是有形的，你们心中的辫子是无形的。"能看到的具体事物的表象，我们可以评价和更改，而一些看不见摸不着的、根深蒂固的思想观念，要改变它很难。教育就是这样，仅仅改变一些教学模式不是真正的改变，要从思想上、理念上彻底改变才能实现新的教育。

仇鑫鑫老师：对呀，这些无形的事情反而需要更大的努力和决心，花更多的时间去改变。这种变化看不见、摸不着，这就需要有一群人去坚守，而我们就是那群人！

2020 - 07 - 23

作为一名小学生的妈妈，最希望的就是孩子能够养成良好的生活习惯，这样才有助于其他习惯的养成。教育不仅是学校的事，家长也很重要，只有家长和老师的理念在一条线上，孩子才不用为了迎合老师和家长而不知所措。我们要从思想上改变，在行动中改进，用时间来验证结果。

仇鑫鑫老师：孩子有你这样的母亲真是太幸福了！你在关注当下，也在思考未来，心思细腻，眼光长远。你的思想应该让更多的家长知道，一个孩子养成良好的生活习惯一定是有助于良好学习习惯养成的。

二、家长朱慧颖

《课堂的革命》打卡笔记

2020 - 07 - 10

今天看的这部分内容主要分两段：第一段讲什么叫育心，为什么要育心，以及育心的重要性；第二段主要讲课堂的改革方法，怎样才属于真正的课堂改革，而改革最重要的是适应现代社会需要。

第一段中"育人先育心"这一点非常重要。我们的社会不缺乏书呆子，缺乏的是有创造力的人，而且是那种阳光、善良、向上的有创造性的人才。只有阳光向上的人才能充分发挥知识技能为社会做出贡献。之前在新闻上也有了解到，一些所谓的"精英"有知识，是高才生，但因为心理扭曲，最终成为社会的败类，给社会造成了很大的负担。所以，育心是学校和家长都应该重视的问题。

第二段中谈到的课堂改革，真的是太重要了。在对外开放、经济发展、社会进步的时代，如果不改革，我们的课堂教育出来的人被社会淘汰的概率要大得多。

我觉得老师和家长都得看看这本书，然后更好地去和孩子沟通。我和我老公就经常说，不需要孩子成绩有多好，只需要他在学校健康阳光就可以了。小学生必须是快乐的，心里是愿意去学校的。

我们一直说减负，可为什么学生压力会越来越大？之所以会这样，一个是源自老师，一个是源自家长，还有一个是源自社会。在课堂改革这方面，需要老师、校长和家长坐在一起好好探讨：怎样去改革现有的课堂模式？怎样让学生快乐学习？学生愿意去学习是非常重要的，一个孩子如果小学就厌学，到初中就更厌学，到高中可能会退学，更别说上大学了。想让孩子们在学习的道路上走得更长远，首先要让他喜欢上课堂，喜欢上学习。

刘红萍校长：想让孩子在学习的道路上走得远，首先要让他从小学阶段就爱上学习。

沈思：和教育学生相关的人包括校长、教师和家长，和教育相关的环境包括家庭、学校和社会。有这样的家长，何愁教育不进步！

2020 - 07 - 14

不管是做人还是做事，一定要用心并且要真心，因为只有真心对待他人才可换得别人真心对你。

虽然我们一直在说"修心"，但也不可修成"失心"，变得与世无争。在"养心"的过程中要把控好分寸，让孩子们在拥有耐心、宽容心的同时，拥有一颗积极向上的必争的心。

看到书中新加坡南洋女中十几名学生的做法，我想到，身边大部分人都是在抱怨、指责，只是说而不去动，这个也是我们需要改进的地方。

第75页提出的"主动"也让我感触颇深。人都应该学会主动。就拿我自己来说，有时候想要干些什么，但又怕别人说自己，太在意别人的说法只会让自己迈不开腿。

第77页讲的"随时写"，是我比较喜欢的。我在初高中时有随时记日记的习惯，我觉得有了想法、感悟就要马上写下来，不然就会忘掉当时的感觉，随后再整理已不是当时的心情。我也比较提倡孩子们随时随地写日记，没有必要非得放到晚上去写，也没有必要规定只能写一篇。比如今天发生了三件事情，那就都随时记录下来。没有时间、篇数规定，这样随时写，会让孩子们的写作水平有所提高。

刘红萍校长：你这个写日记的思路我很赞成，什么时候有想法了、有触动灵魂的东西了，就随手记下来，没得写就不写。

2020 - 07 - 15

今天读了第二部分的前20页，其中我比较喜欢那句"孩子永远是无辜的，关键在家长；学生永远是无辜的，主要在教师；未成年人永远是无辜的，主要在成年人"。

教学过程应该以实践为主，教学为辅；以学为主，以教为辅；以组为单位，集体讨论，共同进步。这样的教学方式，应该是现在的课堂所追求的。然而我们看到，现在的教学还是一如既往，老师说、学生听，老师在讲台上"拼死拼活"地说，讲台下的学生却"左耳进，右耳出"。

刘红萍校长：你总结得很到位！

2020 - 07 - 16

从婷婷同学的改变到骏鹏同学的自我认知，让我觉得一个学校的课堂文化、教学模式，可能会改变一个学生的一生。

出现问题一定要学会找自身的问题，这样才会很快解决问题。

刘红萍校长：出现矛盾先从自身找问题，这是处世哲学里的黄金定律。学会在自己身上找问题，心里的天平容易持平，矛盾也就不攻自破。

2020 - 07 - 17

很多时候，我们的教学过于形式化。课堂学习要手脑并用，再把心用上，这才是学习的高境界，而我们的学习基本上都是动手，或者动脑，却很少用心。古人说，世上无难事，只怕有心人。学习也是这样的。

看到骏鹏同学写的关于游戏的课堂日报，真是颠覆了我对玩游戏的看法，玩游戏并非玩物丧志。

刘红萍校长：对你刮目相看！以点带面的思维能力、洞察世事的敏锐度，都足以证明你的成长。

2020 - 07 - 18

其实今天有点累，本想偷个懒，但想到好不容易坚持了好几天，实在不想放弃。

看到骏鹏同学写的读本体会，我突然明白，为什么骏鹏同学痴迷于网络，却没有我们想象中那么"坏"，因为他有很好的阅读习惯，而且阅读了一些对他有很大影响和启发的书。我们这些做家长的和做老师的，有必要好好考虑一下，应该怎样培养孩子的阅读习惯。

表扬与批评是我们生活中必不可少的。就像如龙同学说的，虽然我们表面上很不接受批评，但是我们内心是会自己反省的，过后会想一想当时的事情我们错在了哪里。批评对于孩子成长来说是很重要的，如果只是一味地说好话，孩子们可能会很自负，所以该批评的时候就要批评。

仇鑫鑫老师：太同意你的观点了！我也觉得，培养孩子的阅读习惯，然后让他自己成长，孩子自然而然就长得很好了！

2020 - 07 - 20

老师和家长的监督、管束只会让孩子排斥学习。人都是一样的，小孩儿也不喜欢被打骂说教，不喜欢被逼迫去学习。我儿子六岁，他不喜欢别人指使他干事情。有一天，我妈说："你特别懒，没有隔壁那个哥哥勤快。"儿子非常生气。我赶紧把话接过来说："奶奶说的不对，我们是勤劳的小蜜蜂，我们可以干很多活，对不对？"儿子听到我说的话非常开心，立马就帮我去倒了垃圾，还帮我去弄了一些土。这就是用不同的方式所造成的差距。

莫要再捆绑学生，捆绑的人很累，被捆绑的学生心很伤。

仇鑫鑫老师： 而作为距离儿童最近的我们，最需要一颗细致的心，去发现周围对他们产生的影响，及时调整。

2020-07-21

作为老师，第一步就是要了解自己的学生。连自己的学生都不了解，又怎么因材施教呢？

看到书中说，眼下的中国教育是教师越教越累，学生越学越糟。其实还有一点就是家长恨不得把所有的课程自己学习一遍。

最后再说一点，有阅读习惯的人少得可怜，其实在被逼迫学习的情况下，孩子们不愿意再拿书，也没有时间去看书，每天压力太大，如行尸走肉一般，没有灵魂，觉得自己的一切已经被老师和家长所控制，没有自己选择的权利，也就没有必要去做这些事情，这是很可怕的。

唐坤民校长： 我也有同感。

仇鑫鑫老师： 你的思想特别活跃，有自己独到的见解。

2020-07-25

人人都渴望友谊和合作，没人喜欢"窝里斗"，我们的教育应该创造合作的环境，不可制造"窝里斗"的环境影响孩子们。其实想想，孩子们会"窝里斗"，大部分来源于老师、家长以及身边每一个人，可以说是人人有责。每次考试一结束，老师总是拿分数说事儿，家长也是，身边的人第一句话也会问"你考了第几啊""你们班谁第一啊"，这些都是潜意识地在制造"窝里斗"。

讲到合作，我觉得不是单一的小组完成什么样的任务，不是说一个强者领导一群弱者，合作应该是每个人都要拿出自己的思想来碰撞，发挥各自的长处来完成任务。老师们需要花点心思，毕竟我们的课堂还没有真正地实现过合作。前期合作需要简单点、容易点，循序渐进，还有就是最好根据每个人不同的长处去设置任务，让每个人都能发挥作用，这样小组中才不会出现"一人天下"。

仇鑫鑫老师： 小组中"一人天下"的问题的确值得注意。

2020 - 07 - 26

书中讲到"和谐",我觉得说得特别好。一个家庭要想和谐,必须首先解决温饱问题,其次是解决沟通问题,也就是学会说话。人与人之间难免有很多矛盾,或者遇到一些让人误会的问题,这些问题很多时候就是说话的问题,就是没有好好沟通,有想法没有及时说出来。

仇鑫鑫老师: 有内容,有思考,有深度。

2020 - 07 - 27

看到书中讲的术和道,我恍然大悟,平时只是教知识,让孩子们背会知识点,基本不会去教孩子们其中的道理,孩子们也不会透过表面看本质,说得直接点就是,只教了应对考试,没教会做人做事的道理。学校本身就是教书育人的地方,这两样一样都不可丢。

2020 - 07 - 28

今天看了与教育相关的 23 个话题中的前 11 个,喜欢以下几点:

1. 要想判断学弹琴对孩子有利还是有害,可以放一段节奏感比较强的音乐,观察孩子会不会不由自主地随着节奏手舞足蹈,如果会,那么学弹琴对孩子身心发育有利。这让我想到,现在好多家长都让孩子们学很多特长,其实很多时候真的是出于家长的虚荣心和自己小时候的缺失,却从没考虑过孩子们的感受,也没关心过对孩子们是否有利。

2. "恃强凌弱,天经地义;以下犯上,大逆不道",这种思想根深蒂固,不是一时可以改变的,目前的环境中甚至动画片中也是有这种思想的,现实社会就是这样弱肉强食。

3. "人的一半是动物,另一半是神",这句话我最喜欢。人有动物性的一面,当一个人做了不堪的事情时会被人骂"畜生",或者说"兽性大发"。可人也有神性的一面,做了一般人做不到的好事会被称为"天使"。一切都是有双面的,人也是。

4. 对于鬼神之说,我只想说一切都由心生,只有心里有鬼神的人才会相信鬼神,只有相信鬼神的人才会被鬼神所控制。

仇鑫鑫老师: 我认为人身上最多的其实是人性。

2020 - 07 - 29

"父与子"这个话题真的很有的谈。从小我们就知道要听父母的话,不管对错必须执行，不管是否愿意必须完成。其实这样的关系让我们的心里多多少少会有些阴影，甚至可能会影响我们一辈子。记得有一天我和老公说起，某某和他的儿子相处得不错，我老公突然笑了，然后问我："这种关系需要相处吗？"人与人之间无论是什么关系都需要相处、需要说话，并不是一味地服从。

仇鑫鑫老师：*很喜欢看你每天的思考和感悟。*

2020 - 07 - 30

整本书读完了，我觉得对孩子有太多的愧疚。今天和我二嫂说起我儿子，我说儿子到了老人说的鸡狗都嫌弃的年龄，总是忍不住想要对他发脾气。我二嫂问："是孩子变了还是你变了？"我突然觉得真的是自己变了。不是孩子不好，而是我们的言行没有给他好的影响。读完了整本书我也知道了孩子需要自己说话、自己思想，需要勇气，需要自信，更需要承认错误、接受自己、欣赏别人。我还明白了孩子在学校里学习的不仅仅是知识，更多的是社会交往的技能和做人的道理。最后我还想说，理论终归是理论，实践需要很长时间，还需要有先遣队。

仇鑫鑫老师：*要相信有所失就有所得，不怕有问题，就怕发现不了问题，现在发现了及时补救就好了。*

三、侯嘉宸妈妈

《教育是什么》打卡笔记

2020 - 04 - 28

今天的读书感悟如下：

1. 教学过度不但不能超出先天给定的潜在大脑脑力可能的最大值，还会让大脑遭受伤害！

2. 想不想做在心，排第一；怎么做在脑，排第二；具体做在手，排第三。

3. 心灵释放智慧，智慧确定方向；大脑释放智力，智力拿出方法；身体释放体力，体力具体执行。

刘红萍校长：*非常感谢您的参与，期待您与孩子在共读后产生新的共鸣，营造更和谐的亲子关系。*

2020 - 04 - 29

现在的教育普遍存在一个问题，就是强塞知识给孩子，用分数把孩子分成三六九等，让孩子没有了求知欲望，开始排斥学习。作为教育者，作为家长，我们的当务之急，就是保护好孩子的求知欲，让孩子重新燃起学习的热情！

今天的阅读让我想起了一个故事：有一个富翁，一直没有孩子，直到中年以后才终于得偿所愿，有了一个儿子。富翁特别高兴，他高薪聘请了5位营养专家和保姆，精心照顾孩子的饮食起居，并制定了科学的饮食计划，吃饭、喝水、吃水果等都有具体的时间安排；孩子想要什么，只要一个眼神过去，就有人把他想要的东西放到跟前；为了避免孩子受委屈，富翁在别墅里给孩子打造了一个游乐场，专门有保镖陪着玩。就这样，孩子长到了5岁，富翁突然发现，孩子到现在还没有说过一个字，这下他着急了，到处高薪求名医，但是都以失败告终。就在富翁绝望的时候，来了一个穿着邋遢的男人，他向富翁保证，一定能治好孩子的病，但前提条件是在他治病的时候，任何人都不能出现在孩子面前。这个男人独自走进孩子的房间，关上房门，从怀里掏出一把刀，向孩子挥舞过去，孩子吓得边躲闪边大喊："爸爸，救我！"富翁听到孩子的喊声，冲入房间，激动地握着男人的手，大呼神医。这个男人呵呵一笑，说："我不是神医，孩子不说话，是因为你们照顾得太精心了，把孩子说话的机会都剥夺了，让孩子没有说话的欲望了而已！"

刘红萍校长：您分享的这个故事太贴合"说话"这个主题了。故事内容让人哭笑不得，但故事背后发人深省！

昝丽老师：现在这样的家长仍很多！孩子从小被无微不至地照顾着，在孩子该玩耍的年龄，因为怕脏、怕磕，剥夺了孩子玩耍的权利，在孩子该自己动手吃饭的时候，因为担心吃不好、弄脏衣物，家长事事包办，导致孩子丧失了自己探索、成长的机会！

2020 - 05 - 02

从初看《教育是什么》这本书到现在，我的感触特别深。我特别感谢刘红萍校长，感谢她对我和孩子的开导，感谢她给我推荐了这么棒的书，让我和儿子都受益匪浅！

儿子上初一了，学习状态特别不好，甚至有了厌学倾向。为此，我特别焦虑，为了让他好好学习，把落下的知识补上来，我先是给他讲道理，再是允诺他条件，最后甚至威逼恐吓，结果不但没有效果，反而让孩子更不想学习了。我成天吃不下饭，睡不着觉，迅速地瘦了下去，儿子却依然故我，让我很绝望！这时候，我向刘校长求助，通过跟刘校长沟通交流，再看这本书，我醍醐灌顶，幡然醒悟。不是孩子出现了问题，而是我偏离了教育方向，一味地追求成绩与排名。通过阅读与学习，我知道我现在最应该做的就是调整心态，肯定孩子，让孩子重拾自信，重新调动学习的主动性和积极性。

为此，我和孩子共同制订出一天的计划，除了正常上课外，每天要晨跑，同时我每天跟孩子交流，总结当天值得肯定的事，并提出表扬，再指出不足，让孩子有意识地去改变。每次的肯定和表扬一定要远远多于指出的不足，让孩子重拾信心。在学习上，不给孩子制造压力，以表扬为主，让他能轻装上阵，重燃学习主动性之火！

从制订计划到执行，时间过去一周了，孩子表现得非常棒，能每天反思自己，作出客观评价，也能积极完成作业，学习效率提高了很多。我对孩子的未来充满了信心！

再次感谢刘校长，感谢《教育是什么》这本书！

刘红萍校长：读到您的反馈，我特别欣慰。读一本好书可以重新点燃希望，但更重要的是有像您这样愿意为了孩子付出时间不断学习的好妈妈。和那些只关注物质给予而没有付出时间和精力陪伴和了解孩子的家长相比，您就是成功的中国好妈妈！

小学生读书笔记

刘红萍校长邀请了四年级学生武玥茹、五年级学生赵子涵、六年级学生王欣雨参加了读书会。三位小学生总共写了近 5 万字的读书笔记。从他们的读书笔记中不难看出，小学生的阅读能力以及对教育思考的深度，一点也不亚于教师和家长。刘娇老师在读书笔记里发出这样的感慨："我很佩服四、五年级孩子阅读打卡的内容有时候竟然比老师和家长还要通透。"限于篇幅，本书只能和读者分享少部分笔记，但是已经足以从中看到蕴藏在这些小学生心灵之中的求知欲、善良与智慧。在他们数万字的读书笔记里，没有什么专门知识与技能，体现的都是"情感与一般道理"或"情感态度与价值观"。根据我近两年来在小学课堂上和小学生近距离的接触，以及在整理小学生读书笔记过程中的感受，我可以肯定地说，中国的小学生群体，是蕴藏着丰富良知良能的优质的人才资源，如果他们所在的学校能够按照"三维九方论"供应他们与时俱进的现代教育服务，如同人们用最先进的开采工艺把深埋地下的石油资源开采出来一样，把蕴藏于他们心灵之中的丰富的人性资源开采出来，那么教育领域个个成人、人尽其才的局面就会形成，拥有现代文明素质的各有所长的人才就可以满足社会各行各业的需求。当下，我们中国最大的竞争优势是什么？我想，是 1 个亿的小学生。

一、四年级学生武玥茹

武玥茹是四年级女生，10 岁，是读书会年龄最小的成员。两本合计70 多万字的教育专著，她居然认认真真地通读了，而且自觉、自由地写下了近 3 万字的笔记。她每天的笔记都分成摘抄和感悟两部分。这里只分享其中一部分简化后的笔记。

1.《教育是什么》打卡笔记

2020 - 04 - 14

1. 我觉得作者从多个角度思考问题。

2. 亚里士多德说："人在最完美的时候是动物中的佼佼者，但是当他与正义法律和道德隔绝之后，他便是动物中最坏的东西。"这句话很好，因为它表达了人完美的时候和毁了自己的时候。

3. 老师和学生如果都爱上学习的话，那不就会很快乐吗？

4. 我觉得"心脏不跳动，人即死亡。心灵不活动，人如行尸走肉"这句话很好，但可以再补充一下：人若不快乐，怎么能把事情做好呢？

5. 教育让受教育者学会管理自己的欲望。

刘红萍校长：好样的！小榜样！

王钰杰老师：小小年纪，感悟好深刻。厉害！

大学生袁文玲：优秀的姑娘，为你点赞。

2020 - 04 - 15

1. "情感是心力，情感有强弱。"这句话写得非常好，但是，我觉得可以再加一句：情感也会变化。

2. "卷面考试只能比较考生所掌握的知识，不能比较考生的情绪化程度和情感程度。"这句话说得非常好。我的内心就是不想考试的。

3. "考试分数高并不代表文化程度高。"这句话说得真好。

4. 如果不知道思想是什么，就不可以去教育别人。你什么都不懂，有什么资格去教育别人呢？

5. 我觉得学生每次被老师骂，他们不去反抗是尊敬长辈，并且觉得自己没有资格，主要是不敢反抗，因为他们知道这样不礼貌，所以不去反抗，而是选择默默地承受。

刘红萍校长：能以中国的传统美德约束自己，以尊敬为前提，你绝对比他们更优秀。读完这本书后就不要默默承受师长的责骂和体罚了，你要告诉他们，平等、互相尊重的师生关系才是正途。

2020 - 04 - 16

1. "规则是写在纸上的概念，而遵守规则的规则意识是刻在心中的。"这句话写在了我的心坎上。

2. 我觉得奇迹就是创造奇迹，不是把别人已经创造出来的东西再重复一遍，那样没有意思，你需要创造的是别人没创造出来的。

3. 保护学生天生的好奇心，更应该适当地保护我们爱玩耍的心。

4. "同理心是认知正义与邪恶的高级认知力。"

刘红萍校长：你很厉害！爱玩没有错，玩还能很好地促进、保护好奇心呢。

朱丽丽老师：我的好姑娘呀！你的第 3 条是不是故意让我看的呀？老师会努力呵护你们的好奇心，尽力满足你们爱玩耍的心。为我优秀的孩子点赞！

沈思：武同学关于保护好奇心的建议值得采纳，朱老师和学生的对话让人感动。

2020 - 04 - 17

1. "把自己的思想装进别人的脑袋，把别人的钱装进自己的口袋。"我非常不赞同。自己的思想装不进别人的脑袋里，因为你自己记住了，别人想抢也抢不走。还有思想是装在心灵里的，一个人用心灵和别人交流时，即使不和对方说话，想的是什么通过眼神也能知道。钱这种东西很重要，更何况是别人的钱，我相信我们不会很自私地把别人的钱装进自己的口袋。

2. "知识在教学中扮演的角色相当于水在发电过程中扮演的角色。"写出了学习知识过程的重要性。

刘红萍校长："把自己的思想装进别人的脑袋"，是说让别人认可你的想法，就好比我的思想是希望更多的孩子能爱上阅读，当你认可我的说法，开始喜欢读书时，我的思想就"装进"了你的脑袋；"把别人的钱装进自己的口袋"，是指我们通过自己的智慧、技术等，让别人花钱、我们赚钱。明白了吗，小伙伴？

2020 - 04 - 18

1. 快乐的人会引人注目，他们的快乐会传染，让更多的人都很快乐。

2. "充满生命力的灵魂，即便年迈仍有爱。"这句话很到位，有爱才能有能力。

3. 我说，奇迹＝知识＋好奇心＋想创造的心，没有想创造的心就不会出现奇迹。

刘红萍校长：我发现你的思考和作者的一样有价值，尤其是最后一句"没有想创造的心就不会出现奇迹"，难怪人说孩子是天生的哲学家！

2020 - 04 - 19

1. 我的理解是：如果人没有了正义，世界上就没有了温暖和爱心。

2. 学生都听老师说，自己不开口说话，所以他们没有了自己的求知欲，就没有创造。他们不敢把自己的真心话说出来，只想着怎样让老师满意就怎么样说。

3. 父母要求孩子听话，不准孩子说话，就是替孩子思想；教师要求学生听话而不准学生说话，就是代替学生思想。这两种现象很不好，因为他们限制了学生思想，这样学生就不会创造，就不懂道理。

4. 我觉得"说"是人类最好的功能了，因为它源于人的求知欲，而有了求知欲才可以发明创造。

刘红萍校长：你像一只精灵，而今已经给自己插上了"翅膀"！

2020 - 04 - 20

"酷爱阅读的人，无论学历高低，当领导者的概率大。比如中国的只读到小学四年级的曹德旺，美国的从哈佛退学的比尔·盖茨。他们阅读不是为了考试，不带功利心，是自由阅读，是生活的组成部分。学历比较高但不爱阅读的人，当雇员的概率则比较大，因为他们读书是为了考试，为了职业，带有功利心，不是自由阅读。"这段话说到点上了。如果是自由阅读的话，读书是生活的组成部分，这样你的知识会一直增加；相反，如果你是为了考试而读书，那不考试了也就不会再读书了，那些丰富的知识就会慢慢地都跑到曹德旺和比尔·盖茨这种自由阅读的人脑子里去。

上学是为了读书，读书则不一定要上学，到底是上学读书好还是自己读书好？我觉得自己读书好，因为自己读书要比上学读书收获的知识多。自己可以想读什么就读什么，老师让读一些文字的书，可是我就偏向于漫画这一类的书，我喜欢看漫画书。

"自学的速度要比正规学习快得多。"我也是这样想的，因为自己读书是自己的自由，不会有限制，想读什么书就读什么书，不写感悟和心得也可以，只要把知识领悟到了就可以。

"教育瞄准学生的成长，学生就能个个成人、人尽其才。教育瞄准知识的教学，学生不能个个成人、人尽其才。"这句话从我的角度看是正确的，因为瞄准学生的成长就不会去打扰他，让他可以做自己想做的事情，控制住自己的欲望，而且他也会适当地管一管自己，不会管得太严。而一旦瞄准知识的教学，学生就会讨厌学习，他们长大了就不会人尽其才。

刘红萍校长："如果你是为了考试而读书，那不考试了也就不会再读书了，那些丰富的知识就会慢慢地都跑到曹德旺和比尔·盖茨这种自由阅读的人脑子里去。"这个逻辑好可爱！但我愿意相信你的这个说法，咱们以后都自由读书吧！

沈思：财富也会跟着知识一起跑到曹德旺和比尔·盖茨这种自由阅读的人的口袋里去。

2020 - 04 - 21

"师生关系不变还是旧教育。"这句话说得非常好，因为师生如果不可以用平等的方式去交流，那就是旧教育。

"课堂文化是三维之首，师生关系是九方之要。"我觉得可以再加一句：课堂教育是训练学生，而不是约束学生。再加一句：玩耍是孩子的天性，会激发孩子、启发孩子，还可以加强他们的体育锻炼。

刘红萍校长：你的建议非常有价值，多给孩子时间、空间，让孩子们玩耍、进行体育锻炼。我记住了。

2020 - 04 - 22

1. 即便教学大楼和教学的知识与技能再新，可如果思想观念依然是旧的，师尊生卑，辱骂、体罚、强迫学习的现象依然常常可见，那还是旧教育。

2. 精神人处于幼年时代时不能认知尊卑，不能认知平等；精神人处于青年状态时能够认知尊卑，但不能认知平等；精神人处于成年状态时，能够认知尊卑，也能够认知平等。但我觉得，一个孩子在面对一件关于平等的事件的时候，不管他多大，他都会明白平等是什么意思，我觉得作者说的太绝对了。为什么人到青年时才可以懂得平等呢？我觉得我现在就可以认知平等，人认知平等不在于年龄。我现在已经懂得平等了，世界上所有的人都是平等的。

刘红萍校长：敢质疑作者，好！看来我低估你们小孩子的认知能力了。

沈思：你是对的！

2020 - 04 - 23

"不想斗争是自欺，叫人不斗是骗人。好人不敢斗争，坏人必定当道；好人敢于斗争，坏人可能变好。"这句话写得非常好，非常大胆。

"为万世开太平，世界永久和平。"这是一个非常理想的画面。

刘红萍校长：小姑娘，你越来越厉害了！如果人在遇到无理挑衅时选择忍气吞声，选择忍让，那么就会助长坏人的嚣张气焰，久而久之，那不就是坏人当道了吗？所以当我们被欺负侮辱时，一定要有勇气用正义、法律来捍卫我们的权益与尊严。

2020 - 04 - 26

1. 孩子在父母的打骂呵斥下被动长大，只可能成长为受某种思想奴役的人，所以我觉得孩子在犯错误的时候，要教他正确的做法而不是对他打骂呵斥。如果一个人是在打骂呵斥中被动长大的，那他的人生肯定很悲惨，而且自己的想法也只会停留在"父母想让我怎么做，我怎么做才能让父母开心满意"而不是"我想怎么做"。

2. 在《共产党人刘少奇》里，刘少奇的母亲对刘少奇说："我们刘家在乡里是以和睦闻名的。"家庭不单单要幸福，还要和睦，不要经常吵架，这样才是最好的家庭。比如说我们家，每次我犯一点点错误，我爸爸就会骂我，让我觉得他们很不爱我，但是他们都说很爱我，为什么爱的表达方式不一样呢？每次家里什么东西不见了，父母就说是我弄丢的，然后我说我没有，我爸还说"不要说话，还嘴硬"。所以我很羡慕刘少奇他们一家，因为那一家很和谐。

3. "我们这个群体的老祖宗真的有大智慧，作为后裔的我们，基因里一定也有大智慧。"这个说法我赞同，因为现在中国正在不断地创新，不断地改造，中国一定会越变越好的。每个人的脑子里都有大智慧，中国人最强，中国最棒，中国会越来越好！

刘红萍校长：如果说以前对你是喜欢，那么现在对你只能是佩服了！尤其是最后一段读得我激情澎湃！怎么可以说得这么好，难怪作者都那么喜欢你！我要置顶你的笔记，让所有老师、家长一起见证你的成长！

沈思：我的书里没有爱国的说教，但是看得出来这个小学生有着满满的爱国热情。

2020 - 04 - 27

1. "美术，顾名思义，发现美、展现美、欣赏美之术也。赏心悦目，悦目赏心，悦目的美可以滋养心灵。"用眼睛看到的美确实可以滋养心灵，同时我觉得音乐也很好，用耳朵听到的美可以滋养情感，让人变得开心。

2. 人要想变得成熟，一是需要劳动，二是要把自己融入集体中。但我觉得还可以再加上一点：成熟是理解他人，能换位思考。

3. 要学美术知识，要练绘画技能，最重要的是学会欣赏作品。我的理解是：只有会欣赏别人的作品，才会找到自己作品的不足。就像我，觉得自己的打卡笔记不比别人好，看了其他人的打卡笔记，获取一些知识，然后自己就会有很大的收获。

4. 为考试而教学，会降低学生的情商，束缚学生的思想，所以我觉得教学不应该为考试，而是要为学生的成长。老师不应该每次考试都要求学生取得很好的成绩，要看学生的情感成长，并不是好成绩就能代表一切。

5. 我不喜欢旧的课堂，因为师生关系不是平等的。"好学生"和"差学生"的待遇是不一样的，"好学生"老师会鼓励他，"差学生"老师就会骂他，说他做得不好。想要"金榜题名"就要写很多作业，考试的时候考不好就要挨打，这是旧的课堂教育。我觉得旧的课堂教育不好。

刘红萍校长：之前打卡几乎全是摘抄，现在打卡内容几乎全是感悟！你真的令我们这些大人自愧不如啊！

2020 - 04 - 29

"几个人一起做，心就不能不动，意见相同就高兴，意见不同就生气；几个人一起做，话就不能不说，通过沟通达成思想上的统一，事情才能往下做；有事做、有话说，就有内容写，有内容写就不必抄袭瞎编。"这句话写出了几个人一起做的好处，也充分表现了团结做事的好处。和自己的思想不一样就生气，这是错误的。

"早期文明时期，治是管理；现代文明时期，治是服务。"这说明了现代文明和早期文明的不同。在早期，"治"就是管住所有的人，不让他们去想象。现在，"治"变成了服务，想怎么想就怎么想。现在的主要任务就是把学生的思想力扩大，让学生们放开去想，放开去做，放开去思考，放开去笑。

刘红萍校长：确实如你所说的这样，努力让学生去思考、去自己动手实践、去笑，这才应该是今天培养人的目标。

2020 - 04 - 30

"一个模仿着做事的企业，等到把事情做得比模仿者更好的时候就会迷失方向。"我觉得可以再加一句：如果一个人不模仿着做事情，而是去创造，他这个人就会变得非常了不起。

现代社会提倡人人平等，包括男女平等、父子平等、师生平等，这是道德观念在向合乎人性的方向更新。现在真是已经不一样了，我觉得咱们中国一定会越来越好，而且社会教育也会越来越棒。

"大道"等于在心的思想方法，"中道"等于在脑的思考方法，"小道"等于在手的做事方法。做事之道＝思想方法＋思考方法＋做事方法。大道、中道和小道加起来，才是做事之道。所以人在做事情时不能冲动，一冲动，后果不堪设想。要思想，还要去思考：为什么要这么做？要不要这么做？还要用手去做。这是三位一体构成做事方法体系及做事之道，作者他写得真全面啊。

刘红萍校长：模仿到了一定的阶段就会迷失方向，它确实该被我们丢弃了，我们不要模仿，要创造！你懂了这个道理，真是太了不起了！

沈思："作者他写得真全面啊。"谢谢鼓励！

2020 - 05 - 01

如果拥有人人平等的思想、实事求是的思想方法，就是一个文化程度较高的现代文明人。我觉得还可以加一句：在一个学校里，如果师生关系都是平等的，那这个学校就是好的，里面的学生都是有希望、有光明、有未来的。

李鸿章之子李经述为母割股疗疾，张之洞之妹张采也曾割臂医母，蒋百里先生和蔡元培也曾为母割臂疗疾，本来以为他们都是孝子，为了母亲不顾一切，读了作者的评价才知道他们这么做有点不理智。

一看到"考试"这两个字就紧张、心慌而且害怕。

作者问一位领导为什么要上大学时，这位领导说为了金榜题名，光耀邻里。我觉得这种说法是不对的，这种想法是错误的。上大学应该是为祖国争光，成为中国的栋梁，是让中国变得越来越好，而不是为了自己的名声。

如果把科学定义为某种知识体系，就无法培养学生成为科学人才。我认为是这样的，如果把科学定义为知识体系就不会成功，因为他忽略了思考。

我们的学校提供给社会的学生不会说话，这个学校的学生都是哑巴吗？不会吧？有些孩子从小就听话，他们也有爱好，但是有些父母剥夺了这些听话孩子的爱好。孩子们在课堂上说错了话就要挨打，所以不敢说，而不是不会说。

精神不独立、思想不自由的人很多，这样的人未来没有希望。

刘红萍校长：越来越优秀！必须置顶，推荐所有大人读你的打卡笔记。

2020-05-02

要想知道自己做得对不对，清醒和自觉是很重要的。

能实事求是地自由思想才算好孩子，但有多少人想自己思想，却被父母扼杀……

这本书说了人要敢想、敢说，会想、会说，还让我们知道师生关系也可以是平等的。

"这不仅是将语言输入到孩子大脑中，而是真正与他们进行对话。"我觉得可以再加一句：这样孩子才会接收到知识。并不是在课堂上只能老师讲学生听，学生也可以讲的。

我们中国会不会输在起跑线上？这个问题就要看是不是真正地对教育有了认知。看了这本书里的内容，我觉得中国不会输在起跑线上。

毛泽东主席小时候在家里不听父亲的话，在学校里，如果不是他的国文老师坚持的话，他差点被学校开除，但这样的孩子很有可能就是创造型人才的苗子。实际上民间也有"小时不调皮，长大没出息"的说法。所以，如果遇上这种调皮的学生，不可以放弃，要拉他一把，这样他将来有可能就会是创造者或某个领域的领军人。

中国的知识体系重建需要靠中国知识分子自己来完成，而不是让有钱的人来完成。

刘红萍校长：在创新教育过程中我们应该做些什么？邀请你一起出谋划策。

2.《课堂的革命》打卡笔记

2020-07-10

1."文凭是铜牌，能力是银牌，人脉是金牌，思想是王牌。"这句话非常有道理。思想是王牌，我们每个人都要有自己的思想，这才是最重要的。

2.“经验是属于自己的。”这句话很对，要亲身体验，用心感受，用脑思考，积累起来，这样的经验才属于自己，别人拿不走。欢迎大家指出我的不足！

刘红萍校长：对照一下，我们在现实生活中努力追求的恰恰是最末等的“铜牌”，好像所有的努力都是为了考个名牌大学、拿个好文凭。现在看看，是不是本末倒置了呢？

小学生武玥茹回复：是的！

2020 - 07 - 30

今天把整本书看完了。我觉得这本书在道理上没有《教育是什么》丰富，但它很精彩。

“棍棒底下出孝子”？棍棒底下绝对出不了人才。教育孩子不能用棍子，而是要以平和的心情去和他谈，以平等的态度去面对他。

驯兽师永远是主动地教动物，动物永远是被动地学。驯兽师丝毫没有顾及动物的感受。这就像以前传统文化中的师道尊严吧。但是现在不一样了，变成了师生平等。

中国的教育需要更多人勇于打破常规去思考、去尝试。我们中国会越来越好，因为有勇敢的人去做出改变。

做事要一心一意才能做好，不能一心二用。对待每件事情都要积极、用心。努力、细心地去做事，你就会发现这件事很有意思。

最后一天打卡已完成。

我认真读了这本书，明白了书中的意思，我会继续努力。

仇鑫鑫老师：我们要有分寸地放松，这个感悟很深刻，也给了我启发，做什么事情都要适度。要记住物极必反的道理，所以人们才创造了“劳逸结合”“张弛有度”这些词语。

沈思：“我觉得这本书在道理上没有《教育是什么》丰富，但它很精彩。”一个10岁的孩子，竟然通读了70多万字的两本教育专著，写了几万字的精彩的读书笔记，最后还能高度清晰地概括出两本书的特点：一本理论，一本实践，理论的一本道理讲得多，实践的一本读起来很精彩。开眼界了！向你学习！

二、五年级学生赵子涵

赵子涵是五年级男生，11岁。他只读了《教育是什么》一本书。他的笔记基本没有摘抄，只写感悟，寥寥数语，要言不烦。全部读书笔记不到5000字。我收到的他汇总的每天的笔记，只有序号，没有具体日期，简化分享如下：

《教育是什么》打卡笔记

1. 我本来不想读《教育是什么》，但和老师及同学们聊了一下这本书以后，我便怀着好奇心去读这本书了。以下是我的读书笔记。

刘红萍校长：终于等到你啦！我们一起好好读。

2. 书上说不能迷信书本，不能迷信权威，我感觉这是对的，因为如果迷信权威，那你就没有自主意识了，你就只会听那个权威较高的人说的话，不管他说的是对是错，你都会听他的。如果迷信书本的话，那你就只是一个书呆子，只会死读而不会活用。

我觉得自由教育和独立教育都很好，因为自由教育能让孩子自己思考问题，而独立教育有助于孩子长大以后自己生活。

沈思：喜欢自主、自由、独立的真男儿！但是这样的学生很难被家长和老师喜欢，他在校园里的成长过程将会非常艰难。

3.（1）我知道了一旦被欲望控制，你就会永远没有知识。（2）我还知道了如果被情感所左右，那你有可能看不清事情。（3）只有没有被欲望控制、没有被情感左右，你才会真有知识。（4）我现在才知道，原来人是会被欲望控制、被感情为难的。（5）欲望本身没有对错，关键看你的心如何去选择。

4. 只需把《物种起源》背下来就可以成为另一个达尔文了吗？显然不可能。我觉得说得对啊，因为那个东西别人已经造出来了，要有自己的想法而不是去模仿别人已经造出来的东西。

5. 如果把科学定义为某种知识体系，就无法培养学生成为科学人才。我觉得是的，因为忽略了养成。

刘红萍校长：我相信你会有比这更精彩的感悟……

6. 今天读了这些才感觉到，我们以前的教育是不对的，真正的教育应该是老师和学生平等。老师应该多带我们出去观察外面的世界，这样的话我们如果遇到那些不太懂的问题，就会自己去寻找答案，而不是让老师逼我们去寻找。

刘红萍校长：不能说以前的教育不对，只能说它不符合我们当下的时代。社会在进步，我们的教育也要革新，这样才能培养出符合时代需要的人才。

沈思：原本潜意识里就对供应给他的教育有抵触，阅读产生了共鸣，唤醒了意识，提高了认知。

7. 今天读的这些内容让我知道了小孩儿的智商很高，但是要激发自己全部的潜能，就要奋发图强。梅花香自苦寒来，不经历风雨怎能见彩虹？这句话就是经典的。所以我们好好学习知识吧，但是知识不能用到歪门邪道上。

刘红萍校长：继续读吧，你会发现对于小孩子来说，还有比智力更厉害的呢！加油！

沈思：对！知识要被走正道的好人掌握，用来做正事。

8. 我感觉没有体育课的学校，学生是没有学习欲望的，也不会有健康，因为只有通过锻炼才能有一个好身体，而如果没有一个好身体还谈什么国家大事呢？

刘红萍校长：哈哈，你说的很有道理，没有健康的身体还谈什么国家大事呢！身体是最大的本钱。

9. 礼、乐、射、御、书、数，此六艺是西周时期贵族的教育体系，音乐排序第二，可见老祖宗在3000多年前就明白音乐在人的教育之中的重要性。诸葛亮、周瑜都是精通音乐之人。音乐是滋养心灵、文化欲望为情感从而促进精神人成长的基础德育课程之一。我今天才知道，原来我们的音乐课是有历史的，而且在很多年以前音乐课就已经非常了不起了。

刘红萍校长：你的发现很有价值，音乐、美术在几千年前就很盛行，而且还发展得"非常了不起"。今天我们忽略了它们真是愚蠢的行为，甚至可以说是一种罪过，所以让我们赶紧再次重视起音体美吧。

10.（1）人人平等，不能仗着自己地位高就欺负地位低的人，这样的人只会被别人讨厌。我以后绝对不会仗着自己地位高就欺负地位低的人。我希望我们家人以后都是这样的。（2）我不希望家长代替我思想，每次都是家长代替我思想，我一点独立的空间都没有。我希望大人不要帮我去报一些什么补习班，我根本就不喜欢上补习班。

刘红萍校长：把上补习班的时间用来组织一场野炊、打一场球赛、培植一株植物或者饲养一种小动物，把上补习班的钱用来完成一次旅行、购买一些有意义的书籍，或者用来投资做个小买卖。这应该都是你喜欢的选择吧。

11. 今天我才知道，德竟然可以分为上德和下德。我认为上德就是那种为大家着想的精神，可以舍己为人、舍小家为大家。我感觉上德人就是校长、丽琴老师、郭静静老师。

刘红萍校长：哇哦！你定义我们是上德人，那我们就一定是上德人！即便现在不是，也得努力成为上德人！

12. 读到这里我感觉已经很不容易了，因为这毕竟是一本给大人看的书，对我来说是非常难消化的，但我还是坚持把它看下来了，因为有家人和老师的鼓励，所以我一定会坚持把这本书看完的。

刘红萍校长：我觉得你很了不起，使劲读吧，将来你会感谢今天鼓励你的大人。

沈思：你不是一个附庸风雅的虚伪小人，你是一个实事求是的诚实的君子。

13. 我今天看了第二章第三节的故事。因为之前我经常说假话，搞得别人都不信任我了，看了这个故事以后，我决心以后不撒谎，这样别人才愿意听我的意见。以前我说话，他们就说"你这个人肯定是骗人的"。这个故事真的让我受益匪浅。

刘红萍校长：不断学习、不断进步，越来越好！

沈思：诚实是人的天性，撒谎是环境逼的，环境一变就不撒谎了。

14. 我真的非常感谢这本书，它不仅让我妈妈知道了很多，也让我知道了很多。这本书让我们知道之前有哪些地方做错了，帮我们纠正，让我们受益匪浅。感谢老师抽我读这本书。我读过这本书才发现，老师很多时候就像"驯兽师",而我们就像小动物,很可怜。我妈现在读了这本书以后都不打我了。我读了这本书以后也知道什么是自尊心,我还知道不要伤害别人的自尊心。

刘红萍校长:学以致用,你和妈妈都做得很好。爱读书的孩子是好孩子,爱读书的妈妈是好妈妈,能陪孩子一起读书的妈妈绝对是好妈妈,我敬佩她。

三、六年级学生王欣雨

王欣雨是六年级女生,11岁。她每天的读书笔记和武玥茹同学一样,也是由两个部分组成,一是摘抄,二是感悟。两本书的阅读笔记大约有1.5万字。以下只收录了其中几天简化后的笔记。

1.《教育是什么》打卡笔记

2020-04-14

原本刚开始读书的时候,我是非常抗拒的,但是坚持读了几天,我发现这本书还挺有意思的,就不再抗拒它了。读下来觉得很有收获,我很喜欢这本书。

2020-04-15

2020 - 04 - 20

书上说许多领导人是读书读出来的，我觉得同样有许多科学家创造出来的东西是他自己玩出来的。所以不能只是让学生一味地待在教室里，那样会导致学生既缺乏想象力又缺乏创造力。

小问题：为什么学习不只是获得知识，为什么要把学到的知识转化成大脑的脑力才没有白学？

刘红萍校长：回答你的小提问：知识转化成脑力，大脑再把这些知识当作指令，安排部署我们的肢体去实践，这才是学习的意义。

2020 - 04 - 23

体育比任何科目都重要，然而，现在的学校只会把学生压到一个有限的空间，也就是教室里面，大约十个小时都待在里面学习，除了吃饭、睡觉和上厕所以外，就没有什么运动了。所以我的建议是不应该占同学们的体育课，不应该拖堂，应该准时下课让学生们跑到操场上去。

刘红萍校长：你的感悟很真实，也极有价值，我们一起努力实现教育中学习与体育锻炼的均衡。

2020 - 04 - 24

我查了一个人连续不吃饭的极限是几天，会造成什么样的伤害，答案是：人在饥饿状态下生命极限是7天，3天不进食、不喝水或者7天只喝水，就会面临死亡的威胁。一个人连续不睡觉会造成什么样的伤害？答案是：长期不睡觉会对人体产生以下几种危害：第一种，会导致脾气暴躁，情绪异常，将负面情绪放大，有时还会导致情绪低落，容易患抑郁症；第二种，会导致人头痛、头晕；第三种，大脑长期得不到休息，会更加疲乏，容易导致记忆力降低、注意力不集中、反应迟钝；第四种，容易患心脑血管疾病。实验证明，人连续40个小时不睡觉，精神作业能力就会明显下降；如果连续50个小时不睡觉，活动能力、体力等方面都会下降；如果连续70个小时不睡觉，人的注意力和感觉就会麻痹；到了120个小时后，人就会陷入精神错乱的状态。

刘红萍校长：感谢你为大家提供的调查资料，使我们更加明白吃饭、睡觉对于人的重要意义。你严谨的阅读态度、精准的语言表达，让我不由看到成年以后的你渊博、优秀的样子！加油，好姑娘！

2020 - 04 - 27

我觉得，长辈不应该打骂孩子，应该用正确的方式来教育自己的孩子。我们中国人如果不团结就不是一个国家，如果不团结就没有和谐的社会，那样会被别的国家的人嘲笑。

刘红萍校长：你说得对，绝对不能随便责打孩子。如果从小养成挨打习惯，那么这个人长大后要么懦弱、要么残暴。

沈思：长辈可以天经地义地随意打骂后辈，教师有权随意责罚训斥学生，这样的思想观念腐朽之极！此思想一天不转变，教育一天不会进步，民主科学一天不会到来。

2020 - 04 - 28

如果你对学习不感兴趣，即便你成绩再好也是学习的机器人；你画画得再好，对画画不感兴趣你也是画画的机器人。所以兴趣才是最好的老师。如果你对一件事物感兴趣，那就勇敢去做吧，不要被别人的意见所阻挡，要问问自己是否喜欢这个事物，是否能坚持下去。

沈思：你对机器人的定义很有意思。机器人让工厂去生产吧，学校要生产有欲望、情感和思想的能够制造和使用机器人的人。

2.《课堂的革命》打卡笔记

2020 - 07 - 15

今天读完了100页，让我感触最深的就是魏婷婷同学的一些课堂日报。她的一些困扰也是我们的困扰，我们也经常不自信。我觉得她就是我的一面镜子。其中老师点评她的一句话让我感触很深："出现问题，不是在别人身上找原因，而是在自己身上找原因。"在我的生活中，很少有人有这种成熟的思想。大部分人出了问题，总是看对方哪里错了，然后进行评判，从没有想过自己是否错了。魏婷婷同学还有一个好习惯，就是她会每天在自己的日报里给自己增加信心。

今天我解锁了一个新技能，就是在聒噪的环境下静下心来读书。原因是今天下午我读书时，妹妹的几个朋友来找她玩，刚好我家在装修，很吵，所以我就搬到院子里来读书，但是院子里有三轮车在搬运东西，三轮车的声音也很大，但我坚持在聒噪中读完了今天要看的内容。

刘红萍校长：你好棒，小小年纪，就有如此高的悟性！加油！

唐坤民校长：你真的很自律，为你鼓掌！

2020-07-16

今天读的内容大多也是魏婷婷同学的日报和老师的一些点评。魏婷婷同学遇到的问题我也经常遇到。有时明明在心里想好要说什么了，打好了草稿，站起来的一刹那却不知道自己该说什么，我想可能是不够自信和过于紧张的原因吧。的确，每个人都会紧张，都会出现类似的情况。书上说经常流泪，脸皮自然就厚了，心力自然就增强了。不要觉得流泪是一件非常脆弱的事情，不是所有的泪水都代表懦弱与脆弱，这要看你在流泪中学会了什么，懂得了什么，知道了什么。这样你的泪水才不会白流，它会给你带来一些财富，而给你带来财富的泪水，一定是坚强的泪水。

刘红萍校长：人，生而平等。只是后天的成长环境造就了人的不同性格。你很幸运，小小年纪便接触到这样的书籍来引领你成长的方向，并且遇见这么多喜欢你、祝福你的人，为你的人生保驾护航。所以你一定可以乘风破浪，顺利抵达理想彼岸！

2020-07-17

今天读的是第116—132页。刚开始作者写了没有禁止网络游戏的规定，也没有对玩网络游戏的行为进行批评，但是学生们在新课堂上没有一个人玩网络游戏。这就是新课堂的魅力。新课堂的教育方式与传统的教育方式恰好相反，学生也一样。

书中还说，手脑并用是极具效率、最有价值的学习方法。这句话我非常赞同。如果你只有脑子在动，而手不实践，那是白搭；你手实践了却没用脑子，不知道自己在做什么，也是白搭。手脑并用才能实践出真知。再把心用上，手、脑、心并用，是学习的最高境界。

刘红萍校长：对你的打卡笔记，之前是喜欢，现在更多了一份期待。

2020-07-18

今天读了第132—142页。书中说，无论做什么，都要有耐心，都要保持一颗平静的心。这个道理很简单，但是实施起来真的很难。俗话说21天养成好习惯。每天磨炼自己的耐心，就会让自己内心变得很平静。

今天的收获：我看书的时候被我爸看到了，问我这书怎么样，我说："特别好看，我还有一本《教育是什么》也很好看，推荐给你看。"他翻了几页，说："这本书先借我看几天。"我突如其来地开心，虽然推荐的不是自己写的书，但是真的很开心。

仇鑫鑫老师：你要相信，如果你能一直保持阅读的习惯，你就会创作自己的书。

家长朱慧颖：开心爸爸读了这本书会有所改变，是吗？

小学生王欣雨回复：我爸要是把那本书读完，应该会改变他的教育方式。

沈思：你在用言传身教的方式教育你的爸爸。

2020 -07 -20

个人修养就是不管对什么人，我们都应该以礼相待。答应别人的事情就一定要做好，没有把握就不要满口答应，可以说尽力而为，不要让人家把所有的希望都放在自己的身上，最后自己又做不到。还有就是控制好自己的情绪，不要自己有不开心的事情就对周围的人发脾气，自己不开心是自己的事，别人没有义务跟着我们一起不开心。这几条提得非常好，只要每个人铭记在心，就会终身受益。

仇鑫鑫老师：从你身上已经看到了阅读的力量，你勇敢自信，有着引人注目的优秀品质，也能静下心来思考、阅读，真的很难得！

小学生武玥茹：你的打卡内容真精彩。

2020 -07 -24

作者把课堂比作健身房，把学习量比作运动量，把考试比作比赛。书中举了一个很好的例子就是健身房里没有人逼着他们健身，学习也是这样，被别人逼反倒会起反作用。不知道有没有人和我有同感，就是原本父母或者老师说做完这件任务就可以了，可是做完之后还有很多很多的任务，这让我们很反感，觉得还不如不做，想着既然你逼着我学习，那么我就偏不学。有时候自己有计划、有作息表，可是被父母一直逼着自己写，自己原本已经完成了作业，但是父母又额外补充。我相信每一个学生应该都很讨厌这样吧。还有，作者说19世纪威胁人类最大的疾病是肺炎，20世纪威胁人类最大的疾病是癌症，21世纪威胁人类最大的是精神疾病。现在有很多学生有自闭症和抑郁症，其中有部分原因就是被父母逼着学习，孩子不敢表达自己内心的想法，不敢与父母交流。

问题：为什么与一个人相处非常短暂的时间就能记她很久？

仇鑫鑫老师：我也注意到了作者把课堂比作健身房的一系列比喻，特别生动。还想告诉你，每个人都很讨厌那种做法，所以你要学会大声说不。回答你最后的问题，可能因为那个人唤醒了你的灵魂，点亮了你的人生。

2020 - 07 - 26

今天读的内容中令我印象最深刻的是秦杰同学的一篇课堂日报。日报中说，从小到大自己的人生都是被规划的。我现在也面临着这样的问题，就是我想去太原接受更好的教育，可我爸觉得离家太远了，不让我去。我决定用一个故事来说服他，先讲给大家听。有一个女孩儿，差 3 分就可以上理想的学校，如果她要去那所学校的话，得交 3 万元的学费。她知道自己家庭比较困难，所以懂事地跟妈妈说："妈，我不去啦，是金子总会发光的。"女孩儿的妈妈跟女孩儿说："你去把爷爷珍藏的花瓶拿来，去三个不同的地方售卖，看看它的价格是否一样。"女孩儿先去了花店，花店老板说他这里不收破瓶子。女孩儿又去了博物馆，博物馆老板愿意花 50 万元买下花瓶。女孩儿接着又去了古董店，古董店老板愿意花 100 万元买下花瓶。她高兴地回家对妈妈说："妈妈，我没想到咱们家有这么值钱的宝贝呀！"妈妈对女孩儿说："宝贝，这就是一件东西在不同地方的价值，所以选择是很重要的。"

仇鑫鑫老师：说得太好了，还会以故事去打动别人，看来你在学习中也懂得了一点说话的技巧呀！为你开心。在我看来，你就是那块金子，在哪里都会发光，但你同时也是古董，到了更好的平台，会有更大的价值。不管在哪里，相信你都有这份自信，你就是与众不同的，你就是最棒的！

郭静静老师：青出于蓝而胜于蓝，好样的！

2020 - 07 - 28

中国教育一直都是师尊生卑。父母、老师一言不合就打孩子，信奉棍棒底下出孝子，这导致孩子们不能拥有自己独立的意志，不能自主学习、自由思想。这很不利于学生们成长，也给一些孩子带来了精神方面的一些问题。

仇鑫鑫老师：说得很好，逻辑思维很清晰，就是因为不能把孩子放在与自己平等的位置上当成一个独立的个体来尊重，才会有打孩子的现象发生，所以只有真正改变这种社会文化，才能有效地预防打孩子这类事件的发生。

沈思：网络时代的孩子觉悟了，再供应他们旧教育行不通了！

2020-07-29

做什么事情都要有主见，不要一味接受别人给你的意见，而自己却不想想是否正确。不要被老式的教育把自己框了起来，要多听别人的意见，但是一定要有自己的想法。不要觉得长辈们说的话都是对的。

仇鑫鑫老师：感觉你现在已经和书中那些每天写课堂日报的大学生一样有自己独立思考的能力了。自由思想的培养是如此简单，只需要一本书。人可以无师自通，却不能无书自通，你将这个爱阅读的习惯保持下来，将会有怎样的成长，我已经无法预料了！

2020-07-30

这21天来，很开心，收获满满。很高兴与大家共读，因为这个共读活动教会我怎样看一本好书，怎样打卡，感谢每一位老师。读了沈思老师的两本书，我知道了教育的最高境界，可以说这两本书拯救了我们学校，我们学校确实在改变，改变了很多。记得那天在宿舍里，我和几个舍友聊天，一个舍友问："你们有没有感觉，自从开始读沈思老师的书，咱们学校一直在改变？我原以为中国教育的师道尊严是不会变的，但我们学校师生越来越平等了，老师和我们说话越来越和蔼可亲了，学生有话也敢说了，真是太感谢他了。"的确，这样的教育方式与教育理念刷新了我的三观，学校在改变，老师在改变，你会不会觉得自己再不改变就不配拥有这么好的环境了？把从前的自己毅然甩掉，重新开始做自己。

仇鑫鑫老师：说得太好了，看到你一句话说很长有时候都忘了用标点符号，可以想象你在打出这些字的时候心情一定很激动，其实我看的时候更激动，这真的是一个六年级孩子写的吗？你的思想，你的自我认知，还有你意识到要改变自己并且已经在改变自己的行为，都像是书中那些写课堂日报的大学生，太让人佩服了！

大学生读书笔记

刘红萍校长邀请了一位毕业于安乐小学、现就读于西北工业大学的学生袁文玲参加共读。袁文玲同学参与了共读《教育是什么》，写下了近2万字的读书笔记，限于篇幅，在此选录了其中一部分。不难发现，大学生和小学教师、家长、小学生共读《教育是什么》，同样会产生共鸣，形成共识。

大学生袁文玲《教育是什么》打卡笔记

2020-04-01

有位老师曾说过，想学好一本书，一定要认真阅读序言与前言部分，它会告诉你这本书最核心的内容以及学习这本书的正确方法。于是，我认真读了本书的序言以及前言部分。它虽然不似理工科工具书那般讲许多学习的方法，但是成功地引起了我极大的阅读兴趣。我勾画出了一些精彩的部分和自己感兴趣的将来要重点关注的内容，当然，内心也带有一点点质疑：这本书真有这么神奇吗？那么就带着这小小质疑去探讨吧！

书中胡陈勇先生提出的"错误的教育导致孩子负向生长"的观念我很认同。家庭教育起到很重要的作用。我见过不少自身优秀、家庭条件不错却非常自卑、被动的同学，大概都是由于无论自己怎么努力都得不到家人的认可。所以，我非常感谢我的父母长期以来对我的认可与鼓励，给了我积极向上、乐观自信的好心态。

刘红萍校长：确实是这样，一个好孩子绝对离不开一对好家长。这里的"好"除了关爱孩子，还要有正确的教育理念。你是幸福的、幸运的，也是非常优秀的！

2020-04-15

今天开始正式阅读这本书的正文部分，一共读了四节。

书中"求知欲＝科学技术"的观点让我眼前一亮，我钦佩作者独到的见解，在读这本书之前我从未将求知欲与科学技术直接联系起来。并且，作者用"求知欲＝是什么＋为什么＋怎么做""科学技术＝科学＋技术＝（是什么＋为什么）＋怎么做"这样的等式关系对这一观点进行了通俗的解释，让人很容易读懂。

作者关于"求知欲"的论述就更加精彩了，在读这部分内容时，我不止一次发问：如何激发并且长期维持我们自身或者学生的求知欲？既然"每个人本性上都想求知"，那么，是什么因素导致长大后的我们几乎丧失了儿时的求知欲？目前我还没找到答案，相信看到这本书的老师们一定也在思考这些问题，并且在努力地寻找着激发孩子们求知欲的方法。所以，真心为家乡的孩子们感到欣慰，他们真幸运，能够遇到这样一群有心的老师。

昨天读序言的时候内心还有一点点质疑：这本书真有这么神奇吗？今天读下来就已经对它赞不绝口了，真是一本好书，庆幸自己没有错过它。相信后面的内容会更加精彩。

刘红萍校长：作者深入浅出的阐述确实通俗易懂，能一起读一本好书真好！感恩遇见彼此！

2020 -04 -16

以前，"思想"于我而言仅仅是一个词语，今天才知道它是由思想观念、思想方法和思想力构成的。以前只知道小到小学教科书、大到国家的方针政策总讲实事求是，今天才知道它还可以解读为自由思想，即不受任何限制地去考虑事物本身。

好奇心是推动人发现未知存在的第一原动力。今天中午，小侄子跟我一起看电视，看到电视剧里地震的情节，他好奇地问我："姑姑，这是咋了？地震是从哪里来的？"我一时不知道该怎么回答他这些问题，在他的反复追问下我有些不耐烦。下午看到书中关于好奇心这节内容的时候，回想起自己之前的做法，内心非常愧疚，我这样的行为不正是在扼杀孩子的好奇心吗？以后努力做到多一些耐心吧。

刘红萍校长：难得你这么用心，这么用心地和我们一起读书，这么用心地陪伴小侄儿。

2020 -04 -17

经常有人告诉我，提高组织能力对日后的成功至关重要，但翻来覆去也就是说"很重要"这三个字，显得苍白无力。今天作者告诉我，组织能力包含了智力、情感和思想力，只有这三个方面都提高到一定程度，才可能形成优异的组织能力。这不仅让我深刻地认识到了组织能力的重要性，也为如何提高组织能力提供了理论上的指导。

刘红萍校长：组织能力很重要，于己它可以助人脱离岗位最底层，于人它可以凝聚起一股和谐向上的团队力量。

2020 - 04 - 19

在读"说"这部分内容的时候，一直觉得现在的自己好像是一个失去说话技能的反面教材。回想求学过程，小学时期的课堂提问确实是好奇心使然，中学则更多是为了应对考试而提问，大学之后尤其是研究生期间的课堂只能用"悲"来形容。上百人的教室里，只有讲台上老师一个人的声音，学生不只是不说话，怕是连听课的人都屈指可数。老师机械地讲着课件，学生机械地坐在教室里。这样的课堂环境使学生变得越来越寡言、被动。就业指导中心的老师曾为这样死气沉沉的课堂环境感到非常气愤，她说某知名化妆品外企曾来学校招聘，会后招聘人员却告诉这位老师以后不会再来了，因为太尴尬了，全场没有互动，只是他一个人的独角戏，当然本次招聘他们也不会录用任何一个学生。理工科的学生一直被教育要踏实肯干、勤奋低调，这些品质固然是很好的，但可悲之处是忽视了对学生语言表达能力的有意识的培养，无意间扼杀了学生最宝贵的交流能力。现在社会中出现了一个新兴行业——"陪聊员"，主要服务对象是高端技术人才——程序员。陪聊员的主要工作是帮助程序员表达他们的想法、与人进行沟通、舒缓压力、放松心情。多么可悲呀，说话原本是人的一种本能，现在却要别人来代替。

作者提到，学历比较高但不爱阅读的人，当雇员的概率比较大。细想我求学这些年接触的人中，能够自由阅读的人几乎为零，当然也没有任何一个同学敢于自主创业，都是进入企业做个有执行力的员工求个安稳罢了。

刘红萍校长：看了你的日记，我既欣慰又心酸。欣慰的是你能如此用心地阅读这本书并思考其中的内容，心酸的是说话这项最基本的技能，怎么随着年龄的增长、学历的提高而慢慢退化了呢？如果所有孩子都能在幼年时读到这本书，会不会有不一样的结局？

沈思："细想我求学这些年接触的人中，能够自由阅读的人几乎为零"。没能养成学生自由阅读习惯的学校教育，实质上只提供了学生职业技能训练，而不是文化自然人为文明人的教育。过去把不识字的人说成文盲，现在是不是应该把没有自由阅读习惯的人称为文盲？前者是"文字盲"，后者是"文化盲"。

2020-04-24

以前竟不知道"德"还可以分为上德和下德，上德是由内向外释放的人性，下德则是由外向内灌输的道德观念。

德育当以释放人性、培育上德为主，塑造观念、培育下德为辅。卷面考试无法考察一个人道德观念和法律意识的强弱，只能反映他脑袋里装了多少道德教条和法律条文，因此才会有北大学生弑母、复旦学生投毒等"学霸"亵渎法律、藐视道德的惨案发生。显然，应试教育对一个人的成长而言，是非常片面的，甚至是扭曲的。

诚实是一个人的天性，没有人会主动做一个不诚实的人。小孩子不会撒谎，往往是迫于父母的霸道、老师的强势而慢慢地学会了撒谎。因为他知道承认自己的错误八成要被父母毒打一顿，所以他才会选择撒谎。在读这本书的时候，我常常会联想到跟小侄子相处过程中发生的一些事情。读到"诚实"这里的时候，我突然想起有一天小侄子打了乐乐一下，我生气地打了一下他的手，他却举着另一只手说："不是那只手，是这只。"于是我又在他另一只手上打了一下。可悲的是，我当时没有觉得有任何不妥，只觉得自己这样做能让他明白打人是不对的。现在才猛然醒悟，还不会撒谎的他承认了是自己另一只手打的，我没有表扬他的诚实却又打了他一下，这样做不就是在教他学会撒谎吗？读了这么多年书的我，在教育孩子的时候竟然也只是会用这种简单粗暴的方式，完全不懂得"动之以情，晓之以理"。无论是老师还是家长，研究教育的方法和理论是非常必要的。就像作者所说，学生、孩子是人，教育孩子之前首先得懂人。

刘红萍校长：你说得太好了！脑子里装满法律条文和道德教条的人，仍然可能存在着极大的社会危害性，真正的道德是把规则转化为规则意识，内化于心。

2020-05-01

我发现，独生子女似乎表现得更加像缺爱的孩子，以前不太理解，觉得他们集父母的宠爱于一身，怎么会缺爱呢？今天才明白，这和缺少同胞手足情有关。

打屁股会影响孩子的社交能力，可生活中这种现象几乎随处可见。家庭对话有助于儿童大脑发育，可几乎所有人小时候都被家长训斥过"大人说话小孩不要插嘴"吧。雄性荷尔蒙比较多的男孩子通常调皮有主见，可在我们大多数人心里会把调皮与不听话、不是好孩子，甚至长大没出息画上等号。诸如此类，这些传统的观念是不利于孩子心灵和大脑发育的，却似乎代代沿袭。我真心觉得家长们应该好好读一读这本书，因为家庭对孩子心灵的影响程度比学校更大。

2020 - 05 - 03

今天阅读的过程中始终有一个词环绕着我——震惊。在影响人的认知行为的因素中，智力因素只有 3 个，而非智力因素多达 39 个，这使我第一次震惊。对教育从认知到实践存在的系统性误差有多大？从环境角度观察，如果把知识等同于人的教育的话，这个偏差高达 89%；从人自身角度观察，这个偏差为 89%；把人自身与环境叠加起来观察，把知识等同于人的教育的系统偏差竟然高达 93%。我们目前对于教育认知的偏差之大，使我第二次震惊。书中所用的案例中，五年级小学生卓越同学写道："我喜欢帮助别人。关心是尊重和帮助。我希望更有责任心，对别人好，多鼓励别人。"小学五年级的学生便有了责任心的概念，这使我第三次震惊。2016 年 11 月徐凯文先生在演讲中就已经提出了"空心病"的概念，而我直到看到这本书才第一次看到这个词，甚至当时还百度了一下这个词的含义，这使我第四次震惊。我们上一代人一度要求至少有两年以上的农村、工厂或军队的经历才能获得被推荐上大学的资格，与 2016 年的"哈佛招生新议案"如出一辙，但我们国家这种制度实行的时间比哈佛大学早了几十年，在程度上更加严格，在范围上更加广泛，这使我第五次感到震惊。书中写道："不上学了，还能读书吗？能读。"我今天给一个在许多人眼里似像"异类"却非常喜欢读书的表哥推荐《教育是什么》这本书的时候，他给我看了他当当阅读中的书库——1056 本！他上完初中就不上学了，竟然读过这么多书，这使我第六次感到震惊。今天意外地发现，还不到三周岁的小侄子最近每次看到我看书的时候都会向我要一支笔、一本书，学着我的样子在书上写写画画，虽然他还不会抓笔，甚至书都拿反了，但是言传身教的巨大作用让我第七次感到震惊。如果他一直生活在喜欢读书的环境里，长大之后也会喜欢读书吧。

刘红萍校长：你的七个"震惊"使我震惊！全民阅读，全民有责，让我们一起携手推荐好书吧！

2020 -05 -04

东南大学张熠同学的一句"我还是不太认识真实的自己"，说出了多少大学生的心声。上大学之前，我们从来不需要考虑自己应该做什么，似乎也没有资格去想自己想要做什么，在被安排的环境里生活、学习，然后选了一个不知道将来可以做什么的专业。进入大学之后，突然没有人管着你了，没有人告诉你该做什么了，就会开始陷入深深的迷惘与惶恐不安。这种现象并不是大学生们的错，而是我们好像从小内心就没有"认识自己"这个概念。

阅读这本书让我收获了太多，越读越觉得幸运，一是为自己没有错过这本好书而感到幸运，二是为我们这大山里的孩子有认真读过这本书的老师而感到幸运，三是看到了未来教育的出路而为我们国家感到幸运。

刘红萍校长三次线上领读

古人言，千兵易得，一将难求。在当下的人才市场，领军人才是十分稀缺、极其宝贵的人才。有一个领军人才，就会有一个能征善战的团队；有一个能征善战的团队，就可以开辟一番事业。科技领域是这样，教育领域也一样。领军人才只能发现，无法培养。刘红萍校长就是教育领域难得的领军人才。聆听她一次次的线上领读，可以一睹她热情过人、才华横溢的风采。

一、刘红萍校长第一次线上暖场领读

亲爱的各位老师、家长、小朋友们，大家晚上好！

今晚就跟大家聊聊我们共同的爱好——读书。人常说，独学而无友，则孤陋而寡闻。最初接触到《教育是什么》这本书的时候，我就特别希望带着学校里的老师们一起读。我心里一直定义他们是我没有血缘关系的亲人，我们在一起不仅要快乐，还要一起成长！在教育孩子方面，有人说三流父母给食物，二流父母给方法，一流父母给观念。如果在我们这个小团体内我可以自诩是个大家长的话，我希望做一流的家长——给他们观念。我希望他们都能好好读书，养成读书习惯，从而受益终身。本想着需要一一动员，没想到他们一听说要读书，都表现得特别积极，这使我产生了更大胆的想法——再多召集一些朋友一起来读。

看到现在我们的读书群里，有我的朋友、同事，还有已经毕业和没有毕业的学生，我心里充满了欣喜与感动。第一次开读书会，第一次领读，自己感觉既新鲜又胆怯，但更多的是幸福。作为一名教育界的老兵，我深知读书的重要性，不光在校学生要读书，屏幕前的您和我也一样要读书。我们都担心自己活得平庸，都希望自己能出类拔萃，那就静下心来读书吧。如果把走出校门当作学习的终点，那将是件非常悲哀的事。前几天我读了玻璃大王曹德旺的故事，他初中没毕业却把企业做到了全世界。从他的自述里可以看到，除了他与生俱来的财商天赋以外，读书也起到了非常重要的作用，用他自己的话说，成千上亿的钱可以捐，但书不外借。可能有人会说，咱也不是世界 500 强的领军人物，咱也没有时间来读闲书。其实，只有你真正走进书本、走进那些优秀的人物，你才会发现，他们之所以优秀，是把我们用来休闲的时间用来学习和实践了，他们确实比我们更忙，但他们确实都在读书。忙是我们大多数人的借口，就像当年的吕蒙推辞不想读书一样，但后来还是在孙权的劝说下实现了"士别三日当刮目相看"的蜕变。我们可以忙，但再忙也要养成读书习惯。咱们群里几乎都是女生，你舍得给自己买衣服、护肤品修饰自己的外表，更要舍得投资时间儒雅你的灵魂。因为岁月蹉跎，容颜易老，能经得起时间考验的唯有藏于胸中的诗书文雅。

都说女人是水做的，但水只有在安静的时候才可以映照山水，才可以如镜面一般光彩照人。但现实生活里哪有那么多岁月静好，我们常常因为种种琐事使自己的日子过得一地鸡毛。我们常常委屈、抱怨，甚至歇斯底里，但过后发现生活的爪牙一点不懂收敛，甚至变本加厉。这种逃不掉、避不开、拿不起、丢不了的窝火处境你是否体会过？你可以找个好朋友、好闺蜜倾诉一番，甚至不惜大醉一场，但过后你会发现，大家聚在一起不过是彼此当了一次对方的垃圾桶，因为她和你一样也有需要诉说的委屈，正所谓家家有本难念的经。读书吧，书不仅是知识的海洋，更是力量的源泉，读书越多就会变得越沉静，最终宠辱不惊。

如果你的日子过得顺风顺水，那你更得读书了，不能辜负了上苍的厚爱，你得更上一层楼。等你把自己变成一个读书人，你会发现自己的圈子变了，不知不觉间已经处在自己曾经仰望的那些人群里。就如今天的我，一只从来没有飞出过大山的丑小鸭，因为选择了阅读这条路，从而结识了亲近母语、六和公益、心和公益、百特教育、百班千人等优秀的教育团队，认识了徐冬梅老师、岳乃红老师、周其星老师、刘璟老师、十画老师等，还有阿信老师，继而又认识了我们共读书目《教育是什么》的作者沈思先生。所以当大家还在无奈每天打开朋友圈都是微商的时候，我已经可以在朋友圈享受精神食粮了。是我比大家优秀吗？不是。是我比大家幸运吗？也不是。只是我比你早做出了选择，选择做个读书人，选择和读书的人在一起。

希望我今晚的分享对你有所触动，真诚地希望你是个爱读书的人，以书为伴，以梦为马，红尘修心，不负韶华。

二、刘红萍校长第二次线上领读

尊敬的各位大朋友、小朋友们，大家晚上好！

很开心80%的朋友都践行了自己的初心，坚持和大家一起共读、一起打卡交流。虽然没有实现百分之百全参与的理想，但我依然有满满的幸福感。我安慰自己说，一件事就如一个人，不可能是完美的。我们不是因为完美才去做一些有意义的事情，而是因为做了一些有意义的事情才趋向完美。虽然坚持每天对大家的打卡内容进行点评，但是今天在这里还是想再次隆重地为积极阅读的您竖个拇指。我知道大家待在家里这段时间实属不易。像我们的贺冬梅老师，她身边既有嗷嗷待哺的二宝，又有刚上学堂的大宝，可想而知她的日子该是何等繁忙，但我看到了她的坚持；还有我的小助手郭静静老师，虽在千里之外，但她忙碌的身影时刻显现在我的眼前，一个人带着刚上幼儿园的孩子，要上两个班级的语文课，参与两个共读项目，每天读书打卡，还要负责学生的班级共读；再有我们的立琴老师，前天晚上她忙学校工作一直到12点，我以为、也在心里允许她可以偷个懒第二天再打卡，但在深夜我看到了她的打卡内容，并且态度没有丝毫的敷衍。当看到这些已经身为人母却如此积极地为丰富自己而努力的身影时，我深深地感动了。每次看到大家的打卡内容时，我内心首先涌起的是发自内心的疼爱怜惜，其次才是对文本内容的思考。正如我跟本书作者交流时说的那样，其实我们每个人都很优秀，或者说我们都具有优秀的潜质，就看你如何定义自己，除非你自己拒绝优秀，不然你就是那个最优秀的人。我们的活动已经得到作者以及和作者同频人士的认可与赞扬，这是对我们本次活动的肯定，也是对我们最大的鼓励，希望在接下来的日子里，大家再接再厉，让我们这次阅读活动圆满完成。

教育是什么？不管你今天是何身份，这都应该是你要关注的一个话题。那么，在打开这本书之前，你想过这个问题吗？

你是老师，每天忙得陀螺一般连轴转，备课、讲课、批改作业、课后辅导，自认为了学生付出了全部的热情和精力。

你是父母，每天规定孩子什么可以做、什么不可以做，为了孩子劳心劳力，为了孩子能上个好点的学校你不惜倾其所有，为了帮孩子提高名次你甘愿陪读至深夜，你明明身价平平却几乎把孩子宠成了"寒门富二代"，这一切你心甘情愿。

你是孩子，你背诵、成本成本地书写、成卷成卷地刷题，起得比大人早、睡得比大人迟，面对老师偶尔发威罚写几十上百遍字词，你明明知道毫无意义，还自我安慰说老师是为我好。

你们用不同的身份、不同的方式在做同一件事——为了孩子的成长成才。其实这哪里是为了成长？这明明只是为了分数！如果只简单地以分数来衡量成长，那太片面了，或者说是不符合逻辑的。分数高不等于人才，尤其不等于当下社会所需要的人才。

通过阅读本书我们知道，人是物质形态人与精神形态人的结合体。而我们刚刚描述的教育方式不仅达不到培养人的心灵精神形态的目的，甚至对人的肉体物质形态都会造成不良的影响。20世纪六七十年代，我们需要人通过熟练的技巧完成机械的、重复性的工作，那个时候的人需要这样的教育，因为他们面对的是一成不变的工作内容。但在21世纪的今天，在大数据时代，你再用半个世纪前的教育理念，是注定要被淘汰出局的。

教育是什么？读过本书后相信大家对这个问题有了清晰的答案。

教育是要培养人格独立的人。要尊重人作为特殊物种的习性，孩子有自我成长的权利和自由，成人不能把自己的思想强加在孩子身上。就如我上次与孩子交流时武玥茹同学说的那样，"大人把知识塞进我们脑子里"。赵子涵同学也表示，希望能多开展体育运动，多参加动手实践。之前看到孩子这样说，可能会觉得他太离经叛道，但读过《教育是什么》第6页内容后，你就会发现，原来真正的教育真理就掌握在孩子手中。作者在此得出结论：智育是在体育的基础之上再增加知识与技能的教学。也就是说，体育是智力的基础和保障。想想我们每每把孩子深锁进教室逼他埋头苦读，不止一次用各种理由剥夺孩子上体育课的行为，是不是该感到自责与懊恼！爱孩子，就尊重他！尊重他的精神感受，尊重他的生活体验，在尊重中建立起平等的关系，在平等中彼此敞开心扉，这才算是真正的陪伴成长。

教育是培养孩子的认知能力，即思想力。认知世界比较容易，你可以利用自己的视觉、听觉、嗅觉、触觉去感知世界，你可以去读万卷书、走万里路。那么你如何去认知自己呢？就好比我们很多大人，在人前口若悬河、夸夸其谈，一副无所不知的样子，但真的了解自己所处的时代、了解自己吗？我们可以用几个很简单的问题检测一下：你想成为什么样的人？

你会为此付出什么样的努力？在国家大义面前你能做出多少取舍？你如何定义人的优秀与否？作为成年人的我们先不考虑自己的认知问题，那我们该如何培养孩子的自我认知？用书中作者的话说，要让孩子知其然，更要知其所以然，还要知道之所以能知其所以然。思想高度才是最终的高度。在孩子成长的过程中，我们一定要注意使他的精神与身体成长速度成正比，尤其是当父母的别整天惦记着让孩子吃啥，要知道人格上的侏儒比体格上的矮子更残忍。

教育是使人脱离低级趣味的一场修行。就如我们今天见面会上聊到的人的三个层面的欲望那样，第一个层面是食欲，有那么一部分人仅仅停留在对温饱的追求上，努力赚钱、辛苦工作，然后把钱悄悄存入银行后再去努力赚钱，周而复始；第二个层面是色欲，即对生活品质的追求，或者说让生活每天充满色彩，有对美好事物的追求；最后一个层面是思想力，小丽老师用最朴实的语言给出了准确定义——就像今天下午这样，她拒绝了站在村口晒太阳、侃大山，来到这里充实自己的头脑。这个回答非常可爱，又表达得恰到好处。当我们农村里的小媳妇开始拒绝闲聊、愿意捧起书本的时候，我们就已经脱离了所谓的低级趣味，开始走向思想净化的层面了。正如作者所说的那样：正义、真相、真理、优秀和官位大小、职称高低、钱多钱少无关！

三、刘红萍校长第三次线上领读

本期共读今天就结束了，回想这段时间，真的是难忘而美好。从最初怕没人愿意跟我一起读而惴惴不安，到后来每天看到大家积极阅读打卡时的激动惊喜，这21天于我而言每天都充实而愉快。看着每天很多朋友都是在晚上12点以后提交打卡内容，我内心充满了感激与敬佩，感激您如此重视这期共读，即使身心疲惫还愿意为此倾情付出，愿意咬牙坚持，敬佩您是个爱读书的人，并践行自己的热爱。21天是漫长的，我们每个人又重温了一次做学生的感觉。像一位伙伴说的那样，我们这个共读班像极了作者的B型课堂，没人提出要求，然而每个人都积极完成任务。21个日出日落，我们在平日的琐碎里又多了一份任务，多了一份坚毅和惊喜。原来我可以这么认真地读一本书，这么努力地写阅读日记！和21天前相比，是不是想激动地抱抱自己？21天也是转瞬即逝的，还没来得及你侬我侬，就又该各奔东西。21 天于今晚相守的你和我，就是一本书的厚度吧。这本书有多厚呢？如果把今天当成数轴上的中点，它回探过去几千年的教育利弊，又展望未来无数载的人才需求，你说它得有多厚重呢！

教育是什么？我们拥有数载从教经历，却似乎没问过自己这个看起来傻傻的、好像无解或者说不需要解答的问题。但今天我们必须直面它的存在，因为时代发展赋予了教育者更为严峻的任务——培养创造型人才，用实力为我们祖国在世界强林中赢得话语权。我们需要真正身心健康、全心全意为人民服务的领导干部！而这些人才从哪里来呢？

我们的思想真的落伍了。因为时代进步了，环境改变了。

我们已经告别了野蛮的原始人几千年，也已经跟皇帝时代说再见百余年，但是这千百年来形成的思想还根深蒂固地影响着已经步入 21 世纪的我们。人分尊卑、迷信权威的思想是为个别人服务的，是为强者统治弱者服务的，适用于集权制的封建主义社会。但社会进步是大势所趋，不是任何力量可以阻挡的，或者说，不能人人平等的社会制度是有违社会发展的客观规律的，它注定了要被人人平等、实事求是的社会主义社会所代替。这个过程也许进行得缓慢，但终将抵达成功的彼岸。

这本书有价值的内容太多，而我的能力有限，只能跟大家分享这些浅薄的认知。但无论我的分享有几成智慧含量，有一点是非常确定的，那就是对本书教育理念的认可与推崇。

这本书就这么愉快地读完了，我却没有把它放在"看过"标签的书架里的那种轻松与踏实，反而心里多了一份沉重与忧虑，用郭静静老师的话来说，这本书像一本"教育秘笈"，那么秘笈看完了，我们能把多少"招式"运用在课堂中呢？希望阅读的结束也是实践的开始，期待与大家建立良好的互动关系，一群人，一件事，一起走向远方……

朴实的生活　伟大的同行

——刘红萍校长自传

沈思按：我建议刘校长写个自传，她不愿意。我建议她为校长岗位写个自传，因为校长岗位太重要了，她接受了。我把刘校长的自传稿给南京西善花苑小学窦林校长看，窦校长写下了这样的评价："朴实的生活，伟大的同行。"我把这句话作为刘校长自传的主标题。

前不久，阿福童财商阅读群里的西瓜老师问道："如果有一天自己失业了，你会作何选择？"我给出的回复是："前半辈子没因为教书而挣到钱，后半辈子没想过因为挣钱而教书，这一辈子也没想过会失业，因为我喜欢做一名与时俱进的老师。"

从 17 岁到如今，我用一支粉笔把自己最宝贵的二十多年青春勾勒成了一幅素描画——色调暗淡却棱角分明。行走在如今色彩斑斓的世界里，我更像一位饱经沧桑的老人——衣衫褴褛，躯体呵护着一颗成熟而富有的心……二十二年前的那个金秋季节，我作出了自己今生都无悔的选择——做一名教师。洋溢着青春朝气，怀揣着美好的梦想，我踏进了安乐小学，从此与教育结缘。风雨兼程二十载，我没有走出这座大山深处的校门，因为不忍心也舍不得。

安乐，这个听起来很美好的名字与她的实际面貌实在有点不相符，对于富饶美丽呈直线形的屯里川来说，她就像一个健全人多长出来的第六根小手指，就那么安静地存在着。走在曲折又颠簸的小路上，那一个又一个小村庄就像过河时大石头铺垫成的虚线桥，碰上风雨天气，要么黄风肆横，要么道路泥泞难行。不到万不得已，真没人愿意来安乐！所以，安乐缺老师。

其实农村与城市最大的差别是人文素养的差别，作为一名农村教师，我很骄傲自己可以把知识、文明带给这些山里的孩子们。能用教师职业实现生命的价值，我觉得自己是富有的也是幸福的，看着一批批孩子走出大山、活出精彩，我感慨：这就是生命的价值。

就这样坚守了十八年后，我没能如愿转为编制内老师，却成了学校的管理者。那时候我明白，学校要发展，必须要有突破创新，墨守成规只能走向衰败。所以我自己率先走出去，把先进的理念带回来，让学校教育发生本质上的改变。

课外阅读进课堂是我找准的第一步突破口，要让优质的儿童图书拉近农村孩子与世界的距离，让孩子爱上阅读，并以阅读实现自我教育。坚持了五年多，孩子们的整体精神面貌包括学习成绩都有了明显的改善。教师们也找到了正确的教育风向标，体会到了职业幸福感。

我付出自己的青春年华，换来的是一批批孩子们告别贫困、告别闭塞的大山，去追求自己的梦想。二十多年的教育生涯没能使我腰缠万贯，甚至没能告别贫困，但我的精神世界是富有的，那种被孩子们认可和需要的感觉是幸福的。"十年饮冰，未凉热血"，我相信即便再过一个十年、两个十年，我对教育依然热血沸腾。

17岁高中毕业后，因为当时村里经济比较落后，再加上家里姊妹多，没有继续求学的际遇，和当时村里的同龄孩子只能种地务农相比，能当一名老师已经是很体面的工作了，所以在那个金秋，我怀着一腔热情走进安乐小学，当起了代理教师。

记得刚走上工作岗位时，我的同事全是临近退休的老人，一个星期见不到他们两天。我成了当时校园里的宠儿，是所有孩子及家长推崇的榜样，这为我长期坚持执教奠定了坚实的基础。那时候两个教室要装下一至五年级所有的学生，我就这样被孩子们呼到这个教室、抢到那个教室。没记住辛苦，只记得快乐。

就这样，我一直享受着孩子和家长的"专宠"到了2010年。又是一个金秋九月，一个由7人组成的高学历教师团队犹如空降特种部队入驻安乐校园——特岗老师来了！现在看来这是多么值得庆幸的事啊，这于安乐小学而言是具有里程碑意义的！但对于当时的我来说却是喜忧参半。身为老师，我当然清楚她们到来的价值，这绝对是雪中送炭啊！但于我个人而言，这也带来了前所未有的压力。之前和我一起代课的教师全被请辞了，只留了我一个，我会不会也要离开自己心爱的讲台？会不会遭受这群"正规军"的歧视？怀揣着种种不安，我以最低的姿态试着和她们相处。很快我就发现自己多虑了，她们个个身怀绝技却谦卑有礼，光芒四射却不盛气凌人。

就这样到了 2014 年，而立之年后的我遭遇了太多的变故，日子越来越窘迫。迫于各种压力，我终于横下心离开了学校。半年后，我的领导拍着我的肩膀语重心长地说："你是我成长最快的员工，恭喜你成功涅槃重生了！"但我怎么就是高兴不起来呢？口袋鼓了，脑袋却空了！我心心念念的是我的学校、我的学生。2015 年均衡验收开始了，我原来的学校领导打电话来，说学校需要我回来，我非常爽快地答应了。当时的朋友都表示不理解，甚至嘲讽我，也许只有我明白自己内心的声音——我热爱教育事业，我愿意为此一生清贫！这是我亲身经历过富有与贫穷之后又一次作出的无悔的选择！

再次踏进这美丽的校园，我不再单单是一名教师，而成了学校的管理者。责任和热情并重，我开始更疯狂地献身于教育事业。

我的人生信条是"生命不息，学习不止"。自主学习、养成终身学习习惯，是自我提升的主要方式。自 2015 年开始，我要求自己每年至少参加一次全国大型教育教学研讨会，至今已经六个年头，回顾成长的历程，收获满满。

我是一个阅读爱好者，从教的二十多年里始终坚持阅读习惯，自 2015 年做了学校管理者之后，我发现只有自主阅读是不够的，为了能更好地与外界的教育理念接轨，我开始寻找外出学习的路径。一次偶然的机会，我结识了亲近母语公益组织，2016 年 8 月参加了他们在西宁的种子教师研习营，这种近距离与名师交流学习的效果要远远好于自己啃书本，所以自此之后外出学习便成了我每年的成长目标。2017 年参加了第六届北京阅读季，2018 年参加了六合公益在贵州举办的阅读与写作研习营，2019 年 4 月参加了四川广元举办的第六届全国乡村儿童阅读暨书香校园发展论坛，2019 年 6 月受 21 世纪教育研究院邀请，参加了第三届 LIFE 教育创新峰会。

一边学习一边实践，在学习中明白方向，在实践中完善理念，这些年我就是这么边学边做，一路走过来的。目前我们学校已经形成了很好的学习氛围，老师们都愿意跟我一起学习、一起成长，我们会在学校举办很多课堂教育以外的学习活动，比如创办自己的校刊、成立童诗社、召开读书会等等，前几天我们举办的一次教师共读活动还吸引了很多外地教师参与呢。教师的理念在不停地更新，孩子们沐浴在师爱的阳光下成长。而今已有很多朋友知道，在美丽的大山深处，有一所美丽的安乐小学。

面对今天的教育工作，我面临的最大困难首先是如何在师生的心里普遍地塑造师生平等的思想观念，建立和谐的师生关系，释放教师的教学热情和学生的学习热情。其次是面对校园里的特殊儿童，如何在正常教学活动中给他们较多的关爱及针对性的引导。最后是如何解决教学内容单一，孩子们在学校只学习课本知识的问题。

首先，平等的师生关系是必须要确立的思想观念。近五年来，我以阅读谈话为支点来撬动师生间平等友好的交流互动。比如把古诗词教学变成轻松愉快的茶话会，和孩子们围坐在一起，一边喝茶一边交流自己收集整理的古诗词信息，这样既不会让孩子感到学习古诗文枯燥乏味，同时又增进了师生间的感情。

其次，对于出身贫苦、身体成长有缺陷的孩子给予特别的关照。除了搞好学校的日常教学工作，我把更多的精力放在学校里的几个特殊孩子身上。有一家的三个孩子，他们从来没洗过澡，衣服全是"一次性"的——穿到不能再穿就扔掉（他们家有很多别人送的旧衣服）。记得我第一次把孩子们带进学校浴室，虽然我的内心足够强大，可以包容他们的一切，但我的身体却没那么坚强，两个男孩子身体上和衣服里散发出来的刺鼻气息，呕得我当场鼻涕眼泪一起往下流。有了这次经验，也为了照顾那个女孩子的自尊，给女孩第一次洗澡时我戴了口罩。当女孩子告别了一头凌乱不堪的脏发，扎起漂亮的马尾辫时，我第一次见她脸上露出了自信的微笑。我把从家里带来的衣服和鞋子送给他们，告诉他们要每周换洗衣服、洗头洗澡。但从小养成的陋习以及没有能力照顾他们的智障妈妈，根本不是我的一句要求就可以改变的。后来我索性把从亲戚朋友家找来的合适的衣服放在学校，让他们每周一来我这里换洗衣服。

另外，在课堂教学之外，我会带领孩子们走出教室到大自然中去，了解当地的动植物物种及它们的应用价值。比如我们当地盛产药用价值很高的连翘，我们先去了解它的习性、生长规律、药用价值，统筹计算它能为当地人带来的收益，孩子们自己动手为它画图、配文字说明。找当地老人了解山林里的动物种类，了解它们的生活习性，增强保护意识。渐渐地发现，教育真的不仅仅是校园和教科书的事，生活的大环境才是教育有声有色的好教材。

作为教师，我们要尊重每个孩子的个体差异，尊重他们不同的兴趣爱好，不能用一个标准衡量所有人。考100分的是好学生，擅长音体美的是好学生，热爱劳动的也是好学生；能虚心听讲、专心学习的是好学生，敢于反驳老师、畅谈自己想法的是好学生，不会背书但勤于动手、热爱钻研的也是好学生。

拥有二十多年的从教经历，我不敢说桃李满天下，但培养出的学生也遍布各个行业，一片姹紫嫣红。其中的大学生、研究生、公务员、教师等自不必说，他们都成就了最好的自己，单是上学时期那几个"另类"，也足以使我感到欣慰。

记得有很长一段时间，我在联校区域内都是"坐红板凳"的那个老师——班级考试成绩排名靠后。不是我不用心教，也不是所有孩子都学不会，只是有那么两三个学习吃力的孩子凑一起了。我没有像其他老师那样死拧住他们不放，更不会讨厌他们，因为我在他们身上看到了很可爱也很有发展前途的一面。小峰从小就表现出厨艺天赋，我就把他任命为"炊事班长"，每天中午大家都围着他给他打下手，看他洋洋得意地准备午餐，都向他投去羡慕崇拜的眼光；小亮特别善于跟人打交道，既能把学校的事情办得漂亮，还能受到村里人的喜欢，所以每次学校大扫除、上山拾柴，我就委托他去跟村民借工具、麻绳等。这样的孩子我遇到了很多个，他们在学习书本知识上存在着不同程度的困难，但是在我陪伴他们的岁月里，他们脸上始终洋溢着自信的光芒，心里装着不同于别人但同样缤纷的梦想，并最终实现了自己的梦想，拥有了自己喜欢的生活。小峰如今在我们市内开了一家大酒店，生意红火；小亮在没有依靠任何家庭背景的情况下，愣是凭着自己的交际能力在当地一所煤矿做到了管理层。

让孩子成就最好的自己，就是根据自己擅长的与喜好的，在未来社会各行各业中积极上进、乐观生活。作为教师，我能做的就是保护好孩子的自信心、好奇心、求知欲，并注重培养孩子正确的价值观。

2018年冬天，我看到21世纪教育研究院推出的"影子学生"网络活动后，积极报名参与，并按照要求在规定时间内提交了活动资料，结果被组委会选定，非常荣幸在2019年6月应邀参加了教育研究院在深圳举办的第三届LIFE教育创新峰会。在一次次的外出学习中，我认识了很多热心教育的公益组织、爱心人士，并得到了他们的认可与帮助。独立学者、自由作家阿信老师，在得知我的情况后，先是给学校捐赠图书，之后又推荐我参加为期一年的财商教育共读计划。这一年多来，无论是对教育理念的认知还是个人成长，感觉自己都有了突破性的改变。

近五年来，我以推广课外阅读为突破口，努力改变农村教育封闭落后的原始面貌。面对缺乏图书的困难，我们得到了爱心企业的捐助，以及上级领导的眷顾。2016年初，我正式开始带领孩子们实践课外阅读活动，到2017年时我们的图书室已经不能满足孩子们的阅读需求，急需补充新的图书。经过多方求助，最后由村支部出面向中石油的下属单位申请，为我们提供了300余册优质图书。

由于我们的阅读氛围渐渐形成，所以当2018年6月，太原市九一小学三年级五班杨博仁同学自发给吉县偏僻学校捐助图书，找到吉县教科局说明了捐书意向时，教科局领导首先就想到了我们安乐小学。就这样，6月下旬，我们荣幸地接收了杨博仁同学捐助的700余册优质图书。

近几年，我们通过家长会的形式，转变了家长们对教育观念的认识，促进了家校之间的沟通与配合。农村人缺乏教育意识，起先开家长会只有几个人来，但我们依然严肃认真对待，用最通俗易懂的方式向他们传播新教育理念，帮他们树立正确的亲子关系。渐渐地，大家都能来参加我们的各种活动，并逐步转变为志愿者、参与者。现在，不管是开展共读活动需要掏钱买书，还是亲子活动需要大家抽出时间参与，都能得到家长们百分之百的支持。

我从2015年成为学校的管理者开始，便带动大家一起读书学习，以此作为突破和成长的出路。起初，无论是开会还是与老师们嬉闹交流，我总会把阅读的好处挂在嘴边。以身作则是最好的言传身教，每天早上我与学生一起晨读，工作生活的闲暇时光我都用来读书，以至于我们学校一年级的孩子都知道校长是读书长大的。坚持了一年多，我渐渐发现老师们也在课间空隙埋头读书了，我知道，阅读这件事已经悄悄开花了。

每年一到两次的外出学习是我这么些年从未间断的目标。2016年，我去了青海西宁，带着沉甸甸的收获欣喜而归。我把学习到的先进理念一一与老师们分享，之后我们便一起着手开始打造学校的阅读环境。从校外到走廊，再到每间教室、每间宿舍，一阵浓浓的"文学风"刮进了初露生机的校园。当学生随手可以拿到自己喜欢的书籍时，当洗漱完之后宿舍里出现了宁静的读书身影时，当老师们闲谈之余互相推荐自己喜爱的图书时，我心里既感动又欣慰。

随着大家阅读兴趣日渐浓厚，我建议，每个班搞出自己的阅读特色。一年级的绘本讲读会，二年级的故事交流会，三年级的声律启蒙班，四年级的读写绘，以及五六年级的主题阅读课，渐渐丰富了学生们的生活。阅读是输入，写作是输出，有了阅读的基础，我便开始鼓励大家的写作热情。就这样，一台打印机、一包 A4 纸，我们的校刊《朝墨》诞生了。

2018 年跟周其星老师学习后，我把童诗带入了学校，每周用一节课的时间带孩子们看世界、写童诗。童诗的出现，不仅丰富了校刊内容，更重要的是点燃了学生们的写作兴趣。

今春偶遇沈思先生的《教育是什么》，我如获至宝，马上着手操办 21天的集体共读活动（这次共读还吸引了很多外校、外地老师参与）。20 多位伙伴、21 天时间、近 20 万字的读书笔记，我第一次举办的线上读书会开展得非常成功！大家都觉得受益匪浅！应各位伙伴的要求，我们即将开启再一次共读。

我的教育理念：社会需要"主动"而不是"被动"的人。当下教育正处于发展与变革的交叉路口，如何选择正确的方向，是我们教育者必须着重考虑的问题。教育在于唤醒，在于人的成长，不在于知识的灌输。大千世界，万物皆有生长规律。育人如种田，必须遵循学生作为独立个体"人"的成长规律，才能达到"成长即成才"的教育目的。教育关注的是"人"，要让每位老师体会到实现自我价值的快乐，让每个学生融入敢想会说的氛围中。黑格尔曾说："人是靠思想站起来的，知识都是会思想的人创造的。"没有思想，哪能称为教育？教育者应主要传播思想，其次才是知识与技能。自信是创造性人才必须有的人文素养，帮助师生找回自信可以为实现打造一所与时俱进的学校奠定坚实的基础。让大家明白，有多少心就可以办多少事。我也一直践行着自己的初衷——终身学习、与时俱进。

教育，是我一直想做、一直在做、要一直做下去的事业……

第二部分

江苏省南京市雨花台区西善桥街道家校社协同育人纪实

学校家庭社会协同育人，教师家长学生共同成长。

如果不讲话，心里很闷；如果讲话，心里自由。

——西善花苑小学四（2）班学生周恒逸

我喜欢这本书，是这本书让我拥有一个完美的家庭。

——摘自西善花苑小学四（3）班学生张雅涵《教育是什么》读后感

是这本书让我重拾信心继续在学习的道路上前进。

——摘自西善花苑小学五（3）班学生罗子豪《课堂的革命》读后感

我总感觉这本书就是为我们班量身定做的。

——摘自西善花苑小学五（3）班学生徐博雅《课堂的革命》读后感

读了这两本书，刷新了底层的认知，看问题更加清晰，想事情更加明白。

——西善花苑小学四（3）班学生肖羽涵家长

我担心会不自觉地使用起"抱臂坐正，一二三坐坐好"之类的口令，孩子活跃的思维就会被我无意识地叫停了。

——西善花苑小学教师陶慧

学生的笑容成了我们前进的动力。

——西善花苑小学教师胡俊

搞教育，会有许多幸福的故事；抓分数，会有许多不幸的事故！

——西善花苑小学校长窦林

教育搞好了，教学就好搞；教育搞不好，教学不好搞。

——南京市雨花台区西善桥街道党工委书记徐立

《教育是什么》于 2020 年 4 月出版之后，我通过微信广而告之，素不相识的南京市雨花台区西善桥街道党工委书记徐立先生通过微信和我建立了联系。徐书记给其街道范围内的所有中小学校长和幼儿园园长送了《教育是什么》和《课堂的革命》两本书。西善花苑小学窦林校长看了书之后，邀请我去学校设立"沈思教育服务工作室"，协助学校展开创新教育的科学实验。我给出的第一个建议是：参加实验的老师必须是自愿报名的，而不是被要求参加的。理由是，自觉是教师职业和从事科学实验的必要条件，被要求做只会流于形式、浪费时间。我给出的第二个建议是：邀请学生参与，而且必须是平等地参与。理由是，学生是教育的主要服务对象。根据我的观察，一切没有学生平等参与的创新教育实验只会空转；根据我的经验，只要有学生平等参与，实验就会成功。我给出的第三个建议是：让学生、教师与家长三方共读两本书。理由是，教育是学生、教师和家长三位一体之事，需要三方密切合作，合作需要共识，而两本书是形成三方共识的工具。对这些建议，窦校长全盘接受。

刚开始自愿报名参加实验的老师有 16 名，由这些老师当班主任的班级就成为实验班，共有一到六年级八个班的 300 多名学生，以及部分学生家长。到 2021 年底，不算校领导，参加实验的老师达到 24 名，分管教学的严朝胜副校长作为实验小组成员之一深入教学一线，和老师们并肩工作。这些参加创新教育实验的老师自动地组合成 4 个小组——"伙伴共生"组：黄利利，毛敏洁，申莉，陈梦婷，石璠睿，薛相玉。"奔跑吧课堂"组：叶星宏，吴立丹，陶慧，庄浩伟，权盼盼，严朝胜。"英杏桃理"组：胡俊，叶婷婷，周宁，徐婷，徐紫薇，蔡琦，陈双，唐余莉，刘宸。"艺彩纷呈"组：卓鹏飞，唐敏，刘芳，杨琼，陶荣珍，曹雪寒。

从 2020 年 10 月 14 日"爱-说课堂"项目启动仪式起，到 2022 年 1 月的寒假前，共召开了 8 场专题研讨会，举办了 2 次公开课。研讨会开得一次比一次气氛热烈、案例翔实、探讨深入，老师们对教育本质的认知一次比一次客观、全面、一致。两次打破常规让学生课后留下和老师们共同评价教学公开课，老师们感觉良好，学生们不想下课。值得一提的是，2021 年寒假期间，8 个班 312 名学生与父母还有老师三方共同参与的共读两本书的活动，其成效之大远远超过预期。开学后所做的调查显示：一个寒假，两本书，三百多个家庭，父母因为阅读改善教育方式的占比为 51%。

对 话

一、和南京市雨花台区西善桥街道党工委书记徐立的线上对话

2020-04-05

徐立：我是西善桥街道党工委书记徐立，一个对教育有心思的人。看您简历应该退休了吧。

沈思：因为退休了，所以写写书消磨时光。小镇办大教育，您很了不起！任正非说，中美之争看教育。理想教育小镇之路，非一镇也，一国也！教育能转型升级，中国的明天就会是世界的中国。如果教育不能转型升级，那将没有明天。

徐立：赞同。

2020-04-06

徐立：（转发《基础教育，路在何方》一文。）

沈思：专门知识与技能的教学（授业）、学科建设等是"术"的层级的教育问题，城乡教育资源的分配问题也是"术"的层级的教育行政管理方面的问题，都不是"道"的层级的情感与一般道理的教育（传道）的问题。

徐立：盼着尽快向沈老师讨教。

沈思：互相讨教、相互启发。如果以您的理想教育小镇为素材写一本教育方面的书，那可是了不得的"大书"。

徐立：我有想法但一时没有精力，请您合作。

2020-04-12

徐立：沈老师早！今天有空吗？方便的话来我这里喝茶？

沈思：谢谢！请告知具体地点和时间。

徐立：时间您方便为好，我随时可以。地点在初见知旅共同体。

（我和徐书记第一次见面。）

2020 - 04 - 13

沈思：西善桥街道是发展中街道，中国是发展中国家。如果您能实现通过教育的转型升级，推动西善桥街道的进步，那就意味着全中国的各个街道客观上都可以做到。此事意义重大，其价值、意义远在为少数富裕家庭服务的国际学校之上。您关于瓶颈的忧虑可以理解，凡事不进则退。花了那么多年的心血把事情做到现在这个份上，如果不再上一个台阶就可惜了。如果当年我们的学生不写课堂日报，我不写教学日记，就不会有我现在的两本书。建议您每天写工作日志，流水账即可。待条件成熟时，推动参与您的伟大工程的教师、家长、学生，还有您的部下，都写工作日志，日后很可能汇集成一本书写真人、真事、真相、真理的"大书"。要是能把老师动员组织起来，由街道聘请他们兼职给家长上课，让教师同时成为课堂教学和社区教育工作者就好了，这样持续发展的基础就有了。以上供参考。

徐立：谢谢沈老师提点！我今天早晨已开始拜读您的大作。我也已经安排把您的两本大作发给街道内所有中小学校长、幼儿园园长。等大家读完以后，我们开个座谈会研讨一下。

沈思：座谈会形式好。一个好汉两个帮，您是好汉我来帮。

2020 - 04 - 14

沈思：中国人群体是一个连续不断修炼了 5000 多年的极具文明潜质的群体，教育瓶颈一旦突破，个个成人、人尽其才的局面就会形成，各行各业欣欣向荣的景象就会出现。

徐立：盼望并为此努力！做中国教育综合改革试验田。

沈思：太好了！种田是我踏出校门后从事的第一份工作。

2020 - 04 - 16

徐立：沈老师近期能否安排半天来给我们青年干部讲讲教育？

沈思：给青年干部讲教育，希望达到什么效果？

徐立：理想教育小镇的青年干部理应懂得什么是教育，以及如何推进小镇建设。要解决思想认识问题。

沈思：这些干部在街道的哪些岗位？分别承担实现理想教育小镇的哪些具体责任？

徐立：各自有不同岗位。也正因此才要普及。

沈思：他们对您描绘的理想教育小镇的蓝图是否有明确的认识？他们有和您一样为实现理想教育小镇的目标努力工作的热情吗？热情较高，较低，还是中等？

徐立：他们认同并且也有热情，但缺技巧和手段。

沈思：如果没有热情，内心就不会有接受技巧和手段的训练的愿望，而没有愿望，讲课只能流于形式，浪费彼此的时间。教育作为一种形而上的服务产品，很难手把手地授业，关键在热情，有了热情就会像您一样全身心投入实际工作，在过程中总结提高。回顾我的教学过程，总结您的工作过程，我们两人应该都是这样的。为您的年轻干部描绘一幅美好的、清晰的、能够真正激发工作热情的理想教育小镇的蓝图，是最重要的工作。在我们交流的过程中，您坦率地告诉我，您觉得您的理想教育小镇的工作当下遇到了瓶颈，如果连主帅都有这样的感觉，您的下属是否更会有困惑或者疲倦感？

徐立：我的瓶颈不是我自身动摇，而是队伍跟不上，需要对队伍实施强化训练。

沈思：什么样的方法才能让您的干部跟上您的步伐，是我需要思考的问题。

2020 - 04 - 17

沈思：西善桥街道的干部中，孩子在本街道辖区学校上学的有多少？

徐立：三分之一左右。沈老师研究能力极强！

沈思：您出的题目是教会干部"怎么干"，我首先要确定您的干部的内心"想不想干"，如果内心不想干，"怎么干"的课只能流于形式，浪费大家的时间。如果您的干部是和您一样因为觉悟和热爱而很想干，那么"怎么干"的课上起来效率就高了；如果您的干部是因为您要求他们干才干的，那么"怎么干"的课效率会很低。公务员的工作是生产服务产品的工作，或者说是生产精神产品的工作。生产物质产品的人不用心干或没有热情干，可以通过制度约束、制定奖惩措施，或直接强迫他干，物质产品肉眼可见，品质可以直接测度，而服务或精神产品的生产非用心不可。所以，需要先对您的干部队伍的思想状态进行评估，以确定是不是需要先解决想不想干的问题。您的理想教育小镇，没有一批像您一样内心真的想干的干部，没有一批既当工作更当事业来干的干部，理想难以实现。此外，我还需要您再给我上一次课，听您说说您的愿景，在您的辖区内实地感受一下。以上个人意见供您参考。

徐立：沈老师所言极是，近期我陪您看看西善桥，到学校走走，再聊一次。我觉得沈老师讲得很到位，想不想干先要明确，否则就是对牛弹琴。有句话是，你永远叫不醒装睡的人。沈老师对物质产品和精神产品的论述很精辟。

沈思：书里有对干部教育的专门论述。

徐立：已在阅读中，还没看到这部分。

沈思：教育先进，干部先进；教育落后，干部落后。教育不是孤立的，教育不只是学校教育，所以，我很看好您的尝试。

徐立：谢谢鼓励，一起为中国教育做点事！

2020 - 04 - 24

沈思：动用行政力量，协调家校、亲子关系，把教育深入家庭的街道在中国有几个？如果所有干部都能真正有意愿也有能力通过教育的提升，从根本上推动社会长治久安、经济持续发展、文明不断提升，民族复兴势必更快实现。

徐立：街道青年读书会连我在内共 56 人，实行淘汰制。两年多时间里，读书笔记达到人均三万至四万字。

沈思：如果没有崇高的思想境界，不可能如此工作并且取得如此成效。

徐立：一亩三分地对善种者是忙不够的，无需心大，需精耕细作。

沈思：对。如果能够实现你心目中的理想教育街道，个人价值和社会价值之大无法比拟。如何具体有效地指导下属工作很重要，如何激发下属有和您一样的事业心、工作热情更重要。有后者就会有工作的自觉性，就有可能自己找到解决问题的具体方法。

徐立：我在抓紧看您的大作，以期与您更充分地交流。这是具体负责小镇推进的干部写的研究报告——《大教育助推社会治理》，请您批评指正。

沈思：社会治理的目的在稳，教育能推动社会进步，进步则一定稳，为稳而稳很难稳。就像自行车，行进中就稳。

徐立：沈老师满腹哲学思想。

2020 - 04 - 27

徐立：沈老师早上好！继续研读您的大作。

沈思：您看看山西吉县乡村小学老师阅读《教育是什么》的打卡笔记。大山深处的乡村小学竟然能释放如此潜能！可见我们中国人群体文明的平均值之高！人的能量不可能不释放，正向释放多了，负向释放就少了。

徐立：能量守恒。

沈思：有党的领导，热心人的服务，榜样的力量，各界人士广泛的参与，您的理想教育小镇的格局已经完全展开，意义重大！物质富裕了，精神未必富裕；精神富裕了，物质一定不会匮乏。抓教育，精神物质双丰收，何乐不为？

徐立：谢谢沈老师鼓励我。劳动节快乐！大作读至 280 页。

沈思：文武之道，一张一弛。建议书记小长假彻底休息。

徐立：工作基本排满，唯读书算休息。

沈思：四肢疲劳自己会知道，大脑疲劳自己未必知道。领导保持大脑清醒是必要的。

徐立：所言甚是！最难的是必须有一批清醒的人坚持去推、去改变，甚至迎战不清醒的人……

沈思：发大愿者天助。建设理想教育小镇，大愿也！

2020 - 05 - 07

沈思：媒体报道西安大建中小学和幼儿园。教育外延数量型的扩张能提高城市竞争力，内涵质量型的改善更能提高城市竞争力。就投入-产出而言，内涵质量型的改善远比外延数量型的扩张产出大。兴教育，起点在小学而不是大学。

徐立：三个关键点，儿童时期、家庭、教育者。

沈思：古人言，少成则若性也。后人忘了，把资源过多投放到大学去了。

徐立：看来很多教育者的想法是共通的，愿望是一致的，您做了一件很有意义的事。

沈思：我是否可以把您的读后感发朋友圈或公众号？

徐立：一切由您做主。都是为教育说话。

沈思：湖北荆门海慧中学刘老师看到您的读后感后发表了下面的评论："社区传播这条途径太好了！它突破了以往教育主张只在教育系统内部传播的局限，能对社会大众产生更深层次的影响。"坦率地说，真懂教育也热心教育的不管是高层还是基层主要负责干部，到目前为止，您是我见到的第一个也是唯一的一个。我们第一次见面时，您随意说的一句话给我留下极其深刻的印象："教育搞好了，教学就好搞。"柏拉图认为哲学家是第一理想的执政者，本人以为教育家是第二理想的执政者。

2020-05-11

徐立：我们拟筹建金陵碑刻博物馆。

沈思：教育先进不只是表现在学校教育，还表现在遍布大小城镇的博物馆和图书馆。博物馆是供应精神产品的门店。精神产品，涉及生产能力的问题，还有消费能力的问题。

徐立：消费力、消费习惯也是要引导的。

沈思：交响乐是精神产品，组建一个交响乐团供应精神产品容易，提高人们消费交响乐的能力，繁荣精神产品消费市场困难。当然，越难越需要去做工作，一步步来。

徐立：要坚信爱美之心人皆有之，只是我们没找到激活的钥匙。

沈思：消费物质产品的能力与肉体物质人的成长程度相关，消费精神产品的能力与心灵精神人的成长程度相关。物质人在幼年、青年、成年三个不同的成长阶段，其生产和消费物质产品的能力不同；精神人在欲望、情感、思想三个不同成长阶段，其生产和消费能力不同。精神人在欲望阶段的人去饭店消费的次数多，在情感阶段的人去剧院消费的次数多，在思想阶段的人去图书馆、博物馆消费的次数多。

徐立：我们一起加油！

沈思：您正在干的是一件只要坚持就一定会成功的事，因为得道多助，因为人人天生都有向善的心。

徐立：说实话，真没想创造什么经验，为理想而行，向理想而进。说要造福一方目标有点大，能有一些人受益足矣。

沈思：我2011年做软件人才培训的事，也就是退休没事找事干而已。哪里会想到后来还出了两本书。

徐立：过程即成长，过程即收获。

沈思：人生就是过程。人与人的不同在于过程不同，起点和终点都一样。

徐立：教育有太多问题值得研究，顶层设计方面我们可合作研究。

沈思：您正在做的事真的意义重大，如果西善桥街道实现了您的理想，意味着其他街道都可以做到，意味着全国各地都能做到。

徐立：即使困难再大，迎难而上，矢志不渝！

沈思：得道多助，向善事成。又仔细看了《南京晨报》的文章，这篇文章写得很好，把您的思想描述得很清楚。文中提到，徐书记坦言，能不能突破瓶颈，思想是关键。科技、经济、社会无不是人在做，科技、经济、社会等的一切问题归根结底是教育问题，教育问题归根结底是思想问题。您给我的感觉是，知道自己想做什么，知道自己该怎么做。据此，我知道您可以做成您想做的事。山不在高，有仙则名。镇不在大，有教则灵。

2020－05－16

徐立：十年树木，百年树人，建设理想教育小镇非一日之功，我有信心！

沈思：人们对创新教育的渴望程度之高、范围之广、时间之久决定了，一旦有明白人登高一呼，大家一定会群起响应。众人一旦发动起来，就没有做不成的事。

徐立：今天将与十多位优质教培机构负责人见面。

沈思：顶层设计至关重要。一个方案，多个步骤。全盘考虑，全面动员。引进的团队在理念上要和你一致，或者你能够让他们和你一致。有你在西善桥坐镇，可以考虑引进比较高端的教育资源落地。

徐立：所言甚是。要真的、好的、为人着想的，而不是花里胡哨、满脑子赚钱的。无论单位还是人，一旦陷入名利就不会再纯粹。名利心人皆有之，但不能居首，更不能唯一。

沈思：名利不能是初心只能是结果，不能是目的只能是手段。

徐立：抓年轻干部培养，让理想教育小镇的建设后继有人，是小镇顶层设计的重要组成部分。

沈思：难得有如此眼光！难得有如此胸怀！难得有如此社会责任感！

2020 - 05 - 17

沈思：教师群体的整体素质是比较高的，潜能很大，如果他们愿意做，将会很给力。

徐立：教师队伍整体负担太重，疲于应付，主观能动性受压抑……

沈思：还是你那句话，教育搞好了，教学就好搞。教育搞不好，教学又不能不搞，做搞不好的事情负担不会不重，难免疲于奔命。

徐立：真正的教育家太少了。

沈思：您这样自觉的、有担当的领导干部，越多越好！

徐立：理想教育小镇还有一个目标是让校长、教师、父母和孩子全面减负，放下包袱，开动机器。

2020 - 05 - 17

徐立：早上好。辖区西善花苑小学窦林校长想请您拨冗给全体教师做场讲座，望支持。

沈思：是否可以先到学校熟悉一下环境，和校长见面聊聊？

徐立：好。我把您的联系方式发送给窦校长，你们直接交流？

沈思：好。你忙你的。

徐立：翻开一本书，打开一扇窗，走进一片心灵，直至改变世界……只要努力就一定有成效。

沈思：一分耕耘一分收获。

徐立：一个人的努力或智慧能影响和改变其他人是极幸福的事。

沈思：按我书里的理论，这是"真人"的特性，您是一个"真人"。

2020 - 05 - 18

沈思："校长为教师服务，教师为学生服务"，这是我昨天给窦校长提的建议。为人民服务是党的宗旨，此宗旨落实到学校工作中就是校长为教师服务，教师为学生服务。此宗旨一旦得以贯彻落实，教育现代化指日可待。

徐立：希望窦校长能领会您的意思。理想教育小镇建设有望在您的指导下进入 2.0 时代。校长为教师服务，教师为学生服务，让师生一道减负。先成人再成才！

沈思：对！2020 年人民网两会调查结果出炉，在网民投票选出的 10 个最关心的两会热词中，"教育现代化"再次入选。而在备受关注的教育改革举措方面，"中小学生课业'减负'"成为投票最高的选项。你正在做的事是全国人民期盼已久的第一大事。与时俱进地创新校长和教师、教师和学生的关系，校长确立为教师服务的意识，教师确立为学生服务的意识，是"道"的层面的创新。校外培训机构的引入，是"器"的层面的举措。道、术、器都要创新，道是基础。

2020 - 05 - 29

沈思：费孝通说，中国人一生两件事，一是拜祖宗，二是养孩子。现在不拜祖宗了，只剩下养孩子。所以，让孩子接受良好教育，身心健康成长，是家长快乐、社会和谐的前提。您抓住了西善民众的心。

徐立：沈老师尽心指导，我很感动！谢谢您！坚信量变必有质变。

沈思：现代社会每个成员都必须由学校"加工"十几年以后才能踏入社会，家庭是组成社会的基本单位，您一手为学校教育转型升级提供服务，一手为家庭教育转型升级提供服务，以此两手推动社区进步，大道也！功德无量！

2020 - 06 - 07

沈思：我们中国人群体勤劳、善良、温良，只是像您这样有公心、有担当、善于组织的人少了一些。估计全中国立志并身体力行地走提高内涵质量、打造理想教育小镇的街道书记你是第一个，也是唯一一个。在当下的环境里做这样的事，需要何等的勇气、热情、智慧！

徐立：是否第一不重要，重要的是有人在做，我相信不是唯一，但目前肯定不多，希望越来越多。

2020 - 07 - 03

徐立：继续打卡《教育是什么》这本书，结合最近看的电影《放牛班的春天》和工作的一些感悟，今天我想谈一谈对"特殊儿童"的教育想法：现代教育的全过程，沈思老师用一句话进行了总结："从母爱开始，由师爱加持，鼓励说话，实现思想的转变，文明因思想转变更上一层楼，人性因思想转变得以充分释放，学生个个成人、人尽其才。"很显然，现代教育的起点在家庭，而家庭教育在于亲子关系中的爱。这最开始的一步，也是最简单的一步，却不是所有孩子都可以拥有的，有些孩子的家庭环境特殊，其成长会受到家庭的负面影响，心灵发育少一分营养，负面情绪伴随着孩子的成长。这样的孩子是不是完全没有希望了呢？当然不是！

最近，在我们社区就有一个类似的案例，一个幼年丧父、母亲改嫁、生活贫困、缺乏关爱的孩子在奶奶的带领下寻求社区帮助，社区充分调动学校、心理咨询机构、家庭等各方力量，全方位开展促进孩子心理健康、思想教育、理论知识等方面成长的行动，把孩子缺失的爱弥补上，不断促进孩子心灵精神人的成长，释放心灵智慧。现在孩子已经正常入学，并且生活得很好。"特殊儿童"教育必须另辟蹊径，我觉得探索"街道、社区、学校、家庭、心理机构"五位一体的系统教育模式是一个不错的尝试，利用社会力量进行引导，补足孩子缺失的爱，逐步释放孩子的学习热情和活力。

沈思：出生于不幸家庭的不幸孩子，其命运真的得看他所居住的社区了。

徐立：是的，这就是社区责任，也是制度优越性的真正体现。

沈思：社区帮助一个不幸家庭的不幸孩子，受教育的是社区所有的人，这是释放人的同情心和社会责任心的上德之育！

徐立：教育就是人影响人。

沈思：对！教育就是用心暖心。

2020 - 11 - 03

沈思：窦校长昨天邀请我参加学校举办的研讨会，参加人员以学校中层干部为主，其他教师自由选择。我建议他邀请部分家长和学生参加。

徐立：时间确定后告诉我，我请媒体参加。

沈思：我问窦校长，是准备当上级布置的任务来完成，还是当事业做？是不是内心真想做？他说都有，主要是内心想做。

徐立：挺诚实！教育就是要把功利变成自觉和觉悟、事业和理想。

沈思：对。没有自觉就没有教育。

2020 - 11 - 05

沈思：中国教育的进步、教学的提高，只能从一个个街道（小镇）、一所所小学、一个个小学教师起步。当然也不只是中国，任何文明人群体都是这样。

徐立：道路依然很漫长！我将继续努力！感谢有您支持！

沈思：得道多助，向善事成。我下午3：30去西善花苑小学，参加工作室启动后全体参与实验的老师们的第二次线下研讨会。我想协助窦校长打造一支现代教师队伍，待老师们熟悉了新的教育，把学生组织起来、课堂建设起来以后，再通过他们影响家庭教育。校外干部队伍、校内师资队伍，两支队伍都动起来，再结合起来；校内、校外教育同步现代化。您的理想教育小镇建成指日可待。

徐立：令人喜悦，让人感动，这样的教育才是理想教育。

沈思：上次研讨会结束后，严校长陪同我走到校门口，过程中闲聊时，他说窦校长这半年像换了一个人，老师们的精神状态也焕然一新，以前开会时老师的眼神是茫然的，现在眼睛里有光了。

2020 - 11 - 10

沈思：我建议丁科长和窦校长约个时间，商谈一下怎样开展家校合作。我正在尝试把老师们引向和家长的合作。让学生写题为"假如我是爸爸妈妈"的作文，就是出于这个目的。学生的作文即孩子的心声，最有说服力。这篇作文，是学生自己制作的让家长照的镜子。

徐立：沈老师下部大作有更多实证材料了。

沈思：协助您建成理想教育小镇的价值超过写100本书。

2020 - 11 - 19

沈思：今天丁科长参加了研讨会，他说，邀请不少专家讲课，很多道理大家都知道，关键是具体怎么做。丁科长在给我压力。当然他的想法正是我想配合学校老师去做的。

徐立：沈老师辛苦了！

沈思：三次研讨会，老师们的热情都很高，个个都有实践过程中经验的分享，从他们讲述过程中的兴奋可以看出，创新教育，让学生参与，学生和老师都开心。一群很可爱的、充满热情的、很有潜力的青年教师，只要引导得法、指导到位、坚持下去，推动教育的转型升级是完全可能的。我感觉，老师和学生在共同成长。

徐立：谢谢沈老师！此番实验很有意义！

2020 - 12 - 04

徐立：刚接待复旦大学教授调研，提出"坚持以人民为中心，立足人的全面发展的现代化，统筹做好'十四五'经济社会发展"。

沈思：在当代的提法是"以人民为中心"，在古代的提法是"亲民"，落实在现代的课堂上是"亲学生"，是以学生为中心。

徐立：城市以人为中心，是否现代化以人为标识！

沈思：事情都是人做的，事情都是为人而做。人是最宝贵的。现代社会是由一个个思想先进的现代人集合而成。

徐立：给孩子减负、家长减负、教师减负、校长减负，则社会整体减负，教育生态修复，教育轻装上阵，人的现代化指日可待！

沈思：学校很重要，不过教育进步还是得依赖大教育。大教育在每个乡镇、街道落地生根、开花结果之时，才是中国教育全面实现现代化之日。教育不能实现转型升级，不要说当下的"卡脖子"关难过，中国人辛辛苦苦创造积累的财富，没准有一天也会失去。

徐立：一起努力！

2020 - 12 - 25

沈思：严校长前段时间告诉我，老师脸上有笑、眼中有光了。昨天又告诉我，学生们脸上有笑、眼睛有光了。

徐立：听到这些，我很开心！谢谢沈老师和各位老师的共同努力。

沈思：五（3）班是学校和家庭教育合作试点班，我问班主任吴老师如果有社区年轻干部配合好不好，她很乐意。

徐立：我让团工委招募。

沈思：老师们的热情越来越高，窦校长说，有年轻教师主动写入党申请书了。五（3）班教师、学生、家长共读两本书一起成长的试点是成功的。我已经和窦校商量好，把试点经验扩大到参加实验的从一年级到六年级的8个班。三年级以上的学生和家长共读两本书，一、二年级的则由家长读。然后在此基础上扩大到全校。窦校长概括为：由点到面、由面到体。

徐立：思路越发清晰，落地更加稳健。

2020 - 12 - 28

沈思：昨天窦校长一见面就跟我说："我发现孩子和家长对书的敏感程度、对新的教育理念的接受程度好像超过老师。"我回答："你的发现是对的，和我的观察相一致。"有些教师在主观上认为自己懂教育，特别是有点名气的教师，他们实际上是把教学当教育。从西善花苑小学和山西的山村小学的孩子们写的读后感来看，孩子们的认知最接近真相和真理，因为孩子没有知识、没有经验、没有房市、没有股市，也没有这样那样的思想偏见，有的只是天生就有的善良和智慧，孩子的心一片纯净，能清晰地映照出正邪、真假、是非。正如叔本华说的那样，人类可以借助内心了解事物的内在本质。

徐立：所言极是！我们低估了孩子！

沈思：我从 2011 年开始走进教室，走近学生，十多年了，写了两本书，现在我可以断言，中国人正如孟子所说天生就有良知良能，可惜被后天的不当教育所窒息。一旦教育实现转型升级，将会了不得！因为中国人群体的平均勤劳程度和智力水平全球第一。"搞教育，会有许多幸福的故事；抓分数，会有许多不幸的事故！"这是窦校长今天在五（3）班班会上发言时讲的第一句话。我觉得，前半句是他这学期创新教育的体会，后半句是他职业生涯的经验之谈。

徐立：这话有分量！

2021 - 01 - 30

沈思：如果等一个班学生把两本书读完了再流转到下一个班，需要太长时间，而学生的身心天天在长。我说服窦校长和严校长，他们同意给参加实验的 8 个班的学生每人发两本书。从几次研讨会上老师们的发言和展示的照片及视频可以看出老师们的变化之大、进步之快，从学生的读书笔记和家长的来信可以看出家长的变化之大、进步之快，还可以看出随着老师和家长的改变，孩子们的心态也"由阴转晴"，学习态度从厌学到乐学、从消极到积极、从被动到主动，精神面貌焕然一新，这不就是您所希望的孩子、教师和家长一起减负的效果吗？孩子们都在这样的阳光心态下学习，教育领域的负面现象会大幅度减少，学生个个成人、人尽其才的局面就会形成。现在看来，两本书确实如您在读后感里说的，起到了很好的创新教育的工具作用。

徐立：我坚信正确理念一定能改变现实。

二、和南京市西善花苑小学校长窦林的线上对话

2020 - 05 - 17

窦林：我是西善花苑小学窦林。

沈思：窦校长好！徐书记说您想让我去学校办讲座？

窦林：近期我正在读您写的《课堂的革命》，有诸多感受。许多课堂

的实践，理念很好，但到老师落实时，往往陷入误区。我想通过您对课堂的改革实践和大量实例，来帮助老师改变思想观念。

沈思：我是否可以在合适的时候先到学校熟悉一下环境？

窦林：那下周五。我们先沟通，然后我向老师们推介，之后再请您谈谈想法和做法，这样比较好。最后，我再让有想法的老师报名，学校购书，让老师深入了解您的理论和实践。

2020－05－22

窦林：今天收获满满，也充满了动力。

沈思：如果人们能够对物质人和精神人、成长和成才、智力和智慧、教育和教学等几组概念有清醒的认知，减负的顽疾可以治愈。《教育是什么》有助于清晰区分这几组基本概念。

窦林：是的，一直在矛盾中解决非核心问题。我已着手深入推进阅读这两本书。

沈思：请转告大家，我这两本书有一个共同的特点，都是真人、真事、真话，翻到哪页看哪页，从后往前看都可以。相信家长，指导家长把教育孩子的责任承担起来！

窦林：嗯，必须这样，否则我们就会把自己带入绝境。

沈思：普通民众对优质教育服务的渴望程度更高，配合度也会更高！

窦林：是的。

沈思：建议邀请学生参与读书，没有学生参与的创新教育活动只会是自欺欺人的空转。

窦林：好！

2020－05－28

窦林：沈老师好！今天下午，我们启动《课堂的革命》教师、家长、学生读书活动，今天是第一场，由教学校长给老师们作读书推介，我也作了动员。本周将图书下发给家长和四至六年级孩子阅读，下周三下午开展各年级教师阶段性读书交流，让老师们开口说，交流思想，碰撞观点，再下一周由老师和中层代表继续进行读书交流，展示自己的观点和思考，为实现一个月共读两本书，形成想法，最后卷入家长、学生、街道和老师的现场研讨营造氛围。我已经感受到氛围正在慢慢形成，感谢沈老师线上、线下的指导。按照您的建议，我们多买了70套书，给有需要的孩子和家庭进行阅读，相信一定会促使家长、学生转变思想观念，共同关注育人。

沈思：我全力配合，需要我做什么，请随时吩咐！

窦林：感谢沈老师，我希望能改变老师和家长的思想，真正理解教育。

沈思：一定会的。得道多助，向善事成。

窦林：关键是评价体系不改，我们主观的想法影响不了大局。

沈思：我相信评价体系也是可以推动改变的。有徐书记这样的领导，评价体系可以自下而上推动。有了成功案例，就可以参考案例修改评价标准。周边的家长都希望自己的孩子能上你们学校，这是最大的标准。有了最大的标准，其他小标准的完善迎刃而解。

窦林：嗯，是的。

2020 - 06 - 04

沈思：老师、家长、学生们有读书群吗？打卡吗？如果有群、打卡，日后您一旦有总结经验的想法，这些都是宝贵的一手素材。希望大家坚持打卡，每天一次，内容、字数不限，哪怕一句话也行，只要是真心话。读同一本书，有的人会产生共鸣，有的不会；有的人会受启发而文思泉涌，有的人则触动不大。这是读者个人内在因素的差异造成的。所以，不作统一要求，提倡顺其自然。如果您能给打卡笔记写点评，会有促进作用。如果能让其他校领导也写点评就更好了。这样既可以减轻您的负担，又能把大家动员起来。点评之事也可以考虑请书记负总责。能两个人干的事，不一个人干；能三个人干的事，不两个人干。这有助于把事情做得更好。这种做法本身就是提高人的社会化程度即提高人的文化的教育。如果人多，可以建多个群，家长一个群，学生一个群，老师一个群，或者老师、家长、学生搭配分成三个或更多群。每个群产生一个群主，校领导分散在各个群里参与讨论。还有一个方案可供选择，即老师、家长、学生同在一个群，将群人数控制在 10 到 20 人，选一个合适的学生当群主，由学生给老师和家长的打卡笔记写点评。学生有的是时间、精力、激情。孩子的话天生能让人动心，这样做很可能产生意想不到的惊喜。

窦林：好。

2020 - 06 - 06

沈思：中国教育，无人有错，人人有责。

窦林：说得太对了。

沈思：旧教育走到尽头了，沿着旧教育的路走下去只是浪费师生的生命。下决心创新教育，民心所向啊！作为校长，责无旁贷。

窦林：是的。

沈思：我两本书里反复强调，创新教育必须从变师道尊严为师生平等开始，必须邀请学生参与。

窦林：嗯，摒弃师道尊严，坚持师生平等。

沈思：我敢肯定，一旦做到师生平等，加上学生全程参与，师生的精神面貌一定焕然一新，校园生活一定丰富多彩，减负顽疾一定不治自愈，学生一定可以个个成人、人尽其才！校长为教师服务，教师为学生服务，是教育现代化的标准。

窦林：是的，我努力去实现。

2020－07－20

沈思：窦校长应该也注意到了，在会上，那个戴着一副小眼镜的四年级女学生，从头到尾苦着脸，她因为数学成绩差，经常挨母亲打，这孩子生活在饱受肉体和精神摧残的家庭环境里。那个精神状态好、反应敏捷的男学生，说他如果考不好，父母不打只骂。我的孩子小学时，考试考不好，我会鼓励他争取下次考好。没有孩子自己不想考好，教育孩子从小学会如何正确面对失败与成功更重要。

窦林：是的，父母的引导很重要。

沈思：您应该也注意到了，学生们在自我介绍中讲到自己的爱好时，每个人都说喜欢音乐、美术和体育。由此可见，教育发达国家在学校的初级教育阶段把音体美作为主要教学内容，是合乎这个年龄段的人的内在需求的。这个年龄段的学生的肉体和心灵正处在快速成长期，音体美直接促进肉体和心灵的成长，数理化和人的成长关系不大，数理化是成熟的人发明的供成年人使用的劳动工具。

窦林：嗯，孩子是一样的，关键是我们的课程设置不同，起点要求不一样。

沈思：小学时人没有长好，长大以后要想创造新的数理化知识绝无可能，充其量只能将数理化知识应用于工程上，连用于软件都不行。小学能否成人，关乎大学能否成才。

窦林：这个道理我们现在是认同的。

沈思：是啊，孩子先天都一样聪明，只是后天接受的教育不一样。我们一起考虑一下，在现有的社会环境里，怎么为孩子们提供有利于他们全面成长的教育服务？

窦林：是的，要考虑怎么因实际而改变。

沈思：如果可以的话，请教导主任转达我对女儿数学考不好就打她的那位妈妈的提醒，不可以让女儿生活在肉体和精神的暴力之下，否则以后会后悔的。

窦林：好！

2020 - 09 - 03

窦林：沈老师好，我们开学了，这个学期我们想在课堂上尝试创新教育。具体怎么做，我们目前有一些想法，我过一天发给您。下个星期，我们想跟您沟通一次，探讨一下老师怎么具体地在教学行为中应用你们当时做的那个实验。

沈思：可以在不同年级选择有创新教育热情的老师搞试点，一个年级选一至三个老师。待试点老师选定之后，请他们每个人先拿出创新教育的初步方案，然后一起讨论。方案经讨论确定后实施，实施一段时间后再总结。

窦林：好，明天我们先动起来。

沈思：请示一下徐书记，能不能给老师一点经费，用于组织一些拉近师生关系的活动。创新教育是天大的事，有老师愿意尝试，就得给他们尽可能多的物质和精神上的支持。

窦林：我们会努力的。

沈思：中国教育的创新，最终是通过每个老师完成的，尤其是小学老师。

窦林：是的！

2020 - 09 - 09

窦林：这是我们近期思考准备打造的西苑"说"课堂创新项目设计，请指正。

沈思：建议1：把"爱"加进去，变成"爱"与"说"的课堂。"爱"，是教育成人的基础；"说"，是教学成才的基础。学生感受到老师的爱，才敢说话，才会有说不完的话。学生一旦感受到来自老师的爱，一定会发自内心地真诚地尊敬老师，也一定会更加努力学习他所爱老师的课。

建议2：挑选一些学生代表参加"课堂改革推进领导小组"。学生代表可以在参与讨论的过程中亲身感受到老师们是如何思考为他们提供更好的服务的，并且传递给广大学生。还可以让学生代表充当老师的助手。想方设法让学生群体尽可能深入地参与到教改活动的全过程中，没有学生群体的参与，任何创新教育的尝试都只能是空转，无论是小学、中学还是大学。

建议3：把学生主动学习的精神和善于合作的能力的提高，作为衡量教改效果的指标。我发现，我们中国学生和发达国家学生的差距不在于勤奋程度和聪明智力，而在于主动精神和合作意识。如果中国学校能够养成学生主动精神和合作意识，是否留学都不重要了。学生将来的职业是不确定的，是由学生个人综合禀赋和将来所处的社会环境综合决定的，不过，无论学生将来从事什么职业，主动精神和合作意识都会大大提升他在职场中的竞争力，让他成为一个能够把握职业主动、受同行尊重的人。在小学时就养成主动与合作精神，将会形成人格特质而受益终身。可以按照这个方案先动起来，在过程中逐步完善。以上供参考。您最清楚您学校里的实际情况，您主导，我配合，我言无不尽，取舍由您。

窦林：谢谢！

2020 - 09 - 15

窦林：沈老师好！我们按照您的建议，把方案里的"说"课堂改成了"爱-说课堂"。准备周四召开参与教改的老师和部分学生代表的会议，布置动员一下。期待本周五能和您面对面就这个方案作深入沟通，以及讨论下个阶段的实施。

沈思：建议先向徐书记汇报，把项目经费落实。在领导支持、经费支撑的基础上，再把教师、学生、家长动员组织起来。在我们中国做事，不能不坚持党的领导；做任何事情，经济是基础。

窦林：好。

2020 - 09 - 21

窦林：刚才向徐书记汇报了，徐书记表示全力支持。

沈思：有上级领导支持，有经费支撑，再往下的工作，也是最关键的工作，就是怎么激发老师们创新教育的热情了。如果教育不创新，师生的人生仍然只能是在下一代复制上一代的封闭型轨道中重复转圈。如果教育能创新，推动封闭型轨道转型升级为更高层次的新的开放型轨道，就会一代更比一代强地持续发展下去。如果老师们能如此看待这次创新教育的尝试，应该会充满热情的吧！

2020-09-27

窦林：（转发"建设理想教育小镇推动课堂教学改革——打造'爱-说课堂'创新教育项目启动仪式"活动通知）沈老师，这是项目启动仪式的活动通知，您先看一下，稍后我们通话。

沈思：有没有可能选择一个学生代表发言？

窦林：可以啊，让孩子讲什么呢？

沈思：想讲什么就讲什么。

2020-10-14

沈思：是否请老师们拿出各自的方案，然后归纳出一个共同的方案？

窦林：是的，先各抒己见，集思广益。

沈思：请告知发言的学生把发言稿保留下来。

窦林：我让老师和学生把稿件都留下来了，这些都是宝贵的一手资料。

沈思：论理我们正在做的事，就是教育的科学实验。

窦林：是的。

2020-10-15

沈思：昨天会议的最后，书记请小学生们回家以后把会议的情况和家长说说。是否可以请昨天带学生来开会的老师问问学生回家后有没有和家长说，如果说了，说了些什么。这样做或许有助于把学生和家长逐步引入创新教育项目中来。学生、家长全程参与是创新教育成功的基础。这周是否可以安排参加实验的老师开一次线下研讨会？

窦林：嗯，要讨论他们的计划，具体安排我稍后与严校确定后告诉您。

沈思：这是一件虽败犹荣的事，这是一件一旦成功，将造福西善桥，并令各地效仿之事。

窦林：谢谢沈老师。

2020 - 10 - 21

沈思：一次我在学校门口看到保安喊学生，态度很严厉。我有个建议：请保安开个小会，把学校创新教育的计划通报一下，希望他们对学生要严格，但态度要和气，让学生感觉到来自成年人的尊重。全体教职员工共同打造让学生喜欢的、温暖的文明校园环境。孩子从小成长在这样的校园环境里，会在不知不觉间养成尊重他人、说话和气的习惯。这就是教育，就是素质教育。为加深保安的印象，我想给他们每人送一本《课堂的革命》，随便他们看不看。

窦林：好！

2020 - 11 - 02

沈思：这一周是否考虑安排一次线下研讨会？你忙的话不一定参加，严校长参加就行。

窦林：好。我和严校商量。

沈思：最近媒体上经常刊载要家长批改作业的家校冲突方面的消息，有的省份干脆明确下文禁止让家长批改学生的家庭作业。我有个想法不知是否可以试试。开展一个小老师活动，把学生批改作业作为学生参与教改的实践手段。把学生组织起来互相批改作业，比如一个学生批改 5 份作业，批改后出一份批改报告，每天晨会时让批改作业的学生上台点评他批改的作业。这本身就是结合实践的教育方法，教育者在教的过程中自我提高得更多，即所谓"以人为镜，可以明得失"。这样既解决了将批改作业推卸给家长的问题，又解决了老师面对太多学生负担过重的问题，还给了学生自主学习、自我提高的机会。这样可以帮老师减负，同时帮老师提高，既提高老师的组织指导能力，学生的获益也会更大。那位五（3）班的吴老师，我觉得可以作为开展试点的老师人选之一。

窦林：好的，这个主意好，我来安排。

2020 - 11 - 16

沈思：窦校好！这周如果安排研讨会的话，是否可以约上街道推进办的丁科长，让他也听听老师们的发言，然后商讨家校合作的可能性？

窦林：好。

沈思：要为老师们创造一个自由交流想法、互相分享经验、相互增进友谊、彼此激发热情的平台。

窦林：好。

沈思：让学生写题为"假如我是爸爸妈妈"的作文，目的是创造老师和家长近距离接触的条件，让老师和家长成为朋友，指导家长往正确的方向、用科学的方法教育孩子，促进孩子在家庭和学校两个环境里同步、全面成长。等学生写了以后，请家长阅读。

窦林：好的，谢谢沈老师，您辛苦啦！

沈思：窦校，三次研讨会，老师们的热情都很高，个个都有实践经验的分享。从她们讲述经验时的兴奋可以看出，创新教育，让学生参与，学生和老师都开心。我的感觉是，一群很可爱的、充满热情的、很有潜力的青年教师，只要引导得法、指导到位，坚持下去，推动教育的转型升级是完全可能的。

窦林：是的，我们会坚持走下去的。

2021 - 01 - 14

沈思：窦校好！如果下周安排和街道团工委霍副书记见面的话，是否也请吴老师参加？是否可以在会后顺便到五（3）班和同学们再座谈一次，了解一下阅读进展，看看给我写信的姚同学？

窦林：下周我们周三考试，您看，是否那天下午我们先交流，考试后您再和孩子们座谈一下？座谈时间大概多长？我这边安排老师告知家长来接孩子的时间。

沈思：哦，现在进入考试状态了，不宜打扰。座谈安排在考试后好。时间可长可短，请吴老师定。你刊登在《中国教育报》的文章里有一个新颖且鲜明的观点：家长、教师、学生三方共同成长。是否可以把"共读两本书，三方同成长"作为"爱-说课堂"创新教育实验第二阶段的口号？这和教育厅刚刚发布的要求学校承担起教育家长的文件精神相一致。

窦林：好啊！

沈思：搞教育，会有许多幸福的故事；抓分数，会有许多不幸的事故！把您这句肺腑之言、经验之谈的金句发朋友圈可以吗？

窦林：好啊！

三、和南京市西善花苑小学副校长严朝胜的线上对话

2020 - 10 - 29

严朝胜：（转发与一位家长的聊天记录）这是我昨天和一个家长的交流内容，不知引导方向是否正确。这个家长比较纠结，估计下个月生二胎，开学到现在我们聊了很多。

沈思：此案例，下周研讨会上可以探讨一下。这种现象应该不只是发生在一个学生身上。学生如果不被引导释放爱，就会发泄恨。如何打造一个有助于学生互帮互学、相互友爱的课堂软环境值得探讨。这不是教学的话题，这是教育的话题，或者说是素质教育的话题。

严朝胜：是的，现在的常态是，对于品行不端、成绩落后的学生，要么嗤之以鼻，要么不予理睬，怪这些人影响了班级秩序和名声。甚至可以说，有些"坏孩子"就是被这种排斥的力量推向极端的。

沈思：这对全班孩子人格成长的影响是负向的。这就是素质教育，可惜是负的素质教育。

严朝胜：这就是我们的问题，总以为自己是对的，却在错误的路上越走越远。

沈思：对待个别因各种原因而在体力、智力、自制力等方面比较弱的学生，其他学生是嘲笑还是帮助？这是衡量素质教育是正还是负的一个很好的参照系，能够反映出教育是激发学生释放嫉恨心即恶的坏教育，还是激发学生释放同情心即善的好教育。

2020 - 11 - 29

沈思：上次和你聊天启发我想到，当下有些学校在尝试立足于改善教学的"说"课堂，而我们是同时立足于教育和教学的"爱-说"课堂。

严朝胜：他们的"说"课堂，是立足于知识的教学，是学生按照老师希望的方式说老师心里想要他们说的话。我们的"爱-说课堂"是立足于教育，立足于作为人的学生的成长，是学生按照自己的方式说自己心里想说的话。

2021 - 03 - 13

沈思：下次研讨会，我准备提出"成绩"的问题，上学期熟悉"成长"，这学期探讨"成绩"。我不相信自觉学习的成绩会比强迫学习差。

严朝胜：是的，我在班上实行"每日心语星愿"，相当于每天一篇作

文，绝大多数孩子最喜欢的就是这项作业，因为是自由写作，可以写真话。但是有几位家长盯得紧，老是撕学生本子，学生反而不会写了。家长更重视校外教培机构，但校外教培机构一般招不到优秀师资，容易造成培训质量低下。家长辛辛苦苦挣点钱太不容易了，付了钱却得不到相应的教育服务。

沈思：准确的表达应该是"考培机构"，而不是"教培机构"。家长失去的是钱，孩子失去的是体格，是人格，是善良，是智慧，是创造力，是幸福！媒体报道，这次政协会上有代表直接呼吁取缔校外教培机构。告诉家长，广泛阅读和自由写作是提高语文成绩最好的办法。

严朝胜：我前面教五年级，刚开始有近一半人不写作业，我坚持不用逼迫的手段，到六年级就好了。我跟学生的关系一直很好。

沈思：感化，耐心，真教育！

严朝胜：逼迫只能解一时之忧，却会留下一世之憾！

2021 -03 -24

沈思：你会让徐紫云同学上画报吗？她的父母转变了对她的教育态度，上了画报应该可以巩固这种态度。

严朝胜：好。我告诉她您把她的文章分享到朋友圈，她眼睛都放光了，这段时间表现也很好。

沈思：小学生，对他斥责还是鼓励，甚至会决定他一生命运。

（2021年10月24日我到学校时，严朝胜副校长告诉我徐紫云同学表现得越来越好。）

2021 -04 -10

严朝胜：学习苦不苦、累不累，是心理感受。不想学的学生宁愿挨打挨骂也不写作业，爱学习的学生整天都在学，乐此不疲。

沈思：对！是心理感受。关键在思想，在想不想学。只要想学，都好办。

严朝胜：纯智力低下的后进生非常少，绝大多数后进生是不想学。

沈思：学习不可能不辛苦，但学习有可能不痛苦。

严朝胜：学习中"困苦"在所难免，"痛苦"必须消除。

沈思：对！心灵会在痛苦中受伤，善良与智慧会被压抑，人格不会健全。减负越减越重的原因也在于此。减负，要瞄准的是压抑心灵的痛苦，而不是劳累身体与大脑的辛苦。压抑心灵的痛苦，不是靠减少知识与技能的教学量能够实现的，而是要靠改善课堂文化和教学模式，这纯属经验之谈。

四、和一（1）班陶慧老师关于学生灵气的线上对话

2020 - 10 - 22

沈思：您是陶慧老师吗？在上午研讨会上对学生灵感释放和被管束之间存在某种关系表示担忧的老师是您吧？您的这一担忧和我们国家的学校很难培养出创造性人才的现实情况息息相关，值得深入研究。您有空时能把上午的发言稿发给我吗？

陶慧：好的。

（陶老师当晚10点多发来《不要让管束成为思维的枷锁》的文稿。）

【背景】我带的是一年级班。爱说，是低年级孩子的特性，同时爱老师、爱同学、爱动脑筋、爱得到认可，生性单纯，思维活跃，课堂上总能给人惊喜。

【课堂实例】（陶老师发来三个实例，在此收录一个。）

课文《秋天》的学习。"了了了，钱掉了；子子子，好孩子。"这是赵艺博同学在区分形近字"了"和"子"时当堂编的儿歌。形近字的辨析是贯穿语文学习的重点。第一篇课文《秋天》就出现了，对他们来说有难度，我决定还是把难题交给学生自己去解决，在这个方面做一个"懒"老师，在备课时，我自己不多加思考，我怕自己的思考反而会限制孩子的思维。因为有了之前王梓皓同学编儿歌口诀的经历，我对他们是有预期的。果不其然，在几位同学说了只有"一横"的区别后，赵艺博很自信地举起手说："了了了，钱掉了；子子子，好孩子。"朗朗上口，便于记忆。

以上案例，真实发生在课堂之中。我一方面感叹孩子的思维活跃，另一方面在想，到底是课堂上的哪些因素激发了他们思维的活跃性？可能是我的言语激发，可能是学生间的互相影响，也可能是我没有刻意管束他们的各种体态。

沈思：您在会上说，担心这些学生有可能会失去这些瞬间闪现出来的灵感和丰富的想象力，是什么原因让您有这样的担心？

陶慧：我担心作为老师的我，太习惯于见到学生们抱臂端坐的整齐的

课堂，一方面认为坐得端正专注力才会集中，另一方面觉得这样看着不乱、舒坦，会不自觉地使用起"抱臂坐正，一二三坐坐好"之类的口令，这样一用，孩子活跃的思维就会被我无意识地叫停了。

　　沈思：您是一位有爱心的、善于观察和思考的好老师。您没有简单地利用老师的权威往几十个学生的大脑里灌输生字，而是向学生示范自己的思考状态，引导全班几十个学生自己学习生字、相互教学生字。学生们在自主学习、共同学习、教学相长的过程中，不仅能学会生字，而且能学会学习，学会独立思考，更重要的是身心得以健康成长。您对学生不由自主的肢体语言和内心思维活动之间必然联系的现象有如此细致的观察与思考，真的太有价值了！您对一旦限制了学生外显的肢体语言，很可能也会约束学生内心的思维活动的担心真的不是杞人忧天，而是一定成立的！人内心的思维活动达到高峰时，难免手舞足蹈，这是常识。

　　陶慧：沈老师，您的话启发了我。我想，可以结合学校之前提出的"让学生身动、心动"，打造动态的语文课堂。我的课堂就是保护好学生的"动"，让我的语文课堂"动"起来，让我的学生的思维在无限的广度上动起来。我会朝着这个方向努力的。

　　沈思：学生身动是因为心动，人们只看见身而看不见心。身动和脑动，促进肉体物质人成长，激发体力与智力释放；心动，促进心灵精神人成长，激发求知欲、善良与智慧释放。一直支持我搞教育的中科院软件所的朋友胡陈勇先生和我说过，他的女儿刚上一年级时，他作为家长被邀请参加过一堂公开课，他看着自己在家里活泼伶俐的女儿抱着双臂一动不动地端坐在那里，心里很难受，但无可奈何。可见，您把课堂打造成一个让孩子身动、脑动、心动的充满活力的动态课堂的设想，从小的方面讲，家长们会感激您，从大的方面讲，是培养创造性人才之举。

　　陶慧：感谢沈老师的提点。沈老师善于洞察教育者的心思，善于发现哪怕是一丁点的不同之处，也特别爱激发人思考，我觉得您是特别懂心理学的。我还需脚踏实地地一步步去摸索、探寻，保护好孩子们的天性，希望沈老师今后能够更多地指点。

　　沈思：在孩子身上表现出来的灵气是内在智慧的外显。很遗憾，很少有人知道，心灵的智慧是比大脑的智力更高一个层级的认知力。有智力可以模仿，有智慧才能创造。没有智慧，就会愚、傻、呆。可惜的是，应试教育在无意识地用丧失智慧的代价来试图提高分数。看来社会上流传的

"聪明伶俐地入学，呆若木鸡地毕业"的说法并非空穴来风，而这一现象正是从一年级的"抱臂坐正，一二三坐坐好"之类的口令开始的。

五、和一位家长关于亲子关系的线上对话

2021 - 03 - 01

家长：沈老你好！抱歉这么晚打扰你。看到你给孩子们带去书，想必你对教育肯定有深入研究。你觉得什么样的教育适合当下的孩子？何为应试教育？

沈思：应试教育，顾名思义，一切都是为了应对考试的教育。

家长：你课堂革命的核心理念是什么？我不需要学生写的那些心得，因为我不知道那些心得究竟是发自内心的，还是应试教育下的产物。纯粹想了解一下你宣传的教育理念。

沈思：关于学生读后感，我向老师建议，学生愿意写就写，不愿意写就不写，字多字少都行，但一定要写真心话。我在大学课堂上对大学生写课堂日报也是这样的建议。关于教育理念，考试是手段，成长是目的。成长才能成才，不成长不能成才。关于教学方法，严禁强迫学习，引导自觉学习。

家长：恕我才疏学浅，我看不出你的教育理念有什么特别不一样的地方，对于小学生教育来说，还是要简单一些，直接一些。

沈思：教育和教学要区分开来看。专门知识和技能的教学，小学、中学、大学不同，小学宜浅，但是情感和道理的教育，小学、中学和大学则是贯通的。初级教育阶段以情感和道理的教育为主，高中和大学阶段宜加大专门知识和技能的教学力度。

家长：谢谢你的解惑，只要小孩看过你的书不回来跟我闹"平等"就行了。

沈思：你提的这个问题太好了！对学生身心成长的影响，师生关系不亚于亲子关系。苏州工业园区外国语学校的教务处处长和我说，教育进步最大的障碍是教师很难做到师生平等。孩子已经向您闹平等了吗？

家长：其实小孩子还是很听老师话的。只是现在的孩子接触的信息太多了，他们哪能认真思考？

沈思：是的，网络时代的孩子获取信息太方便了，如何教育网络时代

的孩子，对老师和家长都是极大的挑战。

家长：孩子只会选择对自己有利的方面来说。

沈思：此话题很有讨论价值，是否找一个您方便的时间到学校一起讨论讨论？

家长：我对你这种为教育孜孜不倦的精神而感动。可能每个孩子想法不一样，表现出来的状态也不一样，昨晚跟孩子闹了一点意见，现在有事，等忙完了有时间再聊。谢谢你了！

2020 - 03 - 05

沈思："平等"是我们的社会主义核心价值观之一，可能孩子即便不看我的书，心里也渴望平等，只是不敢说，而学校的创新教育实验给了他说出自己心里话的勇气。当然这是我的个人推测。如果是这样，说出来对孩子身心成长有利。这是我的一点看法。

家长：平等是一个宽泛的理念，平等对话也是在同一高度才能进行。生活中充满了变数，没有绝对的平等，也没有绝对的公平，任何事情都是相对而言。先了解什么是责任与义务，什么是长幼有序，我想这才是当下孩子包括我们做父母的要学的人生第一课。这是我个人观点。

沈思：人有未成年人和成年人之分，法律明确规定了成年人的责任和义务，而对未成年人则有在一定年龄之前不承担刑事责任的规定。即便义务教育法也是规定父母有让孩子上学的义务，而非针对学龄儿童作出规定。至于长幼有序，说得好！这正是问题的关键所在。师道尊严、父为子纲、夫为妻纲、婆尊媳卑、男尊女卑、官尊民卑，总之，长幼有序、上尊下卑是几千年来我们祖祖辈辈习惯了的思维方式，可能都不用教，我们从小都是遵从的。人分尊卑意味着什么？假如一个人的肉体物质人，长年累月地被另外一个人压在下面，他会长高吗？假如一个人的心灵精神人，长年累月地被另外一个人压在下面，他的心灵能发育、精神人能成长吗？此外，上尊下卑、父尊子卑的人际关系会降低人对善恶、是非、真假的认知力。希望没有耽误您太多时间。

"爱-说课堂" 第一次线下研讨会

2020年10月14日，"爱-说课堂"第一次线下研讨会在学校会议室召开。我建议窦校长邀请家长和学生代表参加，并且请一位学生代表发言。窦校长问，让学生讲什么？我答，想说什么就说什么。这次研讨会有10名小学生代表参会。这些小学生和街道领导、校长、老师、家长一起围坐在会议桌旁（见下图），平起平坐地开会，估计是第一次。小学生们会有从来没有过的感受，相信其他参会者也会有别样的感受。亲身感受是最好的学习方式。

这次研讨会，有两个话题值得专门叙述一下。

第一，怕老师。

轮到我发言时，我先请参会的10名小学生依次介绍自己，学生们逐个站起来作自我介绍。待小学生们发言完毕，我问了他们一个问题："你们怕老师吗？"全体学生不假思索，异口同声地回答："怕！"我推测，这是学生们第一次集体当着老师们的面说出他们对老师的畏惧，也是老师们第一次亲耳听到。实际上，学生怕老师是人人都知道的普遍现象，只不过人们对此早就习以为常、习非成是罢了。即便如此，相信当老师们亲耳听到学生们说怕自己时，应当别有一番感受。

2020 年 4 月 20 日，南京另一所小学五年级学生的母亲胡敏，在阅读了《教育是什么》后给我写了一封信，其中有一段关于她的孩子畏惧老师的具体描述：

> 书中写道"无畏生慧，有畏生愚"，畏惧不利于智慧的释放。读到这里我深有体会。孩子三年级以前的班主任是一位退休返聘的老教师，教学风格以严厉著称。记得有一天，孩子放学回来跟我说："走进教室，就像进了地狱！"本来就胆小的她动辄得咎，从来不敢主动举手回答问题。我听到这句话的时候有震惊、有心酸、有心疼，却又很无奈。当时没有读到这本书，所以并没有意识到畏惧老师的弊端。此时深深地觉得，广大教育工作者都需要认识到这一点的弊端，目前的教育体系真的需要指点迷津！同时我也反思自己作为家长在教育的过程中所犯的错误，思考如何把握好严格和严厉的尺度，在无惧的前提下配合管教。

怕老师对学生成人成才的负面影响之大，《教育是什么》一书里有详细的描述。这里再补充一点，学生对老师的畏惧，并不能让学生真正尊敬老师，但是能让学生讨好老师，甚至为讨好老师而学习。久而久之，在学生的思想意识里，只有讨好，没有尊重。不妨观察我们的成人社会，多见的是身份低的人讨好身份高的人，少见的是无论身份高低贵贱都相互尊重的人。讨好是单向的，尊重是相互的。

第二，在课堂上如坐针毡。

在这次会上，六（3）班学生周涵宇作为学生代表作了题为《我理想中的教室》的发言。周同学的发言中有这样一句话，"试问有这样的课桌椅，你还会觉得坐在那里如坐针毡吗？"当我听到这句话的时候，打断他说，请把刚才那句话再读一遍，周同学又读了一遍。此时我问他："你们在课堂上如坐针毡吗？"周同学立马局促不安地连声否认："不是，不是。"与会者都笑了。这是无可奈何的笑，也是开始觉醒的笑。我推测，这是学生第一次当着众多老师的面说出来的，也是老师们第一次亲耳听到的学生们在课堂上真实的心理感受——如坐针毡。

实际上，以上两种现象，不仅小学里有，大学里也有。

在《课堂的革命》中，大学生孙榕在 2011 年 8 月 15 日的课堂日报里有这样一段话："记得以前上课，虽然每节课就 45 分钟，可总感觉过完这 45 分钟像过了一个世纪一样，每次掏手机看时间以为过了很久其实才一两分钟而已。"该书在正文前摘录了大学生刘丽媛 2011 年 11 月 17 日课堂日报里的一段话："我们对老师没有畏惧感。我们在快乐中收获知识，在笑声中释放智慧。它不是普通的课堂，它将会从内心改变我们，让我们获得重生。"刘丽媛同学的这段话说明，对老师的畏惧和在课堂上如坐针毡的感受紧密相关，而且告诉人们，一旦"对老师没有畏惧感"，就可以"在快乐中收获知识，在笑声中释放智慧"。

为什么会出现"畏惧"和"如坐针毡"的心理状态？这样的心态会给学生的心灵发育、精神人的成长带来哪些危害？怎么样才能不让学生"畏惧"和"如坐针毡"，而让学生在课堂上累并快乐地学习？《课堂的革命》和《教育是什么》这两本书里有产自大学课堂实践又经实践检验过的解决方案。"爱-说课堂"项目就是把这个解决方案用于小学课堂的尝试。

让人欣慰的是，在"爱-说课堂"研讨会上，一位老师分享经验时说，不知道自己的努力将会有什么样的成效，但是已经感觉到学生和自己多了一份亲近感。另一位老师在分享经验时说，现在学生不再下课铃一响就冲出教室了，而是仍然会相互讨论，或围着老师提问题。

我虽然尚未涉足中学课堂，但可以推测，中学生也一样。全中国在校的小、中、大学生，估计有几亿人，几亿学生在课堂上真实的心理感受太需要得到关注了！这关系到国民精神面貌的养成，关乎社会文明程度的提高，甚至关乎中国人群体的生存与发展。

《课堂的革命》和《教育是什么》这两本书里记录的真实案例说明，课堂上学生对教师的畏惧感一旦消除，学生在课堂上不再如坐针毡，爆发出来的学习热情之高难以想象。如果几亿学生都爆发出高昂的学习热情，这意味着什么？

最后有必要专门指出的是，我们课堂的大学生，都是大四的学生，虽然他们在"畏惧"和"如坐针毡"的课堂上度过了十几年，但是，一旦接受了新的教育，蕴藏于他们心底的人性仍然会抑制不住地释放出来。据此，教育朝着释放人性的方向发展是不会改变的。

五（3）班线下实践活动

一、"假如我是爸爸妈妈"

在第一次"爱-说课堂"研讨会上，我建议老师让学生写一篇题为"假如我是爸爸妈妈"的作文，意在提醒老师把学生所接受的家庭教育也纳入关注范围内。

2020年11月20日，我收到严校长转发给我的五（3）班学生的40篇作文。严校长为此专门写了一篇文章：

孩子的心声，谁来倾听

收到五（3）班同学完成的"真心话大冒险"——《假如我是爸爸妈妈》，第一感觉就是，孩子们虽然没有成年，但有一颗敏感而近乎成熟的心灵。他们或对父母教育孩子的方式表示质疑，或干脆通过身份置换来惩治自己的父母，但他们也能深切感受到父母的辛劳和对自己的关爱。

在父母眼里，孩子永远长不大，需要自己的"悉心照料""严格管理"；在学生眼里，父母总是把自己当"小孩"，他们想挣脱父母的"枷锁"，这种愿望一天天强烈，挣扎的力量也一天天强大。父母想，小小年纪竟然想"翻天"，还治不了你！于是，"束缚"与"对抗"一天比一天激烈，亲子关系一天比一天紧张。就算是那些很"听话"的孩子，我们也要一分为二去看。有些是一直以来都有着亲密且平等的亲子关系，家庭氛围民主和谐，孩子有足够的自我空间；有些则是在父母的"高压"之下，一直"驯服"地、循规蹈矩地完成老师和家长的任务。孰优孰劣，一目了然。

班主任吴老师为了增进亲子关系，发起了"父母为孩子端牛奶（果汁）"行动，绝大多数家长行动起来了，这说明家长们十分珍视和孩子的亲密关系。不过比这更重要的是"倾听"，"倾听"是尊重，是精神营养，是对孩子最好的教育。要让孩子把自己最真实的想法说出来，孩子的想法可能对也可能错，但家长不给孩子说出心里真实想法的机会肯定错。只有知道孩子内心的真实想法，才能有的放矢，引导孩子朝着正确的方向成长。

限于篇幅，在此摘录其中 13 篇作文里反映家庭教育状况的内容：

1. 假如我是爸爸，我对天发誓不抽烟，不喝酒，也不会对孩子发火。

2. 假如我是爸爸妈妈，我会把我认为不公平的事情全部在他们身上实践，让他们明白我的心情，看看他们自己是不是能受得了。

3. 假如我是爸爸妈妈，我一定以身作则，在管好自己的基础上再管教孩子。在孩子心目中，家长的一言一行就如圣旨，只有做好家长，孩子才会学好。

4. 假如我是爸爸妈妈，如果他学习不好，我不会打骂他，因为我知道再怎样打骂都无济于事。

5. 假如我是爸爸妈妈，我会陪伴孩子长大，我会耐心地辅导他写作业，但是不会把他逼得太紧，让他有自由发展的空间。

6. 假如我是爸爸妈妈就好了，今天我又被爸爸妈妈说了一顿，可惜我不能反抗，只好忍着泪水。

7. 假如我是爸爸妈妈，我不会在孩子考试成绩不好时过多地说他，但在行为习惯上，我一定会严格要求。

8. 假如我是爸爸妈妈，我才不会像我的爸爸妈妈一样，给小孩报补习班，写大试卷、5 加 3 天天练，补习语文、数学、英语等。课后复习、课前预习、课堂检测、期末复习一大堆，还有补习班的家庭作业，真是压力山大啊！

9. 假如我是爸爸妈妈，一定不会像他们那样，经常拿自己的孩子和其他孩子比较，说各种毛病，让人很烦躁，心情也不好。

10. 你们有没有想过自己当爸爸或妈妈，如果可以这样，你肯定觉得很爽，今天我和大家分享一下我的想法是什么。我最开始想，我长大了，那就自由了，还能管小孩，那是多么爽的一件事啊！到时候如果我的小孩有一道很简单的题做错的话，我就可以体验一下管小孩的快乐。我还可以天天不用写作业，每天上完班就躺在床上看电视，还可以玩手机。

11. 假如我是爸爸妈妈，我就可以把我内心的感受和平常说不出的话都发泄出来。比如某天我刚刚回到家，看见爸爸在玩手机，嘴里叼着烟，妈妈在刷抖音，手里还剥着橘子，我心里有点恼火，就对他们说："看看看，就知道看手机，不知道虚度了多少好光阴，还不给我快马加鞭地写作业去！"

12. 假如我是妈妈，我会让我的孩子有一个美好的童年，为什么？因为如果不给孩子一个美好的童年，孩子会想："妈妈是世界上最自私的人，为什么不给我一个美好的童年，是不是我本来就不该有童年时光？"孩子会变得很冷漠，心里想：我童年活在阴影之下，没有快乐，没有幸福。给孩子报补习班，不能报孩子不喜欢的，不然的话，他永远不会提高成绩。我要是妈妈，我就会听听孩子的建议，孩子的建议就是最大的帮助。

13. 假如我是爸爸妈妈，我会放下手机陪自己的孩子，不会像他们一样整天抱着手机不撒手，以他们的口吻就是"眼睛要玩瞎了"。我还会每天陪孩子写作业，正常教育孩子，才不会像我妈妈那样，只要和我在一起写作业，她就会像一只母夜叉追着一只小螳螂似的说我在玩手机。最后，祝天下孩子都有爱自己的爸爸妈妈和一个完美的家庭。

请注意，几乎所有的作文里反映的都不是学生们在专门知识与技能的教学（授业）方面遇到的问题，而是在情感与一般道理的教育（传道）方面遇到的问题。绝大部分学生的作文里描写的所思所想基本一样。可见当下家庭教育中存在的问题，不是个别家庭的问题，而是多数家庭的问题，多数家庭的问题就是社会的问题，社会的问题需要全体社会成员同心协力共同解决。

小学生们在作文里描述的家庭教育状况不能不重视。作为人的学生，其肉体的身体与大脑是形，心灵的精神是气。怨恨之气，喜悦之气，是两种完全相反的精神状态。一个人心怀怨恨之气长大，恶的概率大，善的概率小；愚的概率大，慧的概率小。"经常拿自己的孩子和其他孩子比较"的教育方式，只会养成孩子攀比的思维习惯，激发孩子的嫉恨之心，而不可能是仁爱之心。"只好忍着泪水"，表明养成的是懦弱的恶，而不是勇敢的善。一个心恶的人，精神境界只会低不会高，人格只会残缺不会健全，这样的人，智力和体力再强，知识和技能再多，于私，其心灵感受幸福的功能会丧失，只剩下肉体感受快乐的功能，于公，不利于社会。一个人心怀喜悦之气长大，善的概率大，恶的概率小；慧的概率大，愚的概率小；精神境界高的概率大，人格健全的概率大。这样的人，体力与智力越强，知识和技能越多，于私，其心灵感受幸福的功能越强，于公，越有利于社会。

要想把猪养好，给它吃好住好就行了；但要想把人养好，吃好穿好住好是远远不够的，因为人除了有肉体的身体和大脑，还有心灵的精神，有物质营养需求，更有尊重、关爱等精神营养需求。再分享严校长发给我的一个三年级学生作文里的一段话："爸爸炒菜，妈妈端饭。饭菜太好吃了，吃了叫人流连忘返。最后，别以为我会谢谢爸爸妈妈，我已经对他们的教育方式极为厌恶！"

不过，作文里显示的并非全是令人遗憾的负面信息，也有让人欣慰的正面信息。除个别作文外，几乎每篇作文的结尾都流露出对父母养育之苦的感恩之心。父母为孩子们的辛苦付出，孩子们都看在眼里，记在心里，写在作文里。摘录三篇作文里的三段话：

1. 一想到这里，我又不想当爸爸妈妈了，因为爸爸妈妈实在是太辛苦了。

2. 但是一想到爸爸妈妈为我付出的辛苦劳动，我的眼睛里就会充满泪水。爸爸妈妈我爱你们！

3. 自己的妈妈不是保姆，她曾经也是一个漂亮的女生，是因为生了我才没有以前那么好看了，我要好好珍惜我的伟大的母亲！

人人都有良知良能，就像四肢一样，先天存在于我们的心中。学生的作文可以证明，学生心中原本就有感受善恶、分辨是非的善良和智慧。怎么教才能释放蕴藏于学生心灵的良知良能？让学生以及家长和老师共读两本书，是很好的方法。

二、学生和家长共读两本书

鉴于学生在"假如我是爸爸妈妈"的作文里反映出的家庭教育状况，学校决定给五（3）班每个学生发《课堂的革命》和《教育是什么》两本书，让他们拿回家和父母一起读，尝试以此改善家庭教育。至于能有多少父母和孩子一起读，则顺其自然。在此分享几篇五（3）班学生的"我想对您说"的作文。看看"我想对您说"的作文，再对比"假如我是爸爸妈妈"的作文，会发现不少家长教育孩子的方式发生了天翻地覆的变化，真的让人喜出望外。发书之前预计会有一些效果，但怎么也没有想到会有如此立竿见影的效果。

1. "我感觉我现在变得非常幸福、快乐"

大家应该都有想对爸爸妈妈说的话吧，今天我就来和大家分享一下我想和爸爸妈妈说的话吧。

之前，我的爸爸妈妈都是"不讲武德"之人，但是自从沈爷爷给我两本书——《课堂的革命》《教育是什么》后，现在我爸爸妈妈和原来的他们完全不同了，他们都变得讲道理、不弄小"偷袭"了。

之前是："这么简单的题都会错啊！""今天晚上的作业怎么又写到十几点！"现在是："这次做题又马虎了吧，下次改正哦。""今天的作业是不是很多啊，写到这么晚。"

之前是："你看看你都敢和我顶嘴了！"现在是："是他先整的你，可是你也不能这样做啊！"

之前是："你看看你走个路都能绊倒，那么大的石头没看见啊！"现在是："没伤着吧，疼不疼，下次走路小心一点。"

我想对爸爸妈妈说："你们发生了很大改变，不像之前一样不讲道理了，现在是有理有据地跟我沟通，每次都会考虑到我的感受、我的意见。我感觉我现在变得非常幸福、快乐。"

梁宇航

2020 年 12 月 25 日

2."让我重拾信心继续在学习的道路上前进"

沈思爷爷您好。感谢您来给我们上了对我来说极为重要的一堂课。通过您的课，我学会了如何和我的家人"和谐相处"。

通过您的课，我还学到了一个宝贵的大道理：做人处事一定要先从别人的位置思考三分，然后再来行动。

我现在已经和家人非常要好了，就如同不是家人在陪我，而是一群亲密无间的好朋友。每天放学回家，我的母亲都会温和地叫我去默写，而不是像以前那样直接平静地叫我一声，说"去默写"，然后转身就去玩手机了。感谢您沈思爷爷，是您让我重新感到幸福的滋味，是您让我的父母重新关心起了我的成长，而不是只关心我的学习成绩，一点也不关心我的身心成长。我还要感谢您写的那本《课堂的革命》，是这本书让我重拾信心继续在学习的道路上前进。

在这里，我要再三感谢您，谢谢您！

罗子豪

2020 年 12 月 25 日

3. "这本书就是为我们班量身定做的"

沈爷爷您好。读了您写的《课堂的革命》，我有了深深的体会。书里的一句话，我觉得很好："一个人没有自信心，就没有自我，连自己的存在都没有意识到，还怎么提升自己，成人成才！"我觉得这里说的就是我自己，我学习好像就是为了得到家长的鼓励，并不是为了自己。我以前一直没有自信心，觉得自己什么也做不好。读完这本书之后，我觉得我可以去尝试学习自己以前害怕尝试的事。比如，第一次骑自行车，第一次煮水饺……其实害怕的事情做完之后，会觉得也没什么大不了的。

读完这本书之后，我才意识到自我的重要性。我总感觉这本书就是为我们班量身定做的。

沈爷爷，谢谢您让我认识了我自己。

徐博雅

2020 年 12 月 25 日

4. "读书改变了我、爸爸、妈妈和我们班级"

读了这本书后，我有很大的改变，例如写作业不拖拉、正确率变高之类的。爸妈见我看了这本书有很大的改变，也就都看了。之后，不出我所料，他们也有很大的改变。比如，脾气变好了，会主动地工作了，还会问我"最近学习怎么样？有不会的吗？"之类的问题。

总而言之，读这本书对我帮助很大，让我会自主学习了，让我变勤劳了，也让我爸妈改变了，不会冲动地骂我了。

非常感谢沈思爷爷给我们机会去读这本书。

班级里大部分人也读了这本书，一个假期过后，我发现大家都变得有纪律了，还变得团结了。曾经乱糟糟的班级竟然一个假期就变好了！所以，这本书不仅对我很有帮助，也对我们这个班级很有帮助。

像这种书，一般我不喜欢看的，可是沈思爷爷写得很好。书中班级纪律都是同学自己制订的，让我感受到了师生平等。书中还列举了一些学生的例子，更让我觉得有趣了。

叶涵瑾

2021 年 2 月 23 日

班主任吴立丹老师： 叶涵瑾这学期让我们有眼前一亮的感觉。我们觉得她现在很清楚地知道自己要什么，目标明确，行动迅速，所以状态很好。这个孩子是善于学习的，但就像她自己说的一样，以前她凡事听家长安排，会有点反感这种生活，但家长读完书以后学会放手，她逐渐自主了，整个人开朗阳光了不少。我太喜欢这样的叶涵瑾了，相信没有人不喜欢现在的她！

沈思："像这种书，一般我不喜欢看的，可是沈思爷爷写得很好。"看到这句话，我想起了金陵中学岱山分校王敬怀校长说的："一般别人送的书我是不看的，但是《教育是什么》看了以后就放不下来了。"小学生和中学校长竟然会有如此高度一致的共识，是写书之前怎么也没有想到的。

5. "您说得看似简单，实则是天马行空"

沈老师，听了您的话，我感觉非同一般！您那本书的书名《课堂的革命——师生平等对话录》中的"师生平等"让我感到惊讶。我原以为只是让课堂不再乏味，不再让学生惧怕课堂，可书里的每一个字都证明了我的想法是错的。

现在的师生关系，基本上是这样的：老师布置的任务，学生都要完成，不完成就会受到责骂，老师会说一些话去刺激学生，以此达到让学生完成任务的目的，导致学生变成了大家口中的"作业机器"。可您书里充满了"师生平等"四个大字的味道，让我认为不可能的事变成了可能，也证明了您的教育思想与方法是对的。

还有亲子关系。中国式家庭教育大多是打与骂，许多学生在家庭教育中选择了隐忍，长大后，对父母躲得越远越好，最终成为"不孝子"。

您说的与家长的沟通，我试过不止一次，可家长就是不买账，有时候还会打骂，成功概率为零。有时候我还会想：您为什么要让我们去尝试呢？家长们只不过是把我们当成一面荣誉墙罢了。拿到证书，高兴；拿不到，责骂。

您说得看似简单，实则是天马行空。对于这种"任务"，我始终是以失败告终。希望您下次能再说一说还有没有其他的办法可以让亲子关系得到缓和。谢谢！

姚泽升
2020 年 12 月 26 日

6. "这是一本希望之书"

我一开始读的时候，以为这只是一本简单的书，后来发现这是一本希望之书：学生对师生平等的希望，学生对学习知识的渴望，老师对学生的美好期望，在书里毫无保留地尽数展现出来。原本想简单翻翻，可心中的渴望告诉我：应该认真读，它正在让你改变，让你茁壮成长。

这本书一直在吸引我阅读，下课了有时间就看一点，回家写完作业看一点，睡觉前看一点，躺在床上会回想书中有哪些值得铭记的，及时做总结。总之，无时无刻不在想书里的内容。从来没有一本书让我如此喜欢，爱不释手，这是第一本，在我读书过程中是一个重要的转折点。

书中说到，"为什么要选举？第一个好处是培养学生权利与责任的意识。……第二个好处是让学生在参与的过程中全面成长。""为什么要选举"，这是一个核心问题。选举起到的作用，一是帮助人成长，二是公开公正，选出的是大家一致认同的，在做事情的时候可以减少很多不必要的矛盾。

第31页"课堂教学内容的革命"，这个醒目的大标题是必要的。课堂要革命，也必须革命。目前中国的机构化教学是不发达的，存在老思想。而书中的软测班，可以说是发达的，甚至在全世界都是值得一提的。而那么多人愿意对课堂进行革命，说明他们早已发现了中国课堂的短板。

姚泽升

2021 年 2 月 22 日

沈思：姚同学在他第一篇文章里写道："您说得看似简单，实则是天马行空。"这是在毫不客气地批评作者。时隔两个月，姚同学在他第二篇文章里毫不吝啬地赞扬："这是一本希望之书"，"无时无刻不在想书里的内容"，"在全世界都是值得一提的"。

三、和五（3）班全体学生面对面的对话

我去五（3）班参加了两次班会。每次班会，同学们都会把教室里的课桌椅摆放成一圈，每个学生的课桌上都摆放着一些水果、点心，参会的校长、老师也都和学生平等地围坐在一起。这里只分享 2021 年 1 月 12 日班会的部分对话内容。

地点：五（3）班教室

人员：全班学生，班主任，校长，街道团工委副书记，沈思

沈思：同学们有什么问题吗？

学生甲：家长不讲道理，简单粗暴，动不动就打人。

沈思：我们这代人像你们这么大的时候，也会经常挨父母打，那个时候所有人都认为父母打孩子天经地义，你们信不信？

学生们：信！

沈思：你们怎么知道的？

学生乙：我奶奶和我讲的。

沈思：你们也认为天经地义吗？

学生们：我们不同意。

沈思：我们小的时候真心实意地认为爸爸妈妈打自己天经地义，所以挨打的时候只有皮肉之疼，没有内心痛苦。你们不同意天经地义的观点，所以你们不仅感受了皮肉之疼，而且感受到内心痛苦，是不是？

学生们：是！

沈思：不要责怪你们的爸爸妈妈，他们只是在你们身上重复他们小的时候接受过的教育。但是，你们要帮助他们提高认识、转变观念。你们把自己写的文章给妈妈看，妈妈不仅不看还可能会打你。但是你们用书上的道理说服爸爸妈妈，他们很有可能会接受。所以，好好读书，用书里的道理教育爸爸妈妈，和爸爸妈妈一起成长，好不好？

学生们：好！

沈思：有同学在读书笔记里写了这样的话："爸爸妈妈都是'不讲武德'之人。"这篇文章是谁写的？

梁宇航：是我写的。

沈思："不讲武德"是什么意思？

梁宇航：就是没有任何道理就打人！

沈思：是不是恃强凌弱啊？

学生们：是的！

沈思：还有什么问题吗？

学生丙：妈妈和我的手机联机，我不喜欢。

沈思：为什么不喜欢？

学生们：侵犯隐私权。

沈思：我像你们这么大时哪里知道什么隐私权。回家尝试说服爸爸妈妈，商量一个办法，又能保护隐私权不被侵犯，又能让爸爸妈妈放心。

学生们：我们说了很多次，一点也没有用，甚至招来殴打。（有个学生还用手示范性地左右甩了几下。）

沈思：父母不听你们说的话，但是会听书里写的话，好好读书，用书里的话去说服父母。山西一个乡村小学的小学生王欣雨说，她爷爷奶奶饭桌上40多年的"吵架堡垒"，被她用书里的知识化解了。相信你们也能做到。

◆后记：

我又一次去课堂时，询问效果如何。学生告知，父母被说服了。但是，不是所有的父母都能够被说服的。在一次研讨会上，当我问老师们还有没有问题需要一起讨论时，吴立丹老师说，她个人没有什么困惑，只是班上有两个学生有困惑，看看能不能帮助解决。因为学生们在班上会互相交流父母是否读了书，读了书以后有没有改变，有两个学生看着班上很多同学的父母都读了书，并且因此改变了教育方式，而他们的父母却始终无动于衷，有点发急。吴老师建议他们自己先有所改变，用自己的行动去影响家长。学生听从了吴老师的建议，开始有意识地改变自己，比如放学回到家里，以前进门都是把鞋子随便乱放，现在开始自觉地把鞋子放进鞋柜里，主动写家庭作业，等等。学生说，即便这样，父母仍然没有丝毫改变，认为他们的改变是应该的。当时校长建议老师在适当的时候召开一次家长会。

四、和五（3）班班主任吴立丹老师的线上对话

2021-01-29

吴立丹：沈老师，这是五（3）班读书交流QQ群，下载QQ然后扫描二维码即可加入。

沈思：吴老师好！我马上学着下载。您是群主，是组织者、推动人，我的角色是观察员。姚泽升同学给我的印象是个很有主见的小男子汉，敢想、敢说、会想、会说，文章写得好，主题明确，层次分明，语言通顺，

很善于使用文字清晰地表达自己的所思所想。我在群里发给他的妈妈可以吗？鼓励孩子们敢想、敢说、敢写，写出一个真实的原生态的自己。

吴立丹：好的。

2021-01-30

沈思：上面的内容哪些适合发家长群，麻烦您在方便的时候筛选一下。

吴立丹：我们班的读后感之前都发过的，当时家长们没有抵触。

沈思：那我建议严校长发到其他班的家长群，可以的吧？

吴立丹：我这边没有问题。

沈思：我想我可以代表小学生谢谢您！

吴立丹：其实我也不太懂，但是想尽自己的一份力。

沈思：您是一位难得的尽心尽力的好老师！教育进步需要国家政策，需要专家学者，最需要像您这样的老师！教育进步正是在一个个像您这样的一线老师手中完成的。

吴立丹：说实话，参加了这个活动后，我会以长远的目光看待学生，好像宽容了不少，不像以前那样对学生的问题一点就着了。

2021-03-04

沈思：吴老师好！同学们现在的学习态度如何？学习成绩如何？

吴立丹：沈老师好！首先感谢您对我们班的持续关注。我们班这学期状态尚可，同学们给任课老师的感觉是纪律方面有改善，不再像以前那么跳脱，特别是体育老师，他带这个班体育课时间长，碰到我就说三班调皮的同学改变了不少。学习上，积极阅读两本书的同学明显懂事一些，比较清楚自己要什么，老师讲道理时他们能听到心里。我的心境也有变化，参加"爱-说课堂"以后，我感觉自己会更多从学生立场考虑问题，理解他们课后的负担，所以会想办法提高他们的课堂效率。成绩方面，我们班语文、英语在同年级中较好，但是数学一直垫底，尖子生基本没有，尾巴又多。

沈思：数学垫底是在"爱-说课堂"前还是后？

吴立丹：一直都是。我和胡老师一直在试方法。

沈思：积极阅读两本书的同学平时语数外三科成绩如何？

吴立丹：积极阅读的同学从成绩上来讲，一般都是80分以上的，学习能力较强。

沈思：关于如何提高数学成绩，是否可以"问计于民"？和胡老师一起请教全班学生，怎么样教学才能让全班的数学平均分数超过其他班。提倡班内个体间互帮互学，班级群体间展开竞争。在小学就培养学生既善于合作又敢于竞争的人格素养，将会让学生受益终身。和同学们说数学成绩上不去老师有压力，需要同学们帮助老师想办法。

吴立丹：可以一试，感谢沈老师。

沈思：给学生帮助老师做事的机会，会激发学生人性中固有的责任感，这是十分宝贵的人格素质。激发责任感，不属于知识的教学，属于人的教育；不属于下德之育，属于上德之育。学生很少遇到老师向他们求助的机会，一旦有了，不知道会表现出什么样的状态。

吴立丹：好的，近期我选择一个合适的时间和同学们交流一下。

"爱-说课堂"第三次线下研讨会

"爱-说课堂"项目开展以后，基本每个月开一次线下研讨会。说真的，研讨会一次比一次开得好，与会者发言的热情一次比一次高，内容一次比一次丰富，感悟一次比一次深刻。看得出来，每个老师都很用心。从老师们的发言中可以看出，书中教育理念的思想种子，在他们的辛勤耕耘下，很快扎根课堂，不时开出几朵芬芳的、值得拿到会上与众人共赏的教育之花。

之前我对小学老师的工作状态一无所知，和老师们共同开展项目以来，才知道小学老师的工作十分繁忙，相当辛苦。相较而言，大学老师只是专门知识与技能教学的业师，而小学老师既是专门知识与技能教学的业师，更是情感与一般道理教育的人师，要面对学生，还要面对家长，就是面对一个个家庭。

每次研讨会都有很多值得分享的经验，在这里分享胡俊老师 2020 年 12 月 27 日第三次线下研讨会上的发言，我选择其中一句话作为发言的标题。

学生的笑容成了我们前进的动力

尊敬的沈老师、各位领导：

大家下午好！

我们这组由我做代表，对这学期的"爱-说课堂"研究项目进行总结汇报。首先我想介绍一下我们的团队，由 4 位理性的数学老师组成，分别是叶婷婷、唐余莉、刘宸和胡俊。今天的总结汇报，我从缘起、举措、变化和展望四方面进行。

第一，缘起。曾经的我们，总是陷入"学生成绩真差，这么简单的都不会""学生好讨厌，上课也不举手""家长真是的，自己的小孩也不管""工作好多，我好累"等类似的泥潭里，想挣扎却又无从下手。直到有一天，学校给每位老师发了两本书。我们有幸拜读了这两本书。紧接着，有幸遇到了一帮充满抱负的同仁，有幸能和沈老师对话，得到沈老师的言传身教。慢慢地，我们发现，我们给自己增加了一个向上的助推器。迫切改变的心情在我们心中深深地扎根，改变必须从现在开始。

第二，举措。在改革伊始，我们制订了方案，写了改革计划书。有了方向，我们的改革正式拉开序幕。从学生出发，我和叶婷婷老师通过和学生商议，制订了详尽的积分规则；刘宸和唐余莉老师则研究起了小组合作。同时，我们还关注学生的表达，包括口头上的说和笔头上的写。对于口头上的表达，我们发现，学生天性爱说，但说的内容大多游离于学习之外。如何将学生的兴趣转化到数学学习中来，如何让学生在课堂上有效地交流，是我们研究的重点。这样的研究恰巧与助学法不谋而合，因此我们借鉴了助学法。为了展示学生对数学的有个性而思维清晰的表达，我们鼓励学生把所学的知识用自己喜欢的方式呈现出来。最后，在平等合作的基础上，师生共同对实验措施进行讨论、修改，让学生成为教育教学实验的参与者、合作者而非实验对象。

"要给学生一滴水，教师应当有一片海洋。"为了辅助教育实践，我们得有一片海洋。我们进行观摩学习、不定期的讨论、专业知识的共研、阅读书籍、阶段反思，并积极在研讨会中争取发言机会。

第三，变化。经过我们的努力，变化在悄然产生。让我们看这样两幅照片。

这是五（4）班学生领奖时的画面，上面的是在"爱·说课堂"项目实施之前，下面的是本学期计算竞赛领奖画面。曾经的他们面对荣誉都不露声色，而现在，从他们的眼神中可以看到对数学的兴趣，对努力获得成绩的喜悦。他们的笑容成了我们前进的动力，

学生的变化也促使我们改变，师生关系也发生了变化，教育教学变得有意义。"爱-说课堂"带给我们的改变不止于此，曾经的我们孤军奋战，而现在的我们，面对困难，身后有伙伴，我们相互勉励，相互监督，共同进步。这些变化都是"爱-说课堂"给予我们的。

第四，展望。我们组对于未来有以下三点展望：希望能形成自己的研究成果；希望能走进班级，以课为例，深入学习；希望能尽可能地卷入家长，共同行动。

从第一次研讨会到这次研讨会，两个多月的时间，老师们从"工作好多，我好累""想挣扎却又无从下手"的泥潭里走了出来，走向"教育教学变得有意义"。学生从"面对荣誉都不露声色"的呆脸，转变成"对努力获得成绩的喜悦"的笑脸。这是"直到有一天，学校给每位老师发了两本书"所发挥的效用。

关于"笑"和健康、善良、智慧、素质教育的关系，《教育是什么》一书里有专门论述。这里再分享一个小故事。有人问佛：什么样的人是好人？佛答：看见你就笑的人，你看见就笑的人，是好人。

把会笑的人教成不会笑，造孽；教成会笑，造福。

三方共读两本书线上寒假活动

时间很快来到寒假。原本学校计划等五（3）班学生和家长读完两本书后，再把书流转到下个班级。鉴于五（3）班学生写的"假如我是爸爸妈妈"的作文所反映的家庭教育让孩子焦虑的现状，鉴于五（3）班学生和家长共读两本书后家庭教育发生巨大改善的效果，鉴于小学生的身心时时刻刻都在成长，等不得！学校决定给从一年级到六年级的 8 个班的 312 名学生全部发放两本书，利用寒假组织教师、学生和家长三方共读两本书的线上读书会。一、二年级家长读，三年级以上学生和家长共读。"希望能尽可能地卷入家长，共同行动。"这是胡俊老师在第三次研讨会上的发言中的最后一句话，可见，老师们希望这样做。

发这么多书要花一笔钱，但学校认为，哪怕只有几个家长看了，多了几个和睦的家庭和身心健康的学生，钱就花得值。

为了把寒假读书活动组织好，每个班级由班主任当群主，建立了一个学生和家长的线上读书群。因为"爱-说课堂"项目属于街道创建理想教育小镇的一部分，所以建议街道也派干部参与其中。2021 年 1 月 23 日，我给街道团委副书记霍佰义发微信："霍书记好！是否可以安排几名年轻干部分别加入每个班的读书群，写写点评？过程中看到好的读书笔记就挑选出来，转发其他群共享。这个过程可以了解民情；训练书面表达能力，书面表达技能是当干部必须掌握的；提升说服能力，说服能力是当干部的看家本领。三人行必有我师，几十上百人的群，该有多少老师可学！向人民学习，这是干部的最高境界。8个班，一个班请一名干部参与。有空时就看看，时间自由，弹性工作，或许青年干部比较容易接受。是否可以试试看？"霍书记回复："没问题。我下周挑选8个年轻干部落实到位。"

为了鼓励学生，我在征得校长同意的前提下，给学生们写了一封信，发往各个班级群。

各位同学好！

给各位同学几个建议：

1. 和爸爸妈妈一起商量一个读书计划，读书时间根据自己的情况安排。

2. 阅读效果，默读不如朗读。如果可能，给爸爸妈妈朗读你认为值得他们学习的段落。这两本书有个特点，翻到哪页看哪页都行。如果能够就朗读的内容展开小小的讨论则更好。

3. 不动笔墨不读书。默读不如朗读，朗读不如动笔写。把自己的阅读感想，提醒爸爸妈妈阅读的方法和过程，以及和爸爸妈妈共读的过程用笔记录下来，发到群里共享。

4. 利用这次读书会活动，把自己在家里和学校里，在接受爸爸妈妈和老师教育的过程中的真实感受在读书笔记里写出来，好的感受要写，不好的感受更要写，不在乎字数多少，只要真实就好。让爸爸妈妈和老师知道你们内心真实的感受，有助于他们改变方法、提高水平。

5. 把自己心中向往的教育也写出来，比如向往什么样的师生关系，什么样的同学关系，什么样的亲子关系，什么样的兄弟姐妹关系，什么样的学习生活，等等，想到什么就写什么，不要有任何顾虑和约束。爸爸妈妈和老师一旦知道了你们向往什么样的教育，就会努力给你们什么样的教育。你们学生对幸福教育的向往就是爸爸妈妈和老师努力的目标。可以说，孩子享有幸福教育，是人民享有幸福生活的基础。

6. 读书活动结束后，我们将会有选择地把你们写的读书笔记整理成书，争取出版，和全中国的小学生以及他们的爸爸妈妈还有老师分享。书名暂定为《小学生谈教育》。之所以有出书的想法，是因为之前五（3）班和三（1）班有同学的读后感写得十分好，让所有看过他们读后感的人，包括老师、校长、家长，还有街道领导，都深受启发，看到了蕴藏于你们心中的天赋的善良和智慧，从此再也不敢小看你们小学生了！教育进步，如果不从小学起步，没有你们小学生参与，没有你们小学生和教师、家长的共同努力，是不能实现的。

以上建议，供各位同学根据自己的实际情况参考。

祝同学们过一个快乐的、有意义的寒假！

沈　思

2021 年 2 月 1 日

我请徐立书记给参与"爱-说课堂"项目实验的老师写几句鼓励的话，徐书记欣然同意，提笔就写，不一会就发来一封给老师的信：

参与"爱-说课堂"课题实践项目的各位老师：

你们辛苦了！我坚信你们在辛苦当中一定也享受到更多的幸福和快乐，一定也有不少的成就感。我从沈思老师和窦林校长转给我的材料，以及他们发给我的信息中，深切地感受到了这一点，点赞不计其数。其实，为人师者，成就自身的快乐背后所蕴藏的是成就孩子们的快乐。因为他们快乐，所以你们快乐；因为他们快乐，所以你们找到了教育的真谛，甚至是教育的捷径。之所以说是捷径，是因为我们过去用传统的教育教学方式所付出的辛苦并不比现在少，但获得的快乐和成就却未必比现在多。所以，无论是教育的真谛，还是科学的真谛，都在于发现真理、坚持真理，为理想不停地实践真理！

谨以此向各位老师表示祝贺，并期待你们取得更多、更大的成就和进步！

徐　立

2021 年 2 月 3 日

回顾寒假共读活动，作为群主的老师们真的很努力，用心选择合适的时段，在群里提醒家长让孩子朗读，实际上也是希望家长阅读。有的家庭，孩子朗读给爸爸听，妈妈录视频，发到群里分享。有的家庭，孩子朗读给妈妈听，爸爸录视频，发到群里分享。有的学生把自己的读后感发到群里分享，也有家长把自己的读后感发到群里共享。老师们还会把自己班级群里学生和家长写的读后感发到其他的班级群共享。总而言之，这次三方共读两本书的寒假线上活动，收效远远超过预期。

一、寒假家长和学生共读情况统计

寒假结束后，学校设计了一份实验班家长、学生读书情况调查表，请学生和家长自愿填写。

1. 六（3）班46人，发问卷46份，收32份。关于学生阅读，32份都写了读后感。关于父母阅读，3份没有填写父母是否读了，2份填写父母没有读，27份填写父母读了书；其中有25个学生表示父母的教育方式有了让他们高兴的改变，有2个学生认为父母的教育方式原本就不落后，无需改善。

2. 五（3）班43人，发问卷43份，收43份。关于学生阅读，42个学生读了并且写了读后感，只有一个学生写没有读，但爸妈读了，并且改善了对他的教育方法。关于父母阅读，有3个学生没有填写，有20个学生写了没有读，父母阅读并且对孩子的教育方式有所改善的有20个。

3. 四（3）班38人，发问卷38份，收24份。关于学生阅读，23份都写了读后感。关于父母阅读，有2个学生没有填写父母是否读了；有3个学生说父母没有读，不过他们认为父母原本就能够平等对待他们，读不读都一样；有18个学生表示父母读了书，教育方式有了让他们高兴的改变。

4. 四（2）班38人，发问卷38份，收20份。关于学生阅读，20份都有填写。关于父母阅读，2份填写父母没有读；2份填写父母读了没有变化；1份填写原本就能平等对待自己，读了没有变化；15份填写父母读了，教育方式有了让自己喜欢的改变。

5. 三（1）班40人，发问卷40份，收22份。关于学生阅读，22份都有填写。关于父母阅读，6份填写没有读，16份填写父母读了，教育方式有了让自己喜欢的改变。

6. 二（2）班35人，发问卷35份，收15份。3份问卷写了家长没读；2份问卷写了家长读了以后没有变化，因为原来就很好；10份问卷写了家长读了，有变化。

7. 二（4）班37人，发问卷37份，收30份。30份填写了读后感，由家长填写。

8. 一（1）班 35 人，发问卷 35 份，收 29 份。29 份填写了读后感。

汇总以上数据：参加"爱-说课堂"项目实验的，从一年级到六年级，共 8 个班，312 名学生。学校给 312 个家庭共发了 312 套书，发了 312 份调查表，收回 215 份。一、二年级请家长填写，三至六年级由学生填写。有 46 份填写家长没有读，有 161 份填写家长阅读了书并改善了教育孩子的方式，有 8 份填写家长阅读了书但没有改变教育方式，因为原本教育方式就是孩子所乐意接受的。

五（3）班吴立丹老师曾经布置学生写题为"理想中的爸爸妈妈"的作文，全班 43 个学生，有 41 个学生写了，其中只有一个学生的作文里写道，现实中的爸爸妈妈就是理想中的爸爸妈妈。

一个寒假，两本书，改善家庭教育的效率为 161/312＝51%。

二、阅读之后得到改善的教育方式

1. 明白了亲子平等的道理。

2. 之前都是不讲道理，现在开始考虑我的感受了，非常讲道理，比以前好很多。

3. 以前经常打骂，现在不打不骂，坐下来平静地谈。

4. 以前会拿衣架子、筷子打，用脚踢，现在不了。

5. 以前谈话会急躁，现在不急躁；以前态度严厉，现在温柔。

6. 会聆听孩子说话了，并关注孩子的感受。

7. 以前报补习班没商量，现在报补习班会征求意见。

8. 以前"小孩子，没你的话，大人说话时不要插嘴"，现在会听取意见。

9. 改变了刷题可以对学习有很大帮助的认知，不再买太多过难的辅导作业。

10. 以前很强势，会强迫我做事，现在会问我的想法，和我商量。

11. 以前考不好会打骂，现在会安慰鼓励。

12. 以前不陪伴，现在陪伴比以前多。

13. 以前只督促学习，现在也考虑休息。

14. 以前 9：30 以后才能睡觉，现在 8：30 就提醒睡觉。

15. 以前题目做错了会生气，现在做错了会一起分析改正。

16. 网课少了，不做大试卷了。

17. 提醒孩子不是为家长学习而是为自己学习，鼓励自己的事情自己做。

18. 增强了劳动观念，开始有意识地鼓励劳动。

此外，不止一个家长在改变教育方式的同时也提高了自己的职业素养。

三、3份实验班家长、学生读书情况调查表原件

1. "骗了她一份读后感，只有几个字：要改变教育方式"

实验班家长、学生读书情况调查

班级 五(3)班　　学生姓名 冯馨慧　　班级人数 43

为了清楚了解各班级同学和家长阅读《课堂的革命》和《教育是什么》两本书的情况，请大家如实填写下列调查问卷。谢谢！

1. 请问你读了哪一本？读了以后有什么感想？

①答：我读了《课堂的革命》。

②答：我的感想是：1. 家长的教育方式出了错，打人。2. 学生出了错。有的时候我妈妈看我写作业，写错了就打。毕竟"文凭是铜牌，能力是银牌，人脉是金牌，思想是王牌。"毛主席说："思想的路是决定一切的。"我妈只认为文凭是王牌。"我决定让我妈读读看。

2. 你爸妈读了哪本书？读了以后对你的态度有变化吗？如果有请具体描述一下。如果没有，也请你描述一下具体的情况，以便学校有的放矢的帮助他们改变对你的教育方法。

①我爸妈读了《课堂的革命》。

②他们只读了一小部分，原来我写个一起作业，他们都叨叨我，虽然只读了一小部分，但有所改变，愿意陪我，和我看电视、下棋、弹琴。一开始我妈不愿意读，我就说老师让读的，再写一份读后感，骗她了一份读后感，只有几个字：要改变教育方式。直到我妈说："作业写完了看会儿书。"我才找到机会了，大声朗读："文凭是铜牌！能力是银牌！人脉是金牌！思想是王牌！毛泽东说过'思想路线是决定一切的。'"我妈说："算了你去帮我拿衣服洗澡吧！"我看间她看了几页，越看越起劲。从此发生的改变。

沈思：不少学生和冯同学一样，用"老师要求读的"来说服家长阅读。这一招挺管用。有个学生写道，妈妈问为什么，她就说，就是老师让读的。理由都懒得解释。有个学生写道："我一回到家里就把书给妈妈，说老师让你读的。这是我第一次让妈妈听我的。"

2."是这本书，让我拥有一个完美的家庭"

实验班家长、学生读书情况调查

班级 __四(3)班__   学生姓名 __张雅泓__   班级人数 __38人__

为了清楚了解各班级同学和家长阅读《课堂的革命》和《教育是什么》两本书的情况，请大家如实填写下列调查问卷，谢谢！

1.请问你读了哪一本？读了以后有什么感想？

《教育是什么》读后感

我读了《教育是什么》读后感。我很欣慰能读到这种书，我也希望爸爸妈妈看完能对我的教育发生改变。

这本书不仅仅带给我们道理、知识，更重要的是对教育的认知，教育的方法不只是逼着学生背呀，记呀，写呀，更多的是像朋友一样，合理地教他们知识。就像书上说的一样："一个教师，师德如何，教学水平高低，学生心里清清楚楚。"学生当然喜欢把自己当作朋友的老师。

以后，我长大了，也要成为一个受学生爱戴的老师！

2.你爸妈读了哪本书？读了以后对你的态度有变化吗？如果有请具体描述一下。如果没有，也请你描述一下具体的情况，以便学校有的放矢的帮助他们改变对你的教育方法。

爸爸妈妈的改变

爸爸妈妈自从看了《教育是什么》本书，对我的态度发生了极大的改变：以前我做错事，他们会骂我，而现在不是。比如说以前，我不小心把碗给摔碎了，他们会说："拿个碗都不会，以后还能干什么？"现在，他们会说："没伤着手吧？下次小心点！"

这就是我父母的改变，我喜欢这本书，是这本书，让我拥有一个完美的家庭！

3. "我能开始过上爸妈不打我的日子，还是多亏了《课堂的革命》这本书"

——四（3）班晏语晗

2.你爸妈读了哪本书？读了以后对你的态度有变化吗？如果有请具体描述一下。如果没有，也请你描述一下具体的情况，以便学校有的放矢的帮助他们改变对你的教育方法。

爸妈读了《课堂的革命》这本书，我觉得爸妈改变了很多事。比如，看了这本书后，我爸妈几乎都不打我了，更多的是是语言的教育方法而跟我谈心。谈心时和平时说话时语气比之前来和多了，训斥我的时候也不是那样又凶又可怕的样子。因为他们看了那本书后，明白了打孩子，骂孩子只会让孩子失落、自卑，并不是什么可以提升孩子的成绩，所以他们也不怎么向其它没看过这本书的家长打我了。

在之前我连在写作业时休息10秒钟都不行的情况下，没写完作业就不吃饭的情况下。因为爸妈看了那本书，所以我在写作业的时候就不像之前写作业的情景一样了。

我能开始过上爸妈不打我的时，还是多亏了《课堂的革命这本书》，希望看这本书的人越来越多，幸福孩子越来越多。

四、两篇家长读后感

1. 一（1）班叶朵儿同学家长《教育是什么》读后感

因爱而生，为爱而来

"教育"一词始见于《孟子·尽心上》："君子有三乐，而王天下不与存焉。父母俱存，兄弟无故，一乐也；仰不愧于天，俯不怍于人，二乐也；得天下英才而教育之，三乐也。"在西方，"教育"一词源于拉丁文educate，意为"引出"或"导出"。从词源上说，西方"教育"一词是内发之意，强调教育是一种顺其自然的活动，旨在把自然人所固有的或潜在的素质，自内而外引发出来，以成就现实的状态。这是中西方对于教育的定义。那么真正的教育是什么？

沈思老师的这本《教育是什么》解答了这个问题："人是教育的内因，

环境是教育的外因，作为内因的人与作为外因的环境相互作用形成了教育。"我不由得开始遐思，我作为对于自己孩子的外因，孩子是怎么看待我的？于是我学习沈思老师的方法，请孩子写一篇"假如我是妈妈"，全篇我不参与，要求写出真实所想。

孩子简单的三句话背后有着不简单的三个小故事。首先我内心是焦虑的，自认为尽职尽责地陪伴，在孩子的眼里却是那么不完美。正如鲁迅先生所说："教育是要立人。"儿童的教育主要是理解、指导和解放，给予孩子所渴望的平等和尊重。

然而也有令我欣慰的，三句话里"心平气和""慢条斯理"准确地运用到了句子里，我问孩子这些词语是哪里学来的，她的回答是阅读书籍中学到的。正如严校长所说，"一年级孩子也是可以的"，我们要相信他们。

陶行知说过，教育是依据生活、为了生活的"生活教育"，培养有行动能力、思考能力和创造力的人。亲子阅读是生活中最廉价的娱乐，却能带来最持久的满足。如陶慧老师所建议的，我们应该在闲暇之余多阅读，多与孩子探讨。父母参与阅读，在阅读中和孩子进行情感和思想的交流，这是孩子成长中最需要的营养。

孩子们因爱而生，为爱而来，为何我们不能多一份爱的教育呢？

2. 四（3）班肖羽涵同学家长的读后感

近日得到沈思先生《课堂的革命》《教育是什么》两本书，通读下来，颇有感受。

谈及子女教育，为人父母，不可谓不用心，公众号关注了不少，资源群加了不少，但相对于这两本书来说，就显得十分零碎偏颇。

上一次系统地学习某一类知识，大概还是在学校，走向社会以来，往往以实际需求为出发点，今天学个小技巧，明天学个小方法，虽然也在大量地积累，也确实能够应付实际需求，但要更进一步就会显得有心无力。

这两本书来得可谓是适逢其会，平时说烂了的诸如"思想""道德""知识""智慧"，我们真的懂得其内在含义吗？两本书正是从最基础的概念开始，构建起一套完善的体系，让我们的每一点认知都找到相应的位置，自此知识再不是独立的存在，而是在系统的结构中得到强化，在相互作用下得到升华。

读了这两本书，绝不仅仅是了解到几个知识点，学习了几个小技巧，而是刷新了底层的认知，更新了系统，看问题更加清晰，想事情更加明白。不仅仅是掌握了一招半式，简直像是内功修为提升了一个境界。

这样的好书，应该长期保存，时时鉴赏。虽然个人水平有限，不敢说能体会其中的微言大义，但"进一寸有一寸的欢喜"，与诸君共勉。

五、两篇学生描述爸爸妈妈因读书而改变教育方式的文章

1."它会魔法，把妈妈的打骂变成了讲、说"

2."这本书很厉害，因为它'帮助'我让我的爸爸变好了"

读书改变了我的爸爸

读书改变了我的爸爸。原本我的爸爸是个贪玩的人，上班不好好上，一回到家就在床上玩手机，睡觉说……还常常迁怒！反正优点很少。

但自从我们让他看了《教育是什么》这本书后，他就像换了一个人似的，变化很大。

比如有一回他同事去家里喝酒，他为了我们的学习就说："算了，算了……"他同事一直说，他就一直回绝，直到半小时后，他们才停止了对话，打完后，爸爸出来喝水，我看他嘴唇都干了。还有一次，哥哥错了很多题目，爸爸依然不生气，心平气和地给哥哥解题，一次，哥哥打了我一下，爸爸知道了，很自卑、伤心。

我觉得这本书很厉害，因为它"帮助"我让我的爸爸变好了，像把我曾经的"坏"爸爸变成了好爸爸一样。

小学生大智慧

一、9 岁小学生三送文稿的故事

2021 年 3 月 31 日，我应约去南京西善花苑小学三（1）班给学生签名，我正在埋头给学生们递给我的一本本书签名时，一个女学生走到我面前说："沈爷爷，我写了一篇读后感。"我抬起头来和她说："好啊，你把读后感交给你们老师。"这个学生离开了。过了一会，她又来了，和我说："沈爷爷，我写了一篇读后感。"我还是和她说："好啊，你把读后感交给老师。"她又离开了。我之所以坚持让她把读后感交给老师，是因为"爱-说课堂"项目的主角是老师，我只是配角。可是当我签名快结束时，这个学生又走到了我面前，这次她拿着一张纸直接递到我手里说："沈爷爷，这是我写的读后感。"此时我无法再推辞了，只好把这张纸收下。这个孩子锲而不舍的举动让我想起了三顾茅庐的典故。

离开教室后，我问陪同我的严校长，这个小学生叫什么名字，几岁。严校长告知：张雅怡，9 岁。我刚好还有一块巧克力，请严校长带给她作为稿费。严校长后来告诉我，他问张雅怡："为什么不把读后感交给我？是不是不喜欢我啊？"她回答："不是的，是我昨天晚上刚刚写的。"其实，我和严校长是同时进的教室。

下面就是张雅怡同学给我的纸片：

纸片的上端，写着一行字："课堂的革命的读后感"。

整张纸片被两个拉长的大大的空心字"旧"和"新"，划分成左右两个部分。左侧是旧课堂，特点：师道尊严；学生越学越累、越学越苦。右侧是新课堂，特点：师生平等；学生个个有轻松心情。

纸片的下端，也是一行字："让我联想到了教育就是什么：师生平等，善于沟通，一起学习，其乐融融。"

这个只有 9 岁的小学生，竟然只用一张小小的纸片，就图文并茂、提纲挈领地高度概括了合计 70 多万字的《课堂的革命》和《教育是什么》

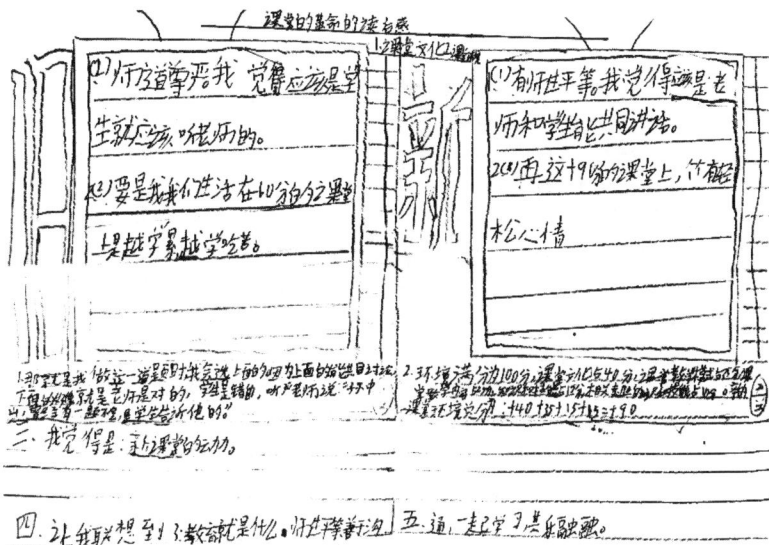

两本书的核心内容。和我同去教室采访的《现代家庭报》的记者张明亮先生看了这张纸片后说："这个小学生把你的两本书看透了。"

这张纸片是她内心里原本就有的对旧课堂的厌恶以及对新课堂的向往，和书里描述的新旧两种课堂产生了共鸣的产物。

人对是非、善恶、真假等一般的抽象道理的认知，靠心灵里天生就有的包括直觉、洞察力、同理心等在内的智慧；把认知到的道理转化成文字或语言表达出来，靠大脑的智力，当然也需要掌握一定数量的文字符号工具和一定程度的语言技能。张雅怡同学无疑是一个心灵敏锐、有智慧的孩子，否则她不可能对两本书的中心思想有如此精准的感悟；她也是大脑敏捷、智力强的孩子，否则她不可能把她感悟到的道理，用这样少的文字、这样清晰的排版方式如此简洁地表达出来。

二、9 岁小学生论心的小论文

南京西善花苑小学三（1）班学生孙阳这个 9 岁的孩子对《课堂的革命》中关于"心"的论述产生了共鸣，他连续三天写了三篇论心的小论文。

1. 心灵、大脑与身体

沈思：教育部有个三维教学目标。上文中的"想不想学"，属于第三维"情感态度与价值观"范畴，"怎么学"属于第二维"过程与方法"，"学什么"属于第一维"知识与技能"。孙阳同学告诉我们，在实际教学中，要把"情感态度与价值观"放在第一位。

2. 心的培育与人际交往

3. 教育首先要在于心

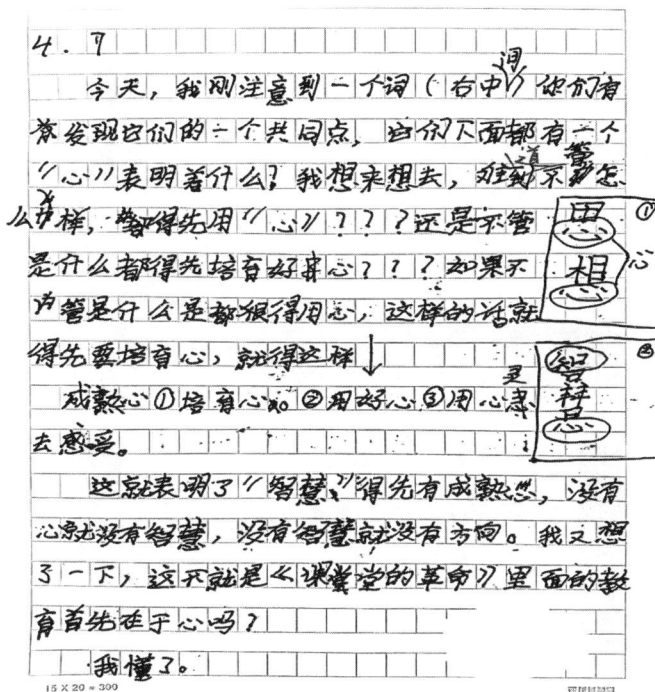

三、三年级小学生在一次家长会上写给自己家长的留言条

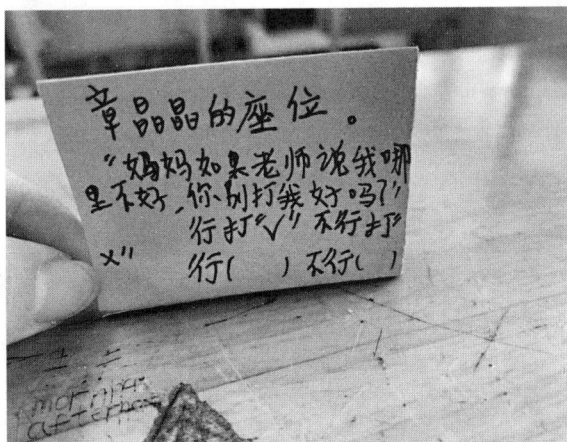

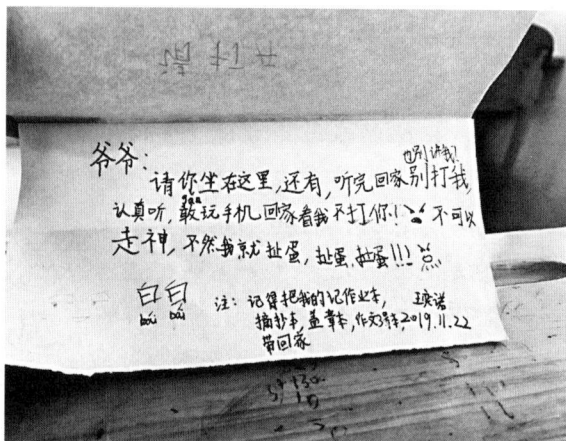

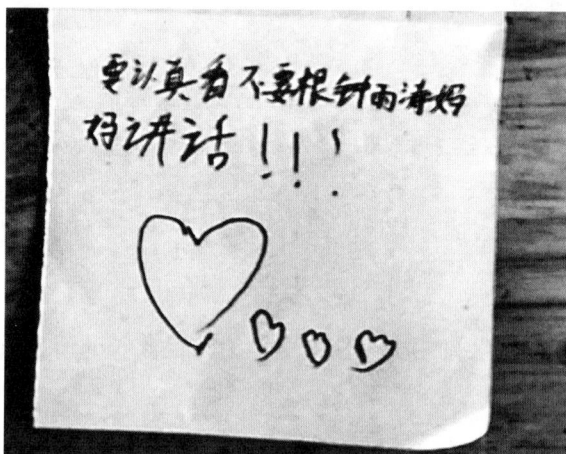

　　在一次"爱-说课堂"研讨会上，当讨论到智力和智慧的话题时，当时的四（2）班班主任毛敏洁老师回忆说，她带的班还是三年级时，在一次家长会上，发现一些学生放在自己座位上的写给家长的留言条很有趣，于是就拍了下来，上面3张就是其中的一部分。纸条留言，从具体内容看，是"以其人之道还治其人之身"；从表达风格看，充满幽默。毫无疑问，学生的幽默不是老师教的，是天生就有的。外在语言的幽默是内在智慧的外显。

　　请注意，本篇收录的能够反映"小学生，大智慧"的故事、论文和留言条，前两者出自参与"爱-说课堂"实验的三（1）班的两个三年级小学生之手，留言条是毛敏洁老师所带班级的学生在三年级的时候写的。这不是我有意选择，而是在过程中偶然发现。我由此联想到本书第一部分收录的安乐小学三名小学生的打卡笔记，其中，最小的四年级学生武玥茹的打卡笔记字数最多、感悟最深，群里老师们和她的互动也最多。发生在不同地方的不同小学里的这一相同的现象说明了什么？是否说明，随着学生年级的逐渐升高，表达的幽默感在逐渐消失，心中的智慧在逐渐降低？说真的，本篇收录的三组文章或图片显现出的小学生的幽默感，我在我们课堂上几百名大学生写的150多万字的课堂日报里几乎没有看到过，在我们日常的成人社会生活圈里，包括影视作品里，也很少见到。而在英美的影视作品的对白里，幽默随处可见。可以断言，我们中国人群体和英美人群体一样天生就有幽默感，只不过我们的幽默感被功利性极强的应试教育窒息了。有心人不妨注意观察一下周边熟悉的人，是不是接受应试教育的时间越长、学历越高的人，笑容越少，幽默感越差。

幽默没了，艺术也就没了，只剩技能；智慧没了，发现、发明和创造也就没了，只能模仿。

不过，人们无需太失望，幽默和智慧的精神基因不会消失，即便因为后天不当教育被窒息了幽默感和智慧的人，如果他们的下一代能够在张雅怡同学的那张小纸片里描述的新课堂上接受新的教育，天赋的幽默感和智慧的基因可以被重新激活。理由何在？本文提及的几个小学生的父母辈及其以上的几代人接受的都是会窒息幽默和智慧的旧教育，但这并没有妨碍他们在三年级时，在环境适宜的条件下，其幽默和智慧的基因被重新激活。

"爱-说课堂"线下公开课

一、百分之二百多赞成票的一堂公开课

时间过得很快，从 2020 年 10 月 14 日第一次研讨会开始，到 2021 年 11 月，在这一年多的时间里，"爱-说课堂"经历了数次研讨会，开展了成功的寒假线上共读活动，参与实验项目的老师、家长和学生对教育的思考越来越深入，思想的转变越来越大，创新教育的步伐也越迈越大。

2021 年 11 月 12 日，严校长邀请我参加新学期第一次"爱-说课堂"教学研讨。我担心"双减"政策刚刚落地，老师们负担变重，没有时间和精力研讨教育，没想到严校长说，老师们干劲很足！

11 月 17 日，我当了一回小学生，去学校上了四（2）班叶老师的公开课。这堂课上，叶老师设计了这样一个环节——让学生在课后也留下来，和其他老师一起当面评价老师的课。以前公开课下课后，学生们全部离开，由听课的老师评价。叶老师和她的伙伴们真的十分了不起！开这样的课，需要多么大的爱心、勇气和胸怀，以及对自己业务能力的自信！

课后当我被主持课堂的周老师点名发言时，我问这些四年级的小学生们，喜不喜欢能开口说话的课堂，全班学生放开嗓子异口同声地说——喜欢！当我让喜欢的学生举手时，竟然所有学生都举起了双手，而且还有一个学生举着双手的同时对着我把舌头伸得很长，然后特别和我强调说，连舌头都伸出来了。窦校长说，还有学生把脚也抬起来了！不是百分之百，而是投了百分之两百多赞成票！

憋尿伤肾，憋话伤心。憋尿久了，肉体的肾脏会生病；憋话久了，心灵的精神会生病。关于不让学生说话有哪些坏处，让学生说话有哪些好处，我的前两本书里有很多论述。

我建议学生们把对今天课堂的感受写下来给我，没想到当天下午严校长就转发给我十几篇学生写的课堂感受。我读了以后发现，每一篇感受的

结束语，虽然表述方式各不相同，但意思都一样——我们要说话。摘几篇结束语如下：

1. 我还认为老师在上课的时候让我说出我的想法，我才觉得自由，不管多长时间都不觉得枯燥，但是不让我说，哪怕就 5 分钟我都觉得枯燥。——许欣怡

2. 周恒逸说："如果不讲话，心里很闷；如果讲话，心里自由。"我们都很同意他的说法。——梁天涯

3. 当小组讨论时，原本不会写的我，听了小组同学的建议后，就会写了。当不能说话时就感觉很无聊，而当能说话时就开始产生对课堂的兴趣，我爱学习。——罗娜

4. 说话让我感到轻松、自由。如果不让我说话，我感到很难受。——陈心蕾

5. 当我们评价这节课的时候，就会感觉和老师的关系越来越近。——张欣彤

一节课的感想

今天我们上了一节非常有趣的公开课。叫作爱说课堂，后面坐着许多老师，还有校长和副校长，和沈思教授。

上课的时候，同学们都很轻松。但是老师看着仿佛有些紧张。当时我没有举手。但就只听见就只叽老师叫我起来回答问题。那时候我很慌乱，觉得世界没日就要来了，因为当时有很多老师，我惆没有办法，我就把自己的想法，讲了出来。没想到老师不仅没有批评我还表扬我呢！这才让我松口气。我们班的表现从头到尾都限好。很棒！我也很满意。我认为这节课很重要，叶老师穿着红色的裙子，仔细打扮了一番，很漂亮。我举手非常积极。可是我举手老师的脸就面向别的地方。前几次我还很自信。可没一会儿我的心情仿佛掉入了低谷。以前上课以后我们就要回到班级，准备回去上第2节课，老师们在一起研讨，今天不一样，我们和老师一起研讨，我们一起给老师（听课师）点评，我认为可以跟学生们一起讨多育到小组讨论中来，说说老师的想法，我还认为老师在上课的时候让说出我的想法，我才觉得自由，不管多长时间都不觉得枯燥。但是不让我说，哪怕就5分钟我都觉得枯燥。————许欣怡

我可以肯定地说，四（2）班的小学生文中说的，是全中国小学生心底里都想说的一句话，也是提醒人们真正实现"双减"目标、遏制当下学生群体抑郁症多发且呈低龄化趋势的抓手所在。

我把这堂公开课的相关内容发给了江苏人民出版社的戴亦梁编辑，有了以下对话：

戴亦梁：可亲可敬的老师们，感觉他们重新焕发了生机，开始对学生的评价感到小兴奋和期待了；可亲可爱的孩子们，竟然开始觉得不讲话的课堂很无聊，老师留给他们讲话的机会太少了。

沈思：真的没有想到，在当下"双减"政策刚刚落地，老师们工作量空前大的情况下，老师们竟然能够继续"爱-说课堂"创新教育的实验！

戴亦梁：我的理解是：幸运的是，在国家"双减"政策出台前，老师

们就开始了创新教育的尝试，所以他们不会像别的老师那样，对"双减"从理念到实践都有诸多的不适应、不理解甚至抵触心理。他们一心一意地尝试创新，投入了很多心力，去接受平等、开放的师生关系和课堂氛围，"双减"带来的身心两重压力，可能反而就在这种氛围中消减无形了。这只是我的猜测和理解，我毕竟不在第一线，但是这个过程中老师和学生的心路历程很重要、很宝贵，如果有教育专家进行跟踪调研，那就最好不过了。先把一手的资料都保存好。

沈思："学生的变化也促使了我们的变化，他们的笑容给了我们前进的动力。"这是去年 12 月 27 日研讨会上老师的发言中说的。这段话证明了您关于"双减"没有影响老师们的热情，是因为该政策落地前老师们就已经行动起来了的判断是正确的。这个实验特别强调学生的平等介入，老师们在和学生近距离接触的过程中，亲身感受到了天真可爱的孩子们对老师的期盼、对创新教育的渴望。老师们内在的人性的善良被孩子们的期盼和渴望激发出来了。老师有爱，则乐教；老师有爱，学生就乐学。师生皆乐，则无负可减。同时也证明了我一向主张的、不止一次被实践证明了的观点：创新教育，如果能让学生平等地参与，一定会有成效；如果不让学生平等参与，只能空转。大学是这样，小学也是。

这堂公开课上全班小学生百分之两百多关于说话的赞成票，说明我在前两本书里花了大量笔墨强调让学生开口说话，是十分正确的，是完全必要的，是合乎人性的，是全体小学生梦寐以求的。

千万不要小看这次创建平等、民主课堂的尝试。校园内没有平等、民主的课堂，校园外就难有平等、民主的社会。

二、一堂美术公开课课上与课后发生的故事

2021 年 12 月 10 日，严朝胜校长给我发来了"西苑娃娃有'画'说"的公开课计划，并邀请我参加。

12 月 15 日，我参加了三（1）班的这堂公开课。

这堂公开课授课结束后，全班学生也被邀请留下来和其他听课的老师们一起参与评课。看来从 2021 年 11 月 17 日开始，西善花苑小学的老师们开始自觉地、勇敢地邀请最不该被忽视的学习主体——学生参与教学评价，并且使其制度化，从而创建了一个合情合理的、完整的教学评价体

系。道理很简单——评价厨师（教师）烹饪（教学）水平的第一人理所当然地是食客（学生），其次才是同行。

这堂公开课受到学生热烈欢迎，学生都不想下课。

关于这堂课，有两个小故事值得分享。

1. 一个小男生的故事

评课时，主持评课的卓老师让我讲话。我问同学们："允许我讲多长时间？"在学生们一片热闹嘈杂的回答声中，只听一个小男生大声地说，一直讲到把下一节语文课拖掉！

课后，我和窦校长去他的办公室，路过德育办公室门口时，看见一个小男生低着头眼泪汪汪地站在门口，窦校靠近他关切地问怎么回事，他回答的声音很低，我一句都没听清楚，只是觉得他有点面熟。后来窦校告诉我，他就是那个大声建议我把下节语文课拖掉的学生，有学生汇报给了语文老师，语文老师说："既然不愿意上我的课，你就不要上了。"我听了以后颇为不安。有了和窦校长下面的对话：

沈思：这个学生的遭遇因我而起，我来学校的初衷是想帮助学生，没想到反而给学生添乱了，请窦校帮这个学生解个围，当然也不要为难那位老师，那位老师的反应是习惯使然，语文课想让学生喜欢上并不容易。

窦林：我已经安排了。

沈思：这个小男生心里有想法，公开说，说真话，从人人都有的良知良能看，是诚实勇敢之举；从教育的角度看，诚实勇敢正是教育要养成的美德。而那个向老师汇报的学生，不是想和他过不去，就是想以此讨好老师，这种损人利己、背后打小报告的行为模式，是美德还是缺德？"立德树人"，我们要教育学生立什么样的德，树什么样的人？

窦林：有道理。

沈思：这个小男生敢于当着那么多老师和同学的面，公开大声地说出其他学生想说又不敢说的心里话，分明是个有个性、有主见、诚实且勇敢的小男子汉。这些特质也是创造性人才、管理人才需要具备的。为什么当下社会流传"救救男孩"的呼声？天天喊素质教育，实际上素质教育是有的，只不过是负的素质教育。建议这位老师关注这个学生，成为这个学生的好朋友，让这个学生身上的男子汉特质释放出来，帮助他长成真正的男人，把负的素质教育转变成正的素质教育。

窦林：我会的。

沈思：作为人的学生，身与心分分秒秒都在成长过程中。同样的45分钟的一堂课，如果老师的授课能让学生喜欢，学生就会身体坐在课堂上，心思都在学习上，身与心是一致的，这45分钟对学生身与心的成长是有利的，此时教学效率是高的，育人功能是正的；如果老师的授课不能让学生喜欢，学生就会身体坐在课堂上，心思飞到课堂外，身与心是分裂的，这45分钟对学生身与心的成长是有害的，此时教学效率是低的，育人功能是负的。如何判断一堂课的效果是前者还是后者？下课铃响起，学生仍然逗留在教室里，是前者；下课铃一响，学生立马冲出教室，是后者。这属于教育的范畴，而不是教学的范畴，教育隐藏在教学之中，很多人只看见教学，看不见教育。

窦林：我们在把教学和教育区分开来认知上还需要下大功夫。

沈思：学生在今天唐老师的课堂上，处于全神贯注的状态，把时间都给忘了，此时的学生负担是轻还是重？

窦林：当然是轻。

沈思：如果学生在自己不喜欢的课堂上，处于如坐针毡、焦虑不安的状态，此时的学生负担是重还是轻？

窦林：当然是重。

沈思：可见减负的关键，主要在教师，在教育教学水平，不在课时长短、作业多少。

2. 停不下来了！

公开课后，在和窦校一起去他办公室的路上碰到一队学生，他们见到我立马喊着"沈思爷爷"冲到我面前，围着我伸出手来抢着和我握手，我仔细一看，原来是五（3）班的学生。他们都是我两本书的读者，写了不少让人动容、发人深思的读书笔记，我参加过他们两次班会，和他们一起讨论教育。学生们的举动让我感受到他们对我的殷切期望，让我停不下来了。

三、开"话"结"果"公开课

2022年3月9日，我被邀请参加第三堂公开课。第一堂公开课是四（2）班，第二堂是三（1）班，这一堂是二（4）班。从四年级到三年级再到二年级，老师们在一步步往低年级深入。

这堂公开课和前两堂有三个共同的特点：1. 不是一个老师单独教，

241

而是几个老师合作起来共同教，这次是"伙伴共生"团队；2．不是一个学生单独学，而是几个学生分为一组共同学；3．不是老师单向地教学生，而是老师和学生双向并行、互教互学。

这堂公开课由薛相玉老师主持；公开课"开'话'结'果'"的名称是毛敏杰老师的创意，寓意"敞开心扉说话，结出智慧之果"；公开课把学生分成参赛组和评审组的组织形式，是石璠睿副校长借鉴《中国好声音》的组织形式提出的建议。这堂课有赖于"伙伴共生"团队全体老师的共同努力。

这堂公开课的教学效果和前两堂一样棒，实现了前文提到的三（1）班学生张雅怡"师生平等，善于沟通，一起学习，其乐融融"的教育理想，整个课堂自始至终充满了师生的欢声笑语。

课后，我分别请薛相玉老师和石璠睿副校长把这堂课形成一篇文字稿，同时请学生们写一篇课后感，相当于请作为"客户"的学生对所接受教育服务的品质作个评价，有感就写，无感则不写，真实就好。

3月11日我收到了14篇学生课后感，3月16日收到了薛相玉老师的文稿，3月21日收到了石副校长的文稿。两位老师从不同角度全方位地描述了策划组织公开课的全过程。限于篇幅，两位老师的文稿没有收录，14

篇学生课后感也只收录了2篇。这堂公开课以教师群体设计案例开始，学生群体写课后感结束，算得上一堂师生共同打造的十分完美的课。

"我很喜欢这课。这个课非常有趣。"这是王伊洁同学课后感开头的话。"我喜欢上公开课"，"我 xī（希）望每节语文课都这样上就好了"，这是徐欣然同学课后感里的两句话。我收到的14篇课后感，大多数都有"我喜欢"的明确表述，即便没有这句话，字里行间也都洋溢着喜悦的心情。可以肯定地说，在这样的课堂上，没一个学生会有如坐针毡的感受，而是相反——个个乐在其中。

王伊洁同学写道："每次都有很多很多的老师和郊（校）长，我一想到这就很紧张。"紧张就是怕。可见，这还是一堂打开学生眼界、陶冶学生情操、锻炼学生心力的课。多上几堂这样的课，多见几次校长，心力就变强了，就不怕了。学生见到老师会怕，百姓见到官员会怕，普通人见到大人物会怕，这是我们既有的精神基因，这个基因编码需要通过教育重新剪辑，不然我们就愚而不慧，因为"畏生愚，无畏生慧"。愚而不慧，虽有智力但不明方向，只会模仿而不会创造。

这张照片来自"开'话'结'果'"公开课视频截图。讲台上，一组小学生正在轮流和全班分享他们小组讨论的结果，右上角站着的是薛老师，左下的成年人的背影是窦林校长，他和学生一样坐在课桌旁。一所学校，是否有一位锐意创新教育、愿意深入课堂教学一线、和老师学生打成一片的校长太重要了。

这堂公开课上，"伙伴共生"团队的老师们把各种各样的教学手段都用上了，各种水果都拿到了课堂上。

看着这样的课堂，我回想起十多年前我们大学四年级学生的课堂，全班几十个学生一样分成几个围坐在一起的小组。课堂不是一个人教，而是几个老师一起教；学习不是一个人学，而是一组学生一起学。课堂上，师生之间只有平等、没有尊卑，同学之间没有攀比、只有互帮；过程中，始终是师生互动、教学相长，学生自主学习、共同学习。

"一言堂"的课堂，无助于情感发育，育人功效为负；虽能释放智力，但不能释放智慧。"群言堂"的课堂，有助于情感发育，育人功效显著；能够释放智力，更能释放智慧，从而达成育人教书的最佳效果。

事实证明，即便是二年级的小学生，在老师的精心组织下，也能像大学生一样，和老师一起打造出一个"敞开心扉说话，结出智慧之果"的理想的课堂，享有理想的教育。我相信前文里提到的严校长说过的话，"一年级孩子也是可以的"。因为，每个人都有天赋的辨别是非善恶、真心假意的良知良能，具体地说，即便是一年级的孩子也能够感受到来自老师的善的情感或恶的情绪，感受到教学模式的好或坏，而且往往年龄越小的孩子，心灵越敏感，感受力越强。前文提到的一（1）班叶朵儿同学的妈妈，让叶朵儿写一篇"假如我是妈妈"的文章，叶朵儿同学用了短短的三句话，清晰地表达了她认为正确的教育。

作为成年人的教师和家长，对孩子天赋的良知良能要有清醒的认知，要给孩子表达内心感受的机会，帮助他们把真实的感受表达出来，以便及时改善教育方式，改变教学模式。如果孩子厌恶上课又不得不上课，在课堂上就会如坐针毡，这些"针"扎的不是屁股，扎的是心灵，扎的是精神。心灵长期被扎，精神负担很重，只会懦弱、不会勇敢，只会自卑、不会自信，只有智力、没有智慧，只会盲目迷信权威、不能认知抽象真理，只会模仿、不会创造。心灵长期被扎，精神负担很重，很难不罹患厌学症，甚至罹患抑郁症。学生得了厌学症，教学就失败了；学生得了抑郁症，一生痛苦。三堂公开课的事实证明，把"如坐针毡"的课堂变成"乐在其中"的课堂是可以做到的，这样的改变一旦实现，抑郁症的问题，创造性人才培养的问题等，都可迎刃而解。

2022年4月2日，教育部等八部门发出关于印发《新时代基础教育强师计划》的通知，旨在"培养造就高素质专业化创新型中小学教师队伍"。三堂公开课，无一不展现出参与"爱-说课堂"研究项目的老师们的高素质、专业化以及创新精神，邀请小学生平等参与评课的举动，不可谓不是老师们大无畏的自我革命的创新之举。

四、相遇相"育"，相遇成"趣"

2022年4月27日，我参加了"爱-说课堂"第四堂公开课，深受启发，为老师们持续不断的进步高兴。课后我和窦林校长交流了感想。

沈思：窦校好！这堂课老师们设置的主题"相遇相'育'，相遇成'趣'"，真的是太好了！短短的两句话八个字，诠释了教育的本质意义。如果不是一线教师，如果没有"爱-说课堂"创新教育持续的实践，不可能对教育有如此透彻的感悟、如此通俗简洁明了的表达。没有相遇，就没有教育。一旦相遇，就有教育，即相遇相"育"。相遇成"趣"，则身心和谐成长，人格素质教育为正，让人善良智慧；相遇成"恨"，则身心遭受伤害，人格素质教育为负，让人嫉恨变傻。这堂课是师生互动、教学相长的楷模，是育人、教书同步的典范。我们中国的学校缺的不是对知识教学的认知，缺的是对育人的认知。

窦林：或者说研究知识教学要超过研究育人。

沈思：我发现，你的老师们在思想上终于摆脱了单纯知识教学的观点，对"育人"的认知也不再是最初的"小和尚念经——有口无心"了。老师们展示了一堂思想上、组织形式上、实际行动上的完整的育人教书的课。老师开心地教，学生开心地学。相遇各方都感受到了对方带给自己的乐趣——相遇成"趣"；相遇各方都感受到了对方对自己身心和谐的培育——相遇相"育"。

窦林：沈老师的总结令我振奋，有机会您跟老师们说说，看看他们的思考和认识是否能形成共鸣并上升到您说的高度。

沈思：肯定可以！是老师们的心动、行动在前，我受启发有感在后。从职业发展的角度看，老师们已经完成了从单一的专门知识与技能教学（授业）的"业师"向兼具情感与一般道理教育（传道）的"人师"的转型升级，这可是跨越式的质的飞跃！另外，老师们自发组成小组，以一组教师为一个教的单元的做法是一个很有意义的创举。学生以组为单位学已经比较普遍了，但老师以组为单位教的现象估计很少，而且是跨学科的，值得推广。

窦林：嗯，确实不多。老师们动起来了，我反而没有事做了。

沈思：校长再能干，一个人也做不了多少具体的事，校长要做的是创造条件让老师们都动起来。同理，老师要做的事，是让学生们都学起来。

窦林：老师们现在的工作热情越来越高，这是我没有想到的。

沈思：这说明你们校领导为老师们释放工作热情创造了一个理想宽松的环境。可能还有一个原因，老师让学生平等参与，给了小学生话语权，学生敢把心里话毫无顾忌地说出来，学生们的真心表露激发了老师的良心，教师和医生都是良心活，有良心才能做好。

惊喜　惊讶　惊叹

2022年4月27日"爱-说课堂"第四堂公开课结束后，我和窦林校长在他的办公室聊天，窦校有感于一年多来在创建"爱-说课堂"的过程中许许多多让他没有想到的、令他惊喜的事情，我建议他把这些都写下来，窦校长欣然接受。没有想到，他第二天就写下了《惊喜　惊讶　惊叹》一文。一看就知道，此文是有感而发、一气呵成。

惊喜　惊讶　惊叹
——有感于执着于"爱-说课堂"实践的教师们

"爱-说课堂"创新教育实践项目实施已一年有余，16位实验老师主动报名，开展个性化研究，如"假如我是爸爸妈妈""假如我是老师""假如我是孩子""劳动教育""小组合作""快乐悦读"等一系列写作、沙龙、汇报、读书分享等活动，一批批实验教师、实验班级的学生，逐渐从懵懂走向清晰，也更加坚信当下首要的是做到师生关系、家庭关系平等。有了平等的关系，一切就更民主、公平、开放和自由，孩子的天性就会得到释放，对于教育的认识就会多一分理解和认同，老师的教育行为就会更加科学，对于教育的投入就会多一分热情和自信，家校之间的合作就会更进一步，原有的思想禁锢、情感受阻、抵触学习的现象就会得到改变，爱说、敢说、会说就会逐渐成为课堂的主旋律。

一年间，实验教师们根据学科和兴趣，抱团发展，集思广益，他们自发组成了四个团队，如"奔跑吧课堂""艺彩纷呈"等。他们用视频和照片记录着教育的美好瞬间，讲述着属于他们的"爱-说课堂"的故事。

本学期，"爱-说课堂"的实验教师中有部分因为怀孕、支教等缘故，可能无法继续开展实践，其他老师是否有意愿加入实验团队，我不能作出准确的判断。于是，招募就成了最好的方式，自觉自愿的行动才是实验的动力所在。不承想，原有的16位老师扩大到现在的24位老师，大家的热情被点燃，互相影响着，同时，积极地开始今年的课堂思考与实践。

近期，"奔跑吧课堂"团队带来研究课例，包括导说、述说、评说、演说，结合《牛与鹅》这篇课文，让学生充分朗读、表达和评论。最难能可贵的是，课后全体学生和参与活动的老师们一同回顾学习过程、评价师生、提出疑问和困惑，表达真实的想法。每个同学都举双手表示课堂上需要说话，需要把自己的想法告诉同学，这样的课堂是同学们喜欢的课堂，这样的课堂不会觉得累，反而很开心。正如沈思老师所说："驯化动物，只要求动物会听话；文化学生，须要求学生会说话。给学生说话机会，教会学生说话太重要了！"

可爱的孩子们，敬爱的实验教师们，我为你们的身心状态感到惊喜，为你们的研究过程感到惊讶，为你们的不断深入感到惊叹。让我们继续在"爱-说课堂"创新项目的实践中，找寻教育的真谛，搭建师生共同成长的舞台，让我们继续努力！

西善桥——一座通向善良与智慧的桥

西善桥街道教育推进办丁主任曾邀请我给家长讲课，我没去。前文在和徐书记的对话中写到，书记邀请我给青年干部讲课，我也没去。但接到2020年11月30日创建"理想教育小镇"论坛的发言邀请时，我立刻同意去。为什么？因为此时的我，手上有了西善花苑小学五（3）班学生写的"假如我是爸爸妈妈"的作文，我要借助这次论坛发言的机会，把小学生们在作文里叙述的他们对所接受家庭教育的真实感受传递给所有与会者。这次发言稿被一分为二，一部分同小学生作文的相关内容结合起来放在前文"五（3）班线下实践活动"里，另一部分在此分享给大家。

2020西善桥街道"大教育"合力助推社区治理论坛发言

各位下午好！

今天和各位分享的话题是，我为什么愿意参与西善桥"理想教育小镇"建设。有以下几个原因：

原因一，上海交大教育集团的朋友曾经带我参观过外地一个教育小镇，当时朋友介绍说，全国各地很多地方都在说要办教育小镇，但是只有这里真正办了起来。我看那个教育小镇也只是在村子里的土地上，圈了几块地，建了几个新的校园，把市区的几所专科学校搬到村子里。实际上，全国各地的大学城也都一个样，占一大片地，盖大楼，铺草地，种树。校园新了，教育依旧——"种人"还是以前的老套路。只有你们西善桥街道"理想教育小镇"建设思路与众不同，想的是用新的套路"种"新人，也就是说，不是走硬件建设、外延扩大的路子，而是走软件建设、内涵提升、提高人的文明程度的路子。我估计，你们是全中国的唯一。

原因二，你们街道徐书记是我见到的基层负责干部中，唯一一个真懂教育而且富有教育情怀的人。我们第一次见面时，他的一句话，令我印象特别深刻——教育搞好了，教学就好搞；教育搞不好，教学不好搞。坦率地说，对教育和教学能有如此清晰的区分，并且对它们相互关系的定位如此精准的人，他是我见到的第二个，第一个人是加拿大一所小学的校长。

徐书记全身心投入"理想教育小镇"建设的热情和执着，让我十分佩服！我查看了我们之间的微信聊天记录，今年 4 月 5 日，徐书记给我发了第一条微信："我是西善桥街道党工委书记徐立，一个对教育有心思的人。"到目前为止，我们关于教育话题的微信聊天记录有 2 万多字。基层主要领导日常工作量之大，我是知道的。徐书记这个领导真的很难得！我不指望他提拔我，所以，可以不避嫌地为他"唱赞歌"。当下地方政府工作重心，一是城市建设（硬件），二是社区治理（软件）。城市建设有钱就能干，社区治理只有钱是不行的。城市建设搞得好，顶多管 100 年，而教育搞好了，可以从根本上推动社会长治久安、经济持续发展、文明不断提升，福泽千家万户，绵延千秋万代。

原因三，我十分赞赏"大教育"概念的提出。教育不是教学。专门知识和技能的教学，学校可以独立完成，有的家长自己都可以承担。早在 1922 年，梁启超在苏州的一次演讲中明确指出，数学、物理、伦理学等专门知识学得再多，也不代表你就成了一个人。按照《礼记·大学》里的说法，大学之道，在明明德，在亲民，在止于至善。"至善"就是最好的东西，这个最好的东西就是人们常说的善良和智慧。我认为，徐书记提倡的"大教育"就是要在西善桥发扬光大老祖宗提倡的"止于至善"的大学之道，创办"向善家长学校"就是证明。向善，就是向着"止于至善"，向着让人善良智慧的方向努力。"大教育"就是文化自然人为文明人的教育，就是文化个体人为社会人的教育。"大教育"，从组织形式上看，范围大，是在家庭环境、学校环境和社会环境三位一体组成的大环境的浸润下不知不觉间潜移默化而成的。从参与人员看，人数多，需要教师、学生、家长和干部共同参与才行。家庭里，家长对孩子负责；学校里，教师对学生负责；孩子或学生同时拥有社区居民身份，也是社区工作者的服务对象。可以说，家长、教师、社区工作者三个方面的工作，通过同一个服务对象统一了起来。无论家长从事什么职业，或穷或富，学历高低，都希望自己的孩子是好孩子；每个老师都希望自己的学生是好学生；每个社区工作者，都希望社区的青少年是好居民。所以，家庭教育、学校教育和社区教育在一个共同目标的基础之上形成了"大教育"。

原因四，"大教育"合力推动社会治理，在逻辑上成立，在实践上是最高境界。社区是由一个个人组合而成的，什么样文明程度的人就会组成什么样的社区，而一个个人的文明程度的提高，可以在各方合作起来，共同为下一代的成长提供服务的过程中得以实现。在教育的过程中，教育者得到的往往比受教育者更多。古人言，君子居必择乡，游必就士。各方齐心合力打造一个和谐文明的社区，有利于后代成长，有利于社区居民身心健康、幸福长寿，还有助于房价坚挺。我认为，如果全国的乡镇街道都像西善桥街道一样动员全社会力量搞"大教育"，中国教育的转型升级指日可待。

西善花苑小学，挂了一个"沈思教育服务工作室"的牌子。我在学校的一次座谈会上说，我之所以愿意接受窦校长的邀请，参与学校创新教育的尝试，第一是因为有懂教育、热心教育的徐书记，第二是因为有决心创新教育的窦校长，第三是因为学校里有16位自愿报名参加创新教育实验的老师，第四是因为社区家长教育已经有很好的基础，这四个要素少一个，"大教育"都落不了地。不过，我觉得"大教育"还需要一个万万不可缺席的主角，就是学生。学生是教育的主要服务对象，又是连接家庭、学校和社区的中心人物。

看当下媒体，关于家校关系的负面报道比较多，家长和学校互相推诿责任。教师和家长的关系不应该是这样的，而应该是和谐的合作关系。我个人认为，建立和谐家校关系的主动权在校方，建立和谐教师和家长关系的主要力量在教师。教师职业不是什么人都可以干的，教师群体无论人品还是智力都在社会平均值以上。所以，如果教师在教育方面能够指导家长，我相信家长会很感激。家庭教育提高了，课堂教育会节省精力。一个老师面对的学生比较多，恐怕力不从心，这个问题相信在西善桥街道可以解决，街道可以动员各方面资源配合老师。期待教师和家长关系和谐、学生成长和成绩"比翼双飞"，成为西善桥街道一道亮丽的文明风景线。

我十分赞成"一个国家的强盛是在小学教师的讲台上实现的"这一说法。只有小学成人，大学才能成才。要创造条件让小学教师成为社会上受人尊重的高尚的、让人美慕的高薪的职业。

我相信，西善桥居民在街道党工委强有力的领导下，一定能够把西善桥建设成为一座通向善良和智慧的桥！

第三部分
青海省玉树藏族自治州格桑花读书会纪实

共读星火可燎原，沙漠也会变绿洲。

我们 2014 年在青海乡村教师中搞过阅读推广，没搞下去，其中有个重要原因是我们没有和老师们共读一本能讲透教育本质的好书。遇到您的书，我知道我们可以重新开始了。

　　　　　　　　　　　　　　——格桑花西部助学公益基金创始人洪波

打开这本书，别具一格，感觉那么亲切，那么自然，似乎是在写我，写我的学生，写我身边的老师，有一种身临其境感。这本书在不断触碰我的心灵，改变我的思维，让我在教学实践中觉醒，大胆创新，运用一些以前从未想过、做过的方法，效果奇特。

　　　　　　　　　　——青海省西宁市湟源县城关第三小学教师欧建萍

先不安排她写作业，我要培养她主动写作业。

　　　　　　——青海省玉树藏族自治州玉树市小苏莽乡寄宿小学教师索南永珍

教育的觉醒是老师的觉醒，老师改变才会使课堂觉醒，学生也会有清晰的认知。

　　　　　　——青海省玉树藏族自治州曲麻莱县秋智乡寄宿小学教师化化（藏族）

很多时候我们老师总是在肯定自己、否定学生。所有教育教学的问题全都归结于学生，从不在自己身上找原因。

　　　　　　　　——青海省玉树藏族自治州称多县教育局教研室教师程喜连

我感觉我们找到了一个推动阅读的好的方式，我们在高原种下了一个阅读的星星之火，这个星星之火大有燎原之势。

　　　　　　　　　　——青海省玉树藏族自治州教育局局长徐海

对 话

元晓帅博士是我的一个年轻朋友，她留学归国，有教育情怀，且热心公益事业。一日她给我发微信，告诉我想推荐我的书给格桑花西部助学团队，我当然十分乐意，随后有了下面一系列对话。

一、和元晓帅博士的对话

2021 -08 -13

元晓帅：我想推荐您的书给格桑花援藏的志愿团队，他们那里师资极其匮乏，缺乏好的教育理念。

沈思：好啊！

元晓帅：我介绍了您的书，特别激动，局长、校长都报名了。偏远地区的老师也愿意进步，可惜资源有限。

沈思：纸质书和电子书同时发，只要想要就给。

元晓帅：昨天一下子有50个老师报名，等着听您讲。都是藏区的老师。

沈思：我从不讲课，只参与讨论，大家互相讲。还是先把书发过去吧。

元晓帅：好！我可以带着他们先看。读书怎么安排？

沈思：《教育的觉醒》这本书是山西一个乡村小学校长组织的线上读书会的全程记录，还未正式出版，要不要先看看这本？藏区老师可能更容易对这本书稿产生共鸣。

元晓帅：他们想推广读书，但老师就是不愿意读。怎么鼓励老师们阅读要好好想想。我看您这本书里介绍了读书会形式，我可以尝试下。

沈思：应该可以。从之前线上线下、校内校外的读者反应来看，连小学生读了都会产生共鸣。

2021 -08 -14

元晓帅：今天和格桑花的老师沟通了，我们想以读书会的形式，组织大家共读，学习您的书。他们完全没有相关经验，前期让我帮忙组织。我也缺乏经验。您有好的建议吗？

沈思：你建一个读书群，把《教育的觉醒》的电子稿发给大家，自愿入群，自由阅读，阅读过程中有感受的就在群里分享一下，没有感受就不写，一句话、一段话的感受都行，只要真实就好。运行一段时间试试看。

元晓帅：已经建群了。需要建立一些制度吗？比如必须每天打卡？

沈思：提倡打卡分享读书感想，但是，打卡宜是自由选项，不宜作为规定动作。

2021 - 08 - 15

元晓帅：我和刘红萍校长交流了，根据她的建议，我写了个读书会计划。您给些建议，看有什么需要优化的。

> 各位格桑花老师们，大家晚上好！热爱教育，让我们聚到一起，好的教育理念可以指引我们共同的努力方向。建立这个教育学习群，是因为沈思老师的《教育的觉醒》。我们也很有幸得到了沈思老师的支持，他愿意把好的教育理念分享给我们。就如何更好地分享给大家，格桑花与沈思老师进行了多日的沟通。沈思老师建议，我们以共同阅读的方式，建立交流群，大家可以随时就阅读的心得结合自己工作中实际遇到的各种教育问题，在群里进行分享讨论。我们认为这样对大家的价值有：1. 教育理论与每位老师自身教学实践结合，更加深刻和鲜活。2. 不仅学习了好的教育理念，还享受了共同阅读带来的快乐。3. 大家在同一个阅读、分享的平台上携手共同成长。我们希望在这个群里尝试"阅读＋分享"的方式，也希望在此征求大家的建议和想法。欢迎每一位老师提出宝贵意见！

沈思：你只管按照你自己的想法去做，动起来就行，过程中完善。

元晓帅：现在有8个志愿者跟我们一起组织，他们先读了您的书，十分认可书里的观点。给您看看我们聊天的内容：

> **秋秋老师**：书中刘红萍校长与沈思的聊天录读起来特别有画面感，既轻松又热情，心得、哲理与教学经历相互交融。师生在一起畅所欲言的感觉真好啊。

> **元晓帅**：这样的文字，读起来格外引人入胜。通过对话的形

式，高深的理论有了背景设定，理解起来也更容易。

秋秋老师：这样的文体，不说教，不旁观，就是谈心、交流，遇到问题、解决问题，分享经验，听取心声，产生共鸣，形成共识，朝着共同的方向走。就像我们现在一起读这本书，一起打卡，也是在边学习，边发现和交流，每个人迸发的思维火花，都能照亮彼此，推动向前。

沈思：太好了！人心都是相通的。从之前读者的反应看，从 90 多岁的老教育工作者到 9 岁的小学生，从教师到家长，都能够产生共鸣，形成共识。

2021 - 08 - 18

元晓帅：我也是第一次组织读书会，但是有您和刘红萍校长的支持，我比较踏实。我们现在有 8 个志愿者，志愿者也很积极。目前读书会有 100 多人报名了，都是藏区的老师，大部分没有读书习惯。我计划将三部曲——《课堂的革命》《教育是什么》《教育的觉醒》，一鼓作气读完。

沈思：如果藏区的老师们能够读起来，并且由此喜欢上阅读，示范意义就太大了。

元晓帅：今天已经开始领读了，一个老师朗读了前言。

2021 - 08 - 19

元晓帅：读书群吸引了 141 个老师，昨天有 20 多个老师打卡阅读。

沈思：有 20 多人已经很好了！

元晓帅：有 10 个老师坚持读完就是胜利。

二、和格桑花西部助学公益基金创始人洪波的对话

2021 - 08 - 21

洪波：我是群聊"格桑花读书会"的洪波，谢谢敬爱的沈老师支持我们，指导我们。

沈思：互相学习。

洪波：群里一个好校长邀请我们去他们学校开读书会，和他们学校 110 位老师共读，我们今天就开读书会二群啦！门源明天要开读书会了，您要进群吗？

沈思：太好了！我进。向大家学习。

2021 - 08 - 25

洪波：我们也没想到这么快就有第二个读书会了。等测试好之后，我们给门源老师做培训，让他们自主管理，我们从旁协助并观察进展，再根据实际情况调整策略。因为两个读书群开始的时间不同，进度不同，怕数据搅在一起，又怕老师们打卡打乱了，所以我们自己先研究下。我今天早上特别高兴看到了浙江台州一个高中老师的改变。因为读了您的书，觉醒者在行动。群里我还邀请了浙江、江苏、安徽的一些中小学老师伴读、陪读，他们共读之后也有了新的思考和改变。

沈思：您给书稿写个序言吧！

洪波：嗯，我来试试。这本书拿起来就放不下，恨不得一口气读完，欲罢不能，我邀请的老师们都在共读。教育局局长安排进来的那些老师迟迟不读，不知道为什么，还有的老师抄作业，像小孩子一样。

沈思：建议不要作为任务安排，愿读就读，不愿读就不读，愿打卡就打，不愿打卡就不打。

洪波：还是要润物细无声。轰轰烈烈地狠抓，一阵风过去了，很多事情没有结果。

沈思：如果是自觉自愿的，就不会一阵风。

洪波：我们 2014 年在青海乡村教师中搞过阅读推广，没搞下去，其中有个重要原因是我们没有和老师们共读一本能讲透教育本质的好书，大家对阅读的理解还没有上升到对教育之道的思考，还停留在术的层面。遇到您的书，我知道我们可以重新开始了。

沈思：谢谢鼓励。

洪波：我们最近在给杂多筹款，支持教育发展。我对教育局提要求，他们一学期要读完沈思老师的三本书，也算是我们替他们做了新教师的入职培训。我刚才和我们秘书长详细沟通了读书会工作进展，要他和我们打配合，把格桑花相关资源往读书好的学校倾斜。今天晚上又有两个学校100 多位老师加入格桑花读书会，我们为教育共读共振！

2021 - 09 - 02

洪波：自愿加入读书会的人越来越好，而在教育局与考核挂钩的读书会里，被动读书的老师没有种子群的老师热爱分享思考。这再次证明了主动学习和被动学习的效果不同，不论老师还是学生都一样。谁都讨厌被迫做事。

沈思：可以安排志愿者把种子群里好的笔记分享到其他群，同时建议教育局弱化考核，只要老师在群里就行，打卡签到就可以。在群里久了，会在不知不觉间受到影响的。教育不是急的事，只要持续就有希望。教育适合在前面引导，不适合在后面推动。

洪波：是的。

2021 - 09 - 08

洪波：这是张彩红老师的打卡笔记，发您看看：

今天我开始把书里一些让我深有感触的好句子摘抄下来，写着写着就把自己融进了这本书里。我因为动手术请了一个月假，想着养病这段时间多看一些专业书籍提升自己，当洪波阿姨给我推荐了这个读书会，我才意识到在我们提升专业知识的同时，应该多学习如何成为一个好的教育者，如何去和学生融为一体，真的是颇有感触。

沈思：抄书比默读好。老师把自己融入学生群体既是自我教育也是教育学生，因为接受教育的目的之一就是提高个体融入群体、适应社会的能力。

洪波：彩红是格桑花大娃，大学毕业后到玉树教书。看到她的分享，我真为一个年轻教师的觉醒高兴！祝她早日康复回到学校，去实践她的教育梦想。

沈思：玉树老师的医疗费都可以报销的吧？

洪波：住院都有保障。

沈思：那就好。有了基本的生活保障才能一心一意地育人教书。

洪波：代课老师工资比较低，有的月薪 1500 元，有的主要是靠卖虫草维持生计。我希望早日看见西部牧区的课堂革命。好想西部老师们共读快一点。

沈思：急不得。水到渠成。

2021 - 09 - 25

洪波：我觉得这个分享太棒了！也和您分享：

在读到刘红萍校长的自传时我想起了自己十年的代课生涯。

在代课十年中有三年没有一分钱工资，后面两年每月 300 元，再后面三年每月 600 元，最后一年每月 900 元。我不是在哭穷，也不是不爱钱，我很爱钱，但我更爱我的职业。其实幸福不在于你拿多少工资而在于你的心态，人生最快乐的事莫过于做自己喜欢做的事。在代课时我很幸福，积极阳光，快乐得像个孩子，因为心中有爱，我认为一切都值。代课和考上编制的工作完全不一样，当我代课的时候，拿的少做的多，但我很有收获感和自豪感；考上编制以后，我认为我所付出的一切都是应该的，因为我做的多拿的也多。我发现现在有很多代课老师很悲观，有些老师也很无奈，其实心态决定一切。如果真的很无助，就应该去选择自己喜欢做的事，否则既苦了孩子也苦了自己。人生最痛苦的事莫过于做自己不喜欢做的事情。

沈思：感人至深！

三、和格桑花志愿者晁乐刚老师的对话

2021 -08 -28

晁乐刚：沈老师，周末好！我是格桑花的晁乐刚，有缘读到您的《教育是什么》，我把书推荐给了我的同事和在学校教书的孩子。我同时在读《课堂的革命》。能读到这些书，并读到在教育中的实践《教育的觉醒》，真是一件幸福的事！格桑花成立于 2005 年 2 月 19 日，准确地说这是格桑花网站成立的日期，在此之前格桑花已经运行了一段时间。格桑花在西部从事助学活动十多年，从送衣服、送书包、送青稞、送牛粪，逐步转到了关注健康、素质提高等方面。目前护花项目、探索营项目、悦读项目等都在开展。我们比较了解西部教育状况，在西部有广泛的学校合作基础。这次读书会是一个规模可大可小、范围可控、可长期坚持的活动，而且西部也非常需要。我们在长期的公益活动中，对于西部教育教学水平的提高多有讨论和尝试，但少有切实可行的途径。这次读书会让我看到了一个可以尝试的路径。感谢沈老师给了我们好书。

沈思：我们一起往前走，必定越走越宽，越走越远。

晁乐刚：是的，教育本身有内外需求，教育工作者也有内在动力！在您的理念引导下，我们一起学习、讨论、实践、质疑，总能不断觉醒、不

断提高、不断成长！这本书的共读会产生深远的影响。

沈思：如果不谈专门知识与技能的教学，只谈情感与一般道理的教育，东部省份并不比西部省份发达。对"教育"而非"教学"的认知，学历高的并不比学历低的强多少。

晁乐刚：西部牧区的学校远离学生的家，学生一个月上三周的课，一周回家（不像我们是每周双休）。在三周的学校生活中，老师什么都管：学习、纪律、心理、生活。特别是刚入学的孩子，老师就是他们的妈妈。在海拔四五千米的学校，没有什么娱乐活动，除了管孩子就是管孩子，真的很辛苦！师资不足，老师们工作量特别大。

沈思：西部的老师了不起！

读书会开幕式上的演讲

2021年8月21日，格桑花种子群读书会举办线上开幕式。开幕式由元晓帅博士主持。在开幕式上，格桑花西部助学公益基金创始人洪波老师、青海省玉树藏族自治州教育局徐海局长和山西省吉县屯里镇安乐小学刘红萍校长，发表了热情洋溢的演讲。从他们的演讲中可以看到组织者举办这次读书会的起因、过程和目的。

一、格桑花西部助学公益基金创始人洪波老师的演讲

我们办读书会，源于有个老师告诉我他的苦恼：他有个学生多次偷窃，教育无效，怎么办？志愿者和热心朋友分享了一些教育方法建议他尝试。这件事情我发在朋友圈，被元晓帅博士看见，她给我介绍了沈思老师的《课堂的革命》，讲师生如何平等对话的。我看了之后就想邀请沈思老师来和我们格桑花西部教师们做关于教育的分享。在和沈思老师沟通之后，我们认识到一次分享效果有限，对于教育工作者来说，认识教育是什么是所有师生平等对话的前提。所以我们想和老师们一起来学习《教育是什么》。之前山西安乐小学的刘红萍校长组织读书会，坚持和老师们一起阅读了5年，改变了当地教师对教育的认知，改变了学校面貌，改变了学生家庭。他们是如何做到的呢？正是因为刘校长邀请学校老师、学生、家长一起读书。这就有了今天我们共读的这本《教育的觉醒》，这本书记录了安乐小学老师、家长和学生通过学习《教育是什么》《课堂的革命》，对教育的认知发生改变的全过程。

格桑花致力于推动改变西部教育现状，18年来，从交学费、送物资到开展探索营、护花行动、阅读项目、观影项目、广播项目，为了满足孩子们的发展需求，我们在一点点探索。一个教育基金会也需要更深地去理解人，理解人的发展的客观规律，这样才能有效地整合社会资源为孩子们的健康成长做一点事情。遇见沈思老师，他的教育理念深深吸引了我，刘校长的教育实践给了我们莫大的鼓舞。上个月在玉树见到徐海局长，他一直

大力提倡阅读，希望通过阅读改变玉树的教育，培养孩子们的阅读习惯。这需要老师们理解阅读对孩子精神成长的巨大影响，需要老师们体验到阅读给自己带来的视野的开阔，通过阅读实现教育的觉醒。有教育情怀的人、热爱教育的人、关注教育的人、渴望提升自我的人遇到一起，在各方的大力支持下，就有了我们格桑花读书会的诞生，希望我们在一起坚持阅读，为自己的个人精神成长阅读，为自己的学生、自己的孩子阅读，为我们民族的发展阅读，为我们国家的未来阅读，今天我们就从这里启航！

二、青海省玉树藏族自治州教育局徐海局长的演讲

读书会的各位老师好！格桑花读书会正式启动了，能在线与大家做一些分享交流，我想主要是因为我这个局长职位的影响力吧！今天的分享就从我阅读《教育的觉醒》的收获开始吧！沈思老师有这么一段话："一所学校养成学生阅读习惯，办学就成功了；一个学生在学校里养成阅读习惯，就可以毕业了。"我高度赞同。2014 年我在玉树市当教育局长，在以阅读为主题的校长论坛和教师论坛上也发表过类似的观点。阅读的重要性不言而喻，尤其是在教育不发达的少数民族地区、边远地区。我们没有那么多优质教育资源，也没有先进的教育模式，在纷繁复杂的教育理念和教育观点里，基层教育工作者需要一双慧眼，去繁从简，回归本质。教育是什么？作为教育工作者，我个人认为教育就是让孩子学会学习的方法。什么样的学习方法？老祖宗早就说过，"万般皆下品，唯有读书高"。读什么样的书？怎样去读？我觉得玉树不用纠结，当下我们要做的就是让孩子喜欢上读书，这也是我在这个 200 人的群里拉了近一半的学前教育的园长、学前骨干教师进来的原因。3~6 岁是养成阅读习惯最关键的时期，在这个年龄段养成了阅读习惯，到了小学、中学给他两样东西就可以了，一个是合适的书，还有就是读书的时间。孩子一旦养成阅读习惯，你的教学理念、教学模式、教学方法都没那么重要了，你知道的、掌握的、了解的，甚至你不知道的、没掌握的、不了解的，孩子们全都可以在书中、手机上、电脑上获得。我们的孩子一旦养成了书不离手、终身阅读、终身学习的习惯，在玉树这样一个可能小学毕业连课本都读不下来的地方，对教育教学质量的提升是不可想象的。

2015 年前后，我和洪波会长、戴玮老师一起创建了藏区阅读探索者，

当时就坚持从幼儿园入手，现在我更坚定了以学前为主抓阅读的信心！怎样去做，我觉得我们的很多园长和学前骨干教师提供了很多很好的方式方法。首先，在学前阶段选择合适的书很关键，绘本的阅读至关重要；其次，随时随地都在阅读的老师将是学前孩子们模仿的榜样力量；还有就是一块可以站着、坐着、趴着、躺着，非常惬意地看书的场地，把它打造成孩子们每天有一点小进步、得到小表扬才能去的一处光荣、神圣的场所，让孩子每天期待、每天憧憬，表现好的孩子去了，大家心生羡慕，心生向往！日复一日，年复一年，三年的坚持将会奠定孩子终身阅读、终身学习的习惯！

前段时间，我们州教育局教研室才仁战斗主任做过一个阅读调研，调研的 3 个班级里一共有 11 个学生来自干部家庭（干部家庭意味着父母有文化），然而这 11 个孩子从来没见过父母读书，其余的牧民家庭更不敢想象。干部如此，在玉树，大多数老师亦如此。孔圣人说：己所不欲，勿施于人。所以，这便是我们成立读书会、组织老师们共读的主要原因。爱默生说，两人读了一本书，他们之间就建立了一条纽带。我想我们这么多人在一起共读，建立的将会是一条阅读的阳光大道吧！最后，以沈思老师的一段话结束分享："默读不如朗读，朗读不如抄写，抄写不如共读。"相信我！每一份坚持都不会被辜负，加油！

三、山西省吉县安乐小学刘红萍校长的演讲

尊敬的元老师、徐局长、洪会长和各位群里的伙伴，大家上午好！我是《教育的觉醒》的作者之一刘红萍。元老师说让我跟大家分享下我们的阅读经验以及做这本书的经历，其实蛮惭愧的，因为真没想过这些文字能成书。但听元老师说，格桑花读书群里大多是藏区同胞，我的热情一下就被点燃了。2018 年我获得第五届希望工程奉献奖，在上海领奖时与一队藏族伙伴相识，大家非常热情友爱，临别他们赠送给我一条洁白的哈达，一位叫普布的伙伴还送我一个手工编织的手提包，我至今珍藏着这份圣洁的礼物，也珍藏着与藏族同胞的友谊。所以，即便内心忐忑，也一定要结识格桑花群里的伙伴，期待我们能一路同行、一起成长。

我生活在山西吉县一个偏僻的小山村，是那里一所小学的校长。2020年 4 月，一个偶然的机会接触到《教育是什么》这本书，同时有缘结识了

这本书的作者沈思老师。时值疫情期间，大家都宅在家里，我便萌生了和大家共读的念头。也许是"万般皆下品，唯有读书高"的传统理念在我们中国人心里根深蒂固，所以，我一发出呼吁便得到了二十几位伙伴的响应，就这样，我们的读书会成立了。大家每天读15页左右，坚持在小程序里记录自己的阅读心得，我本人除了自己阅读打卡以外，还坚持对伙伴的打卡笔记进行点评，鼓励大家认真阅读，写下自己最真实的体会与收获。在这个过程中，沈思老师一直"潜伏"在我们的读书群里，他每天阅读老师们的打卡笔记，偶尔也会为大家答疑解惑，渐渐地他被老师们付出的真情打动了。大家的文字可能稚拙，但表现出一种朴实无华的美，一种天然去雕饰的美，用沈思老师的原话说，"这个远离城市喧嚣的乡村、这群乡村教师及家长都透着没被污染过的纯洁人性，所以他们的见解最接近教育的本质、最彰显教育的真善美！"那个时候沈老师就萌生了整理出版的念头，当然我们没向共读伙伴透露这一信息，如果带着"出版"的功利心，而失去了最宝贵的原汁原味，是得不偿失的。说实话，当时听沈老师这么说，我个人都觉得是天方夜谭，但还是带着这份美好的愿景一如既往地坚持阅读、书写。那21天，大家的积极性特别高，每天坚持阅读打卡。疫情期间大家要居家上网课，还要照顾自己的孩子、收拾家务，忙碌可想而知。有好多时候，好多老师都是赶在深夜12点之前提交打卡笔记，正如我在一次领读分享时说的那样，每次看到他们的打卡笔记，首先是满满的感动，其次才是感悟的交流。21天我们总共书写了30多万字的心得笔记，我和沈老师经过四个回合的反复提炼发现没办法达到出版要求，最后决定拿掉孩子们参与阅读时书写的笔记，这样经过又一轮推敲，《教育的觉醒》定稿。这是在沈老师的启发引导下我们这所乡村小学谱写的一则神话！这则神话的灵魂是《教育是什么》，是这本书打破了大家的固有思维认知，更新了大家陈旧的教育观念，激发了大家的崭新教育理想；这则神话的骨架是全体伙伴燃烧的热情，这个过程中大家不妄自菲薄，更不自高自大，以最谦卑的态度、最笃定的步伐，坚持阅读，把沈老师的教育思想精华与自己的教育实践有机结合，催生出一朵朵摇曳的野花。苔花如米小，也学牡丹开！

　　《教育是什么》的阅读接近尾声的时候，我们有好几个伙伴都发出感慨：这本书太好了，我们应该继续读它的姊妹篇《课堂的革命》。有几位老师甚至悄悄买好了这本书。我内心充满了欣喜与感动，这就是阅读的力量，只有真正走进阅读的人才能领略到它是力量的源泉，是提升自己最有效的途径。而今，我身边的老师都已经养成了很好的阅读习惯，当然也拥有了更好的教育理念。这个暑假，我带领老师们开展的读书会正在进行中，老师带领孩子们开展的读书会也正在进行中，让我们一起走进阅读的殿堂吧，在这个喧嚣的世界上，用阅读来滋养我们的灵魂，在鸡零狗碎的生活里，让阅读成为我们每个人的充电宝、加油站！

教师读书笔记

一、玉树藏族自治州称多县称文镇中心幼儿园园长青梅措毛

《教育的觉醒》打卡笔记

学生会笑的课堂

深读这本书时，越来越发现自己的无知，越是去了解，就越是有种想要继续探究的渴望。

感谢让我遇到这本书，真的是受教了！

以前觉得课堂只是课堂，上好一堂课、带动学生的思维就是一个好的老师了，其实我错了！

所谓课堂，是指育人的场所。它应该是一个有笑声的课堂，是轻松的、愉悦的、舒适的、自由的、民主的。在这样一个课堂中学习，有交流，有互动，是个性的张扬，是能力得到提升的机会，是知识得以内化的生机，是培养兴趣的一种方式，也是孩子最佳的学习状态。所以在今后的课堂中，让我们笑起来。

书中提出"育人如种田"的说法，我很喜欢这样贴切的说法，也在实践的过程当中。

尊重心灵成长的规律：1. 尊重孩子的兴趣。2. 尊重健康发展的教育。3. 注意孩子的睡眠、营养、运动。4. 尊重孩子爱玩、好动的特性。5. 注意孩子精神方面的教育，培养孩子养成阅读的好习惯。以上五点是我读这本书后所感悟出来的。

二、玉树藏族自治州称多县中心幼儿园教师才仁措毛

《教育的觉醒》打卡笔记

做最好的自己

不知不觉，参加格桑花读书会已经过去 15 天了，很荣幸自己参加了这个读书打卡活动。

参加格桑花读书会是线上读书，每日打卡并发表日记，这样的读书形

式我是第一次尝试，自己也努力每天坚持打卡。刚开始读完后要发表日记的时候有些不习惯，担心自己发表的日记内容不够好，或者与作者的观点相偏离，但自己还是厚着脸皮去撰写，去发表，在这个过程中我得到了一些人的鼓励，他们的关注、点赞及评论，是对我个人的肯定与褒奖，亦是激励与鞭策。慢慢的，我也有了自信心，读书打卡成了我每天生活的一部分，自己也主动去读书。很喜欢这样的自己，在忙碌中抽出一点宝贵的时间去做自己想做的事，是一种幸福，一种满足，一种享受………

品读了《教育的觉醒》，我对今后的教育工作有了正确的方向，树立了正确的人生观，明确了在教育学生时要有爱心、耐心，要注意尊重、倾听、激励、沟通，要有平等意识。作为新时代的教育者，不只是"传道授业解惑"，更要有创新意识，要体现学生在学习中的主体地位，善于挖掘、善于反思、善于学习，践行新课改下的教师观、学生观、教学观，做孩子的良师益友！

借用文章里的一句话：教育是挖掘，教育不是填埋。

沈思：读书会邀请幼儿园教师和中小学教师共读，真是个好主意。所谓"学前教育"，是指在专门知识与技能的教学之前，而不是指在情感与一般道理的教育之前。幼儿的身心成长尤其需要情感的呵护。幼儿天生就有感知老师爱的情感、恨的情绪的认知力，只是不会说，或不敢说。情感与一般道理的教育教的是做人的道理，越早教越好；专门知识与技能的教学教的是做事的方法，在不同年龄段，结合做事来教效率最高。人的一生是一个循环，到了老年的衰退期，就会回到幼年时养成的习惯，人生就是从幼年到老年之间的一条环形线。有什么样的幼年，就会有什么样的人生。幼儿教育很重要！请幼儿园老师共读很高明！

三、玉树藏族自治州曲麻莱县秋智乡寄宿小学教师化化（藏族）

2021 - 09 - 01 **开学第一课，学时分秒**

第一节课先让学生自己看课本，看实物（钟表），让他们自己去理解和感知时、分、秒之间的关系，我稍作引领。快要下课的时候找个学生问了一下，现在是几点，他看着钟表能很准确地说出几时几分，然后给他布置作业，教其他学生怎么看时间。（下节课检查完成情况）

提问：一分是多少秒？两分呢？一时是多少分？两时呢？

第二节课，用憋气计时和 20 米速跑计时展开教学。憋气计时是指，找几个学生分组，让他们在其他学生的监督下憋气，看看能憋多长时间，憋气时间长的那个组获胜。20 米速跑计时则是以班长为裁判，学习委员为计时员，看哪个组的学生最快跑完 20 米，用时最短的学生获胜。

提问：哪些项目用时短就赢？哪些项目用时长就赢？（举例子）

这两种方法教下来，学生大部分能知道也能理解哪些项目是时间越短成绩就越好，哪些项目是时间越长成绩就越好，这样不仅学生兴趣提高了，而且教学效果也特别显著。

洪波老师：活学活用第一名！

2021 - 09 - 03　**让课堂躁动起来**

今天的数学课安排在下午，很多学生都在打瞌睡，原本的计划完不成，就算完成也达不到效果。我急中生智，在巩固所学知识点的时候，叫来一名男生，让他脱掉自己的外衣、鞋子、红领巾，然后模拟早上起床穿衣服的场景，全班学生看着时间，看看他究竟要用多长时间才能穿好衣服。全班学生一下子来了精神，有加油打气的，有害羞不看的，反正瞌睡的学生没有了，课堂一下子活跃起来了。最后，在全班学生的监督下，仁增扎西同学一共用时 2 分 37 秒，台下一阵掌声，不仅让瞌睡的学生精神起来了，而且还对巩固知识点起到了很大的作用。

2021 - 09 - 06　**小小老师，备受欢迎**

早上上完第二节课回到办公室，看到几个学生在办公桌旁等着我，一见我就说："老师，第三节是你的课！"原来他们是来叫我去他们班上第三节课。看到学生们兴高采烈，我就充满了活力。

课上我让学生来当小小老师，好多学生争先恐后地举手要当老师。我让学生自己选择一道题来讲，他们选的题目或简单或稍难，一个个有模有样地讲着，其他学生都在认真地听。就连班里学习最差的那个同学都在自己算，尽管大部分算错了，但还是觉得收获很大。那个同学中午还给我和所有同学唱了一首歌，她以前从来不参与这些活动，我不知道是不是我的有些行为影响着她，还是她因为这样的环境在改变自己，总之无比开心。

轮流当了老师之后，学生们都在喊，要求男女生比赛，看谁做得对。男女生都为各自队伍加油助威，最后是女生赢得了这场比赛。在较量中学习，在输赢中收获知识，学校的环境潜移默化地影响着学生，而学生也在潜移默化地影响着老师，老师也在改变。

洪波老师：每天都在期待你的课堂革命的精彩记录！

2021-09-13 **学习的主人是学生**

课余时，一个学生偷偷跑来问我，今天上课能不能让她讲一道题，我摸了摸她的头对她说，当然可以。她蹦蹦跳跳地离开了，走的时候还说"才让"（即再见）。看得出来她很开心。上课后，她一直看着我，貌似在催我赶紧讲完，好让她上台讲。我讲完后提出一道题，让学生上来讲，好多学生都是跑上讲台自己算，她也在高高举手，我叫了她的名字，然后她就在所有学生诧异的眼神中战战兢兢地走上讲台，结果出乎所有人的意料，虽然她的声音小到只有她自己能听到，但题目做对了。同学们纷纷鼓掌，她很自信地在所有学生的掌声中走下讲台。

接着一个男孩开始讲题，有模有样地讲着，声音洪亮，表现得很自信。借用沈思老师的一句话，"让学生成为学习的主人"。让学生成为学习的主人，课堂效果会远远超过预期。

2021-09-15 **不管是学生还是老师都在成长**

让学生在一种轻松的状态下学习，学生的收获是最大的。就如沈老师说的，要让学生养成不停讲、不停想、不停写的习惯，这种习惯要延伸到课堂之外。让学生每节课都充当几分钟的老师，这不仅能帮助学生建立自信心，更能让学生好学、乐学，让所有学生在欢笑中成长，在快乐里收获知识。所有人都争先恐后地上台讲，不管讲得好与坏，这种状态的课堂，不仅充斥着欢乐，更能在快乐中收获，不管是学生还是老师都在成长。

2021-09-24 **油、米通通上课堂**

今天早上分外寒冷，临近上课时，我带着几个学生去食堂搬来了一袋米和半桶油。

学生们都很好奇，要用油和米干吗呢？带着这样的疑问，这堂新课开始了。我首先问：谁能抬得动这袋20千克的大米？班里很快出现了一批大力士，踊跃上台抬大米，都表示很轻松。我再问：抬40千克呢？有几个学生还是抬起来了。我继续问：那再加10千克呢？班里大部分同学都不再举手了，有一个微胖的男生要来试试，结果也是以失败告终。

问题1：为什么抬不起来呢？因为太重。

问题2：对特别重的东西，我们用什么作单位？极个别学生回答要用千克作单位。

假设一个数学老师的体重为 78 千克，那么 13 个数学老师的体重才是 1000 千克多一点。1000 千克＝1 吨。学生初步形成对吨的认识。

回顾问题 2，这时学生已能回答出用吨作单位。

不知不觉间，课堂已接近尾声。

这堂课使学生很直观地认识了吨，并能感受到 1 吨到底有多重。下堂课继续以其他的重物为参照物，让学生进一步体会到 1 吨的东西有多重。一个人抬不动，那十个人呢？

本堂课收获颇丰，期待下堂课更上一层楼。

2021－10－01　更是对待学生态度的改变

沈思老师说："帮助学生成为学习的主人，这是最重要的。"我从这句话受到的启发，不仅是课堂模式和课堂内容的改变，更是对待学生态度的改变。以前的传统课堂完全是照本宣科，从来不创新，完全是一言堂，学生被迫学习，这种课堂是停滞的，没有办法进步的。在读了《教育的觉醒》之后，我明白了，不能让学生成为课堂的奴隶，迫于老师的威严而学习，老师要想尽办法让学生自主学习。课堂里不是学生学、老师教，而是互相学习、教学相长。

我的课堂里会让学生轮流上讲台当老师，不管是好生还是差生，让他们面对的不是冰冷的书本，而是全班同学期待的眼神，让学生自主动脑学习，不仅成为学习的主人，更成为课堂的主人，就像《课堂的革命》一书中提到的要把课堂办成"健脑房"。

教育的觉醒是老师的觉醒，老师改变才会使课堂觉醒，学生也会有清晰的认知。

老师是一堂课的主持人，学生是观众，一堂课的好坏取决于老师的主持方式。是让学生带着课本上课，还是让学生带着好心情上课，这是一种选择。

这片高原地区，家长对于学习的重视程度薄弱，不管是课堂上还是课堂外，老师如果调动不了孩子的积极性，就会把责任归结于家长。久而久之，不仅耽误了学生的学习，更会让学生养成"主要是家长的问题，我们就是无辜的"这种心态。可是，学生在学校的时间远远超过在家的时间，家长们不可能因为老师的一句话而改变，老师应该把更多的心思放在学生身上，使学生改变。让家长看到学生的改变，家长也会因为孩子的改变而对教育改变看法。如果把教育的责任都推给家长，那孤儿怎么办？难道因为没有家庭教育而放弃学习吗？

沈思：小学生正处于身心成长速度最快的年龄段，化化老师的动态课堂刺激成长的效用，远在让学生听老师一个人讲解的静态课堂之上。

四、玉树藏族自治州玉树市小苏莽乡寄宿小学教师索南永珍

2021 - 09 - 04 **你们猜她写了几个字**

作为一线的教师，虽然比较辛苦，但是我觉得很快乐。我也是牧区长大的，小时候每天比其他同学早起两个小时去上学，上学路上我哭过、害怕过，也被流浪狗咬过，可是我为了求学之梦坚持了小学六年，初中开始住校就没那么辛苦了。我觉得现在我的学生就是当初的我，为了求学之梦一年级就开始住校。我是一线老师，更是这些孩子的母亲，每天陪伴在他们的左右，虽然我平时比较严厉，但生活上我更多的还是照顾。每天面对可爱的牧区孩子，我觉得我是快乐的，他们会讲他们所知道的故事，有时觉得我是他们无话不谈的好朋友。

有个女孩，她学习成绩不怎么样，一让她读书她就哭，让她写字她又哭，可是下课后她很好，个性很开朗，会帮我拿书包，帮我拿教具，是个很不错的学生。于是我就每天叫她帮我拿这个拿那个，目的就是让她不跟我产生距离，后来我让她帮我在黑板上写几个生字，她也很乐意。先不安排她写作业，我要培养她主动写作业。过了一个多月，她向我要本子，我问干吗，她就说："老师，难道今天没有作业吗？"这时候我就不客气啦，我说："有呀！不过今天作业很少，就写自己知道的五个生字。"她愣了一下，说："写三个可以吗？"我笑着说："当然可以，你想写几个都可以。"第二天作业交上来，你们猜她写了几个？

2021 - 09 - 05 **希望新学期我能关注到全班所有的学生**

今天是缺氧模式，有点难受，但是也有开心的事发生。午饭时我碰见了我班的一个男孩，他手里拿着零食，毫不犹豫地递给我说："老师你最喜欢吃零食，我给你。"我有些感动，原来他很了解我，可是反过来想想，我却不太了解他，因为他平时很乖巧懂事，学习也好。突然觉得惭愧，我把他忽略了。我摸了摸他的头说："你喜欢什么？老师给你买。"他说："随便。"又肯定地说："我最欢看漫画书。"我有些激动，说："你跟我回

宿舍，老师有很多绘本，你就拿上五本。"他开心地大笑。我把爱看书的他忽略了，心里有些失落，希望新学期我能关注到全班所有的学生，不管成绩好坏。

昨晚的答案是七个，而且笔画写得特别好，并且会默写三个。惊喜吧！

洪波老师：惊喜！

2021-09-25 **感到我校在成长**

今天是我打卡的第25天。今天感到我校在成长。前天学校建立阅读群，昨天各教研组长开始领读，语文教研组长对领读的内容进行分析，真的挺好的，我不知道能不能坚持下去，但我知道校长就是想让我们成长。我看完《教育的觉醒》以后，发现书中缺少如何了解学生的种种问题的内容。我喜欢看书，可是有些书真的很深奥，不太理解，但是《教育的觉醒》和《课堂的革命》都很简单，所有的内容也都能用到实际教学上，我觉得很好。谢谢格桑花让我成长起来。

沈思："《教育的觉醒》和《课堂的革命》都很简单"——师者传道，大道至简。"所有的内容也都能用到实际教学上"——因为所有的内容都来自实际教学中。

五、玉树藏族自治州红旗小学校长白玛朗加

2021-09-24 **畏生愚，无畏生慧**

看《教育的觉醒》这本书，听着各位书友与刘红萍老师和沈思先生的对话，真的是启迪智慧，有许多共鸣，都是源自我们共同的身份角色。我曾找过几个很严厉的老师单独谈话，虽然我知道他们无非是想通过这种方式树立威信，但还是告诉他们这种以非常手段树立的威信容易让孩子失去自信，尤其容易让孩子厌学。小学阶段很重要，树立孩子学习的自信，让孩子爱上学习是孩子健康成长的关键。一旦产生厌学心理，后果不堪设想。我细心观察着每个老师的教育教学方式，我知道人无完人，但我希望我们每个人都能努力朝着完美前进，即便每天的收获是微小的。

六、玉树藏族自治州治多县治渠寄宿学校教师才仁青措

2021-09-07 **学生一般对班主任都有距离感和畏惧感**

我校一直以来开展的心理疏导课，作为我校教学中的一个特色，在我校专门成立的心理咨询室内进行。对学生的德育教育离不开对学生心理活动的关注，发现学生，了解学生，从而才会产生关心。小学生表达欲原本就不够强烈，再加上受家庭中一些事的影响，如果到了学校也无法被老师关注，那么这样的学生可能会无形中产生心理问题，比如自卑、注意力不集中、厌学、孤独症等等。我们从学生真正需要的关怀出发，结合实际，同时在心理咨询室中摆放一些解压小物品和毛绒玩具供学生选择，然后由一名老师（不能是班主任，因为学生一般对班主任都有距离感和畏惧感）坐下来和学生交流，找到孩子最近情绪低落的原因，从而进行疏导和鼓励。有时也会让所有学生填写心理健康测试单。

我不知道其他学校有没有这样的心理疏导措施，但这样做的效果真的还不错，总比你追问或威胁他说出来要强许多。

沈思："不能是班主任，因为学生一般对班主任都有距离感和畏惧感"。如果能让学生对班主任的距离感变成亲近感，畏惧变成喜欢，学校就不用设置心理咨询室了！

2021-09-11 **我们为什么不考虑如何拉近与学生的关系**

教育是什么？教育是爱，是付出，是孜孜不倦，是一份责任。教育不是你有兴趣就管一管，没兴趣就连学生的作业也不改。一个老师自己都不自律，有什么资格要求学生呢？

当学生没有成为自己想要的样子，就开始产生职业倦怠感，就开始划分学生等级，甚至伤害孩子的自尊心，试问这样的教育者孩子会喜欢吗？在生活中我们每天都在社交，都在考虑如何让关系变得更好，那么我们为什么不考虑如何拉近与学生的关系，让学生因为喜欢老师从而喜欢上学习呢？

2021-09-29 **把课文中的"情感态度与价值观"呈现在板书上**

教学中注重"情感态度与价值观"的学习，学以致用！

现在的教学方式多半仍然处于传统模式，老师在讲授课文内容时很少注重文中所体现的情感态度与价值观，而是把重点放在知识与技能方面，造成课文本身具备的创新型理念流失。空洞的教学，讲得再具体，对学生

来说也没有任何可取之处。而倘若我们很好地体现了情感态度与价值观，学生不但掌握了知识，也懂得了人生的道理，这不是两全其美的事情吗？

我经常会把课文中的"情感态度与价值观"呈现在板书上，让它成为自己和孩子们的座右铭，这也是语文教材中最可贵的宝藏。

2021 - 10 - 12　**教学模式不同，教学效果是否也会不一样**

今天去表妹家，发现她一直在摆弄手机。她说一天天真烦，她儿子今年三年级，每天晚上那些任课老师就在群里不停地喊，要孩子读这读那，要家长检查监督，有时候布置许多英语作业，还要家长教，家长哪里会英语！她说，这样的形式真的让家长和孩子一起崩溃。我听完那些老师在群里安排的任务后，开始思考，这样的教育模式真的有效果吗？学生累，家长也累。为什么学习任务不能在学校里完成，那学校里一整天都在干什么呢？无论是阅读还是作业，都应该在课堂上完成，可以安排在下午的自修课上，不是吗？只要老师合理安排时间，这些事情本可以在学校完成，为什么非要剥夺孩子的休息时间呢？

这些只是我今天个人的一些思考，不知道各位老师是怎么想的。改变一下教学模式，或许教学效果也会不同，你们认为呢？

沈思：从青措老师今天的打卡笔记可以看出，部分家长的焦虑是从学校传递过去的。

2021 - 10 - 21　**无声的教育**

前几天在学校操场上无意中看到一个老师弯腰捡起地上的垃圾，随后丢入垃圾桶里，一个二年级的学生在后面也看到了这个老师的举动，那时我并没有在意，只是觉得这个老师值得我们学习。

第二天课间操时，我就看到那个学生提着垃圾桶满操场捡垃圾，刚开始以为是学校大扫除，可其他老师都说不是，是这个学生今天突然有了这种行为，我恍然大悟，一个老师的行为是如此深刻地影响了一个学生！身教大于言传，这是无声的教育。

后来听说这个学生在他们班里当上了劳动委员，可见老师的教育重在行动啊！

七、玉树藏族自治州称多县教育局教研室教师程喜连

2021 - 09 - 06 **请不要忘了把眼神投给每一个孩子**

这所学校是称多县唯一的孤儿学校，学生来自全县不同的地方。今天案例的小主人公，是一名特殊生（包括身体、智力），或多或少与其他学困生不同。在我的课上没有座位的要求，孩子们可以根据自己的意愿选择座位和同桌，我最喜欢的就是看他们争最前面座位时的那种积极劲，这也是自己最幸福的时刻，感觉我的课孩子们喜欢上。但是谁也争不过这位小宝贝，他每次都坐在最前面，我每次都会用爱的眼神、肯定的眼神、激励的眼神多在他的身上停留片刻，所以，他每次都特别积极。因为天生智力有问题，他会比别人慢半拍（孩子对不起，老师不想提到你的智力问题，可为了让更多的人知道你的优秀，我只能把你的小问题稍微在这里提一下，请原谅老师一次），无论我怎么教效果对他而言都不明显。就在昨天，为了能让孩子们得到更大的提升，我们开始实施小组合作的学习方式（这些孩子都是之前从二、三年级里挑选出的学习困难学生，要让学习困难的学生去教其他同学，这几乎是不可能的。经过一段时间的培养，25 名孩子中有很多同学表现优异，已经基本上达到了编小组、当小老师的要求），小组人员分配和小组长选拔等任务完全交给两位班长，我只负责点拨学习任务（如：今天学习六个生字，告诉他们学习汉字需要掌握哪些知识）。孩子们都很聪明，一点就通，他们纷纷行动起来，每个小组长发挥自己的能力，带动其他组员，每个小组都在积极主动地学习，用自己的方式方法完成小组工作。在这次学习中，孩子们都努力独立解决问题，没有让我去充当老师的角色，他们给我安排的任务是拍视频，他们特喜欢进入我的视频中，成为视频中的主人公。看到孩子们用自己的方式去学习，我明白了教育的真谛是什么。其实我们都低估了孩子，总是觉得没有自己的指导孩子们什么都不会，所以一直拼命地去教。今天的学习氛围明确地告诉我，可以放手让孩子去创造自己的天空。面对他们能力范围内的知识，他们是可以自己去解决问题的。昨天，小组长带着前面提到的这位宝贝来到我的面前说，他们居然教会了他四个生字，觉得很神奇，也很自豪。我惊叹地对他们说："是吗？来检测一下吧。"经过测试，他果然能很准确地读出四个字的音节，我立刻竖起大拇指，抚摸着他的头说："你太棒了！太厉害了！怎么学会的？能不能教教我方法？"这个时候不论是他，还是小组长，

脸上都洋溢着成功的喜悦。趁热打铁，我便来了一句："赶紧回到自己的座位上，继续把后面剩下的两个生字拿下来。在这么短的几分钟里，你们居然让他掌握了四个生字，那剩下的两个生字难度就不大了。原来他这么优秀，都是被老师忽略了，对不起！加油！"之后我便拿出手机拍他们认真读书的样子。两个小老师在指导他，每一个小老师都付出了100%的热情、100%的努力。由此我开始反思自己的课堂，其实，如果我们每个老师都能像这些小老师一样在课堂上投入100%的激情，那便是教育最美的风景线。

请不要忘了把眼神投给每一个孩子。

沈思："在我的课上没有座位的要求，孩子们可以根据自己的意愿选择座位和同桌。""看到孩子们用自己的方式去学习，我明白了教育的真谛是什么。""如果我们每个老师都能像这些小老师一样在课堂上投入100%的激情，那便是教育最美的风景线。"多好的老师啊！

2022-01-23

很多时候我们老师总是在肯定自己、否定学生，常常听到有老师说，我们的孩子缺乏家庭教育，我们的孩子缺乏思维能力，我们的孩子缺乏创新能力，我们的孩子缺乏自觉性，我们的孩子听不懂普通话，我们的孩子缺乏主动性……所有教育教学的问题全都归结于学生，从不反思自己的教育教学问题，从不在自己身上找原因。

沈思："所有教育教学的问题全都归结于学生，从不反思自己的教育教学问题"的现象普遍存在于大、中、小学校里。可以肯定，大、中、小学校里教育教学的问题，从"学"的一端审视，永远无解；从"教"的一端反思，可迎刃而解。《课堂的革命》就是在大学里从"教"的一端反思，带来"学"的一端即大学生从厌学变乐学、从自闭变自信等积极变化的记录。当下小学生存在的厌学、沉溺游戏、抑郁症等让人揪心的现象只有通过对"教"的一端进行反思才能改变。《教育的觉醒》就是小学校长、教师和家长对"教"的反思。

学生读书笔记

2021年9月15日，黄南藏族自治州同仁市民族中学完么东周校长给我发微信，告诉我他打算把班上的学生组织起来共读。我给每个学生寄去了《课堂的革命》，同时请完么校长给同学们提个醒，这本书不是我一个人写的，而是我和我们课堂的全体学生共创的。如果他班上的同学们时间和精力允许的话，请同学们把自己在阅读过程中对教育的思考记录下来，无论话多话少，真实就好。

四个月后的2022年1月21日，完么校长给我发微信："沈老师好，这是我们学校高二（1）班学生们阅读《课堂的革命》的读后感。感谢您的阅读指导和支持！"以下摘录了部分学生读后感：

1. 原来课堂是需要师生结合的。——仁增才让

2. 这本书给了我前所未有的启发。——旦正加

3. 我们的课堂需要改革，我们的课堂不应该是只有老师在讲台上没完没了地讲，学生在下面急急忙忙记笔记的枯燥模式。这样的课堂实在是太乏味无趣，太累了。——仁青卓玛

4. 课堂既然要以生为本，就意味着课堂要围绕学生展开，而不是学生围着教师转。——索南拉毛

5. 这本书激发了我比往常更为迫切的求知欲。——万德措毛

6. 这是我向往的课堂，也是我期待的课堂。——昂智多杰

7. 参与就有快乐，自信就能成功。课堂上没有真正的对与错，只要你敢想、敢说，那你就是最棒的。——尕玛项智

8. 我更羡慕老师以孩子的心态和视觉走进他的世界。——官却多杰

9. 我们的课堂教学应当追求的是"发言热闹的教室"，也是"用心相互倾听的教室"。——先吉

10. 课堂应当以学生为主，使学生拥有一定的话语权与选择权，给予学生展示自我的舞台。——尕玛措

11. 师生间、生生间的相互倾听更有利于开展教学活动。不但要会倾

听学生的发言内容，更要会倾听学生的心情与想法，与学生产生共鸣，做学生的最佳听众。——更藏吉

12. 多听学生的心声，能收到意想不到的效果。——夏吾太

13. 师生关系应该是最和谐灵动的一组关系。——南杰吉

14. 教学效率的高低，在于学生参与教学的程度。——李措

15. 是对传统教学的批判，也是对现代教学的指导。——万玛加

以上是我在完么校长发给我的高二（1）班学生的感悟中选录的一部分。下面的感言来自另外两个班的学生：

16. 读完《课堂的革命》，我深深地被这种课堂氛围所吸引，为之向往。读完我不禁思考，学生上课的目的是什么？课堂又是什么场所？老师对学生的作用是什么？读完这本书，我想我或许找到了一些答案。我们从小就开始上学，或许我们至今都不知道上学的终极目的。——高二（6）班　德青卓玛

17. 在《课堂的革命》这本书中，我看到了一个不一样的世界，师生和谐，学生和谐，老师带领学生们走向正确的学习道路，学生们也在老师的带领下爱上了学习。学生们把每天所经历的事儿都用日记写下来，从他们所写的日记中我感悟到了许许多多的东西，这是一本非常值得一读的书。——高二（4）班　当增措

从书中收录的这些汉藏两族的大学生、中学生和小学生的读后感可以看出，他们与书本产生了共鸣，对教育形成了共识——他们对当下所接受教育的切身感受都是相同的，对书中描述的新课堂的向往都是一样的。

读书会表彰大会

一、格桑花读书会成果

2021 年 9 月 29 日晚 8 点，格桑花读书会种子群总结分享表彰大会在线上举行。从 2021 年 8 月 21 日线上开幕式算起，这次共读活动持续了 41 天。活动中种子群共有 200 人参与阅读打卡，写下了 2528 篇打卡笔记，笔记字数超过 35 万字。

格桑花称多群总结分享表彰会在种子群总结分享表彰会的第二天召开。称多群自 8 月 26 日开始共读，截止到 9 月 30 日，坚持共读 37 天。活动中称多群共有 166 人参与阅读打卡，写下了 4879 篇打卡笔记，笔记字数超过 76 万字。

7407 篇打卡笔记，111 万字，是两个读书群 366 位读者和书本产生共鸣而产出的精神产物，也是 366 位读者形成共识的有力证明。几百人的群，如果没有共识，是走不到一起的，即便因某种原因暂时走到一起，也走不远。

二、玉树藏族自治州称多县称文镇中心幼儿园园长青梅措毛在表彰会上的演讲

爱在教育，点亮心灵的灯

格桑花的各位前辈，老师，同仁们，大家晚上好！我是来自玉树藏族自治州称多县称文镇中心幼儿园的园长青梅措毛。

看到诸位老师的精彩分享，有点紧张。很开心在这样一个阅读群里分享我的心得，也谢谢格桑花的各位能给我这样的平台来学习。通过学习《教育的觉醒》，我感受到了灵魂的召唤、生命的价值，对教育有了重新认识。这本书让我深深地明白了一个为人师者该有的使命和觉醒的必要性。

我从未领读过一本书，直到遇见《教育的觉醒》，在李爱连女士的引导下，我第一次尝试领读，这带给我一种前所未有的紧张、兴奋、刺激、忐忑。有了第一次的领读，而后在格桑花称多群里我再次选择领读，品味

领读带给我的感受。这是格桑花给我意想不到的收获和惊喜！

老师们打卡分享到群里的内容，我每次会选择默默阅读，然后看点评，从中吸取老师们身上的闪光点。各位前辈、专家的精彩点评，让我明白了点评也是一种学问、一种技巧。真的可以说是受益匪浅！

每次读《教育的觉醒》，有疑惑的同时又有着满满的惊喜。疑惑什么呢？书中提出的问题、指导、案例等等，让我对教育有了新的认识。惊喜什么呢？惊喜的地方可多了，读完这本书，再看到某些老师日常的教育方式，会引发我的思考。比如：午饭时间，我们小二班的孩子吵个不停，不肯吃饭。一位男老师跟孩子说："好孩子是不可以说话的，吃饭时更不可以，不然爸爸妈妈就不喜欢你了，因为爸爸妈妈只喜欢乖孩子。"看到这里，我就想到了书中提到的"听话教育"，有一种恍然大悟的感觉。我告诉这位老师，这样是不行的，这样的做法只能一时解决问题，根本上来说是没用的。要从根本上解决这个问题，需要让孩子树立规则意识，让孩子意识到吃饭时是不可以说话的。久而久之，孩子就不会在吃饭时吵个不停了。尤其小班学生年龄太小，大部分在 3 到 4 岁之间，老师说爸爸妈妈只喜欢乖孩子，会给孩子的心理造成伤害。

而后，在课堂上，在活动里，在实践中，我从书中品读的内容已经开始融入我的工作中，我开始去实践，去尝试。这也是意料之外的收获和惊喜。

书中的内容很贴切，很详细，甚至还有各种案例、师生对话等等。感恩沈思先生，感谢我县教育局的程主任，让我遇见《教育的觉醒》这么棒的书。

另一本《课堂的革命》，让我明白了心的教育，课堂文化，育人、育心的教育，以及尊重、平等的问题，开始明白与孩子之间的相处之道，刷新了我的教育理念。

以上就是我的读书心得，非常感谢格桑花的各位能给我这样的平台分享我的心得。谢谢大家！

三、玉树藏族自治州称多县清水河镇中心学校教师李加太（藏族）在表彰会上的演讲

国家教育变革的原因和目标好像也体现在这本书上

从拜读《教育的觉醒》这本书开始，我对教学和教育有了跟以前不一样的想法和感受。下面我来总结一下：

1. 对我个人生活的影响。以前看书都是凭心情，三分钟热度，有看书的心情就开始翻书，翻到什么书就看什么书，没有计划性，如果中间有事就会放弃，一两个月后才发现那本书已搁了好久。经过一个月来在格桑花读书会里有计划地每天读几页，写一写心得，我发现自己越来越有规律了，看书是如此，生活亦是如此。

2. 对我思想意识的影响。"教育是一个灵魂唤醒另一个灵魂，用一颗心感染另一颗心的事业，是智慧与智慧的对话。"真是如此。在《教育的觉醒》中学到的东西能让我产生共鸣，有的教育方法我会付诸实践，学生们也从中受益匪浅。在看到《教育的觉醒》一百多页的时候，我觉得书上讲的这些知识都很符合实际。这样做的教师不就是我们要努力的方向吗？这样培养出来的学生不就是国家真正需要的人才吗？"双减"政策真正落地实行的时候，我认为其实国家教育变革的原因和目标好像也与这本书相契合。遇到教育教学上的问题，我都能联系到《教育的觉醒》传授给我的经验和智慧。

3. 对我个人教学的影响。我认为这是一本从学生角度出发，揭示教育的问题并给出指导方法的一本书，显示了真正以学生为本的教育理念，倡导创造教育，培养德智体美劳全面发展的学生。我看到，师生平等关系下的教育教学，更能激发学生的想象力和求知欲，更能让学生的思维模式不再局限于模仿；我看到，倾听学生心灵，让学生说，让学生不断提问，动手做，鼓励和赞美更能激发学生的学习欲望，更能造就良好课堂的开端。

总之，这本书不仅教给我们培养什么样的学生，如何培养，还鼓舞我们努力奋斗，做一名有成就感、幸福感的教师。

沈思："在《教育的觉醒》中学到的东西能让我产生共鸣"。每个教师、家长和学生写的打卡笔记都是和书本产生共鸣的记录。因为不产生共鸣，就写不出来东西。

四、玉树藏族自治州第二民族高级中学教师张彩红在表彰会上的演讲

这次读书会使我更好地成长

各位老师大家晚上好！我叫张彩红，是玉树藏族自治州第二民族高级中学的一名地理老师，很荣幸有机会参加这样别具一格的读书会，很荣幸能够成为今晚表彰会的发言人之一。

打开《教育的觉醒》这本书的第一页的时候，我心想着，哎，这书怎么跟我们平时读的不一样呀，有聊天记录，有讨论会实录，还有教师读书笔记和家长读书笔记等，于是我怀着好奇心，认认真真从头开始读。读到前言部分时，沈思老师说：我之所以建议整理笔记编撰成书，是因为"情"，是因为"接力"，是因为"人性"，是因为"学生"，是因为"哲学"，是因为"振兴"。我心中的疑惑慢慢有了答案。

在每一天的读书、打卡，以及和群里老师们真挚而又坦诚的交流中，我渐渐学到了该如何当一名老师，一名合格的老师，一名好老师。在读书的过程中，我拿起笔记录沈思老师和刘红萍校长还有其他老师说的一些让我受益匪浅的话，这些语句真心打动了我。真心感觉到我遇到了几位好老师，他们在教我如何成为一名真正的教育者。

一开始我只注重专业知识，觉得只要把我所知道的知识内容好好传达给学生，就是教育。然而，这是不对的。教育是什么？好老师是什么？我应该深思。

作为老师，我们应该身心健康，教师的职业是一种用生命去感动生命、用心灵去浇灌心灵的职业；我们应该有正确的价值取向，忠于教育；我们应该有好的师德师风和职业操守；我们应该精通业务；我们应该每日反思自己，找到自己的不足并加以改正，去关爱学生，从学生的角度出发思考问题。

后来洪波老师给我发了《教育是什么》这本书的电子版，书中内容分三篇，首先是人，其次是环境，最后是教育，很完美地诠释了教育是什么。由于身体原因，这本书我还没读完，但我依然收获颇多，我会继续读这本书，把好词好句摘抄下来，努力提升自己。

读书真是一种享受生活的艺术。最后，感谢洪波老师给了我参加读书会的机会，感谢各位老师对我的点评，这次读书会让我拓宽了视野，积累了经验，使我更好地成长。

五、黄南藏族自治州同仁市民族中学校长完么东周在表彰会上的演讲

共读——最佳的阅读

老师们，大家晚上好！我是同仁的完么老师，一个数学老师。

作为老师，我真的很惭愧，每天催学生读书，自己却不读书，而在一轮轮的教学活动中瞎忙，还觉得自己的每一堂课都是最棒的。通过这次格桑花共读活动我才发现，原来自己认为最棒的课堂和教育方法竟有那么多缺点和不成熟之处。这次格桑花的共读给了我一个重新认识教书育人的机会。

我从以下三个方面谈谈本次共读的感想和对自己的启发。

（1）课堂是两种人的，不是一种人的。

平时我们在课堂上用各种各样的方法给学生传播书本知识，这次共读《教育的觉醒》后，我就想，把课堂原原本本地交给学生会有什么不一样呢？开学前两周，我用我的惯例来上课，然后从第三周开始，我换了种方式，提前给学生分好组，把每堂课交给三组学生来讲，第一组里的一个学生在 10 分钟内讲一遍新知识，第二组的一个学生在 5 分钟内进行补充，第三组的一个学生在 3 分钟内给前两组做总结，最后我再去补充或总结，以分组做题的形式为这一堂课收官。这样实施下来，我发现一堂课前 18 分钟是最活跃的，课上没有一个睡觉的，大家都在忙着问这个问那个。这样进行了三周后，昨晚晚课时学生总结说，老师这个月上课很轻松。虽然这个方法一直做下去不一定可行，但这三周他们是非常认可和欢迎的。

（2）学生沟通环境很重要。

以前有什么事都把学生叫到办公室谈，很多时候问不出所以然来，这个学期，有什么事我就把学生叫到校园里谈，而不是教室、办公室或走廊里。在校园里跟学生谈事情，学生都会如实回答，尤其是在食堂或花园里，学生讲的都是心里话。

（3）课本和课外读物很重要。

我的学生不管学习成绩怎么样，普遍都喜欢读课外读物，但是课本读得很不认真。读了《教育的觉醒》后，我跟他们说，课外读物是课本的辅助材料，但你不认真读课本，那课本上的专有名词无法跟课外读物相连接，这样对知识获取和学习进步也没有帮助。我鼓励他们：平时你课外书

读几个小时，课本也读几个小时，这样对你的学习有直接的帮助和提升。他们都觉得这个方法可行，平时学习成绩不怎么样的学生们最近都在用这样的方法来读书。以上是我的一些感受和得到的启发，还望老师们多多指点。

非常感谢格桑花组织的本次共读活动，感谢沈思老师每天都给我们点评，更感谢每天共读的老师们。谢谢你们！

沈思："作为老师，我真的很惭愧，每天催学生读书，自己却不读书"。了不起的老师，伟大的忏悔！

六、玉树藏族自治州教育局局长徐海在表彰会上的演讲

这里面收获最多的可能就是我了！

读书会的各位老师，大家晚上好！历时 41 天，我们一起读了《教育的觉醒》这本书，每天都过得非常充实。跟大家一起读书、分享、交流，收获特别多，读书会里面 200 多人，我想这里面收获最多的可能就是我了！第一个方面的收获跟大家一样，大家在这两天的分享里面说得已经很多了，我就不多讲了，大家比我感悟得还要深，体会得还要细。第二个收获，通过这一次读书活动，我又认识、了解了很多好校长、好园长、好教师，对下一步玉树阅读活动的开展、推动更有信心了。第三个收获，在玉树的称多县、曲麻莱县、玉树市的一些学校，不同程度地掀起了阅读的热潮，我感觉我们找到了一个推动阅读的好方式，我们在高原种下了一个阅读的星星之火，这个星星之火大有燎原之势。感谢所有参与共读、推进共读和为共读默默付出的幕后的老师们，我们一起做了一件平凡而又伟大的事情！读书是平凡的，又是伟大的，它的伟大之处在于坚持，期待更多的学校、更多的老师参与进来，我会跟大家一起坚持下去。

沈思：领导干部带头示范的意义太大了，领导干部和群众打成一片的工作方法太重要了。徐局长通过阅读群里的打卡笔记，"又认识、了解了很多好校长、好园长、好教师"。在我们的课堂上，我可以通过阅读学生们每天自由写作的课堂日报，判断哪些学生更适合从事软件行业的相关工作。

七、燎原之势

玉树藏族自治州教育局徐海局长在总结表彰会上的讲话中说："我们在高原种下了一个阅读的星星之火，这个星星之火大有燎原之势。"到目前为止，这个"势"有多大呢？

2022年2月18日，我在微信里问元晓帅博士："读书会现在有多少人？"元博士答："800多人了。最近要调整为两个群，一个是中小学教师群，一个是学前教育群。格桑花马上要启动一个教师成长项目，这个项目就是从读书会开始的。"可见，读书会并没有因表彰会的召开而结束，而是如徐局长所言，呈现燎原之势。

格桑花读书会的成果，说明当下社会不是喜欢读书的人少了，而是让人们喜欢读的书不多，毕竟我们中国人群体是一个信奉了几千年"万般皆下品，唯有读书高"的文明人群体，对读书的重视，对读书人的尊重，流淌在我们的血液里。

读书会的成果，也证明了洪波老师的直觉和远见。2021年8月25日，她在微信里对我说："我们2014年在青海乡村教师中搞过阅读推广，没搞下去，其中有个重要原因是我们没有和老师们共读一本能讲透教育本质的好书，大家对阅读的理解还没有上升到对教育之道的思考，还停留在术的层面。遇到您的书，我知道我们可以重新开始了。"

2021年8月23日，洪波老师曾在群里写过这样一段话："曾经有当地教育局的朋友对我说：'你想让我们这里的老师读书，就好比想在沙漠上种树一样难！'今天老师们不是已经在阅读了吗？沙漠也会变绿洲！"7407篇打卡笔记，就是7407棵扎根沙漠的精神之树；111万个字，就是一片片绿茵茵的树叶。这不就是沙漠里一片生机盎然的精神绿洲吗？

格桑花读书会取得的成果说明，即便物质比较匮乏，精神也是可以先富起来的；即便经济暂时落后，教育也是可以先进一步的。

正确思想（道）的火种一旦落在大地上，想不燎原都难。

第四部分
共谈减负关键

关于减负话题，《课堂的革命》和《教育是什么》两本书里已有专门论述，鉴于2021年7月24日中共中央办公厅、国务院办公厅印发《关于进一步减轻义务教育阶段学生作业负担和校外培训负担的意见》，有必要再次论述。《课堂的革命》第9页有这样一段内容："上海市教育委员会巡视员、著名教育家尹后庆的统计，新中国成立60多年来，历来领导人都曾关注过'减负'问题，由国家下发的'减负政令'不下50件，但让人尴尬的是，学生负担越减越重，公众因此对'减负'失去信心。"这种屡战屡败的悲壮局面、屡败屡战的坚韧精神，催人深思。要想让这次力度空前的"双减"政策真正落地，让教育进步的速度跟上改革开放和经济社会发展的速度，让学生身心和谐地成长为体格强壮、人格健全的现代社会的文明人，就不能不对减负到底要减什么"负"，导致"负"的原因到底是什么有清醒的认知，否则仍然会如同盲人骑瞎马，负担越减越重。关于"负"是什么和为什么会产生"负"这两个问题，《课堂的革命》和《教育是什么》两本书里的相关论述，是基于在大学课堂对大学生群体的观察与思考，这里的论述则是基于在小学课堂上对小学生群体的观察与思考。

学生的负担从何而来

2020 年 4 月 13 日，山西安乐小学刘红萍校长和读书会的三个小学生武玥茹、王欣雨、赵子涵展开了一场关于教育的对话，从中我们可以看出学生的负担到底是什么，以及产生负担的原因到底是什么。

一、师生对话谈教育

刘红萍：在打开书之前，先谈谈你们眼里的教育是什么样的。

武玥茹：大人把知识塞进我们脑子里。

王欣雨：老师和家长努力把我们变成他们希望的样子。

赵子涵：听话，考高分。

刘红萍：这是你们眼里的教育？

王欣雨：不，这是现实中的教育。

刘红萍：那说说你们理想中的教育。

武玥茹：父母能多带着我们出去玩，多见识一些东西。

王欣雨：考不好别打那么厉害，多参与活动，多动手做实验。

赵子涵：大人能平等地和我们对话交流，不小心做错了题罚写几十遍没有意义。

刘红萍：对于本次共读活动，你们有自信参与交流吗？

学生：有！

刘红萍：对于本次自己掏钱买书，你们有什么想法？

王欣雨：我觉得很值！当时妹妹提醒我花这么多钱买一本书不值得，但我没听她的，爸爸要替我支付我也拒绝了，花自己的钱买了这本书后我没有心疼，而是心里很快乐。

赵子涵：我也觉得很值，因为我和妈妈两人一起读。

王欣雨：妹妹今天花 14 块钱买了零食，我只从家里拿了一包 1.5 元的泡面，同样吃了午餐，我觉得她今天花的钱不值。

刘红萍：为什么花钱买书就值？你觉得有多少人会这么认为？

武玥茹：我觉得花钱买书非常值得，这样可以帮我们养成一个好习惯，估计十分之九的人会这么选择。

王欣雨：看书的意义太大了，昨天我用书里的方法成功化解了爷爷奶奶饭桌上的争吵，40多年的"吵架堡垒"被我用书里的知识瓦解了。

刘红萍：很高兴与你们交流，祝福你们在书里遇见更好的自己。

二、学生的负担从何而来

武玥茹：大人把知识塞进我们脑子里

如果大人把各式各样的美食强行塞进小孩的嘴巴里，被塞的孩子是在感受品尝美食的快乐，还是在承受被塞的痛苦？

如果教师把各式各样的知识强行塞进学生的大脑里，被塞的学生是在感受学习的快乐，还是在承受被塞的痛苦？

结论：学生承受的是因为心灵痛苦而导致的精神负担，导致负担的原因是"大人把知识塞进我们脑子里"的野蛮的强迫教学模式。

王欣雨：老师和家长努力把我们变成他们希望的样子

家长努力把孩子变成他们希望的样子，可是孩子自己也希望成为那个样子吗？孩子作为独立的个体，拥有变成你所希望的那个样子所需要的体力、智力与心力条件吗？扪心自问，你希望你自己变成另外一个人希望你成为的那个样子吗？如果是的，那你还是你吗？如果你不得不违心地努力不让自己变成自己所希望成为的那样的人，而是努力让自己变成另外一个人希望你成为的那样的人，心情能不沉重吗？更让人哭笑不得的是，几乎所有的家长和老师用来让体力、脑力与心力各不相同的孩子"变成他们希望的样子"的模子只有一个——望子成龙、望女成凤。

实际上，"老师和家长努力把我们变成他们希望的样子"的努力，其结果只能是，既长不成老师和家长所希望的那样的人，又不能长成自己所希望成为的那样的人，从而陷入进退两难的迷茫。记得2014年参加东南大学生物科学与医学工程学院一个班级的学生座谈会时，面对一群本硕连读的大学生，我问他们毕业以后将会从事什么职业，他们的回答是不知道。再问，为什么要读这个专业，他们的回答是因为本硕连读，可以省掉研究生入学考试。翻开《课堂的革命》一书，看书里收录的学生写的课堂日报，"迷茫"一词经常出现。迷茫让人痛苦。

结论：学生承受的是因为心灵迷茫而造成的精神负担，导致负担的原因是"老师和家长努力把我们变成他们希望的样子"的做法。

赵子涵：听话，考高分

憋尿伤肾，憋话伤心。强调听话、不让说话的教育，会伤害学生的心，伤心会导致精神重负。

结论：学生承受的是因为憋话而心灵受伤造成的精神负担，导致负担的原因是强调"听话"、不让"说话"的教育。

一个班级 40 个学生，一场考试下来，排名第一的一般只有一个。如果 40 个学生个个都把考第一名作为目标，一场考试下来，心情愉快的只有一个学生，其余 39 个学生无不心情沉重。整日里"忐忑不安争第一"——这是我们课堂的学生王骏鹏课堂日报里的一句话。

结论：学生承受的是心灵忐忑不安造成的精神负担，导致负担的原因是唯分数论的按分数高低排名的过时的教学评价体系。

王欣雨：考不好别打那么厉害

一提减负，人们立马就会想到减少考试。实际上教学不可能没有考试，考试的目的只是检查教和学的效果，多考试、多检查没有什么不好。给学生造成心理重负的不是考试本身，而是家长和老师对考试分数非理性的反应，是唯分数论的教学评价体系。家长因为孩子考试分数排名靠后，对孩子实施肉体或精神暴力的野蛮现象比较普遍。只要考试，分数总会有高有低，那就意味着每场考试，学生都会怀揣着对父母或老师对考试分数的非理性反应的担心进入考场，心情能不沉重吗？

结论：学生承受的是害怕考不好的精神负担，导致负担的原因不是考试本身，而是老师和家长对分数不理性的反应。

赵子涵：大人能平等地和我们对话交流，不小心做错了题罚写几十遍没有意义

各人扪心自问，你不希望被平等对待吗？未成年人渴望家长和老师能够对他们平等相待而不能得，其心灵会轻松还是沉重？

结论：学生承受的是被不平等对待造成的精神负担，导致负担的原因是"师道尊严"的师生关系和"父为子纲"的亲子关系。

学生题目做错了，不是学生做题的行为错了。只要做，就应该得到肯定。做错了题目，检查错在哪里之后更正，会学得更好。吃一堑长一智，没有理由惩罚啊！被罚的学生不服气，但是又无力反抗，只有痛苦。实际上，该罚的是"罚写几十遍"的教师，因为罚不当罚的行为是错的。

结论：学生承受的是敢怒不敢言造成的精神负担，导致负担的原因是罚不当罚的错误行为。

以上罗列的是根据山西省吉县安乐小学的小学生们所说而总结的几种导致学生承受精神负担的原因。在本书第二部分第二篇"'爱-说课堂'第一次线下研讨会"里，我们还可以从江苏省南京市西善花苑小学的小学生们口中得知两种也会导致学生的精神，即他们"怕老师"，以及"如坐针毡"的课堂感受。在第三篇"五（3）班的线下实践活动"里，从五（3）班学生写的"假如我是爸爸妈妈"的作文里还可以看到，不当的家庭教育导致学生精神负担的种种原因。

综上所述，学生的重负，从现象上看，是由于身体与大脑辛苦而承受的肉体负担；从本质上看，是由于心灵痛苦而导致的精神负担。导致负担的原因，从现象上看，是校内外过多地针对专门知识与技能的教学及考试造成的；从本质上看，是基于旧思想的落后的情感与一般道理的教育造成的。几十年来减负效果事与愿违的根本原因就在这里——人们始终把减负的关注点放在现象上，而忽视了本质。一旦人们开始重视本质，减负将不再会是难事。这已经被我们从大学到小学的课堂实践所证明。在我们的课堂上，学生学习肉体辛苦，但精神快乐。

附：两个五年级学生的文章

1. "我多么想有个快乐的星期八"

妈妈，我想对你说：作业太多、考试太多、爸爸妈妈的期望太多、训练班太多……我的烦恼太多……

妈妈，有些话我只敢在心里说，什么时候才能当着你的面说出来呀！妈妈别生气，好吗？

记得上学期，数学试卷发下来了，我才考了86分，真是一落千丈啊！我不敢拿给你看，把它藏在了一个角落里。不久，你还是发现了。那一次，你打了我，你知道那时我有多伤心吗？何况，那只是一次小小的测验而已。妈妈，我需要你的安慰。

你总是对我说一些意味深长的压力话。你总是嘱咐我要好好学习，以后考上名牌大学，坐办公室……没办法，我只好再次面壁而坐。妈妈，我不需要你把我要走的路描绘得像图纸一样清晰，我也不需要你一次次告诉我要干这要干那，我不需要，真的不需要。

有的同学羡慕我多才多艺，然而，有谁知道，我的负担有多重。妈妈你知道吗？有时候我多么想有个快乐的星期八，能够自由地做自己想做的事的星期八。轻松、快乐的星期八，你在哪？

你们大人总是说我们小孩无忧无虑，可是你们知道我们的负担吗？妈妈，有时我真的想对你说，作业太多、考试太多、你们的期望太多、训练班太多、我的烦恼太多——当一个小孩太不容易了。

妈妈，节约一下你的爱吧！给我一片自由的天空吧！不然你会折断我的翅膀的……

2020 年 12 月 25 日

沈思：孩子能说出自己内心的真实想法，有助于释放焦虑，降低罹患抑郁症的风险。

2. "别让课文成了'刑具'"

别让课文成了"刑具"

为什么说课文是"刑具"？

因为所有的老师都用抄课文，让同学抄一遍学或没学的课文，以此用来惩罚。

课文，不是用来学习，用来读省知识的来源吗？为什么要让课文成为老师用来惩罚的"刑具"。

课文，是每位作者写出的心声，是杰作，在书上是读、学、解古文。但到了坏同学那成了，"惩罚"的课文，那一刻，课文好像失去了它原来的知识价值。

又何必这样做，这样做是为了什么呢？

南京市板桥小学五(1)班
郭佚然
2022 年 12 月 6 日

沈思：抄课文，是教学；罚抄课文，是教育，不过是错误的教育。用情感态度与价值观维度的教学目标来衡量，罚抄课文，对学生的情感教育是负的。让学生在负面情绪的笼罩下抄课文，伤害学生心灵，影响心理健康，甚至可能导致学生厌恶学习。

这两个小学生之所以能写出如此袒露心声的、有助于改善家庭和学校教育的文章，一是因为有爱心的、开明的老师打开了她们的心扉，二是因为《课堂的革命》解放了她们的思想。这两篇文章不禁让人想起刘红萍校长的感慨：辛苦一辈子到底是在育人还是在"害人"！

从来信看负担与减负

2021 年 4 月的一天，江苏南京西善花苑小学严朝胜副校长转发给我一篇三（1）班学生王继雯写的《课堂的革命》读后感，我们有了这样一段对话：

严朝胜：王同学的读后感，写得十分逼真也完全符合事实。

沈思：无需责怪老师。我们信奉"严师出高徒""棍棒底下出孝子"已久，这位老师很可能只是在重复自己小的时候接受过的教育方式而已。只是时代发展得太快了，当下开放改革的中国、互联网时代的学生，已经不像他们上代人那样能够适应这样的教育方式了。

严朝胜：三（1）班学生在一、二年级时就是在这样的环境中成长的，所以您的思想对他们冲击特别大！

沈思：你给学生们创造了一个有话只管说的宽松环境，才让他们敢把埋藏于心底很久的话说出来。说出来好，说出来，背负已久的精神负担就可以放下，就可以轻装上阵。所以，让学生说话，就是"减负"；不让学生说话，就是"加负"。

严朝胜：王同学是因为一年级时一次课上撩了下头发被老师批评了，一直记着呢。问她是不是记恨老师，说没有。从便于统一管理的角度看，"强权"能立竿见影出效果，但对孩子内心的伤害是一辈子的。

沈思：如果一个一年级小学生的肩上背着一个很重的包袱，父母不会接受，路人也会帮他，但是，如果一个一年级孩子的心里承受着一个沉重的精神负担，有谁会察觉？谁会去帮他？这个精神负担从一年级一直背负到三年级，要不是碰上您，或许还会一直背负下去。有可能背负多久呢？青海省玉树藏族自治州的两位老师在格桑花微信读书群里的一段对话，或许可以回答这个问题。

西尕卓玛老师：言语上的指责、嘲讽、否定、说教以及任意打断、拒不回应、随意作出评价和结论带来的情感和精神上的创伤，甚至比肉体的伤害更加令人痛苦。

程喜连老师：我最害怕的就是言语上的攻击，太可怕了，我也很注意自己的言语，措辞尽量严谨，可有时或多或少还是会伤害到别人。不过，我更害怕的是对学生的伤害，孩子不像大人，他们不敢反抗、只会承受，不敢爆发、只能伤心，不敢对视、只能低头沮丧。可正是因为他们"不敢"，所以我们往往觉得自己的言语没有任何暴力，结果会怎样，谁也不知道，也许只能是孩子自己长大后告诉身边的人，"我最讨厌的是某某老师，因为他嘲讽、否定、辱骂过我，从那时开始我的成绩一下子降下来了，再也不想学了"。可是，我相信当时伤害他的那位老师永远不知道有学生不喜欢他，是因为他的言语。

山西吉县安乐小学五年级学生赵子涵，在他的读书笔记里写下这样一段话："人人平等，不能仗着自己地位高就欺负地位低的人，这样的人只会被别人讨厌。"可见，小学生心里极其厌恶这样不尊重他们人格的教育方式。

综上所述，小小年纪就在课堂上承受精神负担，不是个别现象，而是普遍现象。个别现象，只是个人和个别家庭的不幸；普遍现象，则是整个民族的悲哀。小小年纪就默默承受着不为人知的精神负担，会造成什么样的危害呢？

自从我参与小学课堂教改项目以来，不止一个中小学校长告诉我，现在的中小学生，肉体的第一认知器官——眼睛，罹患近视的越来越多；心灵的精神，罹患抑郁症的也越来越多，而且出现低龄化发展趋势。2020 年 9 月 11 日国家卫健委办公厅发布了《探索抑郁症防治特色服务工作方案》，方案的重点任务之一即是开展筛查评估，要求各个高中及高等院校将抑郁症筛查纳入学生健康体检内容，建立学生心理健康档案，评估学生心理健康状况，对测评结果异常的学生给予重点关注。方案的重点任务还包括加大重点人群干预力度，其中青少年排在重点人群首位。

解决学生抑郁症的问题首先是教育部门的事，等到卫生健康部门介入的时候就有点迟了，心病很难治愈。教育部门如果在小学阶段就能成功减负，则中学和大学里的抑郁症多发现象也会被遏制。怎么样减负才能成功？《课堂的革命》和《教育是什么》两本书里有基于大学课堂成功实践的解决方案。至于小学阶段，可以从南京西善花苑小学三（1）班学生奚子涵家长给严校长的一封信中得到启发。

真心感谢严老师的精心教导和良苦用心。说实话，这学期都没有抓奚子涵的语文，完全靠她自己的自觉性。每次做功课时她总是对我说："爸爸，你去忙你自己的事情，我自己会做的。如果我不会了，我会自己查资料，我会利用书本知识、字典、手机、电脑来帮助我。"一、二年级时，我们家长天天围着她转，辅导功课，可孩子成绩也不理想。我们对孩子要求高，看到了这种结果，就开始简单粗暴地打骂她，结果往往事倍功半，反而导致了孩子内向，胆小怕事，缺乏自信心。自从三年级来了您和周老师，我们深深地感到三（1）班学习的气氛变好了，到处充满了活力。孩子自觉了，成熟了，并且找回了自信，每天都带着灿烂的笑容！在与孩子的交谈沟通中，能感觉得到她对老师无比的尊敬和喜欢，对同学们的关心和爱护，对班集体荣誉的维护和贡献。这一切都是与你们老师的谆谆教诲、精心呵护密不可分的。我们家长坚信，下学期在严老师、周老师、刘老师的带领下，三（1）班会越来越好，越来越出众！加油，三（1）班的同学们！

奚子涵家长

2021 年 1 月 28 日

从来信中可以看出，奚子涵同学在一、二年级的时候，无论在课堂上还是在家里都承受着很大的精神负担，但到了三年级的时候，原先的精神负担烟消云散，精神面貌焕然一新，学习热情高涨。出现这样的变化，不可能是因为三年级的课程、作业和考试减少了，而是因为"自从三年级来了您（严校长）和周老师"。

在本书第一部分第四篇"小学生读书笔记"中，山西吉县安乐小学六年级学生王欣雨在她 2020 年 7 月 30 日的打卡笔记里写道："记得那天在宿舍里，我和几个舍友聊天，一个舍友问：'你们有没有感觉，自从开始读沈思老师的书，咱们学校一直在改变？我原以为中国教育的师道尊严是不会变的，但我们学校师生越来越平等了，老师和我们说话越来越和蔼可亲了，学生有话也敢说了，真是太感谢他了。'的确，这样的教育方式与教育理念刷新了我的三观，学校在改变，老师在改变，你会不会觉得自己再不改变就不配拥有这么好的环境了？把从前的自己毅然甩掉，重新开始做自己。"

在本书第二部分第七篇"'爱-说课堂'线下公开课"描述的四堂公开课上，学生没有"如坐针毡"的精神负担，只有聚精会神乃至忘掉时间的精神状态，下课时不仅没有冲出教室的冲动，反而不想下课。

从奚子涵家长的来信、王欣雨同学的打卡笔记，以及西善花苑小学公开课的效果可以看出：西善花苑小学三（1）班学生成功"减负"，是因为换了老师；安乐小学学生成功"减负"，西善花苑小学公开课上的学生成功"减负"，是因为老师转变了思想，对教育的认知变了，对学生的态度变了，教学模式变了。由此可以得出结论：

1. 学生的负担不在课程和作业的多少，而在教师，在教师的思想。

2. 学生在学校成功"减负"，在家里就没有多少负担要减。

邢宏伟老师在为本书写的序里说："我发现小学生对于教育的诉求主要有两点：1. 我要平等；2. 我要说话。"这两点是关乎减负成功与否的基本点。做到这两点，减负成功；做不到这两点，减负失败。小学是这样，大学也是。能否做到这两点，关键在教师，在教师能否转变思想。

归根结底，减负的关键在教师思想的转变。

在本书收录的教师打卡笔记里可以看到，教师们一旦知道思想该如何转变，都会乐意转变。此实乃人性使然。教师的思想（道）一旦转变，教育（传道）要想不创新都难，减负也就水到渠成。

唯"三减"能"双减"

一、佼佼者与精致的利己主义者

2022 年 5 月 10 日,一位孩子在读初中的朋友发来他和另一位初中生家长的对话,在征得同意后摘录如下:

家长 A:这几天真是烦透了,怎么办啊!前天学校有个针对老师的调查问卷,孩子给几个老师选了"不喜欢,有体罚,辱骂学生"的选项,竟然被老师知道了,找我谈话。昨天上午孩子说他没有迟到,但老师说他迟到,罚一周值日。老师会不会是报复啊?我跟老师解释,他就是单纯的小孩心理,不喜欢拖堂的老师,对老师谈不上恨意,他认为辱骂是对学生人格的不尊重,这些都基于他自身的感受和理解,他可能看问题不太成熟,但不是无中生有、故意抹黑,请老师理解和包容。孩子咋这么老实呢?以后到社会上要吃亏的。

家长 B:跟他好好谈谈,首先明确站在他这边,引导他说出自己的真实想法。在老师那边你要当他的挡箭牌。

家长 A:谈过了,我相信他说的是真的。他平等意识比较强,会把一些事情看得比较严重,但他不会无中生有污蔑老师的,他经常会有莫名的正义感,替同学打抱不平。他坚信老师不会知道调查问卷是谁填的,我怕伤害他,没敢告诉他老师已经知道了。我想找个合适的机会告诉他以后这种调查问卷不要太当真,要学会保护自己。老师说能理解孩子的想法,跟我沟通是想了解孩子的情况,及时纠正他的理解偏差。我对学校这次问卷调查有看法,如果不能保护孩子的信息,那就不要形式化地做什么调查问卷,这不是给孩子和老师之间制造矛盾吗?

家长 B:孩子的正义感和诚实的人格素质必须肯定。

1. "老师会不会是报复啊?"如果是报复,就意味着老师在教学生恶的报复心,而教育的初心是教善的报恩心。2. "罚一周值日"。用值日劳动作为惩罚手段,会让学生在心理上厌恶劳动,在价值观上妖魔化劳动,而教育的初心是塑造劳动光荣的价值观,养成学生热爱劳动的美德。

3. "不喜欢拖堂的老师"。教师不遵守上下课时间规定的拖堂行为，是在以实际行动教学生无需守时、无视规则，而教育的初心是养成守时习惯和规则意识，这比拖堂几分钟、多讲几个知识点重要百倍。4. "他认为辱骂是对学生人格的不尊重"。辱骂是精神暴力，伤害比体罚还大。教师当着全班学生的面骂一个学生，就是在教全班学生骂人，就是在向全班学生传授这样一个道理：手中有权就可以不尊重他人，可以任意发泄。接受如此教育的学生，以后当城管会这样对待小贩，做官会这样对待百姓。5. "孩子咋这么老实呢？以后到社会上要吃亏的。"教育的初心是养成学生诚实的美德，而不是虚伪。几十年的人生经历告诉我，待人真诚、说话真实、做事老实的人格素质，是一生生活安宁、工作顺利的基础。6. "他平等意识比较强"。现在连小学生平等意识都很强。学生如果不能被平等对待，敢怒不敢言，内心会痛苦，精神会抑郁。师生平等是教育进步必须迈出的关键的第一步。7. "他经常会有莫名的正义感"。这正说明这个孩子是个天赋较高、品质优良的孩子啊！亚里士多德说过，人，在最完美的时候是动物中的佼佼者，但是，当他与正义、法律和道德隔绝以后，他便是动物中最坏的东西。据此推论，区分教育的好坏，是看能否养成学生的正义感和规则意识（法律与道德），而不是教多少知识、看分数高低。一个没有正义感和规则意识，但知识多、分数高的人，很可能就是"最坏的东西"，比如学历高、职位高的贪官。8. "老师说能理解孩子的想法，跟我沟通是想了解孩子的情况，及时纠正他的理解偏差。"纠正什么偏差？把对拖堂的厌恶纠正为喜欢？把诚实纠正为虚伪？让学生抛弃正义感，不关心他人，不关心集体，不做"佼佼者"，只顾自己死读书、考高分，做"精致的利己主义者"？9. "我怕伤害他，没敢告诉他老师已经知道了。"家长的良知在隐隐约约地提醒她，孩子没有错，所以她没有勇气直面孩子说出事情真相。确实，如果不能让孩子心服口服，还是不说为好，否则会伤孩子的心，让孩子精神低落。

综上所述，教育是正的还是负的？是在提高学生人格素质还是降低学生人格素质？是在把学生教育成有正义感、有担当的社会主义事业接班人（佼佼者），还是在把学生教育成精致的利己主义者？

正义感是善良与智慧的外显。善良比分数重要百倍，智慧比智力宝贵百倍。一个社会，有正义感的年轻人越多，越有希望；精致的利己主义者越多，越没前途。可惜应试教育只要分数、不要正义感，但是社会太需要有正义感的人了!

我所接触的小学,每个班都有一两个敢想敢说、有正义感、有担当的孩子,这可是将来各行各业领军人物的苗子。遗憾的是,他们很可能会被应试教育的评价体系衡量为"坏孩子",其实是评价体系坏了,坏的评价体系会把好学生变坏,让好苗子夭折,让领军人物稀缺。不过,在南京西善花苑小学的"爱-说课堂"上,这样的苗子可以茁壮成长。

二、唯"三减"能"双减"

上面的对话中,家长 A 开始就说:"这几天真是烦透了,怎么办啊!"可见,家长的精神负担很重。

本书第二部分,南京西善花苑小学胡俊老师在 2020 年 12 月 27 日研讨会上发言时说:"曾经的我们,总是陷入'学生成绩真差,这么简单的都不会''学生好讨厌,上课也不举手''家长真是的,自己的小孩也不管''工作好多,我好累'等类似的泥潭里,想挣扎却又无从下手。"可见,老师的精神负担也很重。

包括本书在内的三本书里收录的大量事实说明,大、中、小学生,精神负担也都很重,以致抑郁症成为学生群体多发病。

可见,教师、学生、家长三方精神负担都很重。这是事实,也合乎逻辑,因为学生、教师和家长客观上是教育事件三位一体的共同体,同病相怜,谁能独善其身?所以,大家不要互相埋怨,要合作起来共同寻找原因。《教育是什么》第三篇"今天的课堂"有助于查找原因。

"双减"政策是减轻学生过重作业和校外培训负担。前文分析了学生的负担,从现象看,是过重作业和校外培训;从本质看,是负的教育导致的和教师、家长共生的过重精神负担。只有三方同时减轻精神负担,学生才能减轻学业负担——唯"三减"能"双减"。这是逻辑推理,也是经验之谈。《课堂的革命》有事实,《教育是什么》第三篇第七节"明天的课堂"有方案。

第五部分
《教育是什么》读者来信选

一、南京市建邺路小学五年级小学生施博乔的来信

说实话，一开始看到沈老师的新书的时候，我既吃惊，又兴奋。在拜读了一点后，感触很深，很赞同书中"在教育时，爱很重要"的看法。读到一半的时候，我突然有了非常想上沈老师课的冲动，体验自由课堂的感觉。在书里，沈老师把自己对教育的理解和将来教育发展的方向说得很透彻，让人一读就懂。读这本书，开始时带着好奇心，到中间时感触颇深，到最后整个人都在崇拜沈老师。书中提到的一些理论和公式，我原先并不懂，继续读下去以后我就明白了，而且受益匪浅。我相信这本书中的理论有朝一日必定会被全世界的人认可！

2020 年 5 月 8 日

《教育是什么》刚印刷出来，出版社给我寄了几本样书，我先送给当老师的朋友看，施超老师是其中一位。2020 年 4 月 10 日，施老师给我发微信："我家上五年级的女儿看了后说：'一针见血。把教育的问题讲得很透彻，很有启发性，应该给我的老师也好好读一读。'"说真话，我没有想到施老师会把书给读小学五年级的女儿看，我回复施老师："这本书就是为她们还有她们的下一代写的。我想请您女儿写一篇读后感，长短都行。不知是否可以？"施老师转发他女儿的回复："沈老师，我会认真读您的书，写下我最真实的感想。"

施老师把书给孩子看的举动，让我颇感意外和惊喜。不同地区、不同学校的小学生，对此书高度一致的评价，更是令人咋舌。施博乔对《教育是什么》的评价是："我相信这本书中的理论有朝一日必定会被全世界的人认可！"西善花苑小学五年级学生姚泽升对《课堂的革命》的评价是："书中的软测班，可以说是发达的，甚至在全世界都是值得一提的。"安乐小学六年级学生王欣雨在她最后一天的打卡笔记里写道："可以说这两本书拯救了我们学校。"可能会有人认为这三个小学生见识少，难免夸大其词，其实不然。从三个小学生的书评中能看出，当下互联网时代的小学生已经在不知不觉间成为地球村的村民，他们的眼界触及全球，不乏人类意识。我在他们这个年龄时，眼界只有从家到学校的两点一线那么大范围。我们成年人对此要有无比清醒的认知。没准和把时间 100% 用在学习上的小学生相比，有些忙于养家糊口、职业发展的成年人反而成了井底之蛙。

二、毕业 5 年的学生丛小芳的来信

沈老师，我觉得您的这本书，不仅仅是对教育界有所启发，对各行各业都会有一定的影响。最近工作比较忙，不能每天都翻阅，但是才翻了前面几章，我就觉得这本书对我会有很大的帮助。

本身我就是做华为阅读的，所以对于阅读这块，我还是很有发言权的。我每天的工作是测试华为阅读，闲暇时间主要用来读书，读到一本好书，真的会爱不释手，即使平时工作忙，也会时不时惦记，总想看看作者后面还写了啥。《教育是什么》做到了。

我毕业之后选择了与本专业相关的工作，目前在公司担任 PM（project manager，项目经理）的角色。当时公司选择我的时候，由于我在项目组年纪最小，工作时间最短，因此考虑了很久。但是作为一名中科三江班出来的学生，我自信有能力去胜任这份工作。事实也证明公司的选择是对的。我借鉴了我们中科三江班的管理方式来管理项目组。我不会去约束组内同事今天一定要完成多少工作，而是让他们自己评估工作量，每天完成多少，下班之前告诉我完成进度；我不会去约束他们每天只能坐在座位上工作，给他们限定离开工位的时间，鼓励适当的休息，公司要是允许，我真想下午带他们去楼下跑一圈步，毕竟精神到位，工作才能到位；我没有像其他项目组一样把组内员工带得死气沉沉，在公司大气都不敢喘，在我们组里面，每天都是欢声笑语；我们会经常一起出去吃饭，一块聊八卦，一点都不会觉得生分和不好意思，不像是一个项目组，更像是同学间那种纯粹的友谊。

我觉得工作跟学习一样，大家要培养工作的主动性，不能被领导鞭策着去工作，完成任务式地去工作，而是要自己积极主动地去承担任务。在我们的项目组，大家就是这样的，迭代版本的需求，大家都是主动认领，基本不需要再去分配，因为我们的大环境好，大家工作没有心理压力，就算是加班，大家都很快乐，不会有抱怨。这跟我们中科三江班有着异曲同工之处。没有勾心斗角，没有尔虞我诈，大家齐心协力朝着同一个方向努力，版本发布无现网事故。看着这群可爱的同事，就像看着当年课堂里可爱的同学一样。

有人说学校里面学的东西工作之后一点用都没有，那是因为他们的教育方向有问题。我在我们中科三江班学习到的东西，正在一点一点运用到

工作中。《教育是什么》这本书，正好可以帮我回顾一下我们以前的课堂，结合我们课堂的文化，运用到项目组！

2020 年 5 月 17 日

三、毕业 10 年的学生吴荣婧的来信

我是 2002 届三江学院软件测试班毕业的，离开课堂转眼已经 10 年，我仍然无比怀念那时候的课堂环境，怀念商莉老师独特的教学方法，怀念可爱热情的同学们。健康、长久的关系一定是互相成就的，课堂上、职场上、家庭中都是如此。回归到我们的教育环境，师生关系一定也应该以彼此尊重、互相珍视为前提。

在校园生涯即将结束前，我有幸参加了软件测试班，平生第一次在校园里感受到了被尊重、被看见、被认可和被呵护。我把《课堂的革命》《教育是什么》推荐给了我的小学、初中和高中老师，不管他们是否认真翻阅了，我希望有更多的学生能够真正接触到健康的教育环境，那不是理想中的乌托邦，是确实可以真实存在的。

沈老师在书里提到体育是智育和德育的基础。现在小学生近视逐年增加，甚至有一定比例的学生心理状态出现了偏差。回忆起当初的课堂上，老师会带我们一起跑步，一起唱歌，课堂形式非常丰富，充满趣味性，老师一直在为我们找最好的学习状态，激发我们的活力和灵感。进入职场后，我仍然保留了在课堂上被激发的那份热情、冲劲和韧劲。我找到了本我，我相信一切可以有更好的发展。我做过技术类工作、做过销售、带过团队，这些都可以让我更好地了解市场并发挥自己最大的优势。传统的教育曾经让我觉得分数特别重要，走向社会才知道，学会做人，学会相处，提高适应社会的能力，才是最重要的。我被赋能过，我也希望能为别人赋能。

沈老师是罕见的非常有使命感的作者，不迷信权威，实事求是地践行自己的教育思想，为教育事业辛勤耕耘、增砖添瓦，实属不易！虽是一名新手妈妈，但我对孩子的未来教育没有那么焦虑！

2021 年 11 月 19 日

四、一位有两个孩子的年轻母亲的来信

沈老师好。上次在南京，记得当时一谷不肯吃饭，您说了一句"吃饭是人的本能啊！如果人连这个本能都丧失了，更不要谈其他了"，我听完有一种醍醐灌顶的感觉。从那次后，吃饭问题不再烦恼了，孩子现在饭量很好！然后还引申到夜里睡觉蹬被这件事情上。我当时想，吃饭是本能，那知道冷暖也是本能，我也不能一辈子给她盖被子吧！孩子以前跟外婆睡觉，一夜至少要给她盖五六遍被子，下半夜基本就不睡了，光给她盖被子，大人睡眠质量很差。南京之行回来后，我带一谷睡，试着不管她，结果她太冷了也知道自己盖被子，我也不用不停地给她盖被子了，大人小孩都解放了。现在二子更是把本能发挥得淋漓尽致。他吃苹果没有姐姐快，一岁半的他竟然知道把每块苹果咬一口，这样姐姐嫌弃口水，他就能吃到所有的苹果。大人要放手、放心，才不会剥夺小朋友的本能。

2021 年 12 月 3 日

沈思：这封信让我想起了我们班上一个大四的学生。一次我和他一起在教师食堂吃饭，我看他吃得很少，就问他："你很瘦，为什么不多吃一点？"他告诉我，因为父亲很胖，母亲怕他也长胖，小的时候每次吃饭总是限制饭量，久而久之就养成了少吃的习惯。这个学生看上去体格弱不禁风，性格内向懦弱。

孩子从小到大，吃饭、睡觉、活动、学习等一切行为都被家长所掌控，家长的主观愿望是帮助成长，客观效果却是阻碍成长，尤其是心灵精神人的成长被阻止，但因为心灵的精神是隐形的，所以人们很难认知。可是，人之所以为人，主要在精神。意志力、规则意识、善良和智慧，包括创造力等，都属于精神范畴。

五、南京市雨花台区西善桥街道党工委书记徐立的来信

教育关乎千家万户，关乎每一个人的成长，关乎一个民族、国家的未来，可以说是人类自身发展无法回避的一个永恒课题，否则国家不会如此重视教育，也不会有那么多家长为择校挤破了头，也不会有"再穷不能穷教育"之说。但正如那句话所说：出发得久了，我们往往容易忘记为什么出发。君不见，全国有数以千万计的教育工作者每天为育人忙碌，有数以十万计的教育专家从各自不同的角度研究教育，不时有重要的研究成果诞

生，有数以亿计的青少年每天在校园里接受着各种各样的教育或培训。关于教育是什么，我们思考得似乎还不够，或者说虽然研究成果很多，但还没有能够从根本上解决那些长期受争议、被诟病的教育顽疾，几乎成了民生工作、城市建设，甚至经济社会发展上永远的痛。从这个意义上讲，还能说我们对于教育是什么是清楚的、清醒的吗？

　　一个偶然的机会，我看到了《教育是什么》这本书，也有幸和作者沈思聊了半天，出于自己曾经是一名教师的缘故，也出于西善桥街道正在着力打造中国"理想教育小镇"的原因，我认真地研读了这本书。之所以用"研读"这个词，是因为我读得很用心，仔细品味、推敲、研判了作者的每一个观点及其论证过程。虽然初读并不轻松，因为作者的语言十分严谨、论证极其严密，有很多成段的语言貌似重复，区别只在一两个词语上，就像我们做几何论证一样，"因为 A＝B＋C、C＝D＋E，所以 A＝B＋D＋E"。但仔细品读之后，你会觉得他不仅具有深刻的思想美，也具有端庄的形式美，由此不难看出作者的写作过程非常辛苦、极其严谨。因此，我还没读完，就非常急切地把这本书连同它的前部姊妹篇《课堂的革命——师生平等对话录》一道推荐给了辖区内所有的中小学校长和幼儿园园长，推荐给了街道"青年读书会"的青年朋友们。我认为这是一本值得每个人认真阅读的好书，因为每个人都曾经接受过教育，现在也难免接触或接受教育，对教育有自己深切的体会和独到的认知。生命不息，教育不止。其实，无论生活还是工作，与人交往就是相互教育的过程，只要是跟人打交道的地方，就有教育。从这个意义上讲，每个人都既是教育工作者，又是教育的对象。

　　教育是培养人的工作。因为是培养人，所以必须把人当人，了解人是什么，尊重人的主体地位，深入浅出、潜移默化，设身处地为受教育者着想，这正如另外一句话"把思想装进别人的脑袋比把别人的钱装进自己的口袋还难"。作为教育者，只有主动淡化与教育对象之间的区别，基于人人平等的思想观念、秉持实事求是的思想方法，才能达到理想的教育效果，我认为这是作者全部观点中最核心的部分。为师者放弃师道尊严是一件很困难的事情，由于种种原因总是难以做到，所以人人都知道现行教育是有问题的，却不知道从何入手、用什么办法解决。作者的"三维九方论"为我们打开了一扇窗，甚至可以说是开辟了一条路。如果人人都用心照此去做，我相信有些问题的解决就指日可待了。

我无意抬高这本书的分量，《教育是什么》看上去是一本理论书，其实也是一本有理论原点的、实用的、可操作的方法论著作。更多的内容作者表述得比我准确，有兴趣的朋友们自己去看吧！

2020 年 5 月 4 日

六、美国耶鲁大学中国学生父亲汤涛先生的来信

女儿高中毕业时，成为耶鲁大学当年在中国大陆录取的两名全额奖学金获得者之一。媒体报道后，引发一众熟人朋友前来淘取"捷径"，我们因此仿佛笼罩金光，自以为在子女教育方面有了一点点话语权，从此开始关注国内有关教育的理论与实践。

然而自《哈佛女孩刘亦婷》始，听了很多以枪眼为中心画靶子而自称神枪手的故事，其言虽谆谆，闻之却藐藐。直至近日获沈思先生所著《教育是什么》，才有披沙沥金而眼前一亮之感。在书中，作者以"转变思想、释放人性"为基点，提出"肉体物质人"与"心灵精神人"的新概念，揭示精神人在从欲望到情感再到思想的心力增长过程中，因与处于道、术、器不同水准的教育环境互动，而呈现出个体人被文化而文明万千差异化结果的客观规律。

当今绝大多数中国家庭可以满足孩子作为物质人的成长需求，但绝大多数的中国家庭和学校与社会环境，却不能提供孩子作为精神人心力增长必要的充分的营养。联想国人从"不能输在起跑线上"的误区开始，历经十二年不容子女有丝毫思想空间的耳提面命的严酷督促，到高考时迷信穿旗袍可"旗开得胜"的愚昧，不禁掩卷叹息：育人何其难啊！

育人难，难就难在包括学校、社会、父母的人性教育思想形成难！在"器""术"类教育环境中，常见表现为：

一曰器。强调"师长之尊"，奉教学大纲为圭臬，凡事以孩子是否听话守纪为准，以其昏昏使人昭昭，培养千篇一律的"复读机"，而非具有鲜活情感和思想的人。

二曰术。以"传道授业解惑"之师自居，将孩子置于从属地位，上课满堂灌，作业一大堆，尽管以爱的名义耗费精力、倾注心血，却难获取孩子的高分成绩、优良品行。

在此"器""术"类教育环境中，要想取得良好的教育成果何其难！

而若首先由家长"转变思想、释放人性",则可掌握如沈思先生所述人性教育思想,抵达"道"之境界。举"道"之纲,自能张"器""术"之目,获取丰硕的教育成果。

回顾小女的成长历程,夫人循循善诱,有效激发孩子强烈的求知欲,释放其人性能量,为其精神人成长提供了充足的动力,可谓抓住了"悟道"之纲,呈现出与沈思先生所述教育规律高度吻合的结果。小女从小到大,一直处于"我要学"的积极状态。这种从小被自然灌溉、被人文浸润、被书香熏染的孩子,心中自有大世界,当然能在耶鲁大学和美国职场超激烈的竞争环境中崭露头角。

由此可见,育人难,难在"悟道"。若能用心"悟道",营造能充分释放子女人性能量的家庭教育环境,则何愁育人难?

2020 年 10 月 26 日

七、美国中学的华人学生家长施跃先生的来信

《教育是什么》尚未看完,《课堂的革命》看完了。虽然我没有在美国上过学,但是女儿在那里上学,我了解一点美国的教育。你们的教学改革基本上接近美式教育,你们的教学是启发式教育,让孩子自由发展,开发个人的特点,注重个人爱好。你们的"课堂日报"是一大亮点。感觉你们的教学比美国的要好得多,尤其是"教书育人,育人育心",培养正直、善良的人,这是真正有用的人。老师和学生、学生和学生之间的及时沟通非常重要,相互帮助,及时解决心理问题和技术问题并培养团队精神,培养学生综合能力。你们的老师非常棒,用了很多时间,及时和学生沟通。美国人下班后的时间是自己的时间,你们的学生运气很好,在中国能有这样的学习环境,不容易。你们的教学非常成功,恭喜,祝贺!

2020 年 12 月 6 日

八、美国哈佛大学华裔教授李爱民先生的来信

《教育是什么》这本书阐述了人接受教育的本质、环境对教育的作用及教育体系的形成三者的特征及相互之间的关系,是一本关于教育的好书,值得从事教育和关心教育的人阅读。书中与人的对话、确立的观念、对教育的倾情,都是非常具有感染力的。书中贯穿了释放人性、尊重个

性、教育平等的观念，这些观念渗透到本书的每个环节，适合每个教育者和受教育者认真思考。

2021 年 1 月 11 日

九、中国华电工程集团公司前总工程师黄湘先生的来信

可以这样说，有关教育理论的书很多，但是从教育的目的、内容和方法三者之间的关系出发，直接从教育的实践过程与实际结果中抽象归纳出理论的书，架构如此完整、内容如此翔实、语言如此严密、概念如此精确的，仅此一本。

2021 年 6 月 10 日

十、青海省玉树藏族自治州红旗小学校长白玛朗加的来信

通过格桑花教育公益基金会读书项目，我有幸拜读了沈思先生的《教育是什么》，可以说对我从事教育工作也好，做校长也好，都有很多启示。

本书共三个篇章，分别是人、环境和教育。读这本书最大的感受是论述的逻辑性很强。作者首先探讨了人是什么，挖掘了人之本性。我们的教学对象是活生生的人，他们有着人的共性和迥异的个性。我们不能仅仅钻研教学内容，只注重知识与技能的传授，更应该落在人的本性上。教育的目的就是在教育过程中，让受教育者学会管理自己的欲望，让欲望得到文明地释放，形成情感，进而成为有思想的社会人。从自然人到社会人，不是简单的过渡，最关键的分水岭应该是思想。明确了我们职业的特性后，作者谈到了应该建立怎样一种环境——三维九方软环境。在这里重点谈到了课堂文化与教学模式、教学内容之间的关系。在第三篇中，作者进行了重点详细的论述，分别将昨天的课堂、今天的课堂和明天的课堂进行了对比。我们进一步明确了应该确立怎样的教学目标，选择怎样的教学模式，确定怎样的教学内容。应该说，这本书层次分明、逻辑清晰地告诉我们，什么是教育，教育的目的是什么，以及如何实施更好的教育。

让我感受很深的是本书中第二篇和第三篇中关于三维九方软环境的论述。课堂文化、教学模式和教学内容组成了三维九方课堂软环境，而这种教育软环境的出发点在于教学目标。由于教学目标不同，所以师生关系和生生关系就不同，我们在课堂上选择的教学模式和教学内容也不同。"明

天的课堂"的教学目标是"为学生的全面发展而教学",这与我们目前秉承的办学目标"基于学生核心素养"是一致的,或者说与我们立德树人的教育根本任务是一致的。

在第三篇中,作者谈到了教育的起点是体育,他认为体育应该是智育和德育的基础。今年国家落实的五项管理中谈到了睡眠和体质,强调了中小学要保障学生的睡眠,也重申了学生体质的重要性。本书作者将睡眠归于体质,认为睡眠属于体质健康中的一项,令人耳目一新。充足的睡眠、科学的饮食和合理的身体锻炼组成了体育。

本书中关于德育部分的论述也令人印象深刻。本书将德分为上德和下德:上德,即源自人性的德,即"情感+意志力+规则意识",即爱;下德,即常说的伦理道德,是道在伦理上的发展和延伸。上德是由内向外释放天性,下德是由外向内灌输的道德(是非观、荣辱观、价值观)。教育的目的便是不断挖掘上德,不断养成下德。不管是性善论、性恶论,还是性善性恶论,我们都不难发现教育在其中的重要作用,作者所持观点是很明确的。

"教育的本质,不是把篮子装满,而是把灯点亮","教育的本质,不是把大脑灌满,而是鼓励和激发他们的灵魂和心智"。我们能够感受到作者写作本书的目的,就是让我们明白教育的本质是什么,明白今后我们应该如何更好地实施教育。学校"基于学生核心素养"的课程改革已经走过三个年头,仔细品读完此书后,我们能够确定我们的方向是没有错的。同时,本书还让我们更加清醒地认识到,在把握好方向之后,究竟应该怎样做,其落脚点应该是课堂文化、教学模式和教学内容的改变:明确为促进学生全面发展的教学目标,通过正确良好的师生关系、生生关系,形成积极、和谐的课堂文化,进而选择恰当的教学模式和教学内容。"明天的课堂"的"明天"究竟哪天才会到来?如果只是等待,那绝对是无限期的。如今的时代已经不允许我们无限期地等待,与其等待,不如现在就尝试着改变。

2021 年 12 月 25 日

沈思:是的,"如今的时代已经不允许我们无限期地等待"了!教育进步的速度与时代发展同步,关乎民族生存、人民幸福。不过,心灵觉醒了,方向看清了,"明天的课堂"也就离我们不远了。

十一、和安徽省滁州市文昌社区托育园元艳老师的线上交流

2022-04-02

元艳：沈老师好！我是文昌社区托育园元艳。

沈思：您好！请问您是怎么知道我的书和微信的？

元艳：我总是问自己"教育是什么"，然后又想应该有人思考总结过，就在网上搜，果然让我搜到了，就果断地买了。后来看到书上有微信号，就抱着试一试的心态添加了，很感谢先生通过。

沈思：您真是一位难得的有心人！托育园孩子几岁？

元艳：18个月到4岁。我在看《教育是什么》，想连同《课堂的革命》一起读，商家说没有调到货。我在托育园里和幼儿相处，会凝聚三种感觉，第一种是亲子关系，第二种是朋友关系，第三种是师生关系。

沈思：三种关系的定位如能成为中国所有托育园老师的座右铭，我们中国教育就真的会赢在起跑线上！

元艳：和我搭班的老师评价我："元艳老师所有孩子都喜欢，总能在孩子身上看到优点，为孩子的一点点进步由衷地开心。"这是我听到的最动听的赞美。其实我真心地期待每个老师都能这样。

沈思："所有孩子都喜欢"的老师是最理想的老师。如果"每个老师都能这样"，中国教育一定世界第一。如果我是校长，我会把是否喜欢孩子作为挑选教师最重要的标准。老师喜欢孩子，孩子就喜欢学习；老师不喜欢孩子，孩子就讨厌学习。如果讨厌学习但又不得不学习，从育人的角度看，教育是有害的，不利于身心成长。

元艳：昨天看到《教育是什么》上的一段话，"只有我们课堂的学生会笑"……心里咯噔一下，赶紧抬起头看看对面奋笔疾书的孩子，好像孩子越大越不会笑这个事很少有人关注。

沈思："奋笔疾书"？托育园就开始奋笔疾书了？托育园，这个名称就提醒人们这个年龄的孩子重在"培育"，而非教学。"孩子越大越不会笑"，这种现象千万不可小看，这说明孩子们接受的教育有害心灵发育、妨碍精神成长，与初心背道而驰。

元艳：我是第一次当老师。之前小区里很多孩子看到我都问："阿姨你是老师吗？"我说不是。他们就说："阿姨，你应该去当老师。"我说："好，等我辞职了就去当老师。"后来真的就奔着老师这个职业去了。

沈思：毛泽东说过，群众的眼睛是雪亮的。儿童的眼睛更亮。人的内心天生就有分辨善恶是非的良知良能。儿童的双眼清澈，心灵更加明亮，分辨善恶是非的认知力更强。

元艳：现在缺的不是人，缺的是会教育的人。一个生活老师很好找，找一个"眼里有光"的老师不容易。能看到孩子的内心，关注到幼儿的情绪并加以引导，需要付出大量的精力。很多时候不是孩子不好带，是老师没调整好自己的情绪和心态。

沈思：是的。"能看到孩子的内心""心中有爱，眼里有光"的"人师"太少了！不是孩子不好带，而是老师没"成人"，没带好自己。

元艳：先生，现在能晒到太阳吗？

沈思：正在晒太阳。为何问这个问题？

元艳：希望我和先生聊天，没有打扰先生晒太阳。

沈思：教育就是要打开受教育者的心灵之门，让心灵享受阳光的温暖，让精神茁壮成长，让心中人性释放。遗憾的是，现在的教育更多的是在关闭孩子的心灵之门，让心灵不能发育，精神不能成长，甚至罹患抑郁症。

元艳：我也正想说这个话题。我发现中国自闭症儿童近几年越来越多，语言发展迟缓也渐多。

沈思：这样的现象如果不通过教育进步去改变，我们中国人群体的未来在哪里？思想，是人和动物隐性的根本区别；语言，是人和动物显性的根本区别。教育是让人能思想、会说话，让人成为人，而不是相反。

元艳：有不少家长会提到孩子小的时候看电子产品的时间比较长。我个人总结，自闭症，除了母体里自带，更重要的就是幼儿成长环境被无形地"破坏"了（比如：看电子产品的时间长，缺乏语言交流，缺少户外活动和与同龄人的交往）。要是能普及 3 岁之前幼儿各阶段发展情况检查（像免费接种疫苗一样），有专业人士指导年轻父母怎样科学养育孩子，说不定可以减少这样的问题。

沈思："幼儿成长环境"，这个提法很科学。环境教育人，是《教育是什么》的核心论点。我们中国确实需要一个能指导年轻父母科学养育孩子的机构。你说的情况让我觉得，初级教育阶段宜从学龄前的托育园开始算起，托育园的师资培养也要现代化、体系化。孩子越小，越要重教育、轻教学。"不要输在起跑线上"，如果指育人的教育就对了，如果指知识的教学就错了。年龄越小，越要重育人、重成长，轻知识、轻成绩，成绩评定的规则越要有利于每个孩子身心健康成长。和电子产品即机器接触时间长确实是原因之一，还有一个更重要的原因是，现在做父母的年轻人，大多数都接受过较长时间的要求听话、不让说话的教育，自己都不会说话。

元艳：对，父母不善于交流，也是关键的一点。我妈妈今年66岁了，在他们出生包括我出生的年代，人们见面最常说的一句话就是"你吃过了吗？"。现在吃饱的生理需求得到满足，可能就失去人生努力的目标了。

沈思：是的。现在的学校教育产生于过去追求温饱的年代，一旦温饱不再是问题，人们就会从追求生理上的"温饱"升级为追求心理上的"温暖"，所以教育水平也必须随着生活水平的提高而提高，不然就会出问题。如果"温饱"的生理需求不能满足，会影响物质人的发育成长，降低体力和脑力，严重的还会罹患肾炎等肉体疾病；如果"温暖"的心理需求不能满足，会影响精神人的发育成长，妨碍人性即求知欲、善良和智慧的释放，严重的还会罹患抑郁症等精神疾病。我们的课堂之所以受到学生们极大的欢迎，就是因为我们的教师提供了学生能够感受到的温暖的教育服务。我们的老师不是"手持戒尺，眼中有（威严之）光"，而是"心中有爱，眼中有（慈祥之）光"。

元艳：我进入托育园是机缘巧合。我喜欢这家托育园的创园理念——"三爱"理念，即爱自然、爱自己、爱祖国。我觉得"三爱"理念不仅仅针对娃娃，我们大人也需要。

沈思：爱祖国要从老师爱娃娃抓起，不要从让娃娃背诵口号、给娃娃灌输观念抓起。要让娃娃模仿老师的爱，从爱身边的每一个小伙伴开始，进而爱身边接触到的每一个人，爱与被爱能滋养娃娃的心灵，促进娃娃的情感发育，使得他们情感的发育程度足以在当学生时爱学习、在职业生涯里爱工作、面向世界时爱祖国。很难想象一个情感发育不良、不爱学习、不爱工作、不爱身边人的人，会发自内心地爱祖国。仅靠喊口号、灌输观念的爱国教育，不能达成目的，还会事与愿违，养成孩子口是心非的虚伪人格，让人假装爱国而不觉耻。

2022-04-12

元艳：（发来一张与家长对话的截图，家长问："元艳老师，我想请教一下，余诺就爱听音乐和跳舞，其他东西一点都不愿意学怎么办？"）这位宝贝才一岁半，家长就在焦虑孩子学什么了。孩子还不怎么会说话，智力没有任何问题。我个人觉得这个年龄段的幼儿喜欢听音乐和跳舞是件很好的事，因为幼儿在唱歌跳舞的时候一定很快乐。

沈思：孩子才一岁半，家长就在为教孩子学什么而焦虑了。当然这不是家长的错，而是家长的不幸。这不是一个家长的不幸，而是几乎所有家长的不幸。只知道学知识而不知道育人，这是普遍现象，学校都这样。不过，从我们课堂毕业的学生吴荣婧在给我的信的最后写道："虽是一名新手妈妈，但我对孩子的未来教育没有那么焦虑！"因为她准备按照在我们课堂上接受到的教育理念和方法教育自己的孩子，具体内容在《课堂的革命》一书里有翔实的叙述。此外，"就爱听音乐和跳舞"是孩子天资灵敏的表现，让孩子多听音乐、多跳舞，又健身又养心，好处多多。在《教育是什么》一书里，音乐被列为排在亲情、友情、爱情之后的德育"第四育"。

2022-04-21

沈思：有可能让你们老师结合实践和对儿童的观察写读书笔记吗？我的书里有幼儿园、小学、中学、大学老师的读书笔记，没有托育园的，从你描述的情况看，托育园老师应该被纳入整个师资队伍。

元艳：我买了8本书，昨天才全部收到。我和园区老师一起讨论每日的课程活动设计，感觉本园区目前每天的活动安排非常适合托育园幼儿的各项发展。周一到周五的集体活动如下：周一：奥尔夫音乐。周二：科学实验。周三：24节气活动（亲自然活动、民俗文化等）。周四：蒙氏活动（包含生活、数学、美术等）。周五：体育活动。每家托育园的托育课程活动没有固定的安排。现在的托育园基本都是民营，不是公办，所以为了保持市场竞争力，一般园区的教学设计都不对外开放。幼儿3岁前的教育最缺的还是规范及优秀教师。我是我们托育园唯一一个以关注幼儿情绪教育为主的老师。我在园区的会议及平常工作中多次强调幼儿教育一定要多关注幼儿情感发育，尤其是幼儿哭的时候，一定要多方面了解他哭的原因，再想办法解决问题，不能恐吓、呵斥孩子。我记得《教育是什么》这本书里也有写到类似的观点。打、骂是短期效应，有负面影响。只有关注幼儿情感发育，才能真正地帮助他，有利于孩子的长期健康成长。当我告诉我们托育园的老师，准备送她们每人一本《教育是什么》的时候，我只发现一位老师的眼里有光（可能是因为她家有两个小宝）。后来和我搭班的老师说我"傻"，她说："你没看到你让她们看书时她们的表情吗？你是好心，可是估计别人根本不领情，还觉得是负担……"我说："这本书确实写得好，我的很多教育灵感也来自这本书，她们想不想要我不管，我就问你想不想要。"搭班的老师立马说："我当然想要。"（因为她现在看到了我们班坚持情绪教育的作用，孩子们都很活泼、开朗、可爱、有灵气。）好的教育理念就像阳光雨露，它应该渗透到每一个人的心里。优秀的家、国，不是一个人优秀，而是无数力量的凝聚，无数像先生一样伟大的教育理念践行者的凝聚。感谢遇见您！

沈思：孩子们碰到你这样的老师是多么幸运！老师们刚开始对书的反应是正常的，现在愿意看书的人很少。应试教育教出来的人，大多数不考试、不评职称绝不读书，客观上现在可读之书也很少。教学设计不对外开放可以理解。如果园内老师们通过读书会的形式提高了教育水平，结合自身的实践经验总结出一套托育园的教育理论，这样就既培养了教师队伍，又有可能扩大托管的范围。如果不能发现或培养出像你这样的教师，教育理论再好也没有用。你提醒老师们"不能恐吓、呵斥孩子"十分必要，恐吓、呵斥不是"育"人，而是"害"人！甚至不是害儿时，而是害一生！有个著名的心理学家说过，儿童时期得到的温暖，可供一生享用；儿童时期受到的心理伤害，需要一生去治疗。"因为她现在看到了我们班坚持情绪教育的作用，孩子们都很活泼、开朗、可爱、有灵气。"这才是"育"人，是关乎孩子一生幸福的育人。"灵气"是外显的智慧。禾苗壮，庄稼才长得好，人也一样。"好的教育理念就像阳光雨露，它应该渗透到每一个人的心里。优秀的家、国，不是一个人优秀，而是无数力量的凝聚"，这句话说得太好了！有足够多的拥有新的教育理念的人，就能形成新的社会环境。一旦形成了新的社会环境，教育就简单了，只需把孩子往这个环境里一放，新的教育就自然发生了。

第六部分

《课堂的革命》应用案例选

《课堂的革命》和高中英语教学

2022 年 7 月 31 日，我收到深圳市新安中学（集团）高中部教师汤颖的微信消息，得知汤老师早在 2014 年就开始参照《课堂的革命》一书里的案例进行提高教学质量的实验了，并研发了通过班级公共邮箱进行的"课堂汇报写作法"。她于 2022 年 6 月 30 日在《英语周报（教师版·高中）》上发表了实验成果，这刚好填补了应用《课堂的革命》的理论和案例于高中课堂教学实践的空白。以下摘录部分内容：

2014 年，针对当前绝大多数中学英语教师只教学生写应对中考、高考的任务型作文，学生不能写用英语表达自己的思想和情感、反映自己实际生活的文章的问题，笔者受沈思所著《课堂的革命——师生平等对话录》里课堂日报的启发，指导学生上完每节策略课后，用英语写出自己独特的课堂收获和反思的课堂汇报，帮助每个学生联系自己的实际情况，用英语进行个性化的表达，写出自己个性化的作文，培养英语思维和英语表达能力，进而提高英语写作能力。

用以"班级公共邮箱"为载体的"多重反馈评价法"进行学生自改和自评、小组同学互改和互评、老师修改和点评、推荐优秀课堂汇报、推荐优秀同伴修改和评价等，培养学生自主、探究和合作学习的能力，同时，培养他们的领导能力（学生轮流当小组长）和责任感，增进同学之间的友谊。

汤老师用一张图把班级公共邮箱的功能表达得十分清晰：

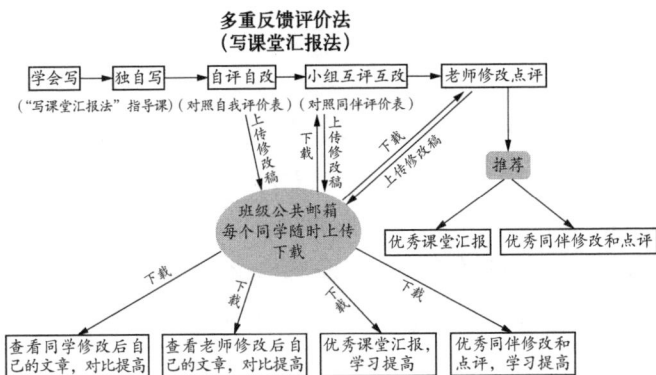

《课堂的革命》和小学软件教学

　　我们国家软件人才极其匮乏，高端软件人才更是凤毛麟角，针对这一现状，基于这两年和小学生近距离接触过程中感受到的孩子们的天赋智慧，结合我对软件的理解，以及培养软件人才的经验，我觉得应该在小学设置编程课程，把《课堂的革命》记录的培养软件人才的模式搬到小学课堂，为小学生提供能够增强大脑智力更能释放心灵智慧的教学服务，从小学开始培养软件人才。自古英雄出少年，大师必有童子功。编程课对孩子成人成才的帮助非常之大。

　　简单比较一下数理化和编程教学：

　　数理化，教学内容是相关专门知识与技能；编程，教学内容是软件专门知识与技能，关键还有方法论。

　　数理化的题目，标准答案只有一个，解题方法通常只有一种；编程，解决方案可以有 N 个，编写方案的方法有 N 种。

　　如果编程在小学就开始学习，对学生们将来的职业发展一定很有帮助。我们课堂的学生毕业以后职业发展的状态即可证明。而且当年我们课堂上的学生已经是大四年级，他们只是在我们课堂学习了一个学期。前几天和学生联系比较多的朱玉东老师和我说，现在学生们的年薪普遍在 20 万元左右，有个在杭州工作的学生年薪甚至达到 70 万元。从本书第五部分中丛小芳和吴荣婧写给我的信里也能看出这两个学生当下良好的职业发展状态。

　　还有一个值得一提的现象，所谓不听话的"坏学生"，反而可能是有软件潜能的好苗子。《课堂的革命》一书中记载着二期班开学时，我对那些老师眼中很不听话的"坏学生"说的一番话："你们能够顶着老师与家长巨大的压力，做自己喜欢做的事，说明你们有主见，有主见就是有头脑，有头脑就是能思想，电脑是头脑的延伸，软件是思想的延伸，因此你们一定可以成为优秀的软件人才。"随后的课堂教学，以及学生们后来的职业发展证明了我的那番话是正确的。本书前面的内容里提到了不少有个性的学生的遭遇，这些案例说明，如果不从小学开始按照软件人才成长的规律教育学生，有软件潜能的学生在上大学前潜能极有可能已经被阉割殆尽。

　　基于以上考虑，我建议南京西善桥街道领导在小学开设编程课程。2022年开始，西善花苑小学和善水湾小学为三到六年级的学生开设了编程课程，老师是当年我们课堂的学生陈小雨。开课之初，学校给每个小学生发了一本《课堂的革命》，便于师生对怎么上编程课形成共识。

　　和当年我们大学课堂一样，小学生每堂课后都写一篇课堂日报，在此分享三篇：

　　我把学生写的课堂日报发给善水湾小学宋锦华校长，宋校长称赞："很棒！长久坚持下去，既培养孩子表达的勇气，更提高孩子表达的能力，让思维更清晰。"

　　从课堂日报中能看出，编程课是以几个学生一组为学习单元，这样便于学生学会说话、学会合作，会说话就会思想，会合作就有竞争力。从课堂日报中还能看出，要学习编程所需的专门知识与技能，学习总结经验，学习帮助同学，学习给老师的教学提建议。

　　敢想、敢说、敢写，是编程课要养成学生的素质；会想、会说、会写，是编程课要教会学生的技能。这些素质与技能有助于学习任何课程。从小养成这样的素质与技能，无论将来从事什么职业都能掌握主动性，甚至成为行业领军人物。

关于课堂日报，值得专门说一说。当年在我们的课堂上，我只需看学生一个月的课堂日报，就可以判断学生将来的职业发展方向。当年我们的学生入职软件企业，靠的就是课堂日报，而不是考试分数和文凭。如果编程课从小学上到中学，日报从小学写到中学，高中毕业时把日报汇集起来，从中可以看清学生大脑和心灵发育的全过程，可据此评价学生的智力与智慧水平，评价的全面性与准确性远远超过只看各科考试成绩。

媒体报道，教育部颁布的2022年新课标把编程作为独立课程纳入小学课程体系。这是件好事。要想把这件好事做好，首先要做的是编程师资的培养。莫要说小学编程师资，即便是大学的软件师资力量也十分匮乏。2020年4月21日，"上观新闻"刊登了《这些高校学位点为何被撤销？软件工程连续4年位居撤销榜前列》的报道。而《课堂的革命》有助于培养小学和大学软件师资。

有一个结论毋庸置疑，严重依赖标准答案的应试教育肯定培养不出软件行业所需要的人才。有一个设想值得一试，可以选几所小学、几所中学、几所职业学院、几所大学，再加上几家软件企业，使之联合起来，制定一个一揽子培养软件人才计划，从小学到大学都把编程课作为主要课程，把养成学生敢想、敢说、敢写的素质，会想、会说、会写的技能作为教学目标。如此一来，有软件潜能的学生一定会脱颖而出，从而彻底解决我们国家软件人才匮乏的被动局面。

2022年10月，印度裔苏纳克当选为英国首相，媒体关于印度裔高端人才遍及英美国家政、商、科技各界的高层领导岗位的报道多了起来。此外，印度软件业比较发达一直是个热门话题。编程是开发，是设计，是写作，是方法论技能化的产物，所以如果一个国家的教育能够让有软件潜能的学生成长为高端软件人才，自然也能够让在政治、商业、科学、技术、艺术等领域有潜能的学生成长为各自领域的高端人才。《课堂的革命》书里培养软件人才的模式，也可以用于培养能满足现代社会公共服务领域要求的公务员、医生、律师等人才。如果从小学开始就按照《课堂的革命》书里的做法培养人才，一定能让各个领域有潜能的学生成长为各自领域的高端人才。

　　总而言之，芯片是智能制造的"心"，软件是芯片的"魂"，《课堂的革命》是总结成功培养软件人才经验的书。从小学开始培养软件人才是可行的，也是必需的，还可带动其他课程的教学进步，带动各行各业高端人才的培养。

《课堂的革命》和社区教育

2022 年 7 月 10 日，我收到读者黄轩轩老师的微信消息，得知他和他的团队正在南京六合区大厂街道新庄社区和湖滨社区举办萤火青少年暑期社区小军营，为社区里的孩子提供军事体育训练，以及端正学习态度、改善学习方法的教育服务。我觉得把教育办到社区里，为孩子提供高品质的教育服务是件很好的事情。7 月 13 日，我去现场实地考察了一番，带去一些《课堂的革命》。黄老师给全体学生和部分社区工作者发了书，建议他们如果有感想就写出来。以此为契机，我参与了校外的社区教育服务。根据《教育是什么》一书里"环境教育人"，以及"环境＝家庭环境＋课堂环境＋社会环境"的理论，把立足社区、面向家庭的教育服务搞起来，就可以实现大大有益于学生成人成才、社区文明程度提高的完整教育。

1. 和黄轩轩老师的几次对话

2022 - 07 - 30

家长：孩子沉迷游戏怎么办？

黄轩轩：如果孩子想玩游戏，却直接把孩子的游戏收掉，不仅不会降低他玩游戏的内心需求反而会提高。如果把他批评一顿，打击的是他所有需求的积极性。如果他不想学习，却被逼着去学习，也会破坏他自带的求知需求即天生的求知欲。较好的办法是：什么都走在前面，塑造良好的成长环境。良好的家庭环境靠家长打造。如何打造良好的环境，可参考沈思所著《课堂的革命》《教育是什么》两本书。

家长：这些问题都是家长最头疼的。

黄轩轩：对已经游戏成瘾或是过于放纵玩乐的孩子，家长需要多花些时间陪伴，少谈与学习相关的事情。把感情培养好，是这个阶段最该做的事。有的家长会着急，孩子学习没弄好，考不上高中、考不了好大学怎么办？把感情培养好，让他能够从家里感受到幸福，您再去提发展问题，孩子容易听，有事会找家里商量。亲子关系基础打牢了，孩子学习成绩提上去是自然而然的事情，到那个时候，在和孩子商量一致后，再寻求辅导、请家教等，都不迟。

沈思：此建议和我书里的"亲子关系是教育第一育"，"教育搞好了，教学就好搞"的理论不谋而合。我的第三本书《教育的觉醒》里收录了很多小学生自己写的因为亲子关系改善而改变学习态度的文章。

2022-07-31

黄轩轩：今晚与学生一起探讨学习方法，周围原来很少主动学习的孩子也被吸引过来加入探讨行列。在这样的氛围之下，哪个孩子还愿意天天盯着手机呢？

沈思：是的。每个学生的潜意识里都认为学习比游戏重要。打造师生关系平等、同学关系和谐的温暖的课堂软环境，让学生以学习主人的身份平等地参与到教学活动中，学生就会离开手机。小学生是这样，大学生也是。不给学生手机不会让学生认真学习，只会加深学生的焦虑。21世纪教育研究院杨东平教授有一个骇人听闻的调查结论："一个手机一条命。"

2022-08-01

黄轩轩：我觉得您有一句话说得特别对，就是关爱孩子，这一点要始终作为中心。

沈思：学生是人。老师对学生一视同仁的关爱是办好教育的必要条件，有了这一条，就会出现学生乐学、老师乐教的局面，就不会有减负问题，素质教育也就在其中了。

2022-08-02

黄轩轩：我们要培育孩子明确的自我意识、强大的自主能力。

沈思：让孩子身心健康成长是发展一切才能的基础。良好的亲子关系和师生关系是让孩子身心健康成长的必要条件。说到自主，刚好今天早晨和南京西善花苑小学严校长的对话可以证明自主的好处。严校长说他下学期要调回板桥小学了，一所百年老校，他带的学生马上就升五年级了，很多同学独立自主的意识和行为已基本稳固了，相信他们能很快适应新老师。两年来，他一直没有逼迫，优秀的学生成长反而更快，主动学习的状态都非常好，而且养成了合作习惯。

2022-08-07

沈思：建议把这次龙王山活动和你的总结讲话记录下来。

黄轩轩：好。您在书里说，人是社会动物，要让孩子到集体中去。这句话我一直记在心里。可是我们该如何发挥教师作用，教会孩子更好相处？这个问题萦绕在我的脑海里。每天的教育过程就是一个宝库，是面对问题实践的过程宝库，在其中发生的事、遇到的困难，给我们提供了探索发现的机会。

沈思：几乎所有学生走出课堂、进入职场后都发现，工作真正的难度不在于知识和技能少，而在于与人相处的能力弱。学历越高，往往与人相处能力越弱。应试教育造成的与人相处能力的低下，大大降低了我们生活中的幸福感和工作中的效率。实际上，一个人被文化而文明的程度，不在于背诵了多少唐诗宋词，数理化考了多少分，而在于与人相处的行为模式。教会学生与人相处，当排第一。

2022 - 09 - 05

黄轩轩："黄老师你好。今天下午泽景在家里写字的时候，被爷爷打得鼻子嘴都淌血，怎么办？黄老师，救救这个苦孩子吧。"我收到家长的消息，决定晚上家访。父母听说我要来，早早地带着孩子在一楼门口等候。这类现象不少，家长不懂教育，就粗暴地采用打的方式。我们解决这一类问题，时间成本非常高。

沈思：把这些案例记下来，是很好的教育素材，可以宣传大众，让大众了解教育现实和教育成本。这个成本值得花，花得值！把身体打伤了家长知道，把心灵打残了，家长一无所知。

黄轩轩：只有主动作为，提前预防，才能低成本、大面积地将科学教育理念与方法普及到社区家庭中。

沈思：对！主动作为。

黄轩轩：这实际上是政府的义务。

沈思：做好了，政府就会支持。通常教师、医生、公务员等家庭打孩子的比较少，多见的是，孩子考试成绩好就喜笑颜开，考得不好，则沉着脸、冷暴力。其实冷暴力对孩子造成的心理压力和精神伤害并不比"热暴力"少。无论是"热暴力"还是冷暴力，都不利于提高成绩，只会让孩子恐惧和厌恶学习，成绩降低，甚至罹患抑郁症。我有大量的一手资料可以证明，打骂孩子或给孩子脸色看，是遍布我国城乡的普遍的家庭教育现象。所以，救孩子就是救中国。

2022-10-19

黄轩轩： 当孩子作业出现较多错误时，当孩子考得不好时，当老师向家长反映孩子的问题时，当指出孩子的某些问题但孩子还是没有改正时，家长往往容易陷入焦虑，把目光聚集在问题上，而非对问题的认识和解决上，于是反复强调问题的现象和可能带来的坏结果，或是越想越生气、越没有信心。

实际上，孩子学习的问题，都是成长过程中的问题，我们要学会用成长的眼光看待孩子的问题，而不是用"贴标签"的方式对待孩子的问题。我来讲一下昨天发生的王磊妈妈讲王磊作业情况的案例。

王磊妈妈在接王磊时，看见他的语文作业错误较多，说："你看看，作业怎么错这么多?!"王磊听到这句话，眉头紧锁，情绪立刻就上来了。我便把王磊妈妈拉到一旁说："您的心情我理解，但要王磊愿意接受，不能这么说，您看我怎么说。"我转向王磊："作业给我看一下。"我看了看作业错在什么地方，然后对王磊说："作业正确率不高是什么原因呢?"我启发他思考自己的问题出在什么地方，而不是质问他犯了错误怎么办。我这种说法没有导致他有情绪，但是他想了很久，依然不知道该怎么寻找原因。我说："'温故而知新'的翻译你写错了，订正时对了，这说明两个问题：第一，你订正时对了说明你上课是认真听的。但是为什么要订正时才对呢？我认为不能怪你态度不认真。"他听了很疑惑，但内心是温暖的，期待我讲后面的原因。我让他产生想知道原因的意愿，从而不排斥我帮他找出原因，这一点是很多家长和老师没有注意到的。直接讲问题，孩子往往听不进去，只会觉得唠叨。我对王磊妈妈说："我们帮孩子指出问题的目的是希望孩子能够改正，在改正中成长，所以尽可能说事，而不要指责做事的人。比如说，王磊扫了地，我检查卫生，有两种说的方法。一种是：'你怎么没扫干净?'一种是：'地上还有个地方有灰尘，把它扫干净。'第一种说法是说扫地的人，很容易让他误以为是在指责自己，从而产生情绪而不愿接受。第二种说法只说事情，讲出无可辩驳的事实，不存在对人的指责，孩子一般会认同。孩子在思想认同的前提下行动就容易得多，而不会把心力耗费在情绪对抗上。情绪对抗会让亲子双方都很累。"

沈思： 刚开始学习新的课程内容，建立新的概念，作业出现错误是正常的，错了就改，再错再改，这是学习新知识、理解新概念时加深记忆和理解的正常过程。其实做作业的过程就是锻炼大脑肌肉的过程，就像在健身房跑步，不管姿势如何、速度快慢，只要跑，就能起到锻炼身体、增强体力的效果。同理，只要把作业做起来，不管答案对错，都有锻炼大脑、增强智力的效果。所以只要孩子认真做了作业，无论答案对错，都建议先鼓励，然后有错再改错。孩子做作业时把题目做错了，不是孩子做作业的行为本身错了，家长首先要肯定孩子做作业的行为，其次鼓励他做对了的题目，然后指导孩子自己分析错题的原因，通过改错，让孩子学得更扎实。

家长对待孩子作业出错时的态度和方法，也有一个对错的问题，家长情绪化的态度和错误的方法，对孩子的成长有百害而无一利，比孩子作业出错更需要改正。

孩子是一张白纸，家长和教师是画师，画好画坏在画师。

2022 -12 -08

吴荣婧：老师、家长和学生，家长这一环是非常重要的，家长要积极调整自己的教育方式。如果小孩愿意同自己倾诉，那就有希望；如果小孩对自己很冷漠，先别怪小孩不知感恩，问问自己，真的尊重小孩了吗？自己在亲情的"储蓄卡"上真的攒够了吗？

黄轩轩：卢梭写《爱弥儿》时，西方孩子也和现在的我们相似，基本权利没有得到重视，往往被当作大人的附庸，动辄打骂。《爱弥儿》之所以能够引发社会各界的轰动，是因为卢梭从孩子的视角来描述孩子的心灵和想法，让更多大人认识到，孩子并不是大人的附庸，而是拥有独立人格的人。《教育的目的》的作者怀特海指出，教育是让孩子成长为有血有肉、可以自我发展的人。他更加重视孩子的意愿和积极性的发展，这种思想对美国教育的发展产生了革命性的影响。沈思老师《课堂的革命》中提出了课堂三要素：课堂文化、教学模式、教学内容。这在我们国家也是带有革命性质的，它直击当下教育的要害，从"道"的层面阐述清楚问题的矛盾点与本质所在。

沈思：你上述这番话让我发现，《教育的觉醒》在从孩子的视角观察教育这一点上竟然和《爱弥儿》《教育的目的》不谋而合。科学知识、工程技术在人的心外，可以学习、模仿；科学发现、技术发明所需要的认知力在人的心灵里，无法学习、模仿，只能在自己的内心寻找。只有关注孩子心灵成长的教育才能培育出有所发现、有所发明的创造性人才，本书的"人图"可以解释此观点。

2023 - 01 - 09

（上图来自黄轩轩老师发来的"学生教学生"的视频。）

黄轩轩：阳涵很热心，一定要教俊哲奥数。我对阳涵说，目前这个难度不太适合俊哲。没想到俊哲却说："老师，我想超越自己。"孩子们在教与学的过程中增进了感情，在对话中增强了思维能力，这个过程是开心的而不是抑郁的，是能相处、会合作的而不是以自我为中心、孤僻的，是灵活的而不是死板的。

沈思：引导学生自主学习，指导学生互教互学，是理想的也是切实可行的教学模式。学生教学生能收获成长和成绩，教的一方收获更大。

黄轩轩：学生教学生，学到了知识，最重要的是持续有学习的热情，因为和同学在一起讨论、学习的过程是轻松愉快的。

2023 - 01 - 15

黄轩轩：怎样让孩子自己想学，而不是被逼着敷衍地学，或被逼着都不学，是当下教育方式亟待解决的痛点问题。

沈思：此痛点遍布大、中、小学，是当下学生群体抑郁症多发的第一直接原因，所以南京西善花苑小学严朝胜副校长感慨道："逼迫只能解一时之忧，却会留下一世之憾！"如何从根本上解决这个会导致"一世之憾"的痛点问题？可参照《教育是什么》中"明天的课堂"一节，为学生搭建B型课堂软环境。我的三本书里有大量事实证明，无论是大学还是小学，学生一旦在B型课堂软环境里成长，就会爆发出令人难以置信的学习热情，抑郁症的坚冰也会被学习热情逐步融化。

2. 暑期社区小军营丁雷翔教官的微信

2022 - 08 - 02

丁雷翔：在第四期小军营中，一个妈妈在孩子来的第一天跟我说，孩子很胆怯，缺乏自信，不善于表达，不善于和同学相处。第二天我就把组织打扫社区卫生的工作交给这个孩子，他开始不敢说，我不断地给予鼓励，同学们也很支持他，接下来让我吃惊的事发生了：这个孩子开始分工，督促检查，还会表扬表现好的学生。孩子脸上洋溢着自信的喜悦之情，我也很高兴。

我这样做是受到正在阅读的《课堂的革命》里这样一段描述的启发："是否可以尝试一下，优先选择性格内向、寡言少语的同学当小组长，他们目前的人格状态更需要这样的锻炼机会，这样的历练对他们的帮助更大，他们的内心应该是愿意的，只是缺乏一点点勇气。"

3. 小学生《课堂的革命》读后感

2022 年 8 月 8 日，黄轩轩老师发来部分学生的《课堂的革命》读后感，以下分享一篇由南京市九龙小学六年级学生王润峰写的文章：

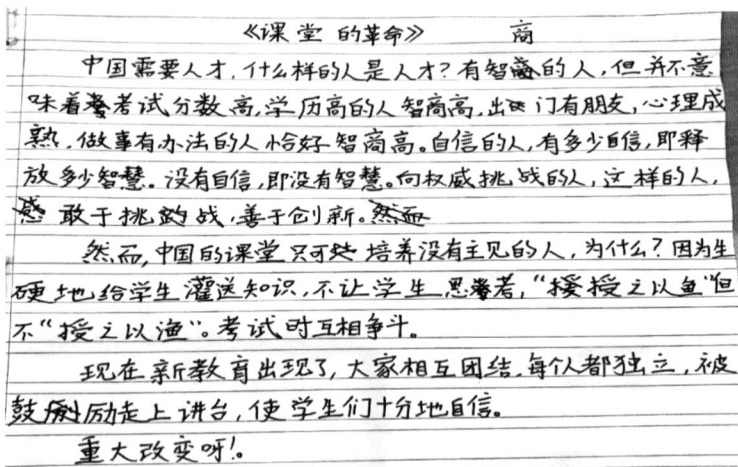

> 《课堂的革命》 商
>
> 中国需要人才，什么样的人是人才？有智商的人，但并不意味着考试分数高、学历高的人智商高，出门有朋友，心理成熟，做事有办法的人恰好智商高。自信的人，有多少自信，即释放多少智慧。没有自信，即没有智慧。向权威挑战的人，这样的人，敢于挑战，善于创新。然而
>
> 然而，中国的课堂只可处培养没有主见的人，为什么？因为生硬地给学生灌送知识，不让学生思考，"授授之以鱼"但不"授之以渔"。考试时互相争斗。
>
> 现在新教育出现了，大家相互团结，每个人都独立，被鼓励励走上讲台，使学生们十分地自信。
>
> 重大改变呀！

沈思："重大改变呀！"这是又一所小学的又一个小学生发出的感慨。

第七部分
后续的思考

关于三本书

《教育的觉醒》是继《课堂的革命》《教育是什么》之后的第三本书，这三本书描述的是同一个正在进行中的创新教育事件的三个不同阶段。

一、三本书之间的关系

三本书之间的关系是：实践—理论—再实践。第一本是大学课堂创新教育实践的纪实，第二本是基于实践的理论的创建，第三本是原创的"三维九方"教育理论在小学课堂上再实践的产物。

二、三本书的共同特点

1. 写的是真人、真事、真心话，想追求正义、真相与真理。

2. 做事不是为写书，写书是为了把事做得更好，事比书重要。

3. 不是在封闭的有限空间的书斋里，一个人想当然地写；而是在开放的无限空间的书斋外，在和众人共同做事的过程中边做边写。

4. 可从头看到尾，也可从尾看到头，还可翻到哪页看哪页。

5. 在媒体上看到赵汀阳教授的一篇文章，说到"人民需要思想，而不仅仅需要娱乐和知识"。三本书可以证明：人民需要思想，人民能够思想，从乡村、牧区到城市的无论少年、青年、老年等各个年龄段的人都能思想。我们中国人是地球上能思想、会思想的文明人群体之一。

6. 德国思想家歌德说："所有的实际事物就已是理论。"三本书写的都是实际事物。书里的"三维九方"理论体系，就是在描述实际事物的过程中，不知不觉间自然而然地逐步显现出来的。

7. 英国哲学家罗素 1959 年给世界留下视频，提问者说："最后一个问题，罗素勋爵，假定这段录像将被我们的后代看到，如同死海古卷一般，在一千年后被人发现，您觉得有什么话必须对他们那一代人讲呢？有关您的一生，以及从中学到的东西。"罗素答："我想要说两点，其一关乎智慧，其二关乎道德。关乎智慧，我想对他们说的是，当你在研究任何事物或在思考任何观点时，只问你自己事实是什么，以及这些事实所证明的真理是什么，永远不要让自己被你更愿意相信的，或者你认为会对社会有益的东西所影响，只是单单地去审视什么才是事实，这就是我想说的关乎智慧的事。关乎道德，我想对他们说的事非常简单，我想说，爱是明智的，恨是愚蠢的，在这个日益紧密相连的世界里，我们要学着互相包容，我们要学着接受这样一个事实，总会有些人说一些我们不爱听的话，我们只有这样才能共同生存。"归纳一下，罗素提醒后人，要关注智慧，而不是智力；要关注道德，而不是知识；要相信事实以及隐含于事实之中的真理，而不是那些看上去冠冕堂皇的理论。三本书反复强调，智力重要，智慧更重要，掌握知识与技能重要，培育道德更重要；并且创建了培育道德、释放智慧的"三维九方"德育体系理论。

8. 《教育是什么》第三篇第八节中"科学是什么"里把科学定义为"实事求是之学"，此定义与歌德、罗素对事实的态度在逻辑上是一致的，所以，基于事实的三本书都可算是关于教育的科学著作。

9. 三本书还有一个重要的共同特点：学生平等地参与谈论教育。前两本书有众多大学生参与，第三本书有很多小学生参与。记得当我向安乐小学刘校长和西善花苑小学窦校长提出邀请小学生参与共读的建议时，校长们起初不解，随后震惊！实际上，邀请学生参与共读早已有之，不过那是面向大学生。2014 年在东南大学生物科学与医学工程学院教改实验项目开展之前，我给每位老师赠送了一本《课堂的革命》。在实验过程中，老师们提出，如果学生不懂，老师懂了也没用，建议第一堂课由我来上。我很清楚，一堂课不足以解决问题，于是我给参加实验的 200 多名大学生每人赠送了一本《课堂的革命》。如果没有学生和老师共读这本书，在只有两个月的短学期里，实验不可能取得师生们都十分满意的效果。《教育是什么》一书附录里对此有具体的描述。

看着书中的理论之树在三省数所学校的课堂上落地生根、开花结果，我想起了我的第一本书《课堂的革命》的出版故事。2013 年，《课堂的革命》书稿刚刚写好之时，我四处打电话联系出版社，只有江苏人民出版社的戴亦梁编辑认真接听了我的电话。她问："教育理论的书很多，你书中的理论能落地吗？"我答："我认为能落地。"她让我把书稿发给她看，看了以后给出了这样的评价："只要看就会喜欢。越看越觉得意义重大。"2020 年《课堂的革命》姊妹篇《教育是什么》出版，2021 年《教育的觉醒》第一部分的书稿初步形成。今天来看，书中的理论确实能落地入心，能落山区、市区与牧区的校园内外的地，能入教师、家长和学生的心，能入幼儿教师、小学教师、中学教师和大学教师的心，能入从事不同职业的家长的心，能入小学生、中学生、大学生的心。2021 年 2 月 6 日，南京西善花苑小学严朝胜副校长给我发信息："'仰望星空，脚踏实地'，您做到了！"几乎在同时，湖北荆门海慧中学的刘克耘老师给我发信息："您做的的确是顶天立地的教育，理论高屋建瓴，实践直接地气。"2021 年 9 月 25 日，青海省玉树藏族自治州玉树市小苏莽乡寄宿小学二（2）班班主任索南永珍老师在她的读书笔记里写道："我喜欢看书，可是有些书真的很深奥，不太理解，但是《教育的觉醒》和《课堂的革命》都很简单，所有的内容也都能用到实际教学上，我觉得很好。"这三本书之所以能让教师、家长和学生一看就懂，是因为书里叙述的都是他们自己当下正在经历着的事，因为叙事用的是他们习惯了的我们中国人自己的话语体系。

现在回过头看看，三本书涵盖了托育园、幼儿园、小学、中学、大学教育，或可算得上"教育大全"了，21 世纪的中国需要一本中国人自己写的"教育大全"。

出版三本教育著作，这是十二年前初入教育领域时压根就没有想过的。做一件事，只要方向对，就只管慢慢地、持续地做下去，功到自然成。

拜访学生更重要，可解"两难"困局

中新网 2022 年 3 月 24 日报道，近日，教育部印发《关于开展全国高校书记校长访企拓岗促就业专项行动的通知》，要求每所学校书记（校长、院长）正职共拜访用人单位原则上不少于 100 家。

拜访 100 家企业，了解企业对什么样的人感兴趣，对什么样的人不感兴趣，有必要。

拜访 100 位学生，走进学生的内心世界，了解学生对什么样的教育感兴趣，对什么样的教育不感兴趣，更重要。

如果学校不能提供让学生感兴趣的、能激发学习热情的教育服务，学校就不能供应让企业感兴趣的、有工作热情的员工；反之，如果学校能提供让学生感兴趣的、能激发学习热情的教育服务，学校就能供应让企业感兴趣的、有工作热情的员工。

记得当年三江学院计算机学院 70 岁高龄的王芝庆院长看到我们课堂的学生的学习状态时感慨地说："从来没有见过学生有这样的学习热情。"我们课堂的学生就业后表现出的工作热情，让企业高管们赞不绝口。南京新模式软件公司副总裁毕永政跟我说："自从见到你们的学生后，我在招收新员工时，再也不迷信一本院校的毕业生，也不再歧视三本院校的毕业生了。"该公司的张晓东董事长，更是反复建议我把教育学生的过程写出来，这样才有了在 2014 年出版的《课堂的革命》。该书的序言里有这样一段话："这些软件企业家之所以要推动人才培养之事，是因为软件企业普遍大量缺人；学校之所以愿意合作，是因为学校关心学生就业。"企业招人难、学生就业难的"两难"局面一直存在。2022 年高校毕业生首次突破 1000 万人，"两难"局面加剧。《课堂的革命》是成功破解"两难"局面的产物，所以该书值得高校的书记（校长、院长）们参考。2014 年 5 月 6 日，北京交通大学宁滨校长在给我的邮件中写道："我在学校的人才培养大会上推荐您的著作给我校老师。希望能从课堂文化、教学模式和教学内容上进行改革，提高学生学习兴趣，提高人才培养质量。"

阅读《课堂的革命》，相当于拜访当代大学生，有助于了解大学生的内心世界，从而提高大学生的学习兴趣，提高育人质量。

阅读《教育的觉醒》，相当于拜访当代小学生，有助于了解小学生的内心世界，从而提高小学生的学习兴趣，提高育人质量。

阅读《教育是什么》，有助于掌握能提高学生学习兴趣、提高育人质量的"三维九方"理论工具，让亿万学生在从托育园到大学的全过程中都能保持学习兴趣，都能身心和谐地健康成长，长成最好的自己，长成能满足各行各业不同需求的文明人，从而彻底破解学生就业难、企业招人难的"两难"困局。

让学生免于恐惧——强国必经之路

1. 民族性格懦弱

我在网上看到国防大学戴旭教授的演讲视频，极具警示和现实意义，值得国人重视。

戴旭教授说，中美之争眼下看是贸易之争、科技之争，实质上是民族生命力、国家生命力之争，而民族生命力、国家生命力的核心是青年的质量，青年的质量决定着中美两个国家的命运，而青年的质量由教育决定。任正非在讲华为企业的时候，撇开华为的困境不谈，大谈中国教育。为什么呢？他看到了问题的本质。我们要教科学知识，同时更要育民族精神。不教科学知识会让我们愚昧、落后，但是如果不育民族精神，会导致民族性格懦弱，导致国破家亡的悲剧。

懦弱就会挨欺。戴教授说："如果不育民族精神，会导致民族性格懦弱，导致国破家亡的悲剧。"怎么办？戴教授说，要教科学知识，更要育民族精神。

我前两本书里有个观点：教知识，没有正反之分，只有多少之别；育精神，有正反之分。据此我们必须思考这样一个问题：在我们的教育实践中，学生是越教越勇敢，还是越教越懦弱？

2. 懦弱的原因

懦弱所反映的，不是体力，不是智力，而是心力。体力和智力是机械力，心力是精神力。应试教育重视智力、轻视体力、无视心力，甚至为了智力，可以不顾体力，不惜降低心力、弱化精神，具体表现为让学生怕老师。包括本书在内的三本书里有足够的事例证明，学生在从托育园、幼儿园、小学、中学到大学的全过程中，都是在对老师的"怕"中成长的。

在本书里能看到许多案例。1. 托育园案例：2022 年 4 月 21 日，安徽省滁州市文昌社区托育园元艳老师说："我是我们托育园唯一一个以关注幼儿情绪教育为主的老师。我在园区的会议及平常工作中多次强调幼儿教育一定要多关注幼儿情感发育，尤其是幼儿哭的时候，一定要多方面了解他哭的原因，再想办法解决问题，不能恐吓、呵斥孩子。""恐吓、呵斥"会让幼童怕老师，从而导致性格懦弱。2. 幼儿园案例：2020 年 4 月 15 日，山西省吉县安乐小学刘梅珍老师在读书笔记里写道，"畏惧会妨碍智力的正常发挥，对此观点我特别认同。举个例子，我们班的孩子，从幼儿园起就是我带，时间久了，我们彼此了解，所以他们都很会'看脸色'。多数时候，他们想说啥就说啥，根本不考虑有没有说错，但是看我不高兴的时候就完全不同，我提很简单的问题，也没人举手，即使点名回答，答案也是乱七八糟的，做事情事倍功半。"刘老师发现，恐惧真的会妨碍智力正常发挥，导致思维混乱。3. 小学案例一：2020 年 4 月 20 日，南京一所小学五年级学生的母亲胡敏女士，在看了《教育是什么》之后给我写的信里有这样的描述："孩子三年级以前的班主任是一位退休返聘的老教师，教学风格以严厉著称。记得有一天，孩子放学回来跟我说：'走进教室，就像进了地狱！'本来就胆小的她动辄得咎，从来不敢主动举手回答问题。"4. 小学案例二：2020 年 10 月 14 日南京西善花苑小学"爱-说课堂"第一次线下研讨会上，我问参会的 10 名小学生代表："你们怕老师吗？"全体学生异口同声地回答："怕！"5. 中学案例：在《教育是什么》一书第 120 页，一位母亲评价自己读初中的孩子"被教得傻傻的、乖乖的"。6. 大学案例一：在《课堂的革命》一书第 181 页，大四学生刘丽媛在2011 年 11 月 7 日的课堂日报里写道："进了这个班我觉得我们没有老师，因为我们没有丝毫的畏惧感"。由此可以看出，她在从幼儿园到大学三年级的十几年里，一直怀着对老师的恐惧。7. 大学案例二：一位大学辅导员教师曾经跟我说："我就是要让学生怕我，不然不好管理。"可是，这位老师不知道，学生因为怕老师，而变得乖乖的，傻傻的，听话了，好管了，但"育人"的效果则是戴旭教授担心的——懦弱。唉！在学校好管，出校门好欺！

　　这种弱者恐惧强者的现象不只是校园里有。当学生的怕当老师的，当孩子的怕当家长的，平民百姓怕当官的，在由这三种关系构成的群体社会里，懦弱必然成为个体的人格特质，成为群体的特性。懦弱的个体绝无可能成为创造性人才，更不可能成为服务社会的有担当的领袖。懦弱的群体，对内，纵向好管理、横向难合作；对外，容易遭受欺凌。这不是老师、家长、官员的错，是群体的不幸！为什么会这样？《课堂的革命》中的"父与子""师道尊严与师生平等"，《教育是什么》第二篇第三节"人的文化与文明"等章节，都在回答这个问题。

3. 懦弱的危害

我在前两本书里不惜笔墨反复提醒千万不要忘记老祖宗的忠告：畏生愚，无畏生慧。即懦弱会让人愚蠢、愚昧，唯勇敢才让人智慧。懦弱，对于个体来说，会因为智慧的丧失而导致思维混乱，容易上当受骗，只会模仿、不会创造；对于群体来说，会导致下一代简单复制上一代而不能进化，让群体违背自然规律而衰退。

个体懦弱会挨欺侮，群体懦弱会"导致国破家亡的悲剧"。

4. 国何以强

国何以强？民强则国强。民何以强？学生强则民强。学生何以强？师道尊严，学生怕老师，学生弱；师生平等，相互尊重，师生都强。

一个人，人格独立最重要，人格不独立等于没有自我。一个国，主权独立最重要，主权不独立等于没有国。维护主权独立，需要足够多有独立人格、有勇敢精神的人。教育，育独立人格、养成勇敢精神最重要。

总而言之，让学生从托育园到大学的全过程免于恐惧，是提高青年质量的关键所在，是强国必经之路，也是教育转型升级必不可少的前提。

5. 教育是最廉价的国防

2022 年 6 月 2 日，我在网上看到任正非先生一次颇有洞见、发人深省的演讲，视频里任先生说："一个国家首先要重视教育，重视基础教育，特别是农村的基础教育。一个国家的强盛是在小学教室的讲台上完成的。教育是最廉价的国防。国防并不一定是武器最厉害，反而教育是最厉害的。"

看了这个视频，我有几点想法。1. 古人言，少成则若性。俗话说，三岁看大，七岁看老。任正非先生说，要重视基础教育。其实都是一个道理。2. 很多国人以为我们中国对基础教育的重视超过国外，如果真的是这样，那任正非先生强调重视基础教育就错了。实际上，是国人错把知识的教学当作人的教育。我在三本书里用了大量篇幅阐明，我们的基础教育中专门知识与技能的教学，数量太多，而情感与一般道理的教育，质量太差。任正非先生强调的是后者。3. 人是决定战争胜负的必要条件，武器是充分条件。情感与一般道理的教育是育人的必要条件，专门知识与技能的教学是充分条件。4. 就教学楼和教具等硬件条件来说，城市学校比农村学校先进；就人的教育而言，城市学校并不比农村学校先进。5. 戴旭教授和任正非先生都强调教育关乎国防，可见教育进步的重要性和紧迫性。

6. 中国不败对全世界都好

仔细想想，美国把中国作为竞争对手，是人类历史发展的必然。理由何在？2014 年出版的《课堂的革命》最后的结束语里有这样一段话，"地球上，有自己原创的、独立的、完整的文化形态的族群，一个是地处欧洲的西欧人（美国文化是西欧文化的延伸），一个是地处东亚的中国人"。之前美国人小看我们中国人了。事实上，以前我们中国人自己也有点小看自己。

中美竞争，中国不败，对中国、对美国、对世界都好；反之，对谁都不好。因为我们中国人群体，自古以来就靠自己的聪明勤劳生存，从不靠野蛮掠夺他族生存。靠勤劳而不靠掠夺生存，实乃人性之展现，所以中国不败对全世界都好。

我们中国如何才能不败？唯有提高教育，没有其他出路。

教育怎么提高？包括本书在内的三本书就是中国教育提高的成果展示，书中的"三维九方论"是产生于教育实践的理论工具。

启发觉悟是根本

2022年7月11日，中国管理学会秘书长张晓东先生给我发了一份教育政策参考文件，文件内容是推进家庭教育法实施"四协同"建议：1.学校和家庭协同；2.政府和家庭协同；3.社会和家庭协同；4.妇联与家庭协同。

我认真学习了文件，这些建议都很好。文件说的都是"怎么做"，这确实重要，但"想不想做"更重要。"想不想做"的问题解决了，"怎么做"的问题便迎刃而解，想做的人会在做的过程中面对实际问题想出做的方法来。如果不想做，方案再好也就走走形式。怎么解决"想不想做"的问题？立法推动，利益驱动，都是办法，但都不是根本办法。多年的教育实践告诉我，启发教育者和受教育者的觉悟，使得教育进步成为自觉的行为，是唯一行得通的能持久的根本办法。

实践证明，让教师、家长与学生共读《课堂的革命》《教育是什么》《教育的觉醒》三本书，有启发觉悟、唤醒自觉的功效。

南京西善花苑小学的老师是在看了前两本书后，自愿报名参加"爱-说课堂"项目的。因为是自愿的，所以当国家"双减"政策落地后教师工作量猛增之时，老师们仍然投入于"爱-说课堂"项目。2022年5月18日，西善花苑小学的老师对前往学校调研的民进江苏省委调研处处长季伟说，即便校长换人，她们也会坚持做下去。可见她们不是把它当上级任务来做，而是发自内心要做。

开始于2020年4月的山西吉县安乐小学的教育进步之事至今仍在持续。2022年6月18日，我对刘红萍校长说："一个地方的学校校长要是能够成为一地有社会影响力的人就好了。我们中国社会需要。"刘红萍校长说："今年我带领联区内8所小学的老师（每校一人）组建了教研团队，效果还不错。我想进一步探索实践小规模学校的生存发展之道，计划下学期开展更为丰富的校园活动，以'先滋养心灵，再开发智力'为目的，让学生在更广泛的实践活动中成长。"她还说："我没有行政权力，但感觉到年轻老师们都很喜欢我。"

开始于 2021 年 8 月的青海玉树格桑花读书会至今不仅没有停止，反而范围越来越大。2022 年 2 月 18 日，我问格桑花读书会组织者之一元晓帅博士读书群现在有多少人，元博士回答："800 多人了。最近要调整为两个群，一个中小学教师群，一个学前教育群。"

山西吉县安乐小学、江苏南京西善花苑小学、青海玉树诸多幼儿园和中小学，从共读开始的教育进步之事，至今没有停止，而且呈蔓延扩大之势。这证明了苏格拉底说的，一万次的知识灌输，不如一次内在的唤醒。三本书有唤醒功能。共读的方法成本低、产出高，易推广、可持续。人一旦觉醒，就不会再返回混沌。

山西安乐小学的刘娇老师发现，小学生对书的理解比教师和家长还通透。南京西善花苑小学窦林校长发现，学生和家长对书的敏感程度超过教师。我发现，对书的反应和读者的灵气即智慧关系很大，和年龄、学历、知识、技能关系不大，这就是从 9 岁的小学生到 90 多岁的老教授都会对书产生共鸣的原因。所以，阅读三本书，可以激发灵气、释放智慧，还可以测度灵气是否尚存、智慧是否还在。

另外，文件中的"四协同"建议，南京西善桥街道建设的"理想教育小镇"这些年来就是这样做的，他们特别注重社区工作者、教师、家长和学生的"四协同"，颇有成效。

我们中国需要一个教育的启蒙运动。这是民进中央常务副主席朱永新说的。不能觉悟，没有自觉，则"四协同"无法落地。这些年来减负的文件下了几十份，负担却越减越重，原因也正在于此。

"心灵标准件"与三本书

    2022 年 4 月，教育部颁布了义务教育课程方案和语文等 16 个学科的课程标准（2022 版）。8 月 24 日，中国管理科学学会基础教育专业委员会主办了"落实新课改，聚焦新课程——素养本位课程改革南京联盟学校启动仪式"，杭州师范大学教育科学研究院院长张华教授作了《创造 21 世纪的理想课程——义务教育课程方案解读》的演讲。张教授在演讲中说：1999 年 3 月 3 日，我到南京第一次参加起草国家基础教育课程改革纲要的会议。教育部领导风尘仆仆地赶到南京，传达李岚清副总理的内部讲话精神，每次全国教育工作会议只解决 1 到 2 个问题，每次课程改革也只解决 1 到 2 个问题，本次全教会和本轮课程改革，只解决一个问题，就是素质教育问题。中国不搞素质教育不行了，我们的孩子天天做有标准答案的习题，把我们每个孩子的心灵都变成了标准件，还毁坏了孩子的身体。与会人员特别受鼓舞，当时就定下来本次课程改革就是要构建符合素质教育要求的新的基础教育课程体系。为了体现这一点，我们提出了一个理念，就是"为了每个学生的发展"。这就是 2001 年启动以素质教育为核心的课程改革大致的背景。20 多年过去了，我们的目标有没有实现呢？我就举一个数据吧。2020 年国家权威部门公布了一组数据：2.2 亿中小学生中，达到抑郁症患者标准的占 24.6％。这是人民网发布的，大家可以查到。2.2 亿乘以 24.6％是 5000 多万。其中重症患者占 7.4％。2.2 亿乘以 7.4％是 1500 多万。

    5000 万，这一数据触目惊心！

    2001 年课改的目标有没有实现呢？本书收录的南京西善花苑小学五（3）班小学生姚泽升在 2020 年 12 月 26 日写的《课堂的革命》读后感或许可以回答这个问题，读后感中有这样一句话——"学生变成了大家口中的'作业机器'"。

    工作和学习中的主动性、合作性、创造性的缺乏，都因"心灵标准件化"而起。"心灵标准件化"会让人变傻，傻的人不会知道自己傻。傻和大脑智力关系不大，和心灵是否成熟、有无智慧相关。要想知道更多"心灵标准件化"对学生成长的危害，可以看一看《教育是什么》中的"人图"。

为什么20多年过去了，不仅没达成课改目标，反而离目标越来越远？不搞清楚原因，只怕后20年会重蹈前20年的覆辙。如果这样，那失去的将不只是教育的再一个20年，而是中国人群体的未来。《课堂的革命》《教育是什么》两本书里的案例和理论可以解释2001年新课标没能落地的原因。

原因之一，就是对心灵的认知没有到位。

《教育是什么》中有这样一段话："2016年的苏州工业园区外国语学校的交流会上，该校教务处长谢琪老师指着'人图'坦率地和作者说：'我们知道身体与体力的存在，但是我们轻视身体与体力；我们知道大脑与脑力的存在，我们重视大脑与脑力；我们不知道心灵与心力的存在，我们对心灵与心力在认知上是零。'"对心灵的认知是零，对"心灵标准件化"含义的认知就是零。认知是零，行动难免盲目。

《教育是什么》一书里有个"三维九方"理论，该理论有助于从三个维度、九个方面认知教育的全貌。该理论也可解释课改目标没实现的具体原因。学生的成长需要有序地关注三个方面：第一是心灵成长，第二是大脑成长，第三是身体成长。这个顺序不能颠倒，如果颠倒，乍看是捷径，其实走不通。

学校教育创新，需要有序地创新三个维度：第一是课堂文化，第二是教学模式，第三是教学内容。这个顺序不能颠倒，如果颠倒，乍看是捷径，其实走不通。

《课堂的革命》中有这样一句话，"育人必育心，育心在课堂文化"。可见，要解决"心灵标准件化"的问题，仅仅改革课程体系即教学内容是走不通的。只有首先改革课堂文化，其次改革教学模式，最后改革课程体系才走得通。《课堂的革命》记录了按此顺序办学的全过程。我们的课堂创新就是按此顺序做的，我们的学生大受企业的欢迎就是因为心力强、精神足、善合作、敢做事。当年三江学院科技处曾凡捷处长评价我们的课堂是"为学生招魂的课堂"。

什么样的课堂文化会让学生"心灵标准件化"？什么样的课堂文化能让学生开心，从而释放出人性的光芒？关于这个问题，请看《教育是什么》。

"老师很辛苦地带了我们两个月，我们不仅学会了测试的某些基本流程，更让我们在心灵上有了巨大的成长。"这是收录在《课堂的革命》一书中学生汪凯强 2011 年 9 月 9 日课堂日报里的一句话。

"你们办的不只是'健脑房'，更是'健心房'，一个人的心智是要遗传给下一代的。"这是写在《课堂的革命》封底的，江苏中航动力控制公司总经理薛银春先生阅读《课堂的革命》之后的感言。

"光认真听课，阅读，培育不了心，提升不了自信心，最多也只能提升知识。一个人不培育心，往后会没有用的。"这是收录于本书中的南京西善花苑小学三年级小学生孙阳阅读《课堂的革命》后写在读书笔记里的话。

"小孩子只有在开心的时候做事情才做得好、做得快，像书里说的那样。人的心灵最重要。心灵排第一，脑力排第二，体力排第三。"这是收录于本书中的山西吉县安乐小学四年级小学生武玥茹阅读《教育是什么》后写在读书笔记里的话。

张华教授在演讲中说，只有提高教师的核心素养，才能提高学生的核心素养。本书收录的山西河津市幼儿园教师昝丽的读书笔记里写道："父母如果好好学习，孩子一定天天向上。"山西吉县安乐小学家长武亭亭在读书笔记里写道："我觉得《教育是什么》和《课堂的革命》这两本书应该让所有的学生和家长一起读一下，这样老师、家长和学生的教育理念才能同步，孩子才能真正受益。"《教育的觉醒》，就是三省乡村、城市和牧区部分学校的教师、家长和学生共读并实践前两本书，精神境界得以同步提升的真实故事。

综上所述，对于避免重蹈覆辙，达成课改目标，《课堂的革命》《教育是什么》《教育的觉醒》三本书可起作用。

看图说话

人　图

原始时期 野蛮人 —文化→ 早期文明 成人 —转型升级→ 现代文明 真人 —→ 民主法治科学 正义真相真理

认知

智慧 —→ 同理心　自　觉／想象力　洞察力／直　觉　好奇心

思想力 —→ 思想力弱 —→ 思想力强

规则意识 —→ 契约精神 法治意识 道德观念

思想 —→ 思想方法=0／思想观念=0

思想方法 迷信权威 —升级转型→ 思想方法 实事求是

意志力 —→ 节制 自信 勇敢

思想观念 人分尊卑 —升级转型→ 思想观念 人人平等

决定

说 —→ 求知欲　爱 —→ 感情=善 —→ 报恩心责任心 同情心羞耻心 热情诚实尊敬

心灵 —→ 心力 —→ 欲望 —→ 色欲

食欲　恨 —→ 情绪=恶 —→ 报复（仇）心 恐惧贪婪虚荣 冷漠自卑虚伪

指挥

人

精神人=心灵=欲望+情感+思想=形而上=气
物质人=肉体=身体+大脑=形而下=机器人=形

大脑 —→ 脑力 —→ 智力 —→ 记忆力 分析力 归纳力

身体 —→ 体力 —→ 感知力 —→ 视觉 听觉 嗅觉 味觉 触觉

执行力 —→ 手力、脚力、臂力等

指挥

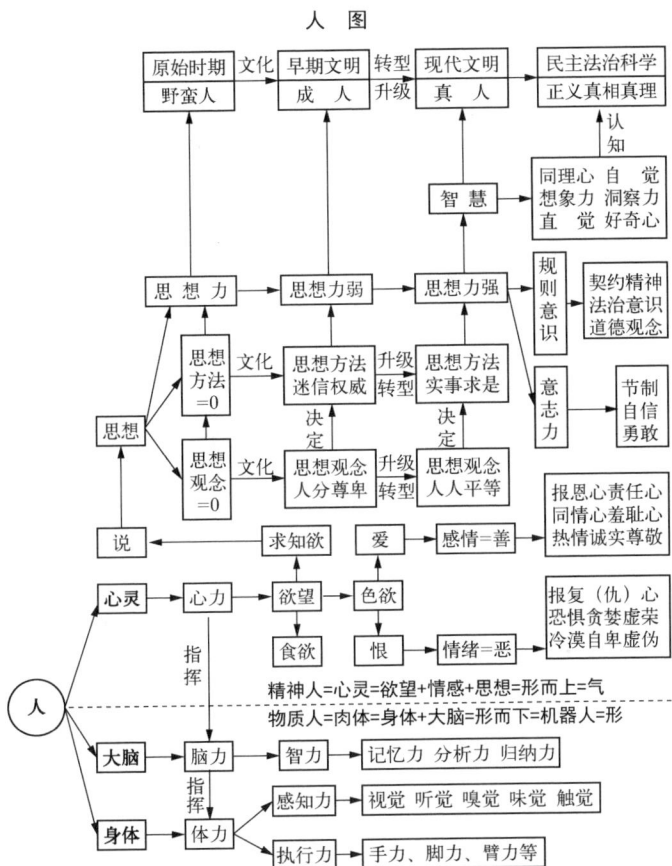

　　"人是什么"的问题是教育的首要问题。我们的教育要培育"真人"——有智慧的真正的人。

　　2022 年 3 月 29 日，我看到一篇题为《马斯克新论：把大脑复制给机器人，实现去掉肉体的意识永生》的文章，文中写道："在最近的一次采访中，马斯克提到了去年特斯拉年度 AI 开放日上推出的人形机器人擎天柱，且坦言：总有一天，我们可以将那些独一无二的东西，比如性格、记忆下载到机器人身体中，这将是一种不同的永生方式。简言之，一个人的肉体可以死亡、腐烂，化作一缕烟灰，但它承载着的人的思想与情感却能鲜活地保留下来。"

谷歌顾问认为，随着新技术的不断发展，当下人类社会98％的工作岗位将会消失，只剩下2％由人们去竞争。

对标"人图"看马斯克和谷歌顾问的言论，再想想我们这个有着14亿人口的群体，是不是有点让人不寒而栗？肉体物质人会死亡，心灵精神人可永生。当下98％的岗位将会被具有物质人功能的机器人取代，剩下的2％将在精神人之间竞争。据此，可以得出这样的结论：以考试成绩为抓手，只关注物质人的大脑智力，让学生长成"成人"的应试教育该退场了；以全面成长为导向，更关注精神人的思想力，让学生长成"真人"的全新的全人教育该登场了。

全人教育图

　　"全人教育图"是《教育是什么》书里第五幅图的 2.0 版，1.0 版是基于大学课堂实践的概括，2.0 版则是在其基础上结合了基于小学课堂实践的思考。所以，这幅图是三本书的总概括，是书中教师、家长、学生等众人智慧的结晶。

　　"人图"展示了精神人和物质人的天赋功能，也展示了两者间的关系。释放人的精神与物质功能，让精神人与物质人同步和谐成长是人接受教育的目的。

　　什么年龄段吃什么、吃多少，有利于物质人身体的发育成长？

　　什么年龄段学什么、学多少，有利于物质人大脑的发育成长？

　　什么年龄段和谁相处、怎么相处，有利于精神人的发育成长？

　　教育者要考虑的首先是以上三个大问题，其次才是怎么搞好专门知识与技能教学的小问题。

　　"全人教育图"展示的是有利于三个方面全面成长的理想教育。

　　有人对文科、理科、艺术、工科作了这样的定义：文科——培养发现做人道理、思考人类文明发展方向和传播道理、弘扬文明的人，发现道理的是思想家，传播道理的是教育家。理科——培养发现事物内在真理的人，即科学家。艺术——培养表达事物形式美的人，比如绘画、写作、设计等领域的专门家。工科——培养掌握工程制造所需技术的人，比如工程师。放眼世界，我们中国的工程师数量第一，质量也好，所以我们是世界第一工程施工、生产制造大国。但是我们在思想、教育、科学、艺术等领域的人才则不尽如人意。这些领域人才的培育，只需按照"全人教育图"办教育，尤其关注精神人的成长，即可实现。

　　2022 年 6 月 17 日，我看到一个视频，视频里面温铁军教授说："一个高校的校长说，高校严重落后于社会，但世界上也是这样，尤其是人文社会科学严重落后于社会，这恐怕是个普遍问题，这个问题很难解决。"其实，我们中国从小学到高校教育都落后。此外，虽然西方国家在过去几百年里曾在人文精神领域对世界有过巨大贡献，但到了现代，这方面少有建树。西方国家当下的裹足不前与此关系很大。我们中国，人口十几亿，文化孕育 5000 年，如果从托育园开始一直到大学全过程按照"全人教育图"办教育，尤其注重精神人的成长，相信一定能在人文精神领域为世界作出新贡献，而且在科学领域也会大步向前，因为科学技术的发展是基于人文精神的进步。

累，游戏，傻

一、累，是沉迷游戏的原因

2022 年 8 月的一天，我在网上看到一个短视频，一位中学校长在全校大会上怒斥学生沉迷游戏，学生们沮丧地低着头的画面让我印象深刻。

同年 9 月 7 日，我和一个初中学生聊了聊，以下是部分聊天记录：

沈思：你早晨几点上学，晚上几点到家？

学生：早上 7：15 离开家，晚上 8：30 回到家。周六还要上课。

沈思：你喜欢自主学习，还是喜欢被动学习？

学生：我没想过这个问题，我只想什么轻松做什么。

沈思：是不是学习太累了？

学生：是的。

沈思：其他同学也都很累吧？

学生：没有不累的。

沈思：睡眠时间能保证吗？

学生：保证不了。什么年龄段要睡多长时间，生物课上背得滚瓜烂熟，有什么用啊！

当我听到"我只想什么轻松做什么"的回答时，瞬间悟出一个道理——游戏是学生放松自我、缓解压力的手段。斥责学生既不公平也没有用，学生自己也认为沉迷游戏不好，他们需要的不是指责，而是一个能够让他们不再身不由己沉迷游戏的课堂。何以见得？请看南京西善花苑小学五（3）班学生叶涵瑾写的《课堂的革命》读后感里的这段话：

> 每天晚上，我做的第一件事不是吃饭，不是洗澡，发更不是玩游戏。而只是去看沈爷爷写得书，不管时间充不充裕，我总会看上个三四张。我觉得书中写得很有意思，很有趣。也贴近我现在的学习生活。

> 书中写得大哥哥和大姐姐们所发生的改变都使我惊讶，也让我有了想成为有用的人的动力。为什么惊讶呢？因为一开始一部分人都不太勤，还有沉迷游戏的！在沈爷爷的教导下，一个都成了爱学习、好学习、学习好的人，所以让我惊讶啊！

再看山西吉县安乐小学六年级学生王欣雨在 2020 年 7 月 17 日《课堂的革命》读书笔记里写的一段话："今天读的是第 116—132 页。刚开始作者写了没有禁止网络游戏的规定，也没有对玩网络游戏的行为进行批评，但是学生们在新课堂上没有一个人玩网络游戏。这就是新课堂的魅力。新课堂的教育方式与传统的教育方式恰好相反，学生也一样。"

两个小学生都在笔记里流露出对能让学生不再身不由己地沉迷游戏的课堂的惊叹和羡慕。

可以肯定，无论是大学、中学还是小学课堂，如果基于《教育是什么》书中的三维九方课堂软环境理论，参照《课堂的革命》书里的具体做法，为学生打造一个全新的课堂，学生就不会沉迷游戏。

2022 年 10 月 26 日晚，黄轩轩老师在群里发布了他当日做的一个实验，他在实验中的感受和前面提到的初中生的感受完全一样：

> 今天我尝试了一下劳累的状态，中午没有午休，晚上精神十分不好，昏昏欲睡，我想这应该就是孩子在繁重的学习任务下劳累时的状态。在这种状态下，脑袋很难思考，学什么都学不进去。这种状态我在高三时有一段时间经常出现，所以我特别珍惜午休时间，午休可以给身体补给，让头脑清晰。在长时间枯燥的学习与训练中，人很容易陷入以玩乐排解压力的生活方式中。

请注意，初中生说，因为太累"只想什么轻松做什么"；黄老师说，"在长时间枯燥的学习与训练中，人很容易陷入以玩乐排解压力的生活方式中"。

从常理说，如果只有少数学生沉迷游戏，原因在学生自身；如果学生普遍沉迷游戏，原因就不在学生身上。其实，这一代学生的家长沉迷游戏的也大有人在。对学生沉迷游戏的行为简单粗暴地进行斥责，不仅无效，反而会降低游戏放松自我、缓解压力的效果，增加孩子的负罪感，给孩子叠加重负。

二、累，会让人变傻

2022 年 10 月 30 日，我在网上看到一篇题为《哈佛大学研究发现：长期太累或太穷，人会变傻》的文章。该研究的主导者是哈佛大学终身教授 Sendhil Mullainathan，此研究论文曾发表于美国《科学》杂志。该研究的结论是：在资源（钱、时间、有效信息）长期匮乏的状态下，对稀缺资源的追逐已经垄断了这些人的注意力，以至于让他们忽视了更重要、更有价值的因素，从而造成心理上的焦虑和资源管理的困难。也就是说，当你特别穷或特别没时间时，你的智力和判断力都会全面下降，导致进一步失败。研究进一步解释，长期的资源稀缺会造成"稀缺头脑模式"，导致失去决策所需的心力——Mullainathan 称之为"带宽（bandwidth）"。

我在前两本书里反复强调，傻，是心力懦弱、没有智慧的显现。原本我只意识到"畏生愚"，哈佛教授的研究结论提醒，长期劳累会导致"失去决策所需的心力"，也会变傻。罗素说："人生来并不愚蠢，是不良教育让人变愚蠢的。"怕和累（尤其是心累），是让人变傻的两大因素。

瞄准学生的心，深化考试制度改革

一、考试制度非改不可

2022 年 8 月 30 日，我和南京一个初中学生聊天，他告诉我："老师在课堂上说，考试制度不改，'双减'有什么用？"

2022 年 10 月 13 日晚，我接到一位南京教育界朋友的电话，和我诉说孩子进入中学后的烦恼。

2022 年 10 月 17 日，我收到上海一位从事教培行业多年的教师朋友给我的信，信中说："放眼望去，无论是私立学校还是公办学校，没有一所不让学生提前学的学校，更有甚者，给七年级学生做高一的题。没有提前学的孩子考不好，还以为是自己笨。作业多、难度大，导致学生出现各种心理问题，还有家长因为辅导孩子作业得心脏病的。'双减'真不知道减了什么。我要转行做青少年心理咨询了，需求很大。"

无独有偶，前些天我刚和北京一位做软件咨询的朋友通电话，他说自己已经转行做青少年心理咨询服务了，业务很好。

以上这些信息让我联想起小学生写的一篇篇他们对当下所接受的教育的真实感受的文章，想起他们略显忧郁又极度渴望改变自身处境的眼神，猛然间我意识到：我们已经到了非深化考试制度改革不可的时刻，改革要深入基础教育，直抵学生的心！

二、关于基础教育

1. 学生在初中毕业时身心发育已基本完成

据统计，中国初三学生的平均身高，男生为 162—170 厘米，女生为158—165 厘米。根据《中国居民营养与慢性病状况报告（2020）》，我国18—44 岁成人平均身高，男性为 169.7厘米，女性为 158 厘米。此外，心理发育、精神成长最重要节点即青春期，也在初中阶段。以上数据说明，学生身心发育到初中毕业时已基本完成。人和地球上所有生命体一样，成长的

"季节性"很强,错过"季节"想要再长就很难了。所以,基础教育阶段,所有的课程设置、教学评价、考试制度的设计,都应该围绕着让学生的身心能够顺乎"季节"充分发育,健康成长,确保在初中毕业时由少年长成体格强健、人格健全的青年。

2. 不妨碍睡眠和吃饭是底线

睡眠与营养是身心充分发育、健康成长的基石,所以基础教育阶段,一切教育教学服务都要以不妨碍学生睡眠和吃饭为底线。

3. 喜不喜欢学习最重要

能够代替体力和脑力劳动的机器人没有心,不用考虑喜不喜欢或开不开心的问题,而学生是人,人有心,就不能不考虑。

重温本书前文提到的两个小学生关于"心"的论述。安乐小学四年级学生武玥茹说:"小孩子只有在开心的时候做事情才做得好、做得快。"西善花苑小学三年级学生孙阳说:"做事时要审视自己,如果心里不想做,你却做了,做的用处是'0'。要是你想做,做的用处最多能到'100'。""如果听不懂,就是学生想不想学、怎么学以及学什么的问题。如果学生想不想学这个问题被忽视,后面做事成功就很少。"两个小学生不约而同地认为,小孩子想不想学,学得是否开心,是最重要的。

黄轩轩老师告诉我,他从教十几年,观察孩子们的精神状态,绝大部分孩子在学习时是不开心的,他很少遇到求知若渴的孩子。我要问,有几个教师(家长)思考过学生(孩子)喜不喜欢学习的问题?我知道,很多学生天赋的求知欲在小学时就被无意识地"阉割"了。

青海省玉树藏族自治州曲麻莱县约改镇中心寄宿学校索昂卓玛老师说:"人生最快乐的事莫过于做自己喜欢做的事,人生最痛苦的事莫过于做自己不喜欢做的事。"常识告诉我们,人不开心,躺在床上都累;人开心,一天做到晚乐此不疲。事实告诉我们,学生长期不开心,会导致"心残",轻则没有智慧而变傻,严重的可能罹患自闭症或抑郁症。

4. 学生喜欢什么样的课?

安乐小学五年级学生赵子涵在读书笔记里写道:"我感觉没有体育课的学校,学生是没有学习欲望的,也不会有健康,因为只有通过锻炼才能有一个好身体,而如果没有一个好身体还谈什么国家大事呢?"六年级学生王欣雨在读书笔记里写道:"现在的学校只会把同学压到一个有限的空间,也就是教室里面，大约十个小时都待在里面学习，除了吃饭、睡觉和上厕所以外，就没有什么运动了。所以我的建议是不应该占同学们的体育课，不应该拖堂，应该准时下课让学生们跑到操场上去。"可见，学生喜欢能活动手脚的体育课。

西善花苑小学"百分之二百多赞成票的一堂公开课"里，我问那些小学生，喜不喜欢能开口说话的课堂，全班学生放开嗓子异口同声地说——喜欢！当我让喜欢的学生举手时，全班学生都高高举起双手。周恒逸同学说："如果不讲话，心里很闷；如果讲话，心里自由"。可见，学生喜欢能开口说话的课。

我在西善花苑小学的一次座谈会上问学生们喜欢什么课，他们不假思索地纷纷说，喜欢体育、音乐、美术、劳动等课，因为在这些课上学生能动手动脚动嘴巴参与其中。其实即便是语数外课，如果不是老师"一言堂"，而是让学生张开嘴巴自由谈，学生也会学得很开心，就不会下课铃一响就冲出教室，以释放静坐一堂课积蓄的内压。

5. 学生为什么喜欢动手动脚动嘴巴的课？

学生喜欢能动手动脚动嘴巴参与的课，不是因为学生贪玩，而是由学生成长的客观规律决定的。如前所述，学生在初中毕业时已基本完成身心发育的任务，所以在整个基础教育阶段，学生的身心每时每刻都处于旺盛成长的状态。外在的动手动脚动嘴巴，是内在的身心成长活动所需要的。如果叫停外在的手、脚和嘴巴的活动，就不能满足内在的身心成长活动的需求，学生就难免如坐针毡。动手动脚是物质人发育的需要，动嘴巴是精神人成长的需要。

6. 不让学生动手动脚动嘴巴参与的坏处

在一次"爱-说课堂"研讨会上，一（1）班班主任陶慧老师说，一年级的孩子爱想、爱说、爱动。陶老师还说："我担心作为老师的我，太习惯见到学生们抱臂端坐的整齐的课堂，一方面认为坐得端正专注力才会集中，另一方面觉得这样看着不乱、舒坦，会不自觉地使用起'抱臂坐正，一二三坐坐好'之类的口令，这样一用，孩子活跃的思维就会被我无意识地叫停了。"陶老师所说的"活跃的思维"，是灵感，是智慧，是创造力。叫停学生活跃的思维，就是叫停学生的身心成长。叫停手脚，身体不长；叫停嘴巴，心灵不长。

7. 让学生动手动脚动嘴巴参与的好处

让学生动手动脚动嘴巴参与教育教学活动，能提高学生的学习兴趣，让学生喜欢上学习。喜欢学习，即使辛苦也不会觉得痛苦。俗话说，少成则若性。从小喜欢学习，一生都会自觉学习；从小讨厌学习，一生都不会自觉学习。要判断一个人文化程度的高低，有没有自觉学习的习惯是一个决定性指标。

总而言之，成长规律不可抗拒，动则健，停则病。

8. 提前学习有害，稍后学习有利

从全国各地关心教育的朋友发来的信息中得知，中学生被要求提前学习课程的现象比较普遍。

前几天在短视频里看到过这样一个建议：给孩子最好的礼物是让他晚一年上学。这个建议是明智的。为什么？比如教材的编写，一年级的教材一定比二年级的简单，二年级的一定比三年级的简单，而人的认知能力是随着年龄的增长、身心的成长而不断提升的，所以，晚一年入学，学起来自然会容易一些。反之，提前学习，学得很累，还影响成长，得不偿失。

一个学生，同样一道题，如果提前学能学会，那推后学更能学会。

9. 中小学生抑郁症患者增多的原因

在前面的"'心灵标准件'与三本书"中提到，2020 年国家权威部门公布了一组数据，2.2 亿中小学生中达到抑郁症患者标准的约有 5000 万。一个学生就关系到一个家庭，5000 万个抑郁症学生，意味着 5000 万个不幸的家庭。问题出在哪里？"'心灵标准件'与三本书"中已作了分析，鉴于此问题的严重性，有必要进一步分析。

问题很可能出在用增加课程来落实素质教育的做法上。具体地说，为落实素质教育，在课程体系里增加了被认为能提高素质的课程，但没有减少原有的课程。新课标出台之前，学生只需争当"文状元"，新课标出台之后，学生还要争当"武举人"，这让学生身心极度疲惫。

提出素质教育的口号后，体育课的强度变大了，时间变长了。2022 年10 月 25 日，严朝胜副校长告诉我：每次大课间都象征性地陪孩子跑步，主要是催他们跑，昨天下午踏踏实实跟孩子们跑完全程，累得中途差点放弃。

提出素质教育的口号后，学弹琴的小学生变多了。小学生学弹琴需要付出能量和消耗时间，而且学弹琴的目的和方法大多偏离了正道。很多家长让

孩子学弹琴不是为了培养爱好、学会欣赏，促进心灵发育、精神成长，而是为了考级。很多孩子在家长的逼迫下很不情愿地练琴，被逼迫练琴对心理健康的害处远大于练琴的好处。

以前我每天晚上游泳，当我开始写书后，发现游泳之后第二天会写不动，所以把游泳停了，改成散步。此外写书安排在每天上午，下午不写，怕用脑过度导致晚上睡不好，第二天写不动。如果因某事心情不好，书也写不动，因为克服心情不好需要消耗自身很多能量，剩下的能量不够写书所用。

法律禁止雇用未满 16 周岁的儿童做工，因为这会妨碍儿童身心健康。而学生呢，他们每天摄入的能量，一部分用于自己身心成长的需要，一部分用于学习语数外等课程的需要，一部分用于音体美劳课程的需要，还有一部分用于承受按成绩排名、学校升学率和家长望子成龙的期盼所带来的心理压力。实际上，承受心理压力所消耗的能量，比体力劳动和脑力劳动都多。所以说，中小学生是集脑力劳动与体力劳动，还有心理压力重负于一身的"超级童工"。俗话说，"愁一愁，白了头"。这恐怕就是"出师未捷'心'先死"、尚未毕业已抑郁的原因所在。

素质教育是一项需要全方位发力的系统工程，必须在课堂软环境、教学评价体系以及考试制度等诸多方面全面创新才行。

10. 学生心之所向就是考试制度改革的方向

以上 9 点只想阐明这样一个观点：考试制度到了非改不可的时候，改革要深入基础教育，深入学生心里。前文提到的 9 岁小学生张雅怡向往的"师生平等，善于沟通，一起学习，其乐融融"的课堂，以及让学生能动手动脚动嘴巴参与到教育教学中，就是改革的方向。让考试"指挥棒"指挥基础教育往学生心之所向的方向展开，使得学生能够顺乎成长"季节"、遵从成长规律，顺利地从身弱心嫩的少年成长为体格强健、人格健全的青年。

树长大了，才能加工成材；树长好了，成材率高。人长大了，才能教学成才；人长好了，成才率高。基础教育搞好了，高中和大学就好搞了，包括"钱学森之问"在内的各种教育教学问题统统可以迎刃而解。

三、考试制度改革建议

考试考核内容由以下几个方面组成：

1. 一项体育爱好。

2. 一项音乐或美术爱好。

3. 一项劳动技能。

4. 笔试。

5. 面试。

6. 中学老师推荐信。

7. 小学毕业时结合自身六年受教育经历写一篇总结性质的教育论文。（通过该文可全面评估学生的书面表达技能、使用知识的能力、大脑智力强弱、心灵情感发育程度与思想水平。此外，毕业的学生可以毫无顾忌地把自己在六年里对所接受的教育教学服务的真实感受写出来。学生一届一届写下去，学校一年比一年办得好，学生一届更比一届强。本书收录的小学生读书笔记说明他们完全有能力写好这篇文章。）

8. 中学毕业时结合自身受教育经历写一篇总结性质的教育论文。（作用和第 7 项相同。小学和中学毕业时的两篇论文有助于学生确立学习主人的角色。）

9. 一篇社区服务经历报告书。（关于此项，请参考《教育是什么》一书中"三维九方理论与哈佛招生新议案"一文。）

10. 从小学一年级开始，每个学期的开始和结束，家长和教师各自给学生拍一段视频，作为学生成长过程的档案资料。（比较一个学生每学期首尾拍摄的视频，能直观地看出这个学生在一个学期里的身心成长状态，即体格素质和人格素质的水平。）

第 7、8、9 点所要求的文章，能展现考生的精气神，能反映考生掌握母语的真实水平，是真正的大语文！这三篇文章是基于亲身经历的事情的自由思考。这样的文章，无需事先猜题，无法抄袭，因为自传体裁的文章，莫要说富有经验的考官，任何一个识字的人在阅读时都能感受到其真实程度。之所以会有这样肯定的结论，是因为当年我就是拿着学生写的课堂日报，推荐学生入职一家家软件企业的。企业看到学生的课堂日报后，很多不再要看文凭、计算机等级证书和英语等级证书。

综合以上 10 个方面给考生打分，各项分数权重分配如下：

中考：音体美劳分数为主，语数外分数为辅。

高考：三篇文章分数权重第一，面试结合视频档案分数权重第二，数理化等笔试分数权重第三，最后参考中学老师推荐信。

认知和创新

一、中国脑＝犹太脑

2022年10月21日，我看到一个题为《以色列人的思维方式有多牛》的短视频，说犹太人之所以擅长创新，是因为有"犹太脑"。我可以根据我的《教育是什么》书里"三维九方认知体系"理论证明：中国脑＝犹太脑。

先看视频相关内容：

一次，我向一位资深的拉比（宗教人士）请教关于创新的问题。他说，犹太人的说法里面有个词，有点像古希伯来文里讲到的"犹太脑"。犹太人的思维有四个层次。第一个层次，全世界都能看到的东西叫信息，跟智慧没有关系，通常把它叫作"显而易见的显而易见"。犹太人身上藏的是改变看问题的角度和改变看问题的背景，因此他们能看到"显而易见的隐而不见"，这个本事是犹太人所独有的。他说，当到这个领域以后，会发现有很多新的常识涌现，能看到很多过去所没看到的东西。沿着这些东西往深处走，有第四个领域，叫"隐而不见的隐而不见"，就是你终归会走到一条大家看不到的道路上，在那条路上一骑绝尘，远远地甩开你的追随者，从而找出一条全新的道路来。

我仔细归纳了一下视频中说的犹太人的认知层次，不是四个而是三个：第一个层次，"显而易见的显而易见"；第二个层次，"显而易见的隐而不见"；第三个层次，"隐而不见的隐而不见"。

在《教育是什么》书里的三维九方认知体系理论里，我们中国人的认知也有三个层次：第一个，"知其然"；第二个，"知其所以然"；第三个，"知其之所以知其所以然"。

然＝显而易见的显而易见

所以然＝显而易见的隐而不见

之所以知其所以然＝隐而不见的隐而不见

在三维九方认知体系里，人的认知力也有三个层次：认知"显而易见的显而易见"的初级认知力——五官的感知力；认知"显而易见的隐而不见"的中级认知力——大脑的智力；认知"隐而不见的隐而不见"的高级认知力——心灵的智慧。

就天赋而言，中国脑＝犹太脑。犹太人之所以能显示其创新所需要的认知"隐而不见的隐而不见"的智慧，而我们中国人群体没能显示，是因为两者后天所接受的教育不同——犹太人从小接受的是基于不迷信权威思想方法的教育；而迷信权威是我们习惯了的思想方法，我们从小接受的是基于迷信权威思想方法的教育。转变思想，创新教育，可再现"中国脑＝犹太脑"。

二、有助于创新的"学习型组织"

2022 年 10 月 26 日，我看到一个题为《对话彼得·圣吉》的短视频，十分值得关注。视频内容大致如下：

美国麻省理工学院的彼得·圣吉教授，是系统思考方面的专家，也是我的老师。有一次他到北京金宝街，我们在那里喝啤酒、吃生蚝。他说他写了一本书叫《第五项修炼》，里面提到一个概念叫"学习型组织"。但是在中国，90％的人都误会了他说的"学习型组织"。大家都认为一个公司或者一个组织，大家一起学习、集体学习、共同学习就叫"学习型组织"。其实，他说的学习型组织，如果准确地翻译，英文应该叫 Unlearning Organization，就是不用传统方式学习的组织。什么叫传统方式学习呢？就是一个公司在前进的时候，总是向经验学、向过去学、向领导学。而彼得·圣吉先生所倡导的学习型组织，指的是向未来学、向用户学、向一线员工学，形成组织的共创能力。共创什么呢？共创美好的未来。

之所以收录以上视频内容，是因为我十分赞赏彼得·圣吉教授的"学习型组织"这一向未来学习、助力创新的思维模式。如果真的想创新，既要向经验学、向过去学、向领导（权威）学，更要向未来学、向用户学、向一线员工学，否则，创新只能是一句空话。我搞教育的方式，就是向学生（学生既是"用户"，也是"未来"）学，向一线员工（即教师与家长）学。在我的教育实践中，无论大学生还是小学生，以及家长和老师，都是参与者。在我写的书里，极少引用过去的经典，却大量收录现在的学生、家长与一线教师思考教育的文章。

按照彼得·圣吉教授"学习型组织"的定义，《课堂的革命》书里的课堂组织形式，本书中安乐小学读书会的组织形式、西善花苑小学"爱-说课堂"的组织形式、格桑花读书会的组织形式，个个都是"学习型组织"。从老师与学生写的读书笔记可以看出，大家在各自的"学习型组织"中，不只看到了教育，还看到了世界和未来。

彼得·圣吉教授说，学习型组织有助于"形成组织的共创能力"，"共创美好的未来"。本书也可归纳为"五个共"：共读，共鸣，共识，共创，共成长。

正在筹建中的南京西善桥街道社区家庭教育服务中心的组织形式，也是一个能创造未来的"学习型组织"：家庭、学校、社区紧密合作，共同打造一个老师和学生、老师和家长、家长和孩子、老师和老师、家长和家长、学生和学生互教互学的环境。在这个环境里，孩子会在不知不觉间喜欢上学习、学会学习，孩子、家长和教师会共同成长。

前文提出的"小学生心之所向就是考试制度改革方向"的建议，就是面向未来创新教育之举措。学生在小学毕业时、中学毕业时、社区服务后写的三篇文章，更是向学生（用户）学习、问学生（用户）未来。年年都有学生毕业，年年都有学生写，一届届学生写成的一篇篇文章就是一块块通向未来的铺路石，用这一块块铺路石铺就的通向未来的道路没有尽头。

一个人进步的决定性力量是自己的内驱力，一个群体发展的决定性力量是自己的内部动力，内部动力要靠面向未来的一代更比一代强的教育来提供。

搞自然科学研究要想有新发现，要不断向大自然学习。

搞社会科学研究要想有新发现，要不断向人民大众学习。

搞一代更比一代强的教育，要不断向小、中、大学生学习。